谷川道雄中国史論集

上巻

谷川道雄先生

谷川道雄中国史論集　上巻　目次

凡　例

＊本論集の収録にあたり、すべて縦書きとした。そのため元の論文の算用数字は原則漢数字に変更した。なお、西暦、巻数・巻号については十などの漢数字を入れずに二一、三五〇などとした。ただ、元号、二十数名〈「数」の字が入る〉には十などの漢数字を入れた。

＊誤字・脱字・漢字の間違いなどの校正ミスと思われる所はできる限り訂正した。また漢字は原則として常用漢字に改めた。ただ、複数の旧字体が常用漢字で一つにまとめられた漢字については必要に応じ旧字体のままにした。

＊仮名遣い、送り仮名はできる限り現代仮名遣いに統一した。

＊ダブルクォーテーションマーク（〝〟）について、引用文についてはカギ括弧（「」）に改めた。ただし、〝共同体論〟のように、「強調」のために使用されている場合は、そのまま残した。書名は二重カギ括弧、論文名や引用文はカギ括弧で囲むことで統一した。

＊漢字表現とひらがな表現（「すなわち」と「即ち」）は原載の論文のままとする。

＊引用論文の雑誌の表記は、「第」「編」「巻」「号」などの文字を原則として削除する。また、刊行年月については「年」のみを示し、「月」は削除した。なお、書籍の出版年と出版社、雑誌の発行年でわかるものはできる限り付け加え、表記を統一した。

＊中華書局標点本などの頁数を示していることがあるが、すべて削除した。

＊注の番号は立て括弧の算用数字とする。原載論文でページ毎、章や節ごとについていた注は、本書の各論文の末尾に通し番号をつけてまとめた。

＊本書は六朝を中心とした中国史における視角に関する論考を集めた第Ⅰ部、六朝を中心とした実証研究に関する論考を収めた第Ⅱ部、隋唐を中心とする研究を収録した第Ⅲ部の三部構成とし、各部は発表年代順に配列した。

序に代えて――『谷川道雄中国史論集』上・下巻所収の四十篇を読む――

森　正夫

谷川道雄先生は二〇一三年六月に逝去される直前まで、京都で行われた内藤湖南研究会に同人とともに参加されたとうかがっている。隋唐史研究から開始された、文字通り刻苦奮闘のその学問的営為は約六十年にわたる。本書『谷川道雄中国史論集』上・下は、この間、「互いに表裏関係にある」と自ら語っておられる『隋唐帝国形成史論』（筑摩書房、一九七一年）と『中国中世社会と共同体』（国書刊行会、一九七六年）、及び「後者の続編ないし補編というに近い」とその「あとがき」で記しておられる『中国中世の探求――歴史と人間』、また川勝義雄氏が先生とともに総論のⅠ「中国中世史研究における立場と方法」を執筆されている中国中世史研究会編の『中国中世史研究』（一九七〇年）の計四つの著作には収録されていない中国史の専論の中から、編集委員会の手で四十篇が選ばれたものである。専攻の領域を異にする私にとってはこれとても浩瀚に過ぎるが、改めて一篇一篇を読み返し、その感想を綴って読者に以下の記述を提供し、先生の研究の跡をともに辿りたい。語らうことを一度もいとわれたことがなかった先生にも喜んでいただけるのではないだろうか。なお、「谷川道雄先生」という敬称は省略し、「谷川」と表記させていただく。

一

一九五二年十二月刊行の『東洋史研究』第一二巻二号に掲載された本書下・Ⅲ所収の「隋唐帝国をどう考えるか」は、同年十月の「唐代の藩鎮について――浙西の場合――」とともに、谷川の最初期に属する作品であり、一九五三年の「唐代の職田制とその克服」、一九五四年の「「安史の乱」の性格について」、一九五五年の「龐勛の乱について」及び一九五六年の「武后期末年より玄宗朝初年にいたる政争について――唐代貴族制研究への一視角――」に至るまで、谷川の発表した論著は、いずれも唐代を主体とする隋唐史を対象としている。

一九五八年以後、谷川の研究対象は六朝史に移り、同年三・九月の「北魏末の内乱と城民」(上)・(下)、一九六一年の「北魏官界の門閥主義と賢才主義」、一九六二年の「北朝末期の郷兵について」と「北斉政治史と漢人貴族」、一九六三年の「慕容燕の権力構造――とくに前燕を中心として――」の各篇は、いずれも、その内容が一九七一年に初版が刊行された前掲の『隋唐帝国形成史論』に収められている。したがって本書には収録されていない。

一九六三年には、他に、本書下・Ⅲ所収の、主として隋唐を対象とした四月の「唐末諸叛乱の性格」と十月の書評「谷霽光著『府兵制度考釈』」とが発表されるが、その後、一九六四年から一九七四年に至る十一年間には、隋唐史を対象とする成果は発表されていない。一九七五年、谷川は、書評「布目潮渢・栗原益男共著『隋唐帝国』」を出し、そこで、この間の経緯について、次のように率直に語っている。

「わたくしはかつて唐代史の研究に志しながら、それを中途で放棄し、対象とする時代を六朝史へと遡らせてきた。それも結局隋唐帝国の淵源をさぐろうとする試みであったが、唐代史そのものに立ち向かう仕事は、やはり中絶したままで今日に至っている」。しかしながら谷川自身の「唐代史に対する関心は決してうすれたわけではない。わたくしが唐代史から遠ざかっているあいだに、幾多の先学がすぐれた論文・著作を発表され、それらに接するたびに唐代史への情熱がかき立てられるのを、おさえることができないのである」。

実際、谷川は、一九七八年以後も、生涯にわたって、隋唐時代史に対する関心を持ち続けた。本書下・Ⅲ所収のいわば隋唐篇には、一九七八年三月の「河朔三鎮における節度使権力の性格」に始まり、一九九七年の「顔真卿と李嶧」に至る計十篇の専論が収められている。

とはいえ、上に述べた一九五八年以後、一九六三年を例外として一九七四年に至る十一年間の隋唐史研究の中絶は、谷川自身にとって、決してたやすいことではなく、根底には、苦悩に満ちた過程があった。この間の事情は、上記一九七一年の『隋唐帝国形成史論』の頭に一節を割き、「その後の五胡・北朝史研究は」、「唐代研究でゆきづまった問題の壁を、それ以前に遡ることによってつき破ろうとした」という一句からはじめて縷々記されている。ここで、一九七五年の上の書評における述懐をそのまま借りれば、「わたくしが唐代史の研究を放棄したのは、（中略）方法上の懐疑からであった。そのことは、わたくしの唐代史に対する関心のあり方を示している。すなわち、この時代をひとつの全体的世界としてトータルにとらえたいと考え、そしてそれを貫くことができなかったのであった」。一九五二年から一九五六年、及び六年空けて一九六三年の一年間、合計六年間の谷川のいわば前期の隋唐史研究を、六十年以上を経た後に部外者の私が語るのは決して容易ではないが、以下、この六年間の過程を具体的に辿ることから始め、六朝史への転換、また主専攻となった六朝史、及び六朝史とともに進められた後期の隋唐史と理論的な諸問題について、その研鑽の跡を確認したい。

『東洋史研究』誌の「学界動向」として記された「隋唐帝国をどう考えるか」は、一九五二年の時点で、一九四七年、弘文堂から出版された内藤湖南『中国近世史』における一九二〇年の講義の冒頭の一節を谷川自身の表現で〝隋・唐の君主は、科挙制、均田制、府兵制などを採用して、南北朝以来の門閥階級を抑圧しようとしたが、決定的には抑えることができなかった、したがって、隋唐帝国は君主権の強化という面からみて南北朝の門閥政治から宋以後の君主独裁政治への過渡的段階を構成する〟と整理した。谷川は、〝この規定を一層具体的にし豊富にしてゆく〟という観点から、同時代の研究である鈴木俊「唐代均田法施行の意義について」（『史淵』第五〇輯）、「宇文融の括戸について」（『和田博士還暦記念東洋史論叢』）及び「隋末の乱と唐朝の成立」（『史淵』第五三輯）、小笠原正治「隋末期の動乱における官僚群」（『史潮』四三）、竹田龍児「唐代士人の郡望」（『史学』二四—四）、堀敏一「唐末諸叛乱の性格」（『東洋文化』七）をとりあげ、とりわけ、鈴木俊の研究と堀敏一の論文に重点を置く。

谷川は、鈴木が均田制は社会の実情と遊離した形式的存在であるという自身の旧説を改め、その現実的意義を把握しようとする姿勢を評価しつつも、均田制を国家の土地所有制限策であるとした点を批判し、同時に唐朝の成立も隋朝の農民支配の不合理に起因することへの認識の必要性を強調する。谷川は、唐代社会の基本的な関係は、鈴木の構想する国家（唐朝）対貴族・農民ではなく、国家（唐朝）・貴族対Xであって、このXが何であるかを問わねばならないことを主張する。

唐帝国が崩壊し、貴族階級が没落するのは、その下に内藤湖南が「近世」と呼んだ新しい社会関係が生まれていたからである。この新らしい社会関係は、佃戸制とか近世的小作制といわれている私的土地所有関係を基礎としている。

しかし、このような私的土地所有関係はそのままでは自己を実現することができず、そこに複雑な政治過程が生じるわけである。この政治過程について述べたのが、堀敏一の「唐末諸叛乱の性格」（『東洋文化』七）であるとし、その論旨を次のとおり要約する。

「隋唐帝国の官僚制は貴族政治の帰結点であるが、この官僚機構の基礎が動揺し始めると、官僚制内部の権力争いがはげしくなる、こうして天子の個人的な恩寵を受ける寵臣が出現する。（中略）安禄山もその一人であり、彼の反乱は玄宗に対する失寵から起こった。こうして内乱後は強藩が華北一帯に割拠するが、しかしこれらの藩鎮内部の体制は、恩寵によって結合されたこの時期の官僚制を本質的に否定しないだけでなく、それ自身藩帥と部下との個人結合関係によってなりたち、さらに藩帥は中央とつながっている。このような状勢は軍隊内部の下克上によっては根本的な変革を見ず、黄巣の乱という大規模な民衆の反乱が唐朝権力とまっこうからぶつかることによって始めて貴族階級の没落が可能になる」。

谷川は「なるほど生産関係が一方的に歴史の全てを決定するのではないが、「個人的結合」による官僚制が、この時代の最も基本的な支配隷属関係の変化からどのようにして生み出されたかということや、このような支配体制のなかで新しい社会関係が成長してゆくさまは、やはり明らかにしなければならない」とする。谷川は「下克上という現象も、唐朝官僚制を否定しないものとして概念的に規定するよりも、むしろ徐々に否定してゆくものとしてとらえる方が肝腎なのではなかろうか。そうしてそれらこそが、黄巣の乱への諸条件を直接につくり出したのであり、ここに唐代政治史の基本的な課題が存する」とし、唐代社会の基本関係は、上述のように国家（唐朝）・貴族対Xであるが、そのXとは「農民を中心とする被支配者」であり、彼らが次第に自らを組織化して「新しい社会秩序を形成して行ったのである」と明言する。

谷川は、「以上、隋唐帝国の成立はどういう意味をもつか、この権力はどのようにして否定されてゆくか、この二つの点から最近の研究を紹介し、問題を明らかにしてみた」と結ぶが、先に記した「唐代の藩鎮について――浙西の場合――」以下、一九五六年までに発表された六篇の研究は、一九六三年発表の二篇を加えて、谷川がここで鈴木と堀に提示した課題を、自らの手で解決するために取組んだといっても過言ではない。ここに谷川の篤実さがある。

谷川の六篇の研究のうち、二番目に執筆された「唐代の藩鎮について――浙西の場合――」は、内藤湖南の『中国近世史』の一説を引き、「貴族政治と唐帝国の崩壊の第一歩は、まさしくこの藩鎮の成立にあったということが出来る。この意味から藩鎮の理解はきわめて重大な意義をもっている」と述べ、内藤の考えを「更に具体的に展開していかねばならない」とし、「1．唐朝が節度使を置いたのは、具体的にはいかなる情勢に対してであったか。2．唐朝の支配機構としての藩鎮が、次第に反唐朝的な性格を帯びてゆくのはどういう事情にもとづくか。3．唐朝は2．の動向に対してどのような対策をこころみたか。4．（中略）唐朝の決定的な崩壊はどのようにしてやってきたのか」という四つの課題を提起し、以下にその解決に至る過程を記述する。

谷川は、先ず元和二年（八〇七）に浙西の節度使李錡が反乱した事件に至る経緯を取り上げる。八世紀前半からいくつかの辺境軍の最高司令官として置かれたのが節度使であり、景雲元年（七一〇）の河西節度使設置から開元天宝期までに十節度使がそろい、天宝十四年（七五五）より八年間にわたった安史の乱のため、中国内部にも各地に節度使が置かれ、以後唐末にいたるまでこの藩鎮体制が続いた。唐朝の収支のアンバランスは年とともに拡大したが、これをくいとめるためには、農民からの収奪を強化するほか、新しく商業資本への権力的な依存を実現する必要があり、徳宗から節度使の職を与えられた李錡の行為として指弾される税商・塩鉄・宮市などはその具体的なあらわれであり、中唐以後、盛んに行われた財政救済策に過ぎず、財政上の行為それ自体としては、不当ではなかった。その形成した武力も唐朝自体が商業資本に権力的に依存していたことと同質のものであった。ただ唐朝権力の再編成を図る憲宗はそれを許さず、李錡の反乱を招いたのであった。

谷川は更に浙西における唐室の中興に言及する。八世紀の八〇年代に、華北の麦作や、華中・華南の水稲栽培などに特徴的に見られる農業生産力の発展を背景として創始された両税法が九世紀中に本格実施されていくことに伴う経済・社会の矛盾の激化、及び次第に中央から分離してゆく藩鎮勢力とこれに対する中央政府の刺史政治強化との相克を、浙西に即して緻密に描く。

最後に浙西において地域武装聯合組織が節度使の基盤となるに至ったことを記す。九世紀七〇年代以降の王仙芝・黄巣の反乱として集約された軍隊の反乱・農民の暴動の激化の中で、北方の河朔三鎮その他の藩鎮とは対照的に、長く安定した状態を続けた浙西地方における唐朝の統治も変化し、唐朝支配の危機的状況に至る状況の中で武人型の節度使が出現する。第四十二代高駢、第四十三代周宝、そして唐朝最後の銭鏐である。唐朝が黄巣や王郢らの反乱による浙西地方の危機をきりぬけることができたのは、郷村自衛的な、民衆の武力を基礎にしており、銭鏐の立身に不可欠の力となったのもこうした性質をもつ杭州八都の存在であった。

第四篇目に当る「「安史の乱」の性格について」の冒頭で、谷川は要旨以下のように問いかけている。唐末・五代の藩鎮体制は、隋・唐に完成された律令体制の矛盾と解体のなかから展開した、一種のあたらしい歴史世界であったとおもわれるが、こうして成立した藩鎮体制の真に歴史的な性格とは、どのようなものか。藩鎮体制の原型は、はやく八世紀の前半、いわゆる開元・天宝時代にみとめられる。辺境における節度使制の確立、中国内部における採訪処置使制にもとづく州ブロック体制の採用が、それである。しかし、政治形態から見るとき、この段階では、なお中央集権制は守られていた。八世紀後半以降、矛盾は拡大し、周辺被征服民の自立と共に、国内には、河北地区をさきがけとする半独立的藩鎮が成立した。中央集権制は決定的に破綻した。このような政治形態の質的な転換を直接におしすすめたのが、「安史の乱」であった。この内乱の戦乱としての性格をあきらかにし、この内乱にかみ合った二つの勢力を構成する諸要素が、それぞれどのような意思をもってどのように行動したかを観察することによって、上にのべた一大転換の意義をつかみたい。谷川は、本論文では、この二つの勢力を構成する要素の客観的把握に努めている。

まず、資治通鑑の編年をもとにし、新旧両唐書中の関係記事および安禄山事蹟を参照して、天宝十四載（七五五）十一月に開始され、広徳元年（七六三）九月に至る九年間の「安史の乱」全体の素描が行われる。

谷川は、「安史の乱」に、登場する双方の軍隊を分類し、この戦乱にもっとも大きな位置を占めるものとして、反乱軍側の契丹・奚・室韋・同羅・六州胡などの蕃兵（1）、唐軍側の河南・河北などの地方官のひきいた漢兵（2）と回紇西域の蕃兵（3）を挙げ、二つの問題点を提起する。

第一は、（1）が反乱軍のもっとも主要な構成要素であったことからすれば、この戦乱は、あたかも北方民族の中国に対する「外寇」であるかのような感じをおこさせる。しかし、それは、あくまで、唐朝節度使安禄山が、玄宗の側近楊国忠との対立のすえにひきおこした「内乱」であった。この矛盾した事実を、どのように受けとったらよいかを解決するために、契丹・奚・同羅などの諸蕃兵と安禄山との関係を詳細に検討する。

安禄山は、諸蕃兵との間に、経済上から、また、諸族の言語に通じていることなどを媒介として、精神上から、恩遇的主従関係をつくり出すことによって、強大な軍事力を自己のものとした。ここにおいて、唐朝の公職としての節度使の任務が、その私的兵力によって遂行されるという矛盾を生んだと指摘する。

第二の問題――河北・河南などにみられる郡県官の抵抗については、とくに、河北地方を中心に検討される。回紇西域の蕃兵（3）の問題には立ち入らない。

内乱の当初において、河北は、どのような状態におかれていたか。平原太守顔真卿は、禄山の謀反を見とおして、ひそかに城池を修備し、「死士を養い、豪右を招懐し」ていた。この民衆の自衛集団は、景城・河間・信都・清河・平原・博平・常山その他、范陽附近をのぞく河北一帯にひろがっていたとおもわれる。そのうちで、清河のそれは、平原との同盟を強化せんとした。清河の客李萼が、郡人と共に顔真卿を訪れて兵を乞うたのである。之にしたがった真卿は、平原・清河・博平三郡の兵を会して、ついに魏の奪回に成功した。この戦勝の直後に、郭子儀と李光弼とが河北へ入る。これらの自衛集団は両将の軍隊と結合して、史思明に対する圧倒的な勝利をかちえたのであった。

郡県官が挙兵にあたって、「郡豪」「豪右」などを参画せしめているのは、かれらの勢力下にあった民衆の動員（それは成功している）のためである。こう考えると、自衛集団と郡県とを連合させる紐帯こそ、これらの人々であったし、郷村をこえたかれらの視野のひろさが当然民衆への指導性を生み出したのである。李萼などは、こうした豪右たちの顧問としての「客」であったと推測される。自衛集団の形成には、共同体的原理と階層的原理との二本の基線がつらぬかれていたと考えられる。この二つの原理は、どのように統一されていたのか。谷川は、ここで、内乱以前より各地に芽生えつつあった、律令制への抵抗組織――土豪を中核とする民衆の武力的生活的団結体――を想起せざるをえない、とする。

第五篇目にあたる「龐勛の乱について」では、「隋唐帝国をどう考えるか」及び第二篇目「唐代の藩鎮について――浙西の場合――」、第四篇目「「安史の乱」の性格について」と同様、冒頭に内藤湖南『中国近世史』の見解を提示し、貴族政治崩壊の第一次とし、黄巣の乱を第二次としていることを挙げ、同時に、中華人民共和国の歴史家王丹岑の論文「中国農民革命史話」に触れ、龐勛の乱は黄巣の乱の序幕であるとしているとし、これらに付加するところがあれば、「唐宋変革研究の手がかりとしたい」と述べる。やや詳しく紹介する。

龐勛の乱は、唐の南詔防衛のため広西方面へ差遣されていた徐州の兵士約八百が満期をすぎても帰休をゆるされないのに憤って自ら徐州へ帰ったことから始まる。

これより先、徐州の藩鎮をめぐっては、中唐以後、さまざまな問題が生起していた。徐・泗・濠三州を所管する武寧軍の総数は三万に上っていた。しかしながら、武寧軍兵士の中央への給与闘争は大中三年（八四九）から激しくなり、咸通三年（八六二）節度使の任についた王式は、武寧軍の牙兵を不意に包囲して三千余人を殺害した。武寧軍は、痕跡を止めないほどに引き裂かれたのであった。武寧軍を廃止した結果は、唐朝に対して、二種の抵抗の力を生み出すことになった。一つは、殺戮をのがれて地方へ潜伏した兵士の集団であり、もう一つは、農民の抵抗集団であった。こうしたかたちであらわれる民衆の抵抗をおさえるために、咸通四年（八六三）十一月には、宿泗観察使を廃して、再び徐・泗・濠三州を統合し、徐州に観察府を置いた。

このような情勢をさらに深刻にしたのが、安南方面に対する南詔の侵寇であった。唐朝は、両広地方および安南方面の防衛に諸道の兵をさしむけたが、兵力の不足は、おおいかくせなかった。ここで、徐州においても、群盗や亡命兵士三千人の召募が行われた。

咸通七年（八六六）十月、唐は、安南を奪回した。しかし、防衛軍は、なお現地の駐屯を命ぜられた。はじめに触れたように、徐州兵八百は、桂州に屯戍していたが、その「三年一代」という約束は守られず、咸通九年には、すでに五年を経過していた。兵士たちは、しばしば帰休を要求したが、観察使崔彦曾はこれを聞き入れなかったばかりでなく、軍資欠乏のため、在鎮期間をさらに一年延長しようとした。それは、「貪猥にして、軍旅を恤へず」、平生から士卒の怨を買っていた都押牙尹戡や兵馬使徐行倹らの差し金であった。兵士の留守家族によって、この事情が桂州へ伝えられた。兵士たちは、激怒した。許佶・趙可立・姚周・張行実ら群盗上りの将校たちは、北還の強行を決意した。同年七月、桂管観察使の交替に乗じて、都将王仲甫を殺し、兵器をとって糧料判官龐勛を推立した。

龐勛は、長江を下って江湖へ赴こうと考えていたが、徐州の無防備を知り、道を徐州攻撃へ転じた。徐州の城門はかたく閉ざされたが、城中の兵には堅守の意思がなかつた。六〜七千の反乱軍が城下へ押寄せるや、城外の民衆は、その慰撫を受け、これに協力して、城門を焚いた。徐州はついに陥落した。つづいて、濠州を攻陥し、泗州は、孤立して、反乱軍の重囲を受けた。

反乱の成功は、周辺の地域に大きな影響を与えた。淮西・山東・浙江の群盗などが徐州へ結集し、旬日のあいだに、米価の騰貴を来したほどであった。農民の間では、子は父に激励され、夫は妻に鼓舞されて、農具を武器につくり変えて、反乱に参加した。反乱軍は、さらに兗州方面へ進攻し、官吏を誅し、金帛を以て兵を募ったので、多くの游民がこれに応じた。十二月、反乱軍の作戦は南北へ発展し、海・潁・和・廬州管下の諸県を破り、和州を攻めおとした。滁州もまた、淮西の山中にあった草賊によって陥れられた。

ところが、龐勛は、反乱の戦果を、自己の立身のために利用しようとした。すなわち、かれは、咸通九年十月（徐州占領直後）および翌十一月（勅使康道偉が慰撫に赴いたとき）の二回にわたって、上表して節度使の地位をもとめた。龐勛の期待はうらぎられたが、淮南節度使令狐綯は、中央へ節度使授任を要請することを龐勛に約束したので、龐勛は、南進を中止した。反乱はここで挫折する。

咸通九年歳末に至って、唐朝の諸道の大軍が宋州へ集結した。唐朝の反攻体制がととのえられたのである。なかでも、康承訓は、七万余の大軍をひきいて、新興（宋州）より鹿塘（宋州）にいたる三十里に布陣した。反乱軍の諸塞は龐勛に増兵を要請した。龐勛は、麾下を郷村につかわして、農民を徴発した。農民たちは穴を掘って匿れた。龐勛は、かれらを捜索したが、日に二〜三十人を得たにすぎなかったという。反乱軍に参加していた民衆もまた、さまざまのかたちで離反して行った。

かれは、農民の生活について、何の顧慮も払わなかった。咸通十年四月、「いま養蚕と収麦の季節であるから、しばらく兵を休めよ」という意見をかえりみず、かれは、康承訓への決戦を挑んで、大敗を喫したのであった。こうした反農民的作戦は、農業生産の破壊をもたらし、わずか数万の軍隊の給与すら涸渇して、富家・商人に対する七〜八割の財産税収奪を強行しなければならなかったのである。このことは、淮南進攻作戦を中止したかれの誤謬と共通のものを含んでいる。要するに、農民解放の場に自己の姿勢を設定しえなかった龐勛の立場が、一貫して、かれを敗北へみちびいたのである。

谷川は、最後に改めて「藩鎮体制と農民」という章を設け、藩鎮の支配の下にある農民の状況に触れ、均田農民の分解の結果生じた階層である土豪と傭兵は、互いに両極をなしながら、反農民的武力秩序を一貫して構成したとする。谷川は、また、随所で農民の反乱、農民の革命性をどのように評価するかという検討を行っており、あえてこのことについて「追記」をしたためる。

「龐勛の敗北以後、数年ならずして黄巣の大反乱が生み出されてゆくのは、どういう事情に支えられていたのであろうか。この点、黄巣の乱の初期に生じた王仙芝と黄巣の意見の対立は、示唆的である。この意見の対立は、両派の分裂をひきおこし、王仙芝は、唐軍のために敗死した。一方、黄巣派は、大きな勝利をかちえた。それは、黄巣派が当時の農民の革命性を確信し、これとむすびついたからであった。このように黄巣の反乱の大規模な展開と持続の背後には、上のような二つのコースの間の闘いがあり、革命的コースが他のコースを完全に圧倒した事情がある。この二つのコースは、農民の革命性を信頼し、これと結びつくかどうかによって、決定される。そして、その農民的コースのみが、貴族政を根本的に否定しうるものであったと想像されるのである」。谷川は、研究開始一貫して依拠してきた内藤湖南の見解に少しく批判を加える。「こう考えるならば、内藤博士が、貴族政を克服するものとして、藩鎮という成り上り者の世界をとらえたのは、実は、裘甫の乱における知識分子、龐勛、あるいは王仙芝らの立場と同じ立場からではなかっただろうか。それは、貴族政に対立しながらも農民を信頼できない立場である。それは、大まかに云って、動揺する土豪の立場である。私は、ここに、第一次世界大戦直後の内外の情勢のなかでまとめられた「中国近世史」の位置を、やや探りうるようにおもう。第二次大戦後にあらわれた唐宋変革研究の諸労作は、内藤博士のこうした立場をぬけ出そうとしているが、そこにはなお種々の不徹底さを免れることができないでいる。この小論自体、きわめて不十分であるが、以上のような問題を提起して、今後の研究をふかめたいと考える」。

一九五二年から一九五六年に至る時期の六篇の論文のうち「唐代の職田制とその克服」、「武后期末年より玄宗朝初年にいたる政争について――唐代貴族制研究への一視角――」及び「〔書評〕谷霽光著『府兵制度考釈』」の三篇に共通しているのは、他の諸篇のように中国社会全体の規模で展開されていく民衆の反乱を直接の対象とせず、いずれも唐帝国における農民或いは庶民階級の存在形態を直視しながら、官僚制及びそれに支えられている貴族制の直面する現状を検討していることである。

ここまで谷川の学界動向「隋唐帝国をどう考えるか」に続いて見て来た三篇は、「龐勛の乱について」の末尾に黄巣の乱が言及されていることを念頭に置けば、八世紀後半の藩鎮台頭から唐朝滅亡に至る唐後半期の民衆の反乱に関心を集中している。谷川は、すでに、「唐末の諸叛乱の性格」を発表した一九六三年には、北魏をはじめとする六朝に関心を移していたが、この論文の三「叛乱の意義」で、「唐末の諸叛乱は唐代藩鎮の限界を超えて直接に唐朝そのものと対決した。その主体は、貧窮化し無産化した民衆であった」と指摘し、来るべき宋代以後の「近世」について、次のような展望を述べる。「五代はその過渡期をなすが、富商・地主のヘゲモニーの確立された宋朝以降においても、民衆にたいする人格的支配は完全さを欠き、したがって君主独裁制とよばれる権力の集中化を容認しなければならなかったのである」と。ただ、「このような「自由」な民衆とその支配者（富商・地主・軍閥）との関係をどう規定するかは、多年の時代区分論争と関るが、ここでは結論を保留しておきたい」と述べるに留まる。すでに一九六一年、谷川は、一般論として「共同体論」を提起していたが、唐代史、あるいは唐末五代史に即した社会構成に関する自身の全体的な展望は、三編の民衆反乱研究の成果としてはまだ打ち出せていなかったのである。

三

谷川が一九五二年の「隋唐帝国をどう考えるのか」からはじまる隋唐史研究を中止し、一九五八年の「北魏末の内乱と城民」に至って六朝史に転換した後、一九六三年の「唐末の諸反乱の性格」ではなお余韻を残していたことは今も見た。しかし、その後、一九七五年の「隋唐政治史に関する二三の問題――とくに古代末期説をめぐって――」は、こうした空気を断ち切った。第一期の中心課題であった「隋唐時代の民衆反乱」とは全く異なる第二期の隋唐史の始まりである。一九七一年の『隋唐帝国形成史論』では、すでに「中国中世の国家と共同体」という副題でそのことを宣言していた谷川が、隋唐史においても新たな出発をしたことが見てとれる。

「隋唐時代を中国史の全過程のなかにどう位置づけるかという問題」は「敗戦を契機としてわが中国史のあり方に反省を加えんとするところに根本的動機」がある。「その時代区分法によれば、いわゆる唐宋変革とは、中国における古代奴隷制から中世封建農奴制への社会構成上の発展を意味するもの」であった。その「奴隷制説は隋唐時代についても主張されなくなった」が、「隋唐―古代末期説は、戦後を最も自覚的に生きてきた学説の一つ」であり、「その意味で、この説の内容を明らかにし、またそこから生ずる問題点を明確にすることは、この説に立場に立つと否とに関わり無く、今後の隋唐史研究に有益であると信じて疑わないものである」。隋唐―古代末期説を古代＝家父長的家内奴隷制説によって説き、それを自ら撤回して国家の個別的人身支配説を唱えて主張を継続した西嶋定生の説を受け、唐宋変革の意義を新たに位置づけたのは一九五〇年の歴史学研究会の大会における堀敏一の報告「中国における封建国家の形態」である。谷川が本論文で中心的に問題とするのが、堀の以後の唐宋変革理解及びその前提となる隋唐寄生官僚国家という主張である。かつての唐代社会の基本関係を国家・貴族対農民を中心とする被支配者たちに比定して歴史発展の原動力を民衆反乱に求める谷川の視点はここにはない。「国家を社会内部の階級関係から超絶した存在としてとらえることとできるであろうか」と谷川は問い、「共同体関係と階級関係の相互媒介こそが中国社会ことに六朝貴族制社会の支配の実態ではないか」と自己の一九六一年頃から提唱してきたいわゆる共同体論の主張を述べる。

唐宋変革の論理についても、堀氏と軌を一にする栗原益男氏の「貴族政治から文臣官僚体制へ」などを取り上げ、「古代律令国家の崩壊の中から形成された武人間の私的主従関係は、かく非世襲的な、いわば未成熟な段階に止まった」ことが「宋朝以後の集権的文臣官僚体制を成立せしめたことと関っている」とし、「藩鎮の私的結合関係の中に前封建的家父長的性格を見ながら、結局それが封建的政治機構に発展しえなかった未熟さを説いたものである」という。

同じ一九七五年の布目潮渢・栗原益男共著の『隋唐帝国』（「中国の歴史四」）に対する書評の栗原氏担当部分についても、栗原氏は、黄巣の乱後における藩鎮内部の主従関係もなお個人型ともいえる仮父と仮子という個人と個人との関係であって家と家との関係にまで定着したものではなく、封建的主従関係を特徴づける双務的なものでなく未熟かつ不安定なものであったとしていると批判する。

「河朔三鎮における節度使権力の性格」（一九七八年）は、「隋唐政治史に関する二三の問題――とくに古代末期説をめぐって――」と問題意識を共有する。谷川は、藩帥と牙軍及び藩帥と家兵集団という二種類の関係には。共通して主帥の家父長的家産制支配が見出せるという堀や栗原の理解を導いたのは、両人が古代→中世への移行、すなわち封建化を考えているためであろうと推測する。そうした理解が果たして妥当であるかを検証するため、藩鎮体制のより内在的な考察を期し、二種類の関係のうち、焦点を藩帥と牙軍の関係に当て、藩帥と牙兵との対立が最も顕著にあらわれる河朔三鎮を主たる材料として観察する。藩帥と官健との関係は、人頭的個別人身的支配という言葉では律し切れないものがある。きわめて閉鎖的排他的ではあるが、一種自立的集団としての官健の世界を想定しなければならない。家父長的家産制的支配は、藩帥権力の一面及び形式でしかなく、当時の藩鎮体制を歴史的に〔古代的であるとして〕範疇づけるものではないことは確実である、というのが谷川の結論である。

北朝史を主体とする六朝史を追求する傍ら、隋唐史に関して評論二点とは別に専論を断続的に書き始めた第二弾が論文「北朝末～五代の義兄弟結合について」（一九八〇年）である。この論文では、六朝史家としての活動を本格化させつつある一九五八年以後の自分をより明確に打ち出しつつ、唐代後半期以後の時代の歴史的性格に言及している。谷川は、義兄弟結合の行われるケースを、Ⅰ、国家・政治集団の首長レベルにおいて、Ⅱ、政治的社会的支配層の間において、Ⅲ、無名の武人世界において、という風に、六朝末から五代にかけての約四百年間には、社会のあらゆる次元で、義兄弟結合が行われた、と考える。しかしその四百年のあいだ、この三類には、それぞれ時期によって消長がある。ⅠとⅢは隋末内乱の時期に一時顕在化するが、とくに盛行するのは、唐朝後半期と五代である。

谷川の大胆な結論は、以下の如くである。

「本稿を草することによって得た歴史の感触は、六朝末から五代に至る数世紀の間に、貴族制社会の身分的閉鎖性を超えて、民衆のひろびろとした世界が歩一歩切り拓かれていったのではないかという点である。そしてそこにおける擬制家族的結合は、こうした世界を象徴するものであろう。あえて言えば、かれらは家族の観念に託して、新しい世界の友愛関係を摸索したのであって、これをヨーロッパ風にフラターニティと表現しても差し支えないのではないかという気さえするのである。少なくとも、それが家族の観念に依存しているからと言って、これを古い家父長制の延続と見る必要はないのではなかろうか」。

西魏・北周・隋・初唐の諸政権の軍事的根幹であった府兵制に関する中国及び日本の一九八〇年代に至る厖大な研究成果の蓄積を提示しつつ、府兵制への接近の方法についての提案を行い、それを通じて府兵制への新たな理解の導入を期したのが、谷川の「西魏・北周・隋・唐政権と府兵制」（一九八四年）である。なお、谷川は、本研究で西魏・北周・隋・初唐を時として魏・周・隋・唐と呼ぶ。

府兵という制度は、これら諸政権の全体的構造のなかにどのような位置を占めるのか。魏・周・隋・唐の諸政権が実は府兵制の統帥府を起点として形成され、それ故、諸政権・諸国家の歴史的性格を解く関鍵の一つは、府兵制にあり、しかも府兵制は、これら諸政権・国家の実施した諸制度の一つであるにとどまらず、政権・国家のパワーそのものであった。中国再統一を実現する能動的要因であったこのパワーは、人びとのどのような結合であったのであろうか。谷川はこうした観点から改めて府兵制を観察する。

谷川によれば、府兵制は、国家権力が地方の州郡制社会に食い入って、集権的軍事機構を確立してゆくためのシステムであった。そしてこのような意図の貫徹を媒介したのは、郷兵組織であった。地方郷党社会における人的結合関係がこれを媒介したのである。国家は郷望と郷人との人格的関係を利用して、これをそのまま郷帥―郷兵の将兵関係に転化し、これを中央化したのであった。端的に言ってしまえば、地方郷党社会の中央化である。魏晋時代以後中国社会の特色の一つは地方郷党社会の自立性にあるが、その特色を活かしたまま、これを中央権力のなかに編制したのである。

谷川は、再統一時代の歴史を創ってゆく府兵制の根底に府兵の自発的な意識がはたらいていたことを最後に述べる。「貞観政風の一研究」（一九八七年）は、一九七八年以後の自身の第二期の隋唐史研究、すなわち、六朝史を主対象としながら、それと併行して進められた谷川の隋唐史への取組みの新たな色合いがより鮮明になってきた作品である。谷川は、中華人民共和国成立後、貞観時代の政治に関する研究が盛んに行われ、一九八二年、『歴史研究』編輯部は、それらの中から十五篇を選んで、『唐太宗与貞観之治論集』（陝西人民出版社）という論文集を刊行したことを挙げる。谷川は、「貞観の治」の推進主体について考えるとき、統治階級を個々人の功業において見る以前に、一個の政治集団としてとらえ、その集団意志がどのように形成されたかを考えなければならない、とする。谷川によれば、それは、隋朝の政治を超えてゆこうとする、統治階級における一種の整風運動と言ってもよいかも知れない。そして、その先蹤は、すでに西魏、隋初に見られた。門閥主義をのりこえようとする官僚内部の志向が、これらを支えていたのである。貞観の政治論議をその延長線上にとらえることは不可能ではない、という。谷川は、政治史の展開をとらえる方法について、若干の新しい観点を提供した、と自己評価している。

「河朔三鎮における藩帥の承継について」（一九八八年）は、藩鎮の自立性の高まりとそれに代わる集団の五代における形成を論じる。

藩帥を選ぶ主体は、究極的に軍である。軍は一つの自立集団である。官健は、本人および家族の衣食を給せられていた。このような待遇を受けることは、当時としては生活上の特権であったと言わなければならない。河朔三鎮の将兵があれほど河朔旧事に固執したのも、この特権を守るためであった。当時の藩鎮社会は、この共通の利害で結ばれた集団であり、まさに「親党膠固」であった。その意味において、ここには身分制は存在しない。利害を共通にする軍人とその家族が相互に結びついたものであり、その集団の性質をあえていえば、「仲間集団」とでも表現するほかはない。

しかしながら、藩帥が軍という仲間集団の一員であるとは言っても、この集団は完全に自立して存在するわけではない。藩帥が使職である以上、究極的には、朝廷の任命にかかるものである。藩帥だけではない、将兵じたいが官健であり、官兵として給与を受けるのである。かれらの特権は、官兵たるところから本来的に発生する。そしてその特権は、一面で天子の使臣であるところの藩帥によって保証されるのである。

このように、河朔の藩帥は一方では仲間集団の一員であり、一方では朝廷の使臣であるという、矛盾した二つの面をそなえており、現実にはこの両面の間を揺れ動いてゆかざるを得ない。この矛盾をのりこえて藩鎮が一段と自立性を高めて行くのは、黄巣の乱以後である。五代末期、趙匡胤が仲間から黄袍を着せられて帝位に就いたといういきさつは、このような仲間集団が統一国家にまで発展して行ったことを、象徴的に物語っている。

谷川は、一九九〇年代の半ばになって、隋末の内乱から唐初期、及び「安史の乱」時期の社会集団について論じる。「隋末の内乱と民衆――剽掠と自衛――」（一九九五年）は前者である。とめどもない乱離に堕ちこんでゆく隋末の情勢にあって、これを必死に食い止めていた各地の地域防衛集団の役割を重視する。それは州県制再建の基礎となって、地方社会の安定に貢献してゆくのである。ここで、谷川は、六朝史家となって以来の自からの考えを踏まえて、このように総括する。

自分は多年、魏晋南北朝社会の基層構造に関心を抱いてきた。そして、そこには一貫して郷望と郷民との自発的結合が働らき、それがまた政治権力の基礎をなしたことを主張してきた。隋末唐初の内乱においても、相似た構造が看取される。かつての指導層は豪族乃至貴族という表現にふさわしい階層であった。一方、この時代の指導者たちを一概にそうよぶことができるかどうかは、細かな検討を要するが、かれらがその郷里社会に強い人格的影響力をもち、それが自衛に際しての指導力になったことは疑いない。かれらが総管・刺史に任ぜられた期間は決して長くはないけれども、その機会に獲得した官爵が、以後彼らの士大夫身分を保護したことはいうまでもない。その身分が更に子孫によって継承されてゆくとき、そこに唐朝貴族集団の一員たる資格が生れるのである、と。

「顔真卿と李㝢」は一九九七年に書かれた「安史の乱」期についての論文である。谷川は、前述のように、一九五四年の論文「「安史の乱」の性格について」において、この乱が、本質的には、唐朝節度使安禄山が玄宗の側近楊国忠との対立のすえにひきおこした「内乱」であったことを冷厳に直視し、他方、河南・河北地方における反乱軍への抵抗の動きの中に、民衆の「武力的生活的団結体」としての側面や共同体的原理と階層的原理という二本の基線がつらぬかれていたことを予測していた。二十三年後、一九九七年の本論文では、唐朝の反乱軍に対する動き自体の中に、唐朝の士人たちが、この政治的パニックに遭遇して、事態をどう認識し、それにどう対処しようとしたかという問題の検討を試みる。その際、谷川は、反乱に対して、いち早く旗幟を鮮明にした平原郡（徳州）太守顔真卿に注目する。天宝十五載春、顔真卿を盟主とする平原・清河・博平三郡の連合軍が、禄山側の魏郡（魏州）の兵を堂邑（現山東省堂邑県）に破って大きな戦果を挙げた作戦の仕掛人李㝢、及び顔真卿と李㝢との関係をとりあげ、当時の士人たちの風気を追求する。民衆の問題ではなく、士人の問題として論じている。

谷川は、少なからぬ伝記資料、開元天宝時代における文人たちの交友関係の調査及び書家に関する研究を踏まえ、彼ら両人及び交友関係にあった人々の多くが六朝以来の門閥貴族の後裔であっただけでなく、交友の基礎がそれぞれの文人としての才能と独立不羈の人格にあり、時の権勢に異議を唱える自立の精神、総じてこの時代に特有な自由の精神を共有していたと推論し、顔真卿と李㝢が平原＝清河の共同作戦を組む心理的なきずなとなったとする。

隋の煬帝は、父文帝の立てた地方行政を更に簡素化し、中央—郡—県の支配系統を整備して集権制を強化しが、その後、この動きと逆行するように郡の長官である太守とこれを助ける丞との中間に、通守・内史を置いた。これは伝統的な門閥貴族制度に対する革新的性格をどこかに宿しているように見えるが、実は自己の失政を弥縫するために地方行政を補強したのであった。「隋代の通守について」（一九九三年）は、この通守制度についての論考である。

「則天武后の明堂」（一九八三年）で、則天武后が垂拱四（六八八）年に、政教両面において君主の聖性を象徴する空間である明堂を建立したことについて記す。天子の正殿である乾元殿を取り毀し、東西南北各三百尺、高さ二九四尺という偉容であった。六朝以来、民衆の心底をゆさぶってきた弥勒菩薩への熱い思いを、自己の権力の聖化に利用せんとした。

「七〜十三世紀内陸アジアの君主権の研究」（一九八四年）は、谷川の以下の見解を記す。漢から六朝に至る間に、中央と地方、直轄と封建、漢族国家と非漢族国家の区分が不分明となり、これを受けて唐代の広大なる非漢民族地域における千差万別の部族は、その部族固有の社会組織を保持したまま、都督府—州—県という共通のシステムで管理され、終極的に皇帝権力に結びつけられていた。漢帝国的な観念からすれば輪廓不鮮明な世界であるが、この世界こそはさまざまの地域、さまざまの民族を包容し得たのであった。

四

谷川は、前述のように、「一九五八年頃から六九年頃にかけて発表した六朝史——五胡・北朝史——に関する一連の論稿をもとにして、ひとつのまとまった形に編集した」著作を、一九七一年に発表した。一九五八年にまず論文「北魏末の内乱と城民」を発表し、以後、一九六八年の「五胡十六国史上における苻堅の位置」及び「高熲と隋の政界」に至る十一本の北朝史研究の論文を集約して、同人の最初の著作『隋唐帝国形成史論』（筑摩書房）をこの年、世に問うたのである。本篇「北魏研究の方法と課題」は、『隋唐帝国形成史論』には収録されていないが、一九六四年三月に『名古屋大学文学部研究論集』に発表されている。この年は一群の北朝史研究諸論稿を発表した約十年間の半ばに位置しており、谷川の隋唐史研究の中絶から北朝史研究の展開に至る思想・方法論的展開の過程を如実に記している。谷川の記述を辿る。

「北魏王朝は、当時の中国の最も開発された地域である華北地方を占領・統一した最初の異民族王朝として、中国史上に特異な位置を占めている。しかも、この王朝が中国社会の史的展開の上に及ぼした影響はきわめて大きいものがあり、魏晋南北朝から隋唐にいたる歴史の趨向は、この王朝によって決定づけられたといっても過言ではない。わたくしがここで論じようとするのは、こうした特異な位置を占める北魏社会を、どのような観点で追求したならば、その意義がさらに明らかとなり、ひいては魏晋南北朝・隋唐時代の歴史的性格が明確になってくるであろうかということである」、谷川はこのように始める。

「最初の研究（「北魏末の内乱と城民」）で北魏末の内乱をとりあげたのは、おそらくそれが魏晋南北朝から隋唐への転形を最もよく象徴する事件であろうと予測したからである。いってみれば、隋唐社会はここに直接的起源をもつと考えた。そして、唐代研究で抽象的にしか用いえなかった「民衆」ということばを、ここでは、一定の歴史的内容をそなえたものとして摑んでみようと試みた。北魏末の叛乱の契機が、身分低下に遭った北族系軍士の不満にあったことは、従来から指摘されているとおりであるが、わたくしは、かれらの歴史的なすがたを「城民」という当時の歴史用語で表現し、そこからこの事件のもつ意味を考察しようとした。城民とは、一般的にいって、かつて自由であったがいまや賤民的地位になり下った専従軍戸を、その内容としている」。

この内乱は「六鎮の乱」という名称で表現され、北方六鎮に配属・定住された北族系軍士の暴動であった。さらに、かれらがかつて自由民であったというのは、『隋唐帝国形成史論』序説「隋唐帝国の本源について――中国中世の国家と共同体――」によって補えば、以下の様である。

「「城民」の主力は鮮卑系兵士であって、征服種族に属するかれらが最初から賤民化の契機をつよくはらんでいたとは考えがたい」。「反乱前夜の六鎮の状況が示すように、むしろ彼らは本来自由で国家の栄光をになった軍士であったのが、ある時期以後その地位に変質を来たし、賤民化の契機をはらむに至った。その地位の変質とは、州郡民との位置の逆転に他ならない。かれらと州郡民――その代表者は漢人貴族である――との区別は、もともと前者の名誉ある地位を保証していたのであるが、北魏国家の変質、すなわちその門閥制国家への転身によってこの関係は逆転を来たし、この区別はむしろ城民の賤民化へと機能するに至ったのである。それはただに北方六鎮のみに生じた状況の変化ではない。城民とその蜂起の事実が華北各地に見出されることから、この逆転は全北魏的規模においてはたらき、その反作用もまた華北全土を被ったのである。六鎮はこの矛盾のもっとも尖鋭化した結節点として存在したのであった。以上のように考えれば、北魏末の内乱とは、自由民から賤民へ、という歴史的状況、および賤民から自由民へ、という志向と行動――この二つの契機を軸としてとらえることができるものではなかろうか」。

谷川は、このような見通しをもって、既往の北魏社会の研究を、日本の河地重造「北魏王朝の成立とその性格について――徙民政策の展開から均田制へ」（『東洋史研究』一二―五）、中国の李亜農『周族的氏族制与拓跋族的前封建制』（上海人民出版社、一九五四年）及び韓国磐『北朝経済試探』（上海人民出版社、一九五八年）の先行研究に即して詳細に検討する。さらにそれらを踏まえて、北魏時代の中国社会について次のような見解を提示する。

「あえて想像をたくましうするのであるが、当時の郷村は、古代社会の廃墟の上に萌え出た、新時代の起点ではなかったであろうか。ただ、それは順調に伸びることができず、戦乱による破壊をくりかえし受けながら、北魏時代に到達するのである。北族の部族共同体と漢族の郷村社会と――それは一見全く無縁な双方の出会いのように思われる。しかし考えてみれば、いずれも古代世界の克服を使命として登場してきたものである。両者の結合は決して偶然ではない。北魏時代は、その実現の一歩をふみ出した時代ではないかとおもうのである」。

谷川は、北族の部族共同体と漢族の郷村社会との結合という北魏時代の中国社会固有の特質の中に、今後の中国社会の進展の手掛かりを見出そうとしている。谷川は、この論文で明確に六朝史研究を自己の中国史研究の方向として確立した。その方法や内容の特徴は、『隋唐帝国形成史論』(前掲)、『中国中世社会と共同体』(国書刊行会、一九七六年)、『中国中世の探求――歴史と人間』(日本エディタースクール出版部、一九八七年)という一群の著作に示されているが、本書によって広く知られるものも少なくない。その中で、上記の既刊の著作のうち、第二、三作には必ずしも多くない北方の地域社会の具体的な存在形態を対象として作品群は、いずれも上・Ⅱに収められ、谷川の新しく切り開いた研究のもつ着実な実証性を示すものでもある。

一九五二年から開始され、五六年にかけて行われた隋唐史研究における谷川の初期の特色は、停滞論打破の立場に基づく戦後日本の歴史学研究の考え方への共感と京都学派の骨格をなす内藤湖南の中国史把握の方法、さらに資治通鑑の叙述の影響の他、反乱の主体となった多様な民衆の存在形態への着目が顕著であった。一九五八年に北魏研究に従事して以来の谷川の研究は、反乱の主体となった民衆の存在形態のみでなく、中国固有の広汎な自営農民の存在形態への注目が際立つ。

四世紀末に建国した北魏は、五世紀の半ば近く五胡諸国家の征服を達成して、華北の統一を実現した。「自営農民と国家との共同体的関係――北魏の農業政策を素材として――」(一九八〇年)では、まず、北魏の華北統一期における農業政策、具体的には、「徙民」―移住民政策とそれを可能ならしめる措置としての「計口授田」政策が検討される。谷川は、多くの徙民の事例のなかで、計口受田が実施されたただ二つの例として、『魏書』二太祖紀の天興元年（三九八）正月、および『魏書』三太宗紀の永興五年（四一三）七月を挙げ、次のように述べる。計口受田の両記事は、いずれも被征服民の身体をはなはだしく拘束し虐使することはせず、被征服民をあらたに自営農民として北魏帝国の民に加えたのである。自営農民は自己の占有地で小経営的に自己と家族を再生産しつつも、勧課の語で表されるような国家の指導＝強制の下に置かれ、国家体制の一部分として政治権力によってとらえられていた、と。なお、谷川はかれらの倫理的自覚を日常的にうながす役割をつとめていたのは、豪族層であったという指摘を加える。谷川は、当時の北魏が自営農民社会であり、歴史の推移としては、国家の統一性が強まるにつれて、豪族共同体から国家共同体へというプロセスをたどるのであろうと展望する。ただ「両者がともに基盤とするのは、自営農民社会である」とするように、ここの記述だけでは、この展望は、谷川自身も述べているように「大まか」に過ぎる。

「後漢末・魏晋時代の遼西と遼東――時代の転換と辺境社会――」（一九八九年）は内藤湖南の『支那上古史』「緒言」から始まる。そこにおける中国史の時代区分の主題は、「中国文化の外部的発展」〔A〕と「それによって自覚した周辺種族勢力の中国内部への進出」〔B〕という二つの方向の相互作用に置かれている。中国史の第Ⅰ期、開闢から後漢の中頃までの「上古」は、中国文化が中国本部に充実し、それがさらに外部にあふれ出た時代〔A〕であり、これに対し、第Ⅱ期、五胡十六国から唐の中世までの「中世」は、歴史が周辺種族勢力から中国中央部への方向へ大きく傾いた時代〔B〕であった。要するに、〔A〕から〔B〕への方向転換は、中国史上の一大画期を形づくるのである。内藤湖南はこの二つの方向の間、すなわち後漢の後半から西晋まで、すなわち「上古」から「中世」までの中間に「過渡期」を置き、「この間は支那文化の外部発展がしばらく停止した時代と謂ってよい」とするが、その「過渡期」の内容については、何も述べていない。谷川は、宇都宮清吉の湖南の時代区分論への疑義に刺激を受け、「過渡期」の時代構造を実態としてどのように理解するかという課題を設定し、それを特定の地域に即して考えてみたいとし、その特定の地域としては、中国文化が周辺種族とあい接する辺境地方——遼西と遼東を取り上げたいと述べる。

遼西と遼東ではどのような現れ方をするのかと問題を具体化した谷川は、匈奴勢力の後退に比例して、烏桓・鮮卑両族の活動に注目する。谷川によれば、建安十二年（二〇七）における曹操の親征以後、代わって遼西・遼東へ南進してきたのが鮮卑族であり、以後同族の慕容廆が真に支配者としてのヘゲモニーを確立し、慕容部はその後遼西に進出し、さらに河北に進入して前燕国を樹立する。遼西・遼東地方における「過渡期」の時代はここに終わる。

しかしながら、この時期の遼西・遼東に烏桓・鮮卑等の諸種族が何の抵抗もなしに、塞内に入り込んで郡県を占拠したわけではない。そこには土着の力が生み出した公孫氏の二つの勢力があり、かれらが自立性を強め、後漢王朝の中央集権支配を打破り、自らも群雄混戦の中に混入していく。やがて魏晋政権が伸張し、又その過程で鮮卑族が大きな役割を果たし、自らの政治的地位を高めていった。

谷川は、本論文を通じて自ら注目する北魏の成長の過程が、遼西・遼東における「過渡期」の形成と結びついていたことを明晰に記述した。地域の資料に基づく具体的な着目は、谷川の方法の隠れた特徴である。

「六朝時代における都市と農村の対立的関係について——山東貴族の居住地問題からの接近——」（一九九二年）は、六朝時代の都市と農村との関係についての研究史を辿り、六朝時代の都市と農村の関係を分立と対立としてとらえるのは宮崎市定である、とする。すなわち宮崎は、古代社会の基本構造である都市国家がどのようにして崩壊し、中世的聚落体系へ移行していくかという問題についても、深い関心を寄せ、「行政官庁の治所となって比較的大きな人口を擁する城郭都市と、そこから離れて田野に散在する村落との対立する六朝社会は、それ以前の漢代には見られなかった新現象である」と「中国における聚落形態の変遷について」及び「六朝時代華北の都市」などの論文で述べている。谷川は、一九五八年に発表した前掲の「北魏末の内乱と城民」という論考のなかでも、宮崎のこれらの論文に学びつつ、「六朝時代とは、都市と農村の分化と対立が第一歩をふみ出した時期だといえるかもしれない。このことは聚落発展史上の意義に止まらず、社会の支配体制の問題にも関連するであろう。すなわち、六朝時代の都市とは、農村への対立者として、すぐれて政治的・軍事的な機能を帯びるものであり、城民とはそうした機能をになわせられた民衆の歴史的存在形態ではないであろうか」と述べている。

そして、谷川は、本論文では、北魏末、前廃帝（五三一～五三二）のとき、「土民」崔・張の率いる十余万の衆が、青州の治所である東陽城を包囲した事変を取り上げる。谷川は、「北魏末の内乱と城民」においては、この事変の背景としては、農村の世界を想定し、そこから当時における都市と農村の対立の構図をえがいたが、いうところの農村の実態を把握していなかった。谷川は、この反省に立って、ここでは、まず崔・張の指導する反乱勢力の実態を考察し、次には、それを手がかりとして、華北地方全体について、都市・農村の対立構造をとらえるようとする。主として、『魏書』をはじめとする広く正史の列伝を駆使し、「土民」崔祖螭・張僧皓がともに青州管内に居住する望族であったことに始まり、広く三斉地方（今日の山東省の中部及び東北部）の貴族階級（豪族階級）の本来的居住地が郷村であったことを生き生きと記述する。谷川は、そうであると認定できるとすれば、豪族共同体の理念問題を考える上で、大きな示唆となるであろうとする。貴族階級と一般農民とが郷村という同一次元の世界で生活していたことが、共存の思想と関わりあっているとおもわれるのである、という。

谷川は、一九五八年の北魏研究の開始以来、六朝史研究者として自己の中国史研究を進めたが、その際、先述のように、農村社会における自営農民に関心を注いだ。本論文「六朝社会史をめぐる最近の研究動向——分期問題と共同体論——」（一九八二年）において、一九七〇年代後半以降の中国において復活した分期問題、例えば奴隷制から封建制への転化の時期への関心を検討する際にも、中国史における自営農民という存在に注目し続けている。谷川は、「自営農民の存在様式という問題を考えてゆくと、そこにどういう研究領域が開けてくるであろうか」と提起し、「かれら〔自営農民〕は決して家族と自家所有地だけで孤立して生きているのではない。その血縁と地縁のつながりはかれらの具体的な生活環境を形成し、かれらはそれとの相互規定関係において生存しているわけである。つまり自営農民の存在は必然的に社会関係を生みだすのである。国家と自営農民との階級関係も、このような社会関係を媒介とすることなしには貫徹されない」と述べている。

谷川は、同時に、中国における新たな研究動向として、近年、中国の各誌に発表された趙克堯氏らの研究もまた、谷川と同様に塢や初期道教教団について論じているが、その論旨の中には自分の考え及ばなかった点もあり、学ぶべき事柄が少なくないとして、主として趙氏の単独執筆になる「論魏晋南北朝的塢壁」（『歴史研究』一九八〇年六月）を取り上げる。

「趙氏は塢壁を六朝時代の全期を通じて存在した社会の基礎構造と考えているようである。そこには共同性と階級性の両面が内蔵されている。塢壁はまた生産力低下の結果であり、同時に生産方向上の原因である。氏はまたいう、塢壁は政治的分裂の結果であるが、それを助長するものではない、かえって政治的統一を維持するものであったと。こうした論理から見ると、塢壁を単なる歴史事象の一つとしてでなく、六朝時代の時代的特質の凝縮体としてとらえようとする姿勢がうかがわれる」と趙克堯氏の論文を高く評価する。

谷川の中国史研究の論著の特徴の一つは、ここで言及した趙克堯氏らの研究の紹介のように、中国における中国史研究の動向の把握をたゆむことなく行い、その主旨をまず客観的に紹介し、同時に自己の見解を対置していることである。実は、谷川は、日本における他者の中国史研究についても、常にしっかりとフォローし、その結果を報告し、自己の見解を対置している。こうした学問態度は、日本では、場合によってはかえって誤解や反発すら招くことがあるが、私は、自分が十分にはそのようにできないこともあって、その肯定的側面を高く評価したいと考えている。次に言及する堀敏一との論争は、谷川の他者の研究への上記のごとき誠実な態度の典型であり、相手の堀の他者評価が同様に真摯な態度に貫かれていることとともに、注目しておきたい。「二つの豪族共同体論——堀敏一「魏晋南北朝時代の『村』をめぐって」を読む——」において、谷川の取り上げたのは、堀の①「中国古代史と共同体の問題」『駿台史学』二七（一九七〇年）、②中国中世史研究会編『中国中世史研究　六朝隋唐の社会と文化』に対する書評『史学雑誌』八〇—一二（一九七一年）、③「魏晋南北朝時代の『村』をめぐって」唐代史研究会編『中国の都市と農村』（汲古書院、一九九二年及び堀敏一『中国古代の家と集落』（汲古書院、一九九六年にも収録）である。とくに、③では、豪族とその許に結集してきた民衆との関係を重点に、論が進められる。そのために用いられた基本史料は、『三国志』巻一一田疇伝と『晋書』巻八八孝友・庾袞伝である。田疇は右北平・無終の人。幽州牧劉虞の従事に選ばれ、虞の命を受けて長安の朝廷に使したが、その間に劉虞は公孫瓚に殺された。そこで田疇は主君の仇を討つべく、宗族その他附従数百人を率いて徐無山中に立てこもった。そこでは耕作も行われたようであるが、後漢末の動乱を避けた民衆がこれに帰附し、数年の間に五千余家にふくれ上ったという。一方、庾袞は、潁川郡出身の名族で、東晋明帝の皇后の伯父に当る人であるが、かねてから徳行を以て知られ、数々の美談を残している。西晋八王の乱に際し、その同族及び庶姓を率いて禹山に避難した。この庾袞とさきの田疇が率いた所謂塢の集団は、魏晋争乱期の難民集団の実態をよく伝えているので、従来しばしば議論の対象となっているが、堀もこれらのケースを中心に、「村」の構造を考察している。

谷川が問題にしているそのひとつは、田疇・庾袞両伝において、かれらが共に集団の首長に推された経緯をめぐる堀の理解についてであり、次に、集団が田・庾のイニシアティーヴによって規約をもつことになった点に関する堀の分析についてである。ここでは、両者の見解の立ち入った紹介は省略する。ただ、谷川が、まず、上記『三国志』田疇伝と『晋書』庾袞伝の該当箇所をすべて書き下し文で引用しており、その上で堀の作為を加えた資料解釈とみずからの無作為な資料解釈とを対置し、堀の見解とみずからの所謂豪族共同体の立場に立つ認識を提示しているので、読者は自己の見解の所在を容易に把握しうる。なお、谷川は堀が中国社会を世界史的普遍性の下でとらえようとする努力に敬意をはらいつつ、堀の方法はヨーロッパ中世の村落共同体が基準となっている印象を拭い去り得ないと述べている。

なお、「北朝郷兵再論——波多野教授の軍閥研究に寄せて——」で、谷川は、軍閥に造詣の深い中国近代史研究者波多野善大が、府兵制の二つの特徴——自由民兵制と尚武の傾向に鮮卑族以来の北方民族の特徴を見出したことを評価しながらも、そこには漢族の社会の影響、特に六朝後期の門閥貴族制否定の潮流が反映していることを指摘している。谷川が、専攻を異にする研究者の業績に対しても丁寧に客観的な学問的評価を行っていることが示されている。

「六朝・隋唐社会の史的性格より見た「東アジア世界」」(一九七八年)問題では、古代の郷里共同体の解体は漢的「世界帝国」の基礎を揺るがせたが、それは同時に中世的豪族共同体の生成過程であり、中国における〝中世〟世界の出現と同時に周辺世界における〝古代〟国家が出現し、東アジア世界が成立することを想定したものである。「東アジア世界形成期の史的構造——冊封体制を中心として——」(一九七九年)は、同じ趣旨であるが、中国史が漢帝国を超克しえてより高次な段階に踏み込んだ故にこそ、周辺民族を共通な政治体制の中にまきこみ、周辺民族の首長ないしその側近の支配層を官僚化し、周辺民族の国家統一を促進した、という展望を打ち出したものである。

五

本書上・Ⅰのうち、二〇〇二年の「中国前近代社会の基本構造試論」及び二〇〇九年の「中国国家論序説――階級と共同体――」は、谷川自身の中国史研究方法論を対象としたものである。その中でも「中国前近代社会の基本構造試論」は二〇〇〇年代に到達した谷川の考え方を打ち出している。

中国の『歴史研究』編集部と南開大学歴史系は、一九九九年十一月、共同で七十余名の研究者を集め、「中国社会の形態及びその関連する理論問題の学術研究会」を開催し、二〇〇〇年、『歴史研究』二月号は、参加者中十二名に依頼して、特集記事「社会の形態と歴史法則の再認識に関する筆談」を掲載した。谷川は、先ず何よりも、この学術研究会開催の趣旨に感銘を受けた。

谷川は、まず、「筆談」で提出された各氏の論点を、凡そ次の七項の問題に分類する。（一）「五つの生産様式」（五種生産方式）の問題、（二）奴隷社会の問題、（三）封建社会の問題、（四）資本主義萌芽の問題、（五）交換経済の問題、（六）中国史把握の方法の問題、（七）中国史の基本的社会関係の問題を挙げ、これらの問題は相互に密接に関連しあうものであるとし、次のように総括する。

「以上のように、「筆談」の論者たちによれば、「五つの生産様式」の理論をそのまま中国史に適用することには、大きな困難がある。それでは、これに代って、どのような方法論が考えられるであろうか。この問題を考えるには、まず、従来用いられてきた生硬な言葉を使わないこと、自分自身の言語系統によって語ることが必要である。また時代呼称も、奴隷時代、封建時代等々の語を使わず、上古、中古、近古、近代などの呼称によるべきである。中国史発展の実際に即して考究することが肝要である。「筆談」ではこれらのことが提唱されているが、一言でいえば、中国史研究の本土化の主張である。しかしその一方で、世界史的普遍性の意識の下で考察することの重要性も無視してはならないこと、世界史の発展段階に比定しつつ中国史をとらえること、しかしまた中国史を典型的な歴史発展の変異としてとらえてはならないこと、等々が指摘されている」。

谷川は、さらに、「細部は別として、大綱では私自身にとっても共感できるものばかりである。日本の中国史研究が戦後半世紀の間に経験し自覚してきた諸問題とも、大きな共通点をもっている。ただ、日本の中国史研究が、中国史把握の原理上の問題を何となく曖昧にしたまま今日に至っているのに対し、「筆談」がきわめて率直明確な言葉で教条主義への反省を語っているのは、大いに学ぶべき点である」として、戦後日本の中国史研究の足跡を「筆談」に即して回顧する。

谷川は、以下、「戦後日本における中国社会構造〔論〕」、「中国史における国家と人民」、「中国史の展開と共同体」と論を進め、「結語」で中国社会の社会構成についての自己の総括的見解を提示する。谷川は、そこで、国家を先験的に階級対立において把握するのは、現象をもって本質とみなしているためであるとして、中国史では、国家権力を人的に構成する皇帝・官僚と人民とが同一の世界に共存していることに着目し、これに「国家共同体」という概念を与える。谷川は、ここで、「国家共同体」という概念が、「中国という文明世界が存立するための必須の条件である。国家本来の存在理由は、統一的な政治的共同体を作り上げて、人民の生活を安定させ、生産活動を維持することに在る」と述べる。しかしながら、「統一的な政治共同体」とは何かは、十分に説明されていない。「国家共同体」との並存を説く「家族共同体」に対する「人民には彼ら自身の世界がある」という説明も不十分だからである。旧来の「五つの生産様式」の理論をそのまま中国史に摘用することには、大きな困難があるという中国の「筆談」の論者たちの意見には、谷川とともに共感できるが、その先の谷川の「国家共同体」「家族共同体」の概念には、右に述べた理由からさらなる考察が必要であるように思える。

さて、上・Iのうち、「研究ノート」と銘打たれた二〇〇一年の「中国社会の共同性について」は、二〇〇〇年来、多くの論議を呼んだ「新しい歴史教科書をつくる会」の会長である西尾幹二の著作『国民の歴史』をめぐる谷川の意見である。谷川は、西尾が「従来の日本史理解を自虐史観と批判し、そこからの脱却を主張している」ことについて、「「自虐史観」を払拭せんとする自説を主張するあまりに、その論理が粗大に過ぎ、端的に言って読むに耐えない箇所もある」と厳しく批判している。

谷川の西尾上掲書に対する批判はきわめて厳しく、また明確であるが、本篇では「西尾書の批判を主目的とするものではなく、それが根拠とする学説の検討を意図するものである」とし、上掲書のライトモチーフの一つである日本と中国との比較論にかかわる二つの章を取り上げている。ここでは、そのうちの第九章「漢の時代におこっていた明治維新」の章に言及する。

谷川によれば、西尾は、今まで中国社会について認識されていた「地縁・血縁の強さは、かえって中国では人間が安定した集団に所属していないことを示すのではないかと考え、そこから「ドライな個人主義、団体意識のない個人主義、他者無関心主義、公意識の喪失した利己主義のほかには強大な国家権力のみが存在する形態」という性格づけを導き出してくるのである」。また、こうした中国認識は、「二者間関係しか基本的に成り立たない中国社会を動かしているのは、濃密で情的なムラ社会ではなく（中略）日本の共同団体のようなものではなくて、特定目的のために人々が急遽集まった団体である。その構造は影響力のある個人を中心にして、人々が非常に不安定に集まった集団であり、中国社会にはそうした集団しか存在していないといえるであろう」と西尾はいう。

谷川は、「この認識のより所となったのは足立〔啓二〕氏の『専制国家史論――中国史から世界史へ』（柏書房、一九九八年、〈中略〉）のうち、第Ⅱ章「専制国家と封建社会」である。そこでは、日本のムラとの比較を通じて中国の村落の特質を論じているが、その論旨は「（日本の）近世のムラは、いわば小さな国家、一つの自立した公権力主体であった。これに対して中国の村落は、それ自身としての団体的性格を殆ど有していなかった」（六二頁）という一節に要約されている」と述べ、西尾が根拠とした足立の所論の妥当性に対する学問的検討を行う。

谷川は、西尾の著作が足立の著作に依拠していると言っても、自己の論旨に都合のよい、不公正で一面的な引用をも具体的に指摘し、「こうした叙述の陥穽には注意する必要がある」とするなどの周到な注意を払いつつ、「足立氏の説には、それなりの学説史がふまえられている」として旗田巍『中国村落と共同体理論』（岩波書店、一九七二年）を紹介し、また旗田の見解に批判的な近年の研究にも触れつつ、「問題の核心は、中国村落ひいては中国社会における人的結合をどう考えるかという点にある。まずそこには、足立氏のいうように、共同性の稀薄な、個人主義の支配する世界なのであろうか。その実態の検討から始めたい」として、足立の当該著作における見解に対する学問的検討を展開している。

本篇は、二〇〇〇年初期の日本の中国史学が直面していた社会的な重要課題への谷川の真摯な取組み姿勢とその背景にあった中国社会論に対する誠実な学問的態度を如実に示すものである。私は、既に公表した旗田巍の著作に対する自己の見解（「中国人にとっての「内」と「外」」〈『内と外——日本文化のアイデンティティを求めて』名古屋大学、一九八九年〉）に基づき、谷川の足立の見解への批判とは意見を異にするものであるが、本篇における谷川の学問的姿勢それ自体には深い感銘を覚えている。

上・Ⅰのうち、「中国士大夫階級と地域社会」（一九八三年）は収録の他篇の多くとは異なり、通時的実証性の強いもので、一九八一〜八三年、谷川が京都大学文学部東洋史研究室を拠点として実施された科学研究費総合研究「中国士大夫階級と地域社会との関係についての総合的研究」の総括者として執筆したものである。「共同体」論と六朝郷里社会――中村圭爾氏の疑念に答える――」（一九九九年）は、中央集権的傾向が強かった秦漢時代に比べて地方の比重が増大したこと、皇帝権の統制力が衰え、地方豪族の勢力が伸長したことなどから、「地方の時代」をキーワードとして六朝時代の歴史的特質を追求する方法の成立に関心を寄せていた谷川道雄が、こうした方法の意識的な担い手である中村圭爾の一九九五年の論文「六朝史と『地域社会』」に対して寄せた方法的見解である。

中村は、六朝史研究においては一九七〇年に川勝義雄・谷川道雄両名によって『中国中世史研究』の総論Ⅰとして世に問われ、「中国中世史研究における立場と方法」一「発展史観に内在する問題点」及び二「共同体の自己発展と中国中世」を包括する『中国中世史研究』の総論Ⅰとして提起されたいわゆる「共同体論」、及び一九八一年、名古屋大学文学部東洋史学研究室主催のシンポジウムの基調報告として森正夫が発表した「中国前近代史研究における地域社会の視点」（副題「中国史シンポジウム「地域社会の視点――地域社会のリーダー」」（『森正夫明清史論集』第三巻。汲古書院」）におけるいわゆる「地域社会論」を取り上げ、両論が「世界史の基本法則」・「発展段階論」等の概念の見直しの要請につながることに注意を喚起した。中村は、この両論に共感と動揺を感じ、両論を再検討して中国史学の新たな方法を模索しようとしたのである。

谷川は、中村が言及した両論の一方である共同体論の当事者の一人として、中村の提起と疑問とに応えるべく本論を執筆した。谷川は己の責任を負う「共同体論」の立場から、丁寧に中村の提起と疑問に答えている。紙幅の関係で整理した谷川による中村の所論の核心部分は、次の通りである（（　）内の数字は森による）。

（一）両論によって提出された「共同体」あるいは「地域社会」という概念は、時間軸よりも空間を、発展や連続よりも関係や構造をより強く発想させる。

（二）この両説には、一定の歴史的段階に属するあらゆる社会には、すべてに共通する普遍的な人間関係が存在するという前提がある。しかし、地域社会構造の多様性を抽象して、全国一律の普遍的構造を抽出することはかなり困難といわざるをえない。にもかかわらず、「地域」を普遍的な方法概念として用いるとすると、その人間関係はきわめて抽象的、あるいは類型的なものにならざるをえない。

また、谷川の回答の核心部分は以下の通りである。

（一）「共同体」論は地域とか地域社会とかを、第一義的に方法や目的とするものではないので、その点から限界を論ずるのは、妥当を欠くということである。「共同体」論における地域社会の取扱い方には不足が感じられるかも知れないが、「共同体」論の向うところはそこにはないので、これは致し方のないことである。

（二）しかし、本稿では、氏の疑念に答えてゆく作業を通じて、「共同体」論について一層鮮明に語ることができた。このことは、「共同体」論の論証を、当時の歴史の実体によって益々深めてゆくことの必要性を感ぜしめる。

中村論文がこの自覚を新たにする機会を与えられたことに対して、大きな感謝の気持を抱く。

以上は、いわば中村に対する谷川の回答である。筆者森の「地域社会論」に対する中村の問題的や疑問への所見については、ここではその場で無く、省略する。

「「中国中世」再考」（一九九五年）は、『中国中世史研究　六朝時代の社会と文化』（一九七〇年）刊行から二十年、中国中世史研究会発足から三十年を記念して編まれた論文集に寄せられた。一九七〇年当時にあっては、「六朝・隋唐＝中世（というとらえ方）は決して自明のことではなく」、「各自がその研究テーマを通じて、検証・確認していくべきもの」であり、「それなりの覚悟が必要であった」と谷川は述べる。二十年、三十年後を経たその時点で、谷川はなおも、「現代社会」の「危機的状況に思いを致すとき、我々はあらためて歴史の意味を問うことを迫られる」として、どのようにして中国史の特定の質をもった時代を「中国中世」と呼びうるかを、同人に問いかけている。

「六朝貴族における学問の意味」（一九七二年）、「六朝時代の宗族――近世宗族との比較において――」（二〇〇〇年）、「六朝貴族の家政について」（二〇〇四年）及び「六朝貴族における人格と身体」（二〇〇四年）の四篇は、いわば六朝貴族論とも言うべき共通性をもっており、いずれも社会論及び文化論としての深い造詣に基づく。

このうち「六朝貴族における学問の意味」は、一九七〇年、中国中世史研究会編『中国中世史研究――六朝隋唐の社会と文化』（東海大学出版会）所載の谷川の論文「北朝貴族の生活と倫理」を受けて書かれ、当該論文を「前稿」と記してしばしば言及するように緊密な連携のある作品である。したがって、大きくはその流れを受け継ぎ、支配階級としての六朝貴族を成り立たせていたものは何であったか、谷川が他にも用いている表現によれば、「六朝貴族の階級的基礎をどうとらえるかという問題」を解決する狙いがある。ただ、六朝時代の宗族――近世宗族との比較において」以下の三篇は、「六朝貴族における学問の意味」の約三十年後以降に出されており、この間の学界の動向と谷川自身の展開を反映している。

さて、「六朝貴族における学問の意味」では、「六朝貴族を自立的階級たらしめるものは、その修める学問にあったと考えても、過言ではない」とし、「その学問が貴族の内面世界の知識的表現として、どのような意味を有したか」を検討する。谷川は、検討の結果をこのように総括する。

「六朝貴族の社会的地位は、生産手段の私的所有によって直接に規定されたものではない。個々の私的所有者たちによって構成される社会の綜括的な主宰者である点に、その地位の根拠がある。この主宰はいわば知的・道徳的主宰であり、そこに学問が民衆支配の不可欠の機能として登場するゆえんがある」。

さらに、当時の学問このような機能をもつ理由についても概略次のように述べる。かかる学問の究極はもとより道徳的規範にあり、したがって経学がその中心部分を占めるものであるが、裁判・民政から建築・農作に至る実学的知識、陰陽・術数・天文・律暦・医方・卜相・風角など生活科学ともいうべき諸分野、玄学・仏教学・文学などの形而上学と表現学、譜学などを含む史学がある。これらは厖然たる体系を成していた。それは、六朝貴族の超越性の知的根拠でもあると同時にまた、かれらの対象世界に対する実践性のそれでもあった。

「六朝貴族の家政について」では貴族の家門の維持活動、すなわち家政の面からの考察である。六朝貴族の家族生活には私的閉鎖的な一面があると同時に公的開放的な一面があり、それが貴族の家門を国家権力に結びつける。貴族の家政の実態は、一家の維持と団結を第一としながら、同時に家門の外側の世界にも関わる。例えば一家の生活規範たる家礼の類は他家の礼儀にも影響を及ぼし、家庭経済の運営では宗族・郷党・知友への賑恤が計画的に組みこまれる。貴族の家は一個の私家でありながら物質的にも精神的にも卓越した存在として外界に開かれ、同姓・他姓の他の家族がこれに依存して生きていた。六朝時代にはこのようにして社会秩序が形づくられ、それが政治構造をも規定した、と言う。

谷川の歴史学者としての特徴の一つは、自らもその担い手の一人であった戦争直後の日本歴史学界共通の課題を、二一世紀を迎えた今日の時点まで、真摯に追及し、その結果を表明し続けたことである。すなわち、谷川は、「日本のひき起こした侵略戦争への反省の意識にもとづいて」、「日本史における所謂皇国史観の払拭」と「中国史における所謂停滞史観の克服」に取組んだことを念頭に置いている。二〇〇六年に発表された「中国史における世界性と固有性——六朝時代を実例として——」では、自らこのように語った後、「中国史の内面に入れば、そこには不変なる形式の中に明らかに変化の跡がある。むしろ各時代の変化によって伝統を持続してきたと言うべきかも知れない。中国史が一個の世界史として大きな価値をもつのは、中国社会がこの変化と持続の弁証法を歴史の中に体現してきたからである」と結んでいる。

六

本書は谷川の多くの専論のうち、すでに著作として刊行されていない論文を選んだため、その方法の核心に谷川が自ら触れた作品の多くはそれらの著作の中に分散している。既に挙げた『隋唐帝国形成史論』（一九七一年）の「序説　隋唐帝国の本源について――中国中世の国家と共同体――」、『中国中世社会と共同体』（一九七六年）の第Ⅱ部第一章「一東洋史研究者における現実と学問」、『中国中世の探求　歴史と人間』（一九八七年）序章「中国史研究における人間理解――一九七九年史学会大会から」及び川勝義雄との共著「中国中世史研究における立場と方法」（中国中世史研究会編『中国中世史研究』一九七〇年）等である。ちなみに、「中国中世史研究における立場と方法」の中で、谷川は川勝とともに、はじめて「豪族共同体」の語を用い、この「豪族共同体」なるものこそ、「中世」を形成し、それを動かす主体的要因として想定したいと思う、と述べている。

ところで、本篇では、以上のいくつかの記述の中で、谷川の方法論の核心をなす「共同体論」に触れてきた。たとえば、二の末尾、「唐末の諸叛乱の性格」（一九六三年）において、谷川が、五代から宋朝以降の時期の、「自由」な民衆とその支配者（富商・地主・軍閥）との関係をどう規定するかについて、すでに、一九六一年、別に、一般論として「共同体論」を提起していたが、ここでは、結論を保留したと述べた。また、三では、「隋唐政治史に関する二三の問題――とくに古代末期説をめぐって――」（一九六三年）を引き、谷川が「共同体関係と階級関係の相互媒介こそが中国社会ことに六朝貴族制社会の支配の実態ではないか」と言い、一九六一年頃から提唱してきたいわゆる共同体論の主張を述べた、とした。更に、四「自営農民と国家との共同体的関係――北魏の農業政策を素材として――」（一九八〇年）においても、谷川が、当時の北魏が自営農民社会であり、歴史の推移としては、国家の統一性が強まるにつれて、豪族共同体から国家共同体へというプロセスをたどるであろうと展望した、と記した。

ここで言うところの谷川の「共同体論」あるいは「豪族共同体」概念のすべてのルーツは、本書四十篇には含まれていない前掲の一論文にある。すなわち『中国中世社会と共同体』（一九七六年）に収録された一九六一年の論文「一東洋史研究者における現実と学問」（民科京都支部歴史部会機関誌『新しい歴史学のために』六八）である。その四に言う。

村落共同体はその構成単位としては個々の家族にまで分解している。土地所有の主体たる家族は、当然家父長制によって組織されている。また共同体そのものが家父長制的姿態をとることも十分予想されることである。奴隷所有者と奴隷の関係も家族関係として表象される。とすればここで一切の人的関係が家父長制として規定されることもありうることであるが、はたしてそれは妥当であろうか。増淵氏は家父長制を内面から支える人格的結合の具体的な表れとして、集団の長と成員との間に取り交わされる「約」の諸例を示し、「約」が約束という形をとりながらもあくまで上から下への強制的束縛でしかなかった、と述べている。しかし、たとえ現実にはこうした上下関係の秩序化に帰結するとしても、「約」という形式を必要とする基盤は、上下関係そのものにはないはずである。それは、そうした階級性をはらみながらも、具体的現実的な課題をその集団が共有しているからに外ならない。もしこの課題が階級性によって破壊される場合には、集団はこの首長とたたかい、新たな首長を選出して、自己を再生産しなければならない。これが中国の易姓革命の基本型である。

このように家父長制、上下関係、階級関係が成りたつ場は、集団の成員が共有している現実的課題にあるとわたくしは考える。

ここでは、「村落共同体」は中国史の時代区分の上でも、社会構成の上でも決して厳密には比定されていない。同じ頁では「共同体」とも呼ばれている。谷川がそれまで研究を重ね、議論をたたかわせてきた、六朝隋唐期に至る中国の農村社会を一般的に想定してよいであろう。「わたくしがここでいう共同体とは、共同体遺制ではなく、新たに再編された共同体である」というのが谷川の「村落共同体」についての唯一の説明である。谷川も、のち二〇〇一年には、「この文の議論は、自らも認めているように、十分に実証をふまえたものではない。しかし、史料の中にこのような方向を模索することはできないかという漠然たる予測はあった」（「回想一九六〇年―六一年」『新しい歴史学のために』二四四号）と述べている。

谷川がこの時言いたかったことは一つ、「階級性をはらみながらも、具体的現実的な課題を集団が共有している」、それが共同体であるということである。「現実的課題の共有」こそが共同体形成の条件である。

増淵龍夫は、上の一節にあるように、家父長制を支える集団の長と成員との間の「約」は、あくまで上から下への強制的束縛でしかないという。しかしながら、谷川は、現実には「約」はこうした上下関係の秩序化に結果するとしても、「約」を必要とする基盤は、上下関係自体にはないという。上下関係においては、下が上の力を受けるだけでなく、上も下からの働きかけを受けとめねばならない。秩序は相互的である。私の見解では、谷川は、こう考えてきた。

「共同体論」や「豪族共同体」概念の根底には、こうした考え方が横たわっている。

本書は谷川の自身の三つの単著及び一つの共著には収録されていなかった初期の隋唐史研究を含む四十篇が選ばれているが、以上の拙い所感を書き連ねたことによって、その生涯にわたる研究の歩みのあらましをたどり得たかどうかは、心もとない。読者が気づかれるように、一篇ごとの谷川の想いはそれぞれの主題に溢れんばかりであるからである。読者におかれては、本書の各篇をじかにお読みになり、さらに上の四つの著書群にも立ち戻りつつ、谷川の世界を追求していただきたい。

谷川道雄中国史論集　上巻

I

北魏研究の方法と課題

一

北魏王朝は、当時の中国の最も開発された地域である華北地方を占領・統一した最初の異民族王朝として、中国史上に特異な位置を占めている。しかも、この王朝が中国社会の史的展開の上に及ぼした影響にはきわめて大きいものがあり、魏晋南北朝から隋唐にいたる歴史の趨向は、この王朝によって決定づけられたといっても過言ではない。わたくしがここで論じようとするのは、こうした特異な位置を占める北魏社会を、どのような観点で追求したならば、その意義がさらに明らかとなり、ひいては魏晋南北朝・隋唐時代の歴史的性格が明確になってくるであろうかということである。

ここ数年来、わたくしは北魏を中心とする時代の研究にたずさわってきたけれども、まだ真に北魏社会の内部にまで立ちいりえていないという焦燥を感ずる。そのためには、この時代の様々の歴史現象に立ち向い、それらを自分のものとしていく作業が必須なのはいうまでもない。しかしそれと同時に、一定の社会をその成立原理において把握するというのは、一体どういうことであるのか、またそのためにはどういう観点や方法が必要なのかといった問題を考察してみることも、けっして無意味ではないとおもうのである。それはともかく、わたくしがそのような必要を感ずるようになったのはなぜなのか。そこのところから、問題を具体化してみたい。

研究生活を始めた当初からのわたくしの関心は、隋唐時代とは、中国史上にどのような位置を占めるのか、また、それは世界史的に観て、どういう社会構成をもつのかということにあった。そのばあい、わたくしは、こうした課題を決定していく要因は、広汎な生産者大衆に置かれねばならないと考えた。唐代史に関する研究は、戦前から多方面にわたってなされてはいたが、生産者大衆を前面にすえる考えには乏しいように感じられた。わたくしは、唐代史の把握は、国家権力と民衆との対抗関係においてなさるべきであると考えた。こうした考えは、「隋唐帝国をどう考えるか」（『東洋史研究』一二―二、一九五二年）という小文のなかに、端的に示されている。また、個々の研究の面でも、則天武后時代、安史の乱の時期、中唐の藩鎮時代、唐末の叛乱期といった各時期にわたって、そのことを証明しようと試みた。そしてそれらを通じて、唐代の民衆がさまざまに変化しながら、しだいに歴史展開の主導力に関わっていくことを述べようとした。

ところで一方、隋唐帝国のあの整然たる統治体制にも、注意を払わざるをえなかった。いわゆる律令体制をどう性格づけるかは、中国史の時代区分の問題ともからんで、最も重要な課題のひとつでなければならなかった。しかし結局、わたくしはかの整然たる形姿をそなえた権力体系を、民衆抑圧の網の目という風にしか摑むことができなかった。(1)とすれば、国家権力と民衆との対抗関係は、一個の機械論的理解に止まることになってしまう。わたくしは、如上の各時期の政治変動を、できるだけダイナミックに理解しようと努めてはいったけれども、依然としてこのような不安をはらいのけることができなかったのである。

この不安をつきつめてみれば、このような仕方で唐代社会の歴史的性格、いいかえればその社会の質をとらえることができるだろうかという不安である。わたくしがそのご研究領域を北魏時代に転じたのは、もっぱらこうした反省が動機になっている。すなわち、隋唐社会の形成過程の研究から、その歴史的意義をとらえていくことができないかということであった。

ところで、一定の完成形態をそなえる社会を、その形成過程から展望していくというやり方は、誰でも無意識に採用している方法であろう。しかし実は、そこにこそ大きな危険がひそんでいる。形成過程を追跡するといったばあい、わたくしたちはともすれば単に時間的に継起する諸現象の連関を追い求めるに止まりがちである。そのようなばあいには、いくら時代の巾を延ばしていっても、目的とする社会の成立原理の問題に到達することはできない。北魏研究に転じたとき、わたくしは、この危険を予知していたかどうか。

最初の研究(2)で北魏末の内乱をとりあげたのは、おそらくそれが魏晋南北朝から隋唐への転形を最もよく象徴する事件であろうと予測したからである。いってみれば、隋唐社会はここに直接的起源をもつと考えた。そして、唐代研究で抽象的にしか用いえなかった「民衆」ということばを、ここでは、一定の歴史的内容をそなえたものとして摑んでみようと試みた。北魏末の叛乱の契機が、身分低下に遭った北族系軍士の不満にあったことは、従来から指摘されているとおりであるが、わたくしは、かれらの歴史的なすがたを「城民」という当時の用語で表現し、そこからこの事件のもつ意味を考察しようとした。城民とは、一般的にいって、かつて自由であったがいまや賤民的地位になり下った専従軍戸を、その内容としている。さらに、かれらがかつて自由民であったというのは、つぎのような状況においてである。かれらは王朝権力の軍事上の担い手として、中原の貴族社会と対立しており、いわば貴族社会から独立した存在であった。かれらが州郡民から区別されていたのは、本来的には、その自由の地位を示すものであったであろう。このような民衆の存在は、貴族制度の変形の上に成立した隋唐社会につながるものであり、かれらの叛乱こそが、魏晋南北朝から隋唐への転化を現実に媒介したのではないかとわたくしは考えた。

この研究は、多様な課題を自分自身に負わせることになった。たとえば、支配層じたいは、そのような意義をもつ民衆叛乱にたいして、どう対応するのかという問題がある。北魏後半期における官吏登用の理念について考察したのは、そのためである。当時の官吏登用制度については、いくつか先学の研究があるが、わたくしは、王朝のそれぞれの時期が、官吏の資格をどのような理念で決定していったかということに関心をもった。孝文帝時代に潜在し、北魏の瓦解に伴なって顕然とあらわれる賢才主義の理念こそ、のちの科挙制度の先駆とみられるが、この賢才主義は、門閥主義を否定しつつ貴族的伝統を継承するものであるとわたくしは結論した。つまり、当時の政界は、門閥主義的封鎖性を打破し、門閥・非門閥を打って一丸とする貴族政治の世界を作り上げようとしたのである。王朝権力と貴族勢力とを相互排除的な関係で理解し、その両者の抗争という形で南北朝から隋唐への過程をとらえがちな従来の見解にたいして、わたくしは賛成することができない。王朝権力の強化の根底には、このような非門閥層の擡頭があったとみなければならないのである。

さてこのように、民衆暴動を契機とする北魏の瓦解と時を同じくして、支配層のあり方に変化を生じたことが明らかになったとしても、そこにどのような世界が生み出されたかは、依然として解明を要する問題である。非門閥勢力の擡頭といったばあい、門閥と非門閥とのあいだに支配階級として交替を生じたという風に単純に考えるわけにはいかない。問題は、支配階級のあり方そのものの変化にあるとみなければならない。さきの官吏登用の原理の変化からいっても、そのことが予測されるのであるが、それでは、北魏崩壊後の一時期において、どのような支配体制が志向されるのであろうか。わたくしは、当時の軍事集団ないし軍閥政権の構造と性格のなかから、そのことを考えてみた(4)。それらの勢力は、危機に逢着した豪族層（北族系のそれも含めて）の自衛手段として結集されたものではあるが、その内部構造においては、従来の身分関係を超えた新らたな諸階層の結合状況がみられる。たとえば、かれらの私兵としてあらわれる民衆は、必ずしも賤民的待遇を受けるものでなく、むしろ自由民の戦士とよぶにふさわしい。このような身分制打破の趨勢を根底として、各地の土豪層がその武人的側面を濃厚にあらわしつつ、軍閥政権の骨幹をなすのである。

わたくしは、このような新意義をもつ軍事体制が、かの府兵制度に法制化されたと予想するのであるが、北朝後期の諸政権の特徴は、軍事面にのみあるのではない。いわゆる寒門系官僚の進出も大いに注目されるところであって、軍事と行政の両面において、門閥主義克服の傾向が伸張してきたことが指摘できる。東西両魏のような軍閥政権は、こうした非門閥的諸階層の擡頭と連帯を基底として樹立されたといえる。そこでは、門閥主義的身分制は、人びとのそなえる現実的能力によって打破されつつあり、諸階層間の水平化が進行していったように感じられるのである。

くりかえし述べるが、このような歴史の趨勢を創出したのは、民衆が自由民としての性格を顕在化していったことに起因すると、わたくしは想定する。このようにして、かつて唐代研究において、巨大な律令機構のもとで自由を剝奪されていたと観た民衆のイメージとは、大きく隔ったものになった。さらに、律令体系は、このような民衆の自由獲得の方向に対応して、形成・整備されて来たものではないかとの予感さえ抱くのである。今日われわれが、隋唐時代の文物・制度から受けるあの大らかな時代感は、まさにここに根元をもつといえないであろうか。

ここでわたくしは、予想される疑問に答えなければならない。たとい律令体系が民衆の自由獲得の方向に対応して形成されたものであるとしても、結局は民衆支配の体系ではないかと。勿論それはそうである。しかしながら、問題はこれが支配の体系たることを立証することではなく、それがいかなる意味で支配の体系たりうるかを明らかにすることである。したがってまた、わたくしのいう民衆の自由という概念にも、一定の歴史的内容を与えねばならなくなってくる。そのことのために一例を挙げると、北周の武帝の時期、府兵を侍官と称したことがある。天子の侍衛に従う軍官の意であろう。この称呼のなかに、わたくしたちは、当時の府兵が単に被支配者としてだけでなく、王朝の栄誉ある軍士としての性格も賦与されていたことを推測しうるのである。一般化していえば、民衆は国家権力の対象物であると同時に、また国家権力の一環でもあるという両面の関係にほかならない。国家権力を荷うべき階層は、伝統的に「士」と称せられるが、「士庶之際、自天隔」といわれた状況は、北朝後期に至ってかなりの変化を来しているとみなければならない。このような新らたな関係を通じて支配関係が貫徹していくところに、隋唐再統一時代の特徴が存在するのではないか。

わたくしが当時の民衆の自由化の方向と称するのは、このような意味においてである。それはかれらが、貴族権力そのものから自己を解放しえたということではない。その時点に到達するには、なお唐朝約三世紀の過程を必要とする。この当時、民衆の自由化が依然として豪族的諸要素を媒介としてなされているところに、当時の歴史的限界があったとおもう。

それはともかくとして、多少の推論をも交えた如上のわたくしの見解は、まだ十分に説得力をもちえないかも知れない。わたくしはまだ、せいぜい時代の傾向性について知るところがあっただけであって、こうした傾向性を生み出すところの社会的基盤については、ほとんど立ちいっていないからである。それでは、わたくしは研究対象をこれまでの政治史の領域から社会経済的方面へ転ずべきであろうか。社会経済面の研究の不足は、たしかにわたくしの弱点ではあるけれども、そのように単純に考えることにためらいを感ずるというのが、いつわらぬ気持である。北朝後期から隋唐への過程における民衆が、以上のようなものであったとすれば、むしろそうした民衆の原型をさぐり、その原型的社会の発展史という形で、もういちどこの過程を跡づけてみることが必要ではないかとおもうのである。

そうした原型的社会は、どこに求められるであろうか。わたくしは隋唐社会の出発点を、まず北魏末叛乱の時点に求めた。しかしながら、叛乱の荷い手たる城民は、すでに自由を喪失した民衆の一形態である。かれらがかつては自由の持主であったとすれば、その時期はいつなのか、そしてそれはどのような社会なのか。わたくしはここで、遠く鮮卑族の古代社会に眼を向けた。遊牧民たると農耕民たるとを問わず、その原始社会において、民衆が階級支配から免れていたことはいうまでもない。というよりも、そこでの民衆は、自己とその所属する社会との完全な統一状態におかれていたのである。問題は、原始民が文明的諸要素と接触していく過程で、その本源的社会をどう展開していったかという点にある。鮮卑各部族のばあい、いわゆる漢化によって、これを喪失していったとするのが、従来の主要な見解であるが、はたしてそう断定できるであろうか。わたくしは、こうした疑問から、慕容部の国家について考察してみた(5)。そして、慕容部が河北平原に国家を建設したのちも、その本来的部族制度が国家機構とくにその軍事体制を奥ふかく貫いていることを知った。しかも、慕容燕の瓦解は、その漢化によって惹起されたものではなく、慕容部を中核とする軍事と生産の国家的な共同体制が、部族貴族によって破壊されたためである。いいかえれば、その本来的社会の内容的発展が、その部族的血縁の狭隘さによって阻止されたのである。

拓跋部についてはどうであろうか。北魏の命脈が比較的永く続いた秘密は、どこに求めらるべきであろうか。わたくしは、かれらが中国への南進にあたって、その狭隘な部族血縁の枠を破りつつも、その本源的社会の原理を新らたな形式のもとに活かしていったのではないかと想像する。すなわち、その本源的社会は、中国文明との接触を通して、国家体制にまで発展していったのではないかとおもうのであるが、さらに、それが隋唐国家の原型を成したのではないかと予測するのである。次章以下で、この点をとくに考察してみたい。

二

従来、北魏社会の研究は、どのような観点からなされてきたのであろうか。わが国におけるそれを通観してみると、ほぼ二つの傾向があるように感じられる。ひとつは、この時代の諸制度に関する研究である。均田制を始め郷党制・俸禄制・税制・軍制・選挙制など、のちの律令体系の先駆となった諸制度が、多くこの王朝下に淵源をもち、または創設されているので、これらは早くから注目のまとになってきた。もうひとつは、北方遊牧民族と中国社会との関係の面からとり上げられるものである。後世のいわゆる征服王朝の先駆的形態を示すものとして、北魏王朝の性格は、この方面からもさまざまに論ぜられてきた。

まず前者についていうならば、如上の律令的諸制度が、なぜこの時期に創出されていくかという点については、比較的に軽視されてきたように感じられる。もしかりに北魏王朝の強権が漢人貴族社会を圧服して、こうした諸制度を実施せしめたと考えるにしても、そのような北魏の強権の内容が問題にされるべきであろう。したがって、このような限界に止まる限り、当時の諸制度の把握は、抽象性を免れないことになるであろう。

つぎに後者に関してであるが、ここにはさらに二つの立場があるようにおもわれる。ひとつは、この時期における北族民の役割を重視するものであり、他は、むしろかれらが漢化して中国社会内に吸収されていく運命を強調するものである。しかしいずれにしても、胡漢両世界の対立の局面において当時の諸現象をとらえる立場であり、そこに止まる限り、この社会の理解は普遍性を欠くことになる。

しかし戦後になって、北族王朝とその諸制度との内的連関が追求されるようになってきた。たとえば、均田制を異民族王朝下の土地制度の発展形態としてみる説などが、それである。そうした方向をいち早く打出したのが、河地重造「北魏王朝の成立とその性格について――徙民政策の展開から均田制へ――」(『東洋史研究』一二―五、一九五三年)であった。この研究のすぐれた点は、拓跋部族制社会の内部的発展をあとづけながら、そこから均田制創出の論理を導き出していることである。行論の都合上、ここにその要旨を紹介したい。

中国文明社会と接触し始めた拓跋部は、部内に分業と富の不均等化を生じ、その部族共同体的結合は内部から動揺を来していく。ここに部族連合形式による初期王権が誕生するが、これはその後中国的デスポティズムに成長していく。族長層は、一方で奴隷私有者としての性格を具えつつ、他方で王権下の官僚身分に転身する。この両側面は互いに依存しあうのであって、その奴隷獲得の方途にしても、王権の指揮によって進められる征服戦争にあった。国家権力にこのようなデスポティックな形姿を与えるものは、私有財産制の未熟さからくる部族の共同体結合の強固さである。国家権力は、その麾下の部族体制を分解しつくしえない矛盾を包蔵しながら、階級支配の力として成長していく。北魏初年の部族解散を経過して、デスポティズムと旧部族民との対立はますます尖鋭化するが、こうした階級矛盾を外に転じつつ、同時に国家権力を補強せんとしたのが、征服戦争による徙民と捕虜奴隷の獲得・分配であった。ことに徙民は、部族の共有奴隷的性格から転じて、国有化されていく。しかしそれは、一見農奴制的相貌を呈する集団的耕作体制であって(計口受田)、完全に開花した奴隷制ではない。いってみれば、アジア的奴隷制である。そこには、農民的土地所有の形成される可能性がひそんでいる。自らを私的土地所有者として実現していこうとするかれら生産者の努力や支配への抵抗闘争は、北魏中期に至り征服戦争が限界に達したこととも相まって、徙民政策を郡県制的支配へ止揚・拡延していく。それの体制化が均田制であり、したがって均田制は、農民的土地所有の確立(つまり古代的私有制の浸透)の可能性を内にはらみながら、国家的集団的奴隷制支配の本質を貫こうとするものである。

さて以上のように、河地氏が拓跋部族制社会の内部矛盾から出発して、ともかくも北魏均田制の性格の問題に接近しようとした点に、わたくしは大きな意義を見出したいとおもう。そこには、氏族社会の展開と変容のなかから私有財産制・階級あるいは国家権力の発生を追求しようとする世界史的立場があるが、これと同時に、国家権力のアジア的形態つまり専制主義の問題に関心を注ぎ、これに対応する生産形態として均田制をとらえている点が注目される。すなわち、均田制は、土地占有の面からいうと、農民の自家経営に委ねられており、所有権の所在からすれば、土地国有方式である。前者の面は、一見封建的農民を推測させるが、しかし土地所有権が国家そのものに存在することは、これに直ちに封建農奴制の規定を与えることをためらわせる。この問題を、氏は、日本古代史研究の方法を援用しつつ、共同体の未分解状態に対する私有財産制と階級社会の存在形態として解決しようとしたのである。

ところで、氏のこの試みは成功を収めたであろうか。今日の研究成果からすれば、氏の研究には実証面において少なからざる欠陥が含まれているが、ここではそれは問わないことにする。ただ、拓跋部族社会→徙民政策→均田制という三つの社会形態の連関が、依然として機械論的把握におちいっていることを感じるのである。部族社会→徙民政策についていえば、専制権力は、その部族民に対する（奴隷制的）支配を貫徹することができないために、矛盾を外に転じて、徙民政策を展開するに至ったという。徙民政策→均田制についても、徙民や家父長的郷村共同体を生活の場としていた被征服漢族人民の抵抗が、この転化の根本原因として挙げられる。つまり、北族であれ漢族であれ、かれらの生活様式であった共同体結合は、私有財産制、奴隷制生産、階級社会、国家権力といった方向に対して、その制約的条件となり、この方向の十全な貫徹（その史的実例としては古典古代社会が表象されているとみられる）を阻み、その実現形態に一定の変容を与えた外的契機として把握されている。専制権力やその基礎としての自家経営的生産体制が、私有制の発生と共同体関係の存在という矛盾した両側面の結合に基づいていることは、肯定できるであろう。しかしこの結合は、あくまで内的に統一された結合として現われるはずである。一定の権力は、そのような一定の歴史的形態における共同体の内部矛盾から発生してくるのであって、拓跋社会の王権の性格も、そのようなものとして把握されねばならないとおもう。共同体と国家とのこのような内的連関が説明されてはじめて、わたくしたちは、当該社会の質をとり出しうるのであり、でなければ、ある典型化された社会の変形としてしか、それを見ることができないのである。

拓跋族の部族制社会から出発して、均田制の意義にまで到達しようとする試みは、河地氏のほかにもいくつか見出しうるが、そこにもやや共通した方法論上の問題が存在するようにおもうので、幾つかの例を挙げたい。河地氏の論文は、一九五三年に発表されたものであるが、これにややおくれて、李亜農氏の『周族的氏族制与拓跋族的前封建制』（華東人民出版社、一九五四年）が刊行されている。このなかの後編の部分「拓跋族的前封建制」によって、その見解の大要を紹介しよう。

北魏創立以前の拓跋族は、母系氏族から父系氏族への転換の時期にあたり、家父長制は未だ確立せず、部族連合にも動揺がはげしかった。このような段階では、征服戦争はまだ十分に関心がもたれず、代王猗盧の時代になってやっと開始される。こうして氏族社会中に私有財産制と貧富の懸隔現象を生じ、それが法律制定の動機となる。以後、漢族の封建社会の影響を受けて急速に漢化し、文明化するが、他方で北族内の保守分子が、北魏全期を通じてこの趨向に抵抗し、また婚姻制度などにも氏族社会の遺風を強く留める。李氏の見解の特徴は、このような氏族制の残滓が濃厚に北魏社会に影響している点にある。

したがって、氏族社会から階級社会への転化にも、この特質がつよく作用していると説く。北魏成立以前には、征服戦争の鹵獲のうち、俘虜に対する関心は家畜に比して薄く、俘虜の臣下への賞賜も、拓跋燾（第三代太武帝）に至って始めて行なわれるようになる。さらに、俘虜の賞賜には奴婢と隷戸の二形態があるが、後者は奴隷ではなく、賞賜例からいうとこの方が数が多い。また、奴隷の来源には、征服戦争と売妻鬻子および自売が考えられるが、征服戦争は早くも拓跋珪のとき極限に達し、その後は四隣と対峙状態となる。他方で人身売買も厳禁されていた。如上の理由から、北魏の最も主要な生産部門たる農業は、奴隷制経営が支配的であったとはいえない。しかし、隷戸においても、征服戦争の停滞と蔭庇の禁によって、その来源には限界があった。

北魏農業の主要な生産者は、自由農民であった。かれらは、数量的にも、絶対多数を占めていた。春秋末年以来、中国封建社会は、欧州の農奴とは形態を異にする自由農民によって荷われてきたが、かれらは実質において農奴であった。拓跋族の氏族社会は、このような漢族封建社会と接触して、奴隷制の段階を飛びこえて封建社会の入口に達した。

しかしながら、北魏社会が完全に成熟した封建社会であったというわけではない。たとえば均田制であるが、これは漢の限田、晋の占田とは何ら共通する所がなく、また隋の均田とも異なっている。北魏の均田制は、私有制の要素に乏しい。園宅地は私有であるが、露田・倍田・桑田・麻田等の田地には私有権なく、これらの広大な耕地が毎年正月に調整・還受されるのは、それが公有地であることを示している。つまり均田制は私有地と公有地の組み合わせによるものであって、家父長的奴隷制または農村共同体時代の土地制度に比定できる。北魏人民の大多数は、国家機関（それは同時に拓跋族の氏族機構でもある）によって田地を分配されて耕種する。したがって、北魏の土地の大部分は、すべてどの個人にも属さない拓跋氏族の公有にかかるものである。すなわち、氏族制社会の土地制度である。

さらに氏はいう。封建的土地所有制の永く行われてきた中原地方は、五胡の侵入によって、経済上約二千年後退し、農村共同体[(6)]の段階にまで逆転した。その原因としては、晋室・貴族その他の大地主が南遷して既耕地が無主の荒地と化し、農民層も土地・農具を喪失して、土広人稀の状況を呈したこと、一方支配者たる拓跋族にあたっては、土地私有の観念がまだ稀薄であったこと等が考えられる。このような条件を前提として創建された均田制は、それが孟子の井田制の理念を継承していることにもうかがわれるように、けっして封建的土地所有制とはいえず、氏族制末期の土地制度に他ならない。しかし北魏王朝はすでに漢族封建社会との接触があり、次第に氏族制的要素を減じて封建的色彩を濃厚にしていく。このような意味で、北魏社会は、「前封建制」と名づけられるべき性質のものである。

すでに指摘したように、李氏の所論中注目されるのは、漢化＝封建化の趨勢にたいして、反漢化＝反封建化の要素を重視した点である。この点について更に紹介すると、部落を単位とする拓跋族の社会編成は、また同時に軍事編成でもある。このような部落単位の軍事組織は、いわゆる部族解散ののちも存続して、王朝の国軍（中軍と外軍）を構成する。やがて外軍は一般漢族の徴兵も混えるようになるが、中軍は終始種族の純潔性を保った。つまりこれらの軍隊に、氏族制時代の痕跡が深く刻みつけられていた。少数の拓跋族が広大な漢族人民を支配するためには、血縁関係を維持し、血縁関係中に貫かれる平等・友愛の精神を堅持していく必要があった。不可避的に進行する族内の階級分化に対して、くりかえし企図される反漢化・反封建化の抵抗は、この精神の発現に他ならない。北魏末の叛乱もまた、この平等と友愛の思想を保たんがために起ったのであって、北魏帝国は、封建化と反封建化の闘争の真只中に崩れ去ったのである。

さて、以上のような李亜農氏の「前封建制」という大胆な規定をめぐって、中国の学界では賛否両論がこもごも提出された(7)。ここに反対説の一例として、韓国磐『北朝経済試探』（上海人民出版社、一九五八年）を挙げよう。韓氏は、帝国形成以前の拓跋社会中における階級関係の成熟を強調して、血縁組織の崩壊、兄弟相続から父子相続への転化、対外掠奪と対内鎮圧のための軍隊の成立、掠奪と収斂による私有財産制の展開、交換経済の発生、統治集団と私有財産の保護を目的とする法律の制定、官僚機構の整備等々の諸表徴を指摘する。このようにして生まれる二大階級の対立点を、韓氏は、酋長・氏族貴族と一般部族成員や帰順・被征服人民との間においているようである。

韓氏は、以上のような帝国形成前後の歴史段階を、「原始社会末期の家父長的奴隷制の時期」と規定するが、さらに氏によれば、この段階から開花した奴隷制を経過することなく、直接に封建社会に突入した。拓跋本族の人民は、部族解散によって国家の編戸とされたが、これは自由民である。また、帰順・被征服民も、その大部分は、決して奴隷化されたのでなく、隷戸・徙民（新民）・自由民とされた。このように家父長制的奴隷制から一挙に奴隷制へ飛躍した主要な理由は、漢族の先進的封建社会に接触して、その影響を受け容れたことにある。

韓氏は、拓跋部内における私有財産制と階級関係の発展を重視し、一部にはすでに封建的牧畜経済の萌芽があったというのであるが、この見解は、北魏社会即封建社会という結論につながる。論旨の上で李氏の所説と共通する点も多いが、その「前封建制」説とは大きく隔たるものがある。この点で韓氏は李氏を批判して、つぎのように述べる。李氏は当時の社会段階が二千年も後退したというが、北族の暴力作用のみでこうしたことがいったい可能であろうか。李氏は暴力作用をあまりに誇張しすぎている。北族の氏族制が解体する過程に、中国封建社会内部の宗法制度（つまり中国の氏族共同体の遺制）と結合したことは注目しなければならない。しかし宗法制度は、いまや封建制に奉仕する支配機構に転化しているのである。もちろん、北魏の経済構成は、野蛮から文明へ、遊牧社会から農業社会へ、氏族制末期の家父長的奴隷制から封建国家へと転化していったため、氏族制・奴隷制などのウクラードをも包含している。しかし、これらは日々に制限を受けて、封建制へ転化・発展する。北魏社会を「前封建制」と規定するのは、氏族制の要素を強調しすぎており、また歴史の発展ということを軽視している。云々。

さてこのように、北魏の経済を中国封建制の進化に対する逆転現象としてとらえる李氏の特異な見解は、韓氏のやや平板な説の批判を受けるのであるが、その争点は、拓跋氏族社会の遺制をどう評価するかにかかっている。これはさらに、部族社会の分解・変質がどのような仕方でなされていったかという問題につながるのであるが、韓氏にしても、この社会の内部に発生する階級関係は、酋長・氏族貴族の側に蓄積する私有財産を基軸として形成されるように述べている。とすれば、部族制度は新らしい事態に対応して生き残り、その後の北魏社会に種々の特質を与えたことが予想される。しかし韓氏はこの特殊性を捨象して、階級発生の一般的原理に解消してしまっているように感じられる。氏族制末期の家父長的奴隷制から封建社会への飛躍という氏のシェーマは、理論的には、ここのところに根ざしているが、歴史過程の解釈としては、拓跋氏族社会は確固として存続してきた中国封建社会のなかに融解していったという説に結果する。このようにして、北魏王朝の独自な地位は、完全に捨象されることになってしまうのである。

李氏と韓氏の研究には、発表の時期からいって、約五年間の隔りがある。この間、両氏のほかに同様の問題について幾つかの研究が試みられていることもあって、どちらかといえば、韓氏の方が精細なものになっている。また、李氏の行論中、韓氏の説によって訂正すべき部分も少なくない。しかしわたくしは、研究の創意性という点からというと、李氏の説のほうに、参考にすべき箇所が多いように感ずる。李氏の著書の『周族的封建制与拓跋族的前封建制』という題名は、大きな時間的距離をもつ二つの時期を合わせたもので、一見人びとに奇異な感じを抱かせるのであるが、推察するに中国封建社会の二つの出発点を想定しているのではないか。北魏社会が中国封建社会の進化を約二千年間後退したものであるという断定は、このことを裏書きしている。たしかに韓氏が批判したように、この断定は歴史の発展ということを無視した極論であろう。しかしながら、韓氏のように、北方部族制社会から出発してともかくも華北統一に成功し、さらにかの注目すべき諸制度を創出したこの時代の史的特異性を、いわゆる漢族封建社会のなかに埋没させてしまうことが許されるであろうか。韓氏が李説を批判して、暴力作用の過大評価であると述べている点も、このような意味からは、必ずしも強い説得性をもちえないのである。

だがそれにしても、上に述べたように、李氏の説は、種々の点においてそのまま受けとり難いものがある。その主要なものは、二千年逆転説であろう。この説の基づくところは、拓跋氏族制社会および漢族封建社会という二つの歴史的範疇を対比させた点にある。二千年とは、つまり両者の社会発展の差を時間的にあらわしたものであって、歴史の必然的趨勢は前者から後者へ向うというのが、李氏の基本的な考え方である。そして、北魏時代はその過渡期であるにすぎない。それはまた同時に、前者がこの必然的趨勢に抵抗を続けた期間でもある。この抵抗は、氏族制的な平等と友愛の精神に基づくというが、しかし李氏にあっては、これも結局は歴史の趨勢のもとに敗北の運命をたどるものでしかない。李氏は、隋代の均田制に至って封建制が完成すると述べ、それを北魏均田制と峻別しているが、このような窮屈な考えが立てられる理由も、如上の氏族制の抵抗と敗北という観点と無関係ではないであろう。

李氏の誤謬の根元は、結局どこにあるのであろうか。わたくしは、拓跋氏族制社会と漢族封建社会という二つの歴史的範疇の関連づけにあるとおもう。すなわち、前者は低次の社会であり、したがって高次の文明社会である後者に接触して必然的に解体し、そのなかに解消していくべきものだという考え方である。ここでは両者は互いに外在的な関係においてとらえられている。後者による前者の併呑、同時に前者のこれに対する抵抗――これがその相互関係の具体的なすがたである。このようにして、北魏社会の質を決定するものは、究極において漢族封建社会なのであり、当代における種々の共同体的諸現象は、せいぜい前者の遺制にすぎない。

このような観点は、韓氏といえども変りはない。むしろ韓氏においては、この立場がより強く主張される。両氏の見解の差は、拓跋氏族制社会の遺制をどの程度重視するかという点に存在するだけである。こうして、両氏の北魏社会の理解は、結局のところ「中国封建社会」という一般性に解消されてしまうことになり、この社会の歴史上における積極的意義は、ともに捨象されてしまう。両氏の叙述、とくに韓氏のそれが、歴史叙述としては平板さを免れないのも、けっして偶然ではない。

如上の点について、河地氏のばあいはどうであろうか。前述のように、氏が北魏均田制社会の原型としてとらえたのは、部族連合時代の拓跋社会である。そこに発生した私有財産制度とその権力は、共同体結合の強固さに抵抗を受けて、中国的デスポティズムの形姿をとる。この構想は、さきの両氏のように拓跋社会をたんに崩れいく氏族制社会と規定せず、この社会の歴史的な展開形態を内部的に把握しようと試みている点で、方法的にはより深い見地に立っている。しかしながら、氏の強調する王権の専制的性格は、王権に疎外された部族員の抵抗によって賦与されたものであり、いいかえれば、典型的民主的古代への道が歪曲された結果に他ならない。ここから出発した氏の均田制把握が、機械論的操作によって組み立てられていることは、前述したとおりである。このような形での比較史学的方法では、ともすれば典型的な発展の可能性およびその阻止的条件という相互に切り離れた二つの命題が組み合わされがちなものである。こうしたばあい、当該社会の原型とは、じつは典型的社会（つまり理想型）なのであり、そこから現実の社会形態がそれの変種として解釈されるのである。

以上の三氏の研究は、当代の社会を単なる現象形態としてとらえるのでなく、そこに普遍的・世界史的本質を見出そうと努めている点において、すぐれた意義を感じさせるものではあるが、結果としては必ずしも成功を収めたとはいい難いものがある。それらに用いられた諸範疇や方法の世界史的普遍的性格にもかかわらず、それと実態とは互いに遊離して、この社会の真に歴史的な性格を論理化するには至っていないことを感じさせる。しかも李・韓両氏のばあいは、究極において、拓跋社会の解体説をとっている点において、従来の種族論的見地の枠を脱却しえない結果に陥り、さらに韓氏においては、北魏の諸制度創設の意義を、前代以来の漢族社会の単なる延長線上においてしか見ることができなくなったのである。このように、これらの人びとの欠陥が、ふかくその方法論にまで根を下ろしているとすれば、わたくしたちは当然その点をもふまえて、この時代の理解の道を探っていかねばならないであろう。

三

拓跋氏族制社会と漢族封建社会の二つの歴史的範疇を、どのように関連づけたらよいであろうか。この両者をより一般化すれば、氏族制社会と封建社会である。世界史の発展段階からすれば、後者は前者より高次な世界であるから、拓跋社会は漢族社会に合流していったというのが、李・韓両氏の基本的な考え方であろう。ただ李氏のばあい、この過程を比較的緩慢なものと考え、その期間を農村共同体の段階と規定し、これに「前封建制」の範疇を与えた。ここに氏の見解の独特さがあるが、しかしながら氏にあっては、農村共同体とは、単に氏族制の解体過程にすぎない。氏族制遺制の執拗な残存という意味で、北魏社会は一個の特殊な時代であるだけである。いいかえれば、氏の二千年逆転説にもうかがわれるように、それは文明によって必然的に解消さるべき一時的な野蛮の時代なのである。それが中国史上に果した積極的な役割は、ここではほとんど看過され、否定されているようである。この点、韓氏もまた同じ立場に立っているとみられるが、こうした観察は、一見歴史を進歩において見ているようでありながら、実はかえって非歴史的な結果に陥っているといえないであろうか。

わたくしの見解によれば、問題はつぎの点にある。たしかに氏族制社会は、文明の光輝のもとにあっては死滅の運命をたどる。そして、農村共同体という過渡的形態を通して、私有制は共有制にとって代る。しかしながら、農村共同体は単なる過渡段階ではない。それは、共有制と私有制の統一形態として、奴隷制社会・封建社会等々の前資本主義的社会経済構成体の起点をなすものであり、それらの原基形態なのである。この統一体の種々相が、これらの社会の性格を決定づける。これら階級社会の基底に、種々の共有制の痕跡が残留するのも、そのためである。しかるに、李氏は農村共同体という範疇を、単なる氏族制の解体形態としてしか使用せず、それの積極的意義を十分に運用することがなかった。上述の氏の欠陥は、理論的には、ここに集約することができるとおもうのである。

拓跋社会における農村共同体は、どのような形態をとったのであろうか。わたくしは、その部族連合のあり方が、この問題を解く第一のカギであろうとおもう。この時期における拓跋社会の氏族共同体からの脱皮は、当然富の蓄積や階級関係の発生をテコとして実現されていったとおもわれるが、それは果して、部族内部に酷烈な階級矛盾を惹起するような底のものであったであろうか。史実より考えれば、河地氏や韓氏のいうように国王・酋長・氏族貴族と一般部族員とが尖鋭に対立していたという事例は見出しにくいのである。また、当時の政治過程からみるとき、当時の王権は、河地氏のいうように部族制を否定しつつ中国的デスポティズムへ志向していくというのではなく、むしろ部族制そのものの機能を保ちながら、統一権力へ成長していくように感じられる。とすれば、この部族連合および王権は、いかにして成立するのであろうか。この点に関して最近試みたわたくしの考察(8)は、まだ十分熟したものにはなり切っていないけれども、ほぼつぎのような見通しを生んでいる。初期拓跋国家の発生と展開をあとづけるには、中国社会との関連を無視することができない。しかしこのばあい、中国社会との関連とは、かれらが漢化していくという側面だけではない。むしろ中国世界にたいして、かれらが自立的な位置を占めていく点に注目しなければならない。西晋王朝の弱体化（巨視的にいえば秦漢的統一世界の衰頽であろう）につれて、かれら異民族勢力は、その政治的地位を上昇させていく。このような力関係の変化は、しだいにかれらを中国社会の富の収奪者に仕立てあげていく。掠奪または朝貢・互市による金銀・布帛その他の貨財が、かれらのもとに蓄積される。李・韓両氏の指摘する商人層の往来・居留は、こうした外交関係に伴なう通商の存在を意味するのであって、必ずしも拓跋社会内部における交換経済の発生をそのまま表わすものではない。永嘉の乱は、胡漢両世界の力関係が完全に逆転したことをものがたる。拓跋勢力が中国の土地を獲得するのは、この時期である。また周辺の諸部族にたいする征服戦争も、この時期に活発化する。

このように、拓跋勢力は、中国王朝との力関係の変化を通じて自立していくのであり、この自立の過程はまた、かれらが中国および近隣他部族からの富の収奪者と化していく過程でもある。いいかえれば、富の収奪・蓄積は、部族内部を解体させることによってではなく、むしろ対外的な関係において進行するのである。

しかしここに注意すべきことは、それは河地氏のいうように王権がその部族社会の生産力の未発達や階級分化の未展開に阻止されて、階級矛盾を征服戦争に転化したというようなものではない。氏の所説によれば、部族連合内の一般部族員は、王権にとっては、なお抵抗の自由をもっていたとはいえすでに被支配者であるにすぎないが、わたくしの見るところでは、かれらはむしろ支配者の範疇に属する。すくなくともかれらは、王権を支える自由な名誉ある戦士である。かれらは部族結合によってその位置を保証されている。この結合を一身に体現するものが、酋長であり氏族貴族である。先述のように、わたくしたちは、酋長・氏族貴族が一般部族員との間に尖鋭な階級関係を結んでいたという記述を見出すことができない。おそらくかれらの手に蓄積されたであろう諸種の動産的財貨も、その麾下の一般部族員に対する支配の手段としては機能しなかったものと想像される。

このように考えれば、部族社会そのものは、対外的関係からも規定されて、その内部結合を強化していかざるをえない。そのさい、この内部結合の強化は、必ずしも完全な平等性においてなされるのではない。国王・酋長・氏族貴族といわれるような上層部を生み出しつつ、これを軸としてなされるのである。このような階層分化をわたくしたちは否定できないけれども、ただそれはかなり穏和な形で行なわれ、むしろ部族制度と癒着して発現するのである。もしこの段階を農村共同体的段階とよぶことができるとすれば、この社会はすでに自己の内部構造に階層制を生じ、それをとおして他部（種）族にたいする剰余生産物の収奪を行なっている点において、完全な氏族共同体ではない。しかしまた同時に、この収奪を可能にする軍事力は、一種の共同労働として、内部の部族結合によって保証されているわけである。生産と軍事とのこのような相関関係は、拓跋勢力とその被収奪者との間に、一種の分業が成立しはじめていることを示唆している。この分業はまた、拓跋社会がそれじたいとして孤立しては存在しえなくなっていること、その本源的世界は他部（種）族を含む世界へと拡大しはじめたことをあらわすものである。

一般に階級関係の発生は、原始氏族社会の狭隘さを打破して、拡大した世界を生みだすものであるが、拓跋社会のばあい、それはいかなる形態をとるのであろうか。前述の諸家によって指摘されているように、たとえばその被征服民は、一部奴婢・隷戸として私有化されたものを除き、大多数は編戸とされた。とすれば、征服戦争の基本目的は、こうした国家による総体的支配を貫徹することにあったのであって、決して部族員の私的労働力確保を本旨とするものではなかったと推察される。このことは逆に、部族成員間に生産手段の所有をめぐる階級関係が微弱であったことを暗示する。しかしまた、被征服民に対する国家的総体的支配は、すでに征服者側の共同体結合の不可欠の前提となっている。軍事と生産とは、ここに分業と収奪の関係を貫ぬきながら、相互補完の位置に立つのである。

北魏帝国の創建は、この拡大した世界が成立したことを宣するものであろう。ところで被征服者たちは、この帝国の内部で全く自由のない、没主体的な存在であったであろうか。河地氏が奴隷制的ではあるが完全な奴隷ではないと述べ、李・韓両氏が自由民という規定を与えたように、かれら被征服民の主要部分は、「計口授田」の措置によって土地占有者の地位を与えられた。かれらに「新民」という表現を用いているのは、旧拓跋勢力の成員（旧民）と区別するためであろうが、このことばは政権への参加・帰順の遅速を表わすものであって、直接に階級的地位を意味するものではない。かれらが移住を強制されたことから、その地位の低劣さを予測するのは速断であろう。わたくしもかつてこの徙民の問題に触れたことがあるが[9]、まず注目すべきことは、徙民の対象となったのは、拓跋政権に対して抵抗を示した勢力であり、占領地域のすべての人民がこの措置を受けたのではないという事実である。つまり徙民政策の第一の目的は、反拓跋勢力の徹底的な否定にあったのであって、かれらをとくに京畿一帯に移住せしめているのは、かれらを旧政権のもとから拓跋政権のもとへ転移させるための強制手段に他ならないとおもう。こうして、かれらは自己の郷里を喪失させられ、あらたな政権のもとに投充されるが、この移住を可能ならしめる措置として、「計口授田」が実施されたと見ることができないであろうか。

徙民が国家権力によってどの程度の収奪を受けたかは、まだ明らかにされていない。おそらく相当に苛酷な境涯におかれたであろうことは予想できる。しかし問題の本質は、かれらの受けた処遇の苛酷さそのものにはない。かれらが征服される以前に構成していた部族的あるいは郷村的共同体は、本来的には自生的、孤立的性格を具えていたと想像されるが、それが徙民政策によって変質させられ、北魏王朝という統一権力に直結させられた点に意義がある。このようにして、各共同体の成員は、旧来の自由民的形式を保持しながら、拓跋部を中核とする国家権力に編入されたのである。これをいいかえれば、かれらは、拓跋部を中核とする拡大した共同体の成員に転化したとも見ることができる。

わたくしは、国家権力とこれら徙民との間に結ばれた収奪関係、したがって階級関係を否定するつもりはない。しかしわたくしたちが真に課題とすべきものは、階級関係がどのような場において貫かれていくかということである。かれらは、その自生的共同体を喪失して、国家といういわば擬似共同体の成員に転化せしめられた。この「国家共同体」の擬似的性格こそ、かれらを一面では土地占有者とし、一面では租課収奪の対象たらしめる根元ではないであろうか。

北魏政府は、この「国家共同体」の管理機構である。したがって、この「共同体」成員のうちでより多くの自由を享受する人びとは、集中された生産手段の所有者、たとえば大土地私有者というよりは、むしろ官僚・軍人という職掌的なすがたをとって現われる。拓跋勢力の旧部族員が、北魏の軍隊の中核を形成したのは、このような意味でかれらの自由と栄誉を表現するものに他ならない。さらに政権に参画する漢人官僚がある。かれらは当然士人層であるが、一般的にいって、北魏王朝は漢族士人層を無条件に優遇したのでもなく、またよくいわれるように抑圧したのでもない。かれらが王朝に協力する限りにおいてこれを尊重したのであって、北魏の華北征服は、漢族士人層の政治的地位を改定する作用を及ぼしたのである。もし当時の漢人社会内に、社会的身分と政治的地位の一致という慣行があったとすれば、それは、各士人層の依拠する地方勢力が政界に大きな比重をもち、それが王朝の分裂性と動揺性の原因ともなっていたことと無関係ではあるまい。このような状況のもとでは、郷村共同体を基底とする地方勢力が、真に「国家共同体」にまで高められ、組織されていなかったと推測される。しかし、北魏王朝においては、やや事情を異にする。そこにはすでに、部族制度に発する「国家共同体」の中核が存在する。これを軸として、漢人貴族社会を「国家共同体」のなかに再編成していく可能性が生じた。初章で述べた北魏中期に潜在する賢才主義の理念も、ここに現実的根拠を有していたのである。

均田制は、北魏の華北制覇がほぼ完了した時期に創設される。この段階では、華北地方における反魏勢力は一掃されたとしてよい。均田制を、征服戦争が限界に達したために採られた支配の転換だとする見解は、あまり根拠がない。むしろ初期の段階から一貫して進められてきた統一政策の完成形態とみるべきではないかとおもう。反魏勢力がほぼ壊滅された以上、徙民政策はもはや無用となったのである。しかし、征服戦争は、徙民のほかに、あまり抵抗を試みなかった帰順者の集団も生みだした。これに対してはその土着を容認したとみられるが、それは一種の妥協でもあったので、各地の豪族体制は依然として残存していたとみられる。けれども、最後にはそこにメスを入れる必要があった。北魏権力と豪族体制との接触を云々するばあい、先述の韓国磐氏は、豪族支配下の郷村共同体の存在を予想し、それが均田制に反映して、これに共同体的性格を賦与したとのべる。豪族体制がある種の共同体社会を支えとしていたことはほぼ予想できるが、韓氏の主張が成立するためには、それがどのようにして均田制とからみあったかが証明されなければならない。わたくしもまた、当時の郷村共同体が均田制の場となったことを考慮したいとおもうのであるが、豪族体制下の郷村は、自営農民を主たる構成としつつも、かれらは豪族の影響下にあり、そのような意味では自立性を喪いがちであったとみられる。農民のおかれていたこのような二面性こそ、かれらが均田体制に編入されていく基礎なのではないか。つまり、共同体成員としてのかれらは、自由であると同時に支配の対象となっているわけであるが、この二面性を国家との直接的な関係において表現したものが、均田体制ではなかったかとおもうのである。

もしそのように考えることができるとして、これは豪族体制から国家体制への単なる転移であろうか。均田制が農家労働力を基準として土地班給を規定していることは、かれらの自立性を国家が保証しようとしたことを意味する。もともと共同体は、一面で成員の自由な地位を保証するが、他方、この保証のためには強制力を必要とする。共同体首長はこの強制力を把握することにより、成員の支配者となる可能性をもつ。つまり共同体規制は、公的なものから私的なものへ変質する可能性をもっているわけである。当時の豪族体制下の郷村が、この点でどのような状況にあったかは、ぜひ追求さるべき問題であるが、すくなくとも、この強制力が国家へ委譲されたとき、その私有化の危険（したがって自営農民の自立性喪失の危険）は、一応薄らぐことになる。農民にたいするこのような形での自由の保証が、一方で租税収取の基礎となるのであろう。このように、均田体制と郷村共同体とは密接な関係におかれていると推測されるが、それが均田制として実現されるためには、本来の共同体の強制力に代わる「国家共同体」のそれが、必要条件として存在しなければならない。北魏の国家権力を支えた国軍は、遊牧民の剽悍さを承けて強力であったばかりでなく、豪族体制と私的所有関係によって堕壊せしめられていない世界の強さをも具えていたのである[10]。

以上は、まださまざまの点で立証を要するものであるが、北魏時代をどのような仕方で理解していったらよいかということから、あえて試論を提出してみた。それでは、初章にかかげた隋唐帝国の原型的社会という問題は、どのように考えるべきであろうか。李・韓両氏は、拓跋氏族制社会と漢族封建社会との二つの世界のうち、それを後者に求め、したがって前者の後者への一元化という風に構想した。わたくしは、前者の歴史的展開のなかに後者が包摂されていく過程を見ようとした。つまりわたくしの推測では、前者こそ隋唐帝国の原型に位置するものである。しかしながら、ここにはひとつの限定をつけなければならない。拓跋社会が原型たりうるのは、あくまで隋唐帝国の国家体制に対してであって、隋唐社会のすべての要素がここから出発したというわけではない。ただ、ここで国家体制という限定を加えたとしても、それは単なる権力機構といった狭い意味ではない。わたくしが拓跋社会と表現しているものは、拓跋部のみによって構成された、狭隘な氏族制社会を意味するのではなく、それの文明化過程に形成された、中国文化を含む拡大された世界である。拓跋族の農村共同体が、かれらのみを成員としては成立せず、漢族以下の他部（種）族を包摂することによって始めて成立したことは、さきに縷説したとおりである。すなわち、その農村共同体は、国家という膨脹した形式をとって誕生したといえる。

一般に中国史上の統一王朝は、狭義の統治機構としてではなく、広汎な社会文明の総体として現象する。北魏のばあいも例外ではない。したがって、国家の中核を占める諸原理は、かなり急速に国家全体に向って普遍化する傾向をもつ。さきにわたくしは、北魏政権の形成期における軍事と生産の分業ということを述べたが、それは民衆である兵士の自由で栄誉ある地位を保証するものである。このような兵士は、その後、種族の区別をこえて、漢族その他の一般の民衆の間にも拡大された。それの制度化が府兵制に到達するであろうことは、まえにも予測しておいたが、このような傾向は、北魏時代にすでに現われているように思われる。かれらは依然として生産面において被収奪者でありながら、他方では、国家権力の一端を荷うのである。そして、このような体制を保証したのが、「計口授田」制であり均田制であった、とわたくしは考えたい。

最後に一言したいのは、北魏の社会経済構成にどのような歴史的規定を与えたらよいか、河地氏のように基本的には奴隷制とみるべきか、それとも李氏の前封建制あるいは韓氏の封建制を採るべきかという問題である。わたくしにはまだいずれとも断定の下せる準備がないので、ここでは、どこからこの課題に迫ったらよいかという点について述べたいとおもう。

わたくしは、これまで拓跋社会の展開を、漢族社会の包摂とその国家体制への編成の過程として述べてきた。北魏が一応そのことに成功したとすれば、その基礎は、広汎な自由民体制を作り上げることが出来た点に求められなければならないし、同時にまた、北魏の瓦解は、この基礎が崩れていったところに原因がある。上述の諸家がいずれも関心を注いでいるように、問題は、この自由民をどう規定するかということである。李氏も韓氏も、その系譜を、漢族封建社会中の農民——形式としては自由だが本質的には農奴である——に求めた。この定義の当否は別として、わたくしもまた、漢族自由民の系譜はやはり漢族社会のなかに求めねばならないとおもう。

これは、これまで述べてきたことと矛盾して、二元論に陥っているように受けとられるかも知れない。しかし、わたくしが隋唐帝国の原型を拓跋社会に求めるといったばあいの隋唐帝国とは、魏晋南北朝以来の貴族社会の変質形態としてのそれであり、いってみれば狭義の隋唐時代なのである。けれども、それはあくまで変質形態であって、先述したように、貴族社会そのものを本質的に否定したものではない。隋唐社会は、この意味において、依然として貴族社会を素地としていると見るべきであろう。このような広義における隋唐社会の源流を考えるならば、わたくしたちは、少なくとも秦漢帝国の崩壊時にまで遡り、そこに顕在化した歴史的世界すなわち貴族社会の問題に立ち向わねばならないであろう。

このように、一見二元論的外貌を呈するものは、じつは狭義と広義、特殊と一般という関係から来ているのである。それは決して論理の遊戯ではない。古代世界克服の過程が、史実として示すものである。漢の解体、西晋の滅亡という二大事件が、約一世紀をへだてて継起する。この期間を時代区分上どう性格づけるかは、かつて論議に上った事柄であるが[11]、おそらくは歴史が自己革新のために跳躍せざるをえなかった二大断層なのであろう。隋唐帝国成立の見地からすれば、それがそれぞれ一般と特殊の時期を画分するのである。

わたくしたちは、この二大事件に挟まれた魏晋の時代に、様々の自由な個性をそなえた人間の群像を見る。それは、古代人とはまた異なった趣きをもつ当時の自由民の典型を示しているように感じられる。かれらの多くが貴族出身者であるところから、この自由を享受しうる階層の範囲は、かなり狭隘であったとも思われるが、それにしても、このような人間のあり方と全く無縁に、民衆が生きていたと考えうるであろうか。貴族層を宗主として結成されたかれら民衆の郷村に、どのような自由の可能性が包蔵されていたかは、ぜひ明らかにされねばならぬ課題である。

あえて想像をたくましうするのであるが、当時の郷村は、古代社会の廃墟の上に萌え出た、新時代の起点ではなかったであろうか。ただ、それは順調に伸びることができず、戦乱による破壊をくりかえし受けながら、北魏時代に到達するのである。北族の部族共同体と漢族の郷村社会と——それは一見全く無縁な双方の出会いのように思われる。

しかし考えてみれば、いずれも古代世界の克服を使命として登場してきたものである。両者の結合は決して偶然ではない。北魏時代は、その実現の一歩をふみ出した時代ではないかとおもうのである。

註

（1）岩崎書店刊『アジア史講座』第一巻、第五章「隋唐の世界帝国」中、唐代に関する部分が、とくにこのような欠陥をもっている。
（2）「北魏末の内乱と城民」（『史林』四一―三・五、一九五八年）。
（3）「北魏官界における門閥主義と賢才主義」（『名古屋大学文学部十周年記念論文集』一九五九年）。
（4）「北斉政治史と漢人貴族」（『名古屋大学文学部研究論集』二六、史学九、一九六二年）、「北朝末期の郷兵について」（『東洋史研究』二〇―四、一九六二年）。
（5）「慕容燕の権力構造」（『名古屋大学文学部研究論集』二九、史学一〇、一九六三年）。
（6）ここにいう農村共同体とは、氏族共同体から階級社会への移行段階を示す社会科学的範疇である。
（7）北魏社会の性質に関する主なる研究を挙げれば、本文に紹介した李亜農・韓国磐両氏のほか、唐長孺「拓跋国家的建立及其封建化」（『魏晋南北朝史論叢』生活・読書・新知三聯書店、一九五五年所収）、王仲犖「北魏初期社会性質与拓跋宏的均田」（『中国歴代土地制度問題討論集』生活・読書・新知三聯書店、一九五五年所収）・唐長孺「均田制度的産生及其破壊」（『歴史研究』一九六二―二、『中国歴代土地制度問題討論集』一九五六年所収）、賀昌群『漢唐間封建的国有土地制与均田制』（上海人民出版社、一九五八年）などがある。このうち王仲犖氏は孝文帝の改革以前は先封建主義国家に属し、その改革はそこから封建化に向う国家の過渡的改革だとしている。唐長孺氏は、李氏の指摘する均田制の特徴にたいしては、基本的に賛成であると述べている。また、賀昌群氏は、李氏に真向から反対し、北魏社会封建制説をとる。論理構成と実証の面で、唐氏の二研究がもっともすぐれており、後述するように、韓氏も唐氏の研究に負う所が大きいのではないかと思われるが、ここでは李氏に対蹠的な意見として、韓氏の研究を紹介した。

（8）「初期拓跋国家における王権」（『史林』四六―六、一九六三年）。

（9）前掲「北魏末の内乱と城民」。

（10）以上の試論には、紹介した三氏の説にヒントを受けたところも多いが、一々註記することをさけた。

（11）宇都宮清吉「東洋中世史の領域」（『漢代社会経済史研究』弘文堂、一九五五年所収）参照。

六朝社会史をめぐる最近の研究動向——分期問題と共同体論——

一　はじめに

六朝時代を中国史の全過程のなかにどう位置づけ、またどう性格づけるかという問題は、わが国の学界において、多年関心の的となってきた。その結果、専門研究者の間からさまざまの見解が提出され、それが幾つかの論争を生んだことは、私たちの記憶にあらたなところである。

戦後の比較的早い時期に生じた論争点は、何と言っても、時代区分にかかわる問題であろう。周知のごとく、この時代を中国における奴隷制的古代の一時期とみるべきか、それとも、秦漢と質を異にする歴史段階に入ったとして中世という時代概念で把握すべきか、大づかみに言えば、こうした枠組みにおける論争が行われたのであった。もっとも、論争の実際は、このような生の形でのみ行われたわけではない。それは、さまざまの歴史的な社会事象をどう理解するかという具体的な問題を通して、そしてその多くはあからさまな論争の形をとることなしに、展開されたのであった。

ところで、最近の十数年をふりかえってみると、時代区分問題そのものについての言及は、もはやほとんど見られない。この問題の重要性が忘れ去られたわけではないであろうが、学界の関心はそこからやや異なった地点に移動したのである。近年、多岐にわたるこの時代の研究のなかで、比較的活発に議論の交わされたテーマは、六朝貴族制をめぐる問題であろう。すなわち、六朝全期を通じて政治的社会的指導階級であった貴族層の階級的基盤は何であったかという問題である。提起された意見を大別するならば、（ⅰ）自営農民を基幹とする共同体的集団の指導者層、（ⅱ）皇帝権力に寄生する寄生官僚、の二つの考え方に整理できるであろう。しかし（ⅰ）の考え方にしても、貴族が一面で地主であったことを否定するものではない。その地主的側面と指導者的側面とをどのように統一して理解するかで、説の相違が生れる。[1] また（ⅱ）についても、六朝初期からすでに自立的性質を失った国家寄生官僚であったか、それとも、六朝後半期においてとくに寄生的性格を強めたものであるか、その点にも見解の対立がある。[2]

しかし、これらの説の当否を吟味することが、ここでの課題ではない。むしろこのような諸説を生みだす関心のあり方を問題にしたいとおもうのである。以上のように要約される諸説は、もとより時代区分論と無関係ではないが、それを直接の目標とするものではない。たとえば、（ⅰ）は中世説に近づく可能性を蔵してはいるが、共同体指導者—自営農民という図式は、世界史的普遍性の面よりも、むしろ中国社会独自の性質の方を強く意識した結果である。（ⅱ）についても、総体として同じことが言えるであろう。時代区分論がどちらかと言えば、他の地域・文化圏と共通なタームで中国社会の進展過程を測定してゆくのに対し、如上の諸説の背後にあるのは、中国社会を他の地域・文化圏との概念上の共通性に解消せしめず、むしろその実態の独自性に立ってこれを問い直してゆこうとする姿勢である。

特殊性の凝視がいずれは再び普遍性へと環流しなければならないのは、言をまたないところであろう。以上の諸説がそうした方向性を伴なっているかどうかは、なかなか判定しがたい問題である。しかし、学界全体の傾向から言っても、世界史に共通なタームを史実に適用し、中国社会を他の社会とのアナロジーでとらえる方法は——たといそこに修正条項をつけ加えたとしても——、すでにわが国の六朝史研究の大勢ではない。たとえば、六朝史に関して、奴隷制、封建制、農奴制などの概念はいうに及ばず、古代、中世というような時代呼称さえ、使用例が少なくなりつつあるのは否定しえない事実であろう。こうした傾向は、近年、六朝史に関する研究が時代区分論から遠ざかってしまったことと軌を一にする。そのような傾向は一体どこに原因があるのであろうか。

かつて私自身が考察したところによれば、世界史の基本法則というような考え方に疑問を投げかけたのは、戦後、諸国が逢着した、近代化をめぐる問題であった[(3)]。戦争終結—民族独立の時点では、世界の諸民族は過去に人類共通の歴史の法則を経験し、未来にまた人類普遍の文明社会を建設すべきものであった。しかしやがて世界の諸民族があげて近代化という現実問題に直面することになると、そこからむしろ各民族のもつ特殊性の面がクローズ・アップして来たのであった。そして歴史研究にもこうした変化が反映してきたのである。

しかし、さきにも述べたように、もしこうした特殊性の問題がたんに特殊性の強調のみにおわるならば、それはこれまでの普遍主義の裏がえしにすぎない。近代化の問題は、人類史として普遍的な性質を含んでいる。諸民族にとって避けられないその現実に立って歴史を見ようとするならば、普遍と特殊とが真に統合される地点はどこかということが、改めて問われなければならないであろう。

歴史の方法を発見するのに歴史を以てするというのは一種の自己撞着であるが、歴史研究者にとっては、やはり深く歴史のなかに沈潜しつつ、それを模索してゆくより他ないであろう。そして、民族の歴史が根ざすところの社会の基層部分に着眼し、その生きた構造を解明してゆくことが、その具体的な道であろう。そこでは、民衆が広汎な土台をなす。その民衆の存在様式は、社会の進展につれて、これに見合った支配階級を析出してゆく。国家は、このような階級関係の展開されたすがたである。

かりにそうした見方に立つとき、中国史はいかに理解されるであろうか。戦前からしばしば言われてきた父老社会というような概念は、なお継承さるべきものを持ってはいるけれども、今日の眼からすれば、あまりにも大まかであり、且つ静態的にすぎる。そのいわゆる父老社会内部のダイナミズムにまで立ち入り、それが歴史を構成してゆくすがたを描かなければならない。

私が六朝時代を共同体的にとらえようとつとめてきたのも、成否はともかくとして、少なくとも意図はそこにあった。そして前置きが長くなったが、本稿もまた、そうした観点から、今日の中国の学界を管見しようとするものである。もとより日中両国三十幾年の歩みは決して同じくない。当然双方の学界が関心とするところも異なる。そのような距離の大きさは十分に承知した上で、あえてこれを試みたいとおもうのである。

二　最近の分期問題

一九五〇年代は、中国においても、いわゆる分期問題論争がはなばなしくくりひろげられた時期であった。この論争における最大の争点の一つは、奴隷制から封建制への転化の時期を、中国史上どの時代に設定するかということであった。議論は多岐にわたるが、（ⅰ）殷周交代期、（ⅱ）春秋戦国期、（ⅲ）漢魏交代期のおよそ三説に整理することができる。(4)（ⅰ）説は翦伯賛・范文瀾氏らによって、（ⅱ）説は郭沫若・侯外廬氏らによって、それぞれ代表され、相互に活発な論戦が展開された。（ⅲ）説は、王思治氏ら中国人民大学の学生たちが提出したことで注目を引いたが、(5)後に述べるように、この立場にも尚鉞氏ら幾人かの著名な学者が含まれていた。

さて、この分期問題論争は、結論を見ないままに中絶状態となり、やがて史学界は六〇年～七〇年の政治の激動にまきこまれていった。七〇年代後半になって文革が否定的な結末を迎えると、史学界も悪夢から醒めたかのように、再建の過程にはいった。しかも、それは単なる復旧ではなく、「現代化」といわれる新しい国是のもとでの再建であった。

中絶状態にあった分期問題に対しても、再び関心が寄せられることになった。一九七八年十月には、長春の吉林大学で「中国古代社会分期会」という討論会が開催された。活気を取り戻した『歴史研究』や新たに創刊された『中国史研究』などの専門雑誌も、分期問題に関する諸家の文章を掲載しはじめた。その執筆者たちの幾人かがまず冒頭に述べているのは、中国古代史の分期問題が三十年経ってもなお解決を見ていないということである。(6) さらにもう一つ気づかれることは、各論者の意見が以前とあまり変わっていないように見受けられる点である。(7) こうした論調から、この問題が長い間学界で放置されてきたこと、そして各人の意見は大きく食いちがったまま、この十数年の激動のなかに凍結されてきたことなどが想像されるのである。

この分期問題は、今後あらたな展開を見せるであろうか。わが国における時代区分問題がすでに主要なトピックたりえなくなっている実情を併せ考えると、両国の学界内外の事情は大いに異なるけれども、必ずしも楽観を許さないようにも思われるのである。単なる推測にすぎないけれども、中国における中国史研究の重点は、分期問題のような普遍史的なテーマから、中国社会の実態に即したものに移ってゆく傾向を見せるのではなかろうか。「現代化」という課題に直面して、中国史研究に要請されるのは、中国史の発展過程を一般的なカテゴリーで説明することではなくて、中国社会それ自身が歴史的内在的にもつダイナミズムを解明することであろう。もちろんそれは、中国社会をその普遍性から切り離して特殊性のみに眼を向けることではない。普遍と特殊との統一点を新しい場においてさぐることであり、その意味ではこれまでの時代区分論争の蓄積は、有益な資料を提供するであろう。

それはともかくとして、再開された論争は、基本的な枠組みにおいては従前と大差がないが、この問題にとり組む姿勢においては、いくらか新しい点が感じられる。寄稿者のなかに、尚鉞・何茲全・王思治氏ら（iii）説に立つ人びとが比較的多い点において、まず若干の新鮮さを感ぜしめる。[8]そこには従来不遇であった当該学説の復権という意味もあるであろう。しかしそれよりも、この説自体のもつ論理がある種の生産性をもつためではないかとおもわれる。

この学説が他の二説と正当性を争うとき、最大の問題となるのは、周代から秦漢に至るまで一貫して存在する土地保有農民の地位をどう規定するかという点である。他の二説では、西周以来、あるいは戦国以来、これを実質的な封建農奴であると考える。これに対して（iii）説では、氏族（または農村）共同体農民が戦国期の変動を経て自由な小農民に転化したすがたと見るのである。

土地保有農民が恒常的に何らかの収奪を受けるとき、これを封建農奴と規定することは比較的容易であるが、しかしそれは実態を概念の枠に押しこめてしまうきらいなしとしない。一方、政治権力の支配下にある土地保有農民を自由とみることは不合理のそしりを免れない。けれども、このようなジレンマを解決してゆこうとするところに学問の創造性があるのであって、（iii）説の主張者たちが問題点を比較的柔軟かつ多面的にとらえ、自説の強化につとめているのも、そのことと無関係ではあるまい。

たとえば王思治氏は、分期問題がこれまで解決を見なかった原因として、史料に対する解釈の相違と共に、奴隷制社会に対する基本的な理論問題の研究不足を挙げ、つぎの三つの要項を提出している。（1）土地私有制の確立は必ずしも奴隷制から封建制への転化のみを意味しない。それは奴隷制社会にも資本主義社会にも存在する。（2）奴隷制社会も封建社会も共に単一の生産様式のみが存在しているのではない。奴隷制社会でも、雇傭労働、租佃制及び大量の共同体成員や自営農民が同時に存在する。（3）奴隷制社会における階級闘争は、奴隷と奴隷主との間の闘争にとどまらず、貴族（奴隷主）と平民（自営農民）との間にも激烈に行われる。以上要するに、階級社会の多様で複雑な様態に注意を喚起し、現象の一面のみを強調して自説を固持する傾向を批判したのである。

もちろん、(iii)説にも弱点がないわけではない。たとえば前述したように、秦漢の自営農民を自由民と規定したとしても、その自由な身分であるかれらが何故に国家の収奪を受けるのかという問題が当然残る。この問題を解決しなければ、封建農奴説をのりこえることはできないであろう。こうして自営農民それ自身の存在様式に焦点をあて、そこから国家との関係をみちびき出す必要が感じられるのであるが、(iii)説でもまだそうした観点はとられていない。官私の奴隷主たちの力が自営農民を支配し没落させるという風に、自営農民の境遇をいわば外面からとらえるに止まっているようである。

三　塢壁共同体をめぐって

自営農民の存在様式という問題を考えてゆくと、そこにどういう研究領域が開けてくるであろうか。かれらは決して家族と自家所有地だけで孤立して生きているのではない。その血縁と地縁のつながりはかれらの具体的な生活環境を形成し、かれらはそれとの相互規定関係において生存しているわけである。つまり自営農民の存在は必然的に社会関係を生みだすのである。

国家と自営農民との階級関係も、このような社会関係を媒介とすることなしには貫徹されない。であるばかりでなく、こうした社会関係じたいが、多かれ少なかれ階級性を帯びている。漢代の郷里制社会における父老―子弟の指導体制は国家支配の支えをなすものであるが、それじたいは里共同体ともいうべきものであって、階級関係はまだ十分成熟していない。しかし一定の条件の下では、階級関係の形成を媒介することもありうる。後漢時代、里の変質と相応じて、土豪が郷里指導者の地位にある例が多くなるが、このように里は一個の共同体であると同時にまた、階級社会形成の場でもあるのである。

ある社会の階級性がまだそれほど濃厚でない段階においては、この社会は多分に共同体的である。したがって、きわめて図式的であるが、共同体から階級社会へ、そして国家形成へという進展過程をえがくことが可能であろう。それは必ずしも原始共同体から奴隷制国家に至る過程のみに適用されるものではない。自営農民が広汎に存在し、その基礎の上に帝国が構築される中国においては、このような過程がさまざまのヴァリエイションにおいて幾度となくくりかえされるのではなかろうか。

さて、六朝社会において、以上のことはどう具体化されるであろうか。私はかつて後漢から六朝期にかけて無数に形成される塢の構造を分析し、それが特定の家族によって指導される一種の共同体社会であったことを述べた。その共同体結合の原理には、漢代までの郷里制社会における血縁原理を超えたものがあり、人格主義的な倫理観念が成員間の連帯を保証するものであったと論じた。さらに、そのような共同体社会と構造・理念を共有するものとして、五斗米道など初期道教の教団組織、豪族と宗族・郷党との日常関係、有事の際の郷兵集団などがあることを指摘した。そしてまた、六朝の豪族（貴族）階級はこれらの集団を階級的基盤として国家を形成し、例えば均田制などの国家の諸政策にも、これら集団の共同体倫理が反映していたことを主張した(9)。

ところで、最近中国の各誌に発表された趙克堯氏らの研究もまた、塢や初期道教教団について論じている(10)。その論旨の中には私の考え及ばなかった点もあり、学ぶべき事柄が少なくないので、以下に概略を紹介したいとおもう。

ここでは、主として趙氏の単独執筆になる「論魏晋南北朝的塢壁」を取り上げたい。氏はまずこの論文の冒頭で、三〜六世紀の政治的分裂と戦乱、社会の荒廃のなかで、人びとは郷里や移住地に塢壁を築いて自存を図ったことを指摘し、後漢以来の大土地所有制、部曲・佃客制の発展による「封建宗法思想」の強化や、血縁・地縁を核心とする「宗郷観念」の発達が、こうした社会集団の「凝集」に経済的思想的基礎を提供したことを述べている。つまり後漢以来の社会変化が塢壁の形成に大きく影響したというのであるが、しかし氏は塢壁を単に階級的観点からだけ見ているのではない。氏は当時の塢壁を、宗豪塢壁、家族共同体の塢壁、流民塢壁と、三つの類型に分つ。宗豪塢壁は豪族がその宗族を中心として結塢したもので、その下には多数の部曲を含む。これに対し、家族共同体の塢壁は、これも宗族を核心とするものではあるが、その家族の内部にはある種の共同体遺制がはたらいており、宗豪塢壁よりも共同体的であるといえる。流民塢壁も、各地の流民の寄合世帯であるとはいえ、やはり家を単位として結集したもので、そこには同郷関係も見られる。

このように、塢壁には階級性の強いものから稀薄なものまで、さまざまのニュアンスのちがいがあるが、それを発生史的に見ると、宗豪塢壁がまず最初に形成される。後漢時代に発展してくる豪族の荘園が、その原形である。しかし社会動乱が激化するにつれて、第二、第三のタイプである家族共同体の塢壁や流民塢壁が発生し、その他山越・宗部など江南の宗族集団も、一種の塢壁として理解しうる。氏によれば、漢末・三国は塢壁の発生期であり、十六国時代は発展期、南北朝は転換期、隋の統一以後は衰亡期であるという。すなわち六朝の全時代は塢壁の時代でもあったというわけである。

ところで、この塢壁の結合原理はいかなるものであったであろうか。先述のように塢壁には三つの類型があったにもかかわらず、そこには共通の原理がはたらいている。すなわち、家族共同体の塢壁だけでなく、宗豪塢壁、流民塢壁においても、共同体遺制のはたらきが看取されるのである。ここにいう共同体遺制とは、まず第一に、生産手段（土地）と生活手段（消費財）の平均的分配である。氏は塢壁集団の諸例を挙げつつ、生産性の乏しい山野に結塢するとき恐らくそうした措置が必須であったであろうと推測している。さらに、宗豪塢壁の塢主たちが「豪俠」と称せられて、塢民に対する諸種の賑恤を行っているのは、単にかれらの品性の問題とみるべきでなく、当時の経済生活の反映であるとしている。

外界から孤立した塢壁は、それ自身の秩序形成機能をもたねばならない。塢主が人びとの推戴形式によって選ばれるのは、家族共同体の塢壁の特徴である。これに対し、宗豪塢壁は宗豪が自らこれに任ずるので、それだけに塢壁の運営も家父長的となる。しかしこの二つのタイプを全く同一視することができないのと同様に、両者を対立関係でとらえることも妥当でない。家族共同体もまた変質して集団内に貧富の差を生じ、次第にその平均主義的体制が崩れてゆくことがあり得るからである。

以上のように、趙氏は当時の塢壁のなかに共同体的、平均主義的な集団原理を見る。と同時にそれが階級的集団に転化する可能性も決して否定していない。塢壁はそのような両義的な社会集団であるが、ではこの時代、なぜこのような共同体遺制の顕在化をみるのであろうか。氏はこれを、生産力の低下がもたらした必然の結果であるとする。しかし一方、それは社会の後退的一面のみを表わすものではなく、生産力を向上させてゆくバネでもあるのである。塢壁における相互協力体制は荒地開発の力となり、賑恤活動は労働力保全に役立ち、土地の均分は人力と地力を十分に発揮させるはたらきをなした。したがって、こうした共同体遺制の顕在化は、古い氏族共同体や農村共同体の単なる残照なのではなく、中古社会の生産力が螺旋的に上昇してゆく標徴でもあるというのである。

以上に紹介した論旨からほぼ明らかなように、趙氏は塢壁を六朝時代の全期を通じて存在した社会の基礎構造と考えているようである。そこには共同性と階級性の両面が内蔵されている。塢壁はまた生産力低下の結果であり、同時に生産力向上の原因である。氏はまたいう、塢壁は政治的分裂の結果であるが、それを助長するものではない、かえって政治的統一を維持するものであったと。こうした論理から見ると、塢壁を単なる歴史事象の一つとしてでなく、六朝時代の時代的特質の凝縮体としてとらえようとする姿勢がうかがわれるであろう。

趙氏にあって、塢壁の考察が他の事象につながってゆくのも、この姿勢のいたすところであろう。氏の塢壁論が豪族の荘園と関連していることは前述したが、氏はまた均田制が宗豪塢壁の土地均分から発想されたのではないかと推測している。とくに注目されるのは、五斗米道の義舎の制度が流民塢壁の平均主義を源流としているという説明である。これは、氏族の李雄・李班の均分思想が五斗米道の影響に基づくという説を否定したものである。いずれが正しいかはなお検討を要するであろうが、趙氏の説の特徴は、初期道教教団を一つの特殊な事象として限定せず、当時広汎に発生した社会集団のあり方を基礎として、これを理解しようとする点にある。(11)

趙氏の論述はまだかなり大局的であり、その一つ一つは今後なお多くの個別研究で裏づけられなければならないであろう。また、事象の解釈にいくらか説得性を欠く点も少なくない。(12)しかしそれらの欠点にもかかわらず、六朝社会の独特な基礎構造に視座をさだめ、そこからこの時代を全体的に把握してゆこうとする氏の発想には、参考とすべきところが少なくないようにおもうのである。

註

(1) 堀敏一「中国古代史と共同体の問題」(『駿台史学』二七、一九七〇年)、拙稿「『共同体』論争について」(『名古屋大文科学研究会年報』一、一九七四年)、参照。

(2) 矢野主税『門閥社会成立史』(国書刊行会、一九七六年)、越智重明「魏西晋貴族制論」(『東洋学報』四五—一、一九六二年)、同「漢六朝史の理解をめぐって」(『九州大学東洋史論集』五、一九七七年)、拙稿「六朝貴族制社会の史的性格と律令

制への展開」（『中国中世社会と共同体』国書刊行会、一九七六年所収）、参照。

（3）拙稿「中国社会と封建制」、「中国史研究の新しい課題——封建制の再評価問題にふれて——」（前掲拙著所収）、参照。

（4）江泉「関于中国歴史上奴隷制和封建制分期問題的討論」（『歴史研究』編輯部編『中国古代史分期問題討論集』生活・読書新知三聯書店、一九五七年所収）、参照。

（5）王思治・杜文凱・王汝豊等「関于両漢社会性質問題的探討兼評翦伯賛先生的〝関于両漢官私奴婢問題〟」（『歴史研究』一九五五—一）。なお鈴木俊・西嶋定生編『中国史の時代区分』（東京大学出版会、一九五七年）、一一頁、六六頁、参照。

（6）尚鉞「関于中国古代史分期問題」（『中国史研究』一九七九—三）、王思治「中国古代史分期問題分岐的原因何在？」（『歴史研究』一九八〇—五）。なお金景芳「中国古代史分期商榷（上）（下）」（『歴史研究』一九七九—二、三）は、郭沫若の分期説に対して八項目の方法上の意見を提起したものであるが、その冒頭に、およそつぎのように述べている。新中国が成立してすでに三十年経ったが、中国古代史において極めて重要な問題である分期問題が未だに解決を見ないのは、中国の歴史科学の発展のおそさを反映している。そしてその原因の一つには、百家争鳴、百花斉放の方針が真に貫徹していない点が挙げられる。私がこう言うのは郭沫若同志の分期説がすでに全国的範囲でひろくゆきわたり、多くの人びとに受け入れられているのを知らないわけではない。しかし率直に言って、私は郭先生の分期説に賛成できないので、百家争鳴の精神にもとづき、この問題を考えたいとおもうのである、云々。その後金氏のこの論文に対して、侯紹荘「怎様理解郭沫若同志的古代史分期学説——兼評金景芳先生的《中国古代史分期商榷》」が発表されて、さらにこれを批判した（『歴史研究』一九七九—八）。

（7）註（6）に挙げた尚鉞氏や王思治氏が依然として（iii）説を持している他、何兹全氏が、「何年か書物を読まなかったので、分期問題に対して研究の進展がなく、大体において以前の見方を保っている」と断って、（iii）説を展開している（何兹全「漢魏之際封建説」『歴史研究』一九七九—一）。何氏の論文は先述の吉林大学における討論会での発言を文章化したものである。

（8）註（6）・（7）所掲論文。

（9）前掲拙著。

（10）趙克堯（許道勛氏と共同執筆）「論黄巾起義与宗教的関係」（『中国史研究』一九八〇―一）、趙氏「関于張魯政権性質的再探索」（『杭州大学学報』一九八〇―三）、趙氏「論魏晋南北朝的塢壁」（『歴史研究』一九八〇―六）。

（11）前掲「論黄巾起義与宗教的関係」では、黄巾の教団組織である「三十六坊（方）」が、当時流民の集結した「屯坊」を布教活動によって教団として編成したものだという。

（12）前註（11）の理解も、異論を生ずる余地はまだかなりあるであろう。また、塢壁における土地の均分も、すべて推定（趙氏はしばしば「可能」という語を用いている）にもとづいており、十分に証明されたものではない。ただ私自身は、この後者の問題については、かなりの程度共感をもつ。塢壁集団において、労働力に応じて土地を分配する計口受田的ないしは均田制的方途がとられた可能性は、十分にあるとおもう。ちなみに、趙氏の共同体論の根底にあるのは、この時代を政治的経済的な極限状況において見ようとする考えである。この点も、かねてからの私の見解に一致する。

中国士大夫階級と地域社会

一　はじめに

中国の政治・経済・文化等々――すなわち総括的にいえば中国文明――を形成してゆく社会の原構造を一体どのようにえがいたらよいのであろうか。これは多年にわたる筆者個人の課題であると同時に、また本総合研究の根本動機でもある。それは考えてみれば、気の遠くなるような、広大にして困難な課題である。しかし、戦後三十数年の間、わが国の東洋史学界に活気を与えてきたのは、やはり個々の研究者の内部に包蔵された、そのような問題意識ではなかったであろうか。欧米の文明史とは多分に様相を異にし、しかもそこに一個の世界史として成立してきた中国文明とわが国の歴史との密接不離な関係を想起するならば、わが国の研究者のなかにおけるこのような問題意識は一種ナショナルな意味を帯びている。研究資料が無限に拡大され、研究テーマがはてしなく細分化してゆく今日の傾向にあっても、この課題の意義は毫も減ずるものではないであろう。

三十数年前、わが国の学界が戦争への反省のもとに再出発を期したとき、「世界史の基本法則」という口号をかかげて展開された研究方向も、決して如上の課題とは無縁ではなかった。「世界史の基本法則」とは奴隷制・農奴制等々の生産様式の発展段階によるものであるが、しかしそれとても、これを中国社会に適用するときは、生産様式の中国社会に特有な具現を無視するものではなかった。たとえば家父長的家内奴隷制との組み合せによる漢代豪族の土地経営、あるいは、政治権力を官僚制国家に委託して、自らは専ら経済面のみにかかわる中国型農奴制（佃戸制）等々――こうした理解の仕方に、それはよく表現されている。一般化していえば、それは世界史的普遍性と中国的特殊性の統一を目ざすものであった。

しかしながらその意図は、必ずしも成功に至らなかった。むしろ、中国社会をその固有のすがたにおいて捕捉する方法としては、不完全であった。それが結局失敗に結果したことは周知のごとくである。

この経験によって中国社会では大土地経営における生産様式が、社会全体の規定性となり得ないことが明らかにされた。そのことを明示的にあらわすのは、歴代の専制国家体制である。大土地経営内部の生産様式と専制国家体制とは、直接相照応するものではない。むしろ、専制国家体制に見合うのは、小農経営である。「世界史の基本法則」の立場が崩れたあと、こうした認識の下に研究が進展したのは、ある意味で当然である。これは、中国社会の固有のすがたに一歩近づいたといえるであろう。しかし、かりに、専制国家と小農経営とのあいだに一次的な階級関係を設定するとしても、そこにさまざまの問題が残ってしまうのも否定しえない。まず第一に、そのような理解の枠組みにおいては、専制国家の成りたちを説明することができない。すなわち、中国社会はなぜ専制国家に帰結するのかという疑問を解くことができないのである(1)。

中国社会の同有な性質を、その内部から解きあかしてゆく方法はないのであろうか。戦後さまざまな試みがなされたにもかかわらず、まだ真に満足すべき方法をつかみ取っていない、というのが筆者のいつわらざる感想である。さらに言えば、そのような状況を突き破ることのできないままに、個々の研究が蓄積されて、ある種の豊富さと精密さを加速して行っているのが、今日の状況であろう。本総合研究が中国社会の原構造への接近を意図するのは、如上の研究史をふまえた結果である。

本研究がテーマとしてかかげた士大夫階級は、近代以前における中国社会に独特な支配階級であって、中国社会の構造的特質を究明するために、看過することのできないカテゴリイである。この士大夫階級の社会的存在形態から出発することこそ、如上の課題に迫る、揺ぎない方法と確信される。しかし、士大夫階級が往々にして大土地所有者であることから、そこにア・プリオリに大土地所有の問題をからませることは、避けなければならない。また、専制国家はその任用する官僚集団の供給源を士大夫階級に求めたが、しかしそこから士大夫階級の分析をただちに官僚制の問題に還元してはならないであろう。あえていえば、官僚制以前のレベルにおける士大夫階級のあり方を、その本来のあり方として分析してゆくことが必要であろう。

そのように考えたとき、士大夫階級の第一次的本源的なあり方は、かれらが民衆と直接する場——すなわち地域社会において顕現されるのではないであろうか。このことを別の言葉で表現するならば、士大夫階級と民衆とが同時存在するところの、第一次的な場——地域社会——において、士大夫階級の本源的なあり方がとらえられる。士大夫階級は、そのような場において、いかに民衆と区別され、その上位にあり、また民衆を支配・把握するのであろうか。もしそのような具体像をえがくことができるならば、それこそ、中国社会の原構造を示すものであろう。そしてそこから、当然専制国家の全般的問題へのいとぐちがひらけてくるのではなかろうか。本研究は、以上のような問題関心の上に試みられた総合研究である。次章以下に掲げた諸論考は、戦国から清末に至る各時期の専門家たちによって解明された、中国士大夫階級の現実のすがたである。そのおのおのは互いに孤立しているように見えつつ、実は力強く連鎖しあっている。なぜならば、それらはいずれも過去三年間、何回となく討議をくりかえした果てに草された文章だからである。本章で以下に述べるのは、それらの成果をつらねてえがかれた中国士大夫階級の原像とその発展の軌跡である。筆者の力不足のゆえに、各論考の貴重な果実を見のがし、あるいはその正しい論旨を歪めることをおそれるのであるが、その一々の内容については、各論考を味読していただきたい。また、残された課題が依然厖大に横たわっていることも否定しえない。しかし、中国士大夫階級の原生的なすがたを時代をこえて一貫した論理でとらえようとした当初の企画は、何ほどか達成されたのではないかと考える。

二　士大夫階級の形成と地域社会の成立

前述したとおり、士大夫階級は、中国前近代社会の本質的解明におけるキイ・ワードである。その歴史は中国の歴史と共に古い。士大夫の語が、周代支配階級集団内部におけるヒエラルキーたる卿・大夫・士に由来することはいうまでもないが、歴史的範疇としての士大夫階級もまた、すでにこの時代に胚胎する。

それは、庶人とよばれる被支配階級とは、厳格に区別された階級である。かれらは、封建制度を通じて一定の封地を有ち、そこに生産する庶人に対して領主権を行使する。庶人の社会的機能が主として生産にあるのに対し、支配階級（王・諸侯・卿・大夫・士）のそれは、いわゆる祀と戎、すなわち祭祀と軍事にある。社会はこのように二大階級に分裂し、しかも社会的機能において両者は相互補完的な関係にある。そのように見ることができるとすれば、当時の支配階級がよって立つところの場は、どのように考えられるべきであろうか。

かれらは封地の経営者として、そこにおける生産物を収取し、このような経済的基礎の下に、祭祀と軍事に参加する。祭祀の対象には宗廟と社稷があり、その宗族および国土全体の再生産を祈念する。軍事もまた、宗族と国土の維持を目的とする。ところで、生産者たる庶人は、この祭祀と軍事にどのように関わったのであろうか。ごく一般的に言えば、社稷の神を祀り、国土の安全を期することは、庶人の生産と生活の保障をも意味したであろう。ではそこから更に一歩進んで、庶人も何ほどが祭祀者あるいは戦士として主体的に参加することがあり得たであろうか。これらの点に関しては、過去の学界においていくらかの討論もあり、(2)また、今日の中国における分期問題論争にもかかわるところがあるが、筆者には現在のところ、この問題について断定を下すだけの用意がない。しかし少なくともつぎのような想定が可能となるのではなかろうか。

支配階級は、社会の一方にあって特権を享受すると同時に、被支配階級をも含めた社会全体の管理・維持の機能をになっている。この特権と機能とは当時分かちがたく結びついていたものではあるが、しかし、社会の特定の部分が社会全体に対して管理責任を負うというのは支配階級が背負う特有の矛盾である。階級社会とは本来そのようなものであると言ってしまえばそれまでであるが、中国の社会構造を支配階級のこうした矛盾的性格において具体化する試みは、従来必ずしも多くなかったのではなかろうか。そこでなおこのことを考えたいのであるが、周代の支配階級におけるこの矛盾的性格は、どのようにして形づくられるのであろうか。各人が支配階級の一員であることは、その出身する宗族に根拠をもっている。宗族はその族人を支配階級の一員にふさわしく教育することによって、宗族自体を再生産する。(3)礼・楽・射・御・書・数のいわゆる六芸とは、祭祀と軍事の技術を含むその教育体系をいうのであろう。

要するに当時の支配階級は、社会の特定の階級として相対的な位置にある――それは生産から離れていることに具現される――と同時に、すべての階級を含む全社会の管理者として超越した権威をもつ。そしてこの権威を支えたのが、かれらの具えるさまざまな能力であった。

周代の支配階級が後世の士大夫階級の原点を示すものであるとすれば、如上に述べたその諸特質は、歴代士大夫階級の分析に役立つところがあるであろう。ことに、かれらの超越的な権威を支えた諸能力の一部は、儒家などの手を経て、士大夫階級に必須な学問・知識に発展した。それはまた、士大夫階級の社会管理者としての道徳意識につながった。中国官僚制社会のもとでの士大夫階級についての支配階級としての自立性をどう考えるかは大きな問題であるが、学問・知識そして道徳の役割は看過できないであろう。そうした観点をふまえつつ、次なる時代の考察を進めたい。

ところで周代の支配階級は、その出身において、その経済的基礎において、また、その社会的政治的役割において、まことに明白な姿をわれわれの前に示してくれる。その理由は、当時の政治・社会がすべて宗族関係によって律せられたためである。しかし春秋戦国の転換期を経て官僚制的・郡県制的帝国が出現して以来、支配・被支配の関係は必ずしも分明ではなくなった。そのことは、戦後の秦漢帝国論のあれこれを想起すれば、何人にも首肯されるであろう。たとえば支配階級として帝国をになったのはどのような階級であったのか、こうした基本的な問いに答えることは、今日なおきわめて困難である。むしろ帝国は皇帝自身によってになわれたと答える方が、実体に即しているかも知れない。それでは、皇帝政治に奉仕する官僚を、いかなる性格のものとしてとらえるか。かつて増淵龍夫が論じたように、それは戦国各領土国家内部に形成された家産官僚制の完成形態として理解すべきであろうか。しかし家産官僚制という範疇でとらえた場合、君主から臣下への一方的な支配の方向が強調されることにならざるを得ない。たとい臣下の側に君主への帰依の心情があったとしても。当時官僚として任用された「士」は、果してそのように理解されるであろうか。任用される側の人格の自主性についても考慮を必要とするのではなかろうか。また、増淵の説は、君臣関係を個人的直接的関係のみにおいてとらえ、それが成立する社会環境から切り離してしまっている傾きがないであろうか。こうした疑問に立って、古代官僚制のもつ一つの側面を指摘したのが別掲の江村論文である。江村は、戦国諸子が「賢者」を官僚に任用すべきことをさかんに主張し、また実際「賢」と判断された人物が任用されている事実を指摘した。これは当時の君臣関係が一方的支配によって秩序づけられていたとする説に修正を迫るものであるが、江村はさらに、「賢者」「賢」などの判断が、多く民意を基礎としていることを明らかにした。

このように、戦国～秦漢の過程において君－臣－民の相互関係は、必ずしも専制主義の語から連想されるような厳しい上下関係ではないと思われる。いささか図式化すれば、臣は民の望を承けたものとして、君によって尊重されるのである。このように官僚層の自立的性格が民衆との関わりにおいて実現するという構造は、どこか後代六朝貴族制社会とのつながりを予測させる。江村もその点を示唆しつつ、しかし一方では「賢」の評価の成り立つ場が郷里社会を越えた広域にあったことを指摘する。

そして「賢」の評価が任俠的結合と密接に関わりあうことを、このことに対応させている。これらのことから推測するならば、戦国～秦漢の「士」の存在は、都市内部の、あるいは都市間のコミュニケーションに支えられたものでなかったであろうか。

当時の都市は、すでに宮崎市定によって解明されたように、殷周以来の大小の都市国家の後身である。旧都市国家において、支配者集団が社会の管理者として一定の権威を保有していたことはさきに述べた。宗法制の崩壊した戦国以後において、この権威は、出自を問わない「士」の「賢」たる性格において担われていったと考えられる。

とはいえ、江村も十分配慮しているように、戦国・秦漢の「士」は、都市国家（封建制）時代の支配階級と全く同一ではない。たとえば、後者が政治権力を自己完結的に保有している（封建制）のに対し、前者は単一の君主に収斂された政治権力の執行者という性格が強い。冨谷論文はこのような前代との共通点や差違点にかかわって、秦漢の「士庶」の法制的地位を考究する。冨谷は「免為庶人」の用語例から、士庶の区別は、つきつめて言えば、俸禄を支給されるか否かにあると結論した。また、当時の「士伍」なる語が、罪によって奪爵された「士」の前科者たるを示す一種の爵位を意味するとした。この二つの解釈によって、秦漢期の士庶の関係がかなり明らかとなる。すなわち、両者を区別するものは、一は俸禄であり、一は士爵である。俸禄を周代の封地・采邑の転形とみるならば、秦漢の士庶区別は、明らかに周代のそれの延長線上にあると言えるであろう。

冨谷が秦湊の士庶区別を取り上げたのは、六朝におけるそれとの比較の視点にもとづく。六朝のそれに比べれば、秦漢の士庶の区別は外在的である。なぜなら、それを決定するのは皇帝権だからである。周代において宗法という血縁原理が士庶区別の基準であったことからすれば、それは士大夫階級の形成史において大きな進歩であろうが、しかしその自立性はまだ十全ではない。そこから更に前進するためには、士大夫階級内部における権威の確立、およびそれを支える庶人社会の発展が必要である。

そのような意味において、後漢末を一つの画期としてとらえたのが、川勝義雄であった。川勝は、後漢末の清流運動のなかに六朝貴族階級の源流を見たのである。(4) 川勝のこの見解を受けつぎながら、後漢末に至る「士」階層の形成過程を追跡したのが、東論文である。東はまず、中国社会のあらゆる面で指導性を担った士大夫階級が漢末に成立したと想定する。すなわちこの時期、全国的な拡がりにおいて相互のつながりをもつ「士」の集団が形成されたと考えるのである。そしてその契機を、前漢武帝に始まる儒学の普及・浸透に求めるが、東がとくに強調するのは、これに伴って進行する地方社会の成熟である。儒学の盛行はいわゆる門生関係を作り出して帝国内部に新たな人的結合を生み出すが、その一環として、地方官が任地において学問を教授することから、各地に門生同士の結びつきが生れる。かれらはまた郡県の掾史として地方政界に活動し、地方秩序を在地において担うのである。

東が実態を通して論究した事柄からすれば、新たな士大夫階級成立の契機は儒学にあり、かれらは何よりも知識階級として登場した。そしてその自覚的階級が地方社会に定着し、一方、地方社会は、かれらによって自律性を獲得してゆくのである。一層端的に言ってしまえば、学問と地域社会こそ、士大夫階級が成立するための二大モメントである。これがこの時期に特有なものであるかどうかは、なお検討を要する事柄である。これまで考察したところによれば、周代の支配階級、戦国・秦漢の「士」、いずれも地域の民衆社会、および民衆から超出した人格の上に立っていた。ただ、後漢～六朝期の士大夫階級が、中国史全体のなかでもすぐれて自立的性格を帯びていることはたしかである。この時期の士大夫階級を貴族とよぶのも、決してゆえないことではない。

ところで、学問とくに儒学という観念形態が、なぜ士大夫階級形成の契機となったのであろうか。この問いには、能うかぎり多くの解答が試みられねばならない。東論文の場合、儒学はその授受を通して士大夫相互を結びつけ、また儒家の倫理観念はかれらの連帯感を作り出したのであった。これに対し、上田論文は、儒学が地域社会の管理に運用されてゆくことに焦点を合わせて考究した。上田は、古文経典である『礼記』「月令」を取り上げ、まず、王莽が「月令」を政治上に利用したことを述べる。また、後漢章帝以後における国家の民衆救済事業が「月令」を拠りどころとしたことを明らかにした。一方「月令」の記述は、古文学者の家に生まれた崔寔の『四民月令』の中に採り入れられ、豪族の地方社会管理に生かされてゆく。そのなかには救済事業も組みこまれているのであって、古文学はこのように国政から地方豪族の郷里生活へと下降し、また実践化されるであろう。

吉川論文は、古文学の普及・発展を全体的視野でとらえた。しかしそれが、荊州という限定された土地を拠点としたところに当時の特色がある。後漢末の内乱は、国家の統一を破壊し、帝国は州牧の治所を中心とした各地域に分裂する。荊州は劉表の拠るそうした地域の一つである。北方のすぐれた文人・学者が劉表をたよって結集し、ここにかれらによる高度な文化的学問的サロンが形成される。それは外見上は地方的サロンであるが、内容的には全国的に見て最も質の高い学者・文人の集団である。当時の社会の流動性が、全国的レベルのものを、特定の地方に凝集せしめたのである。東論文にも言及された地方社会の自立傾向は、この上地にもっとも明瞭に看取される。それは単なる中央―地方の関係における地方ではない。中央的なるものを包蔵した地方である。果して荊州の学術は、それを担った人士によって、蜀・呉両地方へ伝播・普及するのである。

のみならず、吉川によれば、その学術は、来るべき六朝の学術を先取りするものであった。それは、古文学を本領とするものであったり、知的関心の広がりに特色があった。その分野は儒学の範囲をこえて算術・卜数・医薬・弓弩・機械等々の方技にまで及んだ。吉川はこれらを総括して人文学と名づけているが、それは正に上田論文における「月令」学と軌を一にするものであろう。

かくして、当時の士大夫階級における学問は、宇宙の原理（玄学）から日常の生活技術まで、広大な体系を具えるに至ったのである。このことは今やかれらが世界の知的支配者として成立し始めていることを示すものであろう。しかもそれは単なる知識に止まらず、ともすれば乱離のなかに解体してゆこうとする地域社会の統合・管理に、一定の効能を発揮したであろうことは、さきに上田論文においてそれを見た。しかしそのようにして、かれらが地域社会の指導的中心に位置するとき、ことにかれらが豪族として存在するとき、民衆との共存関係がいかにして実現されてゆくのかという問題がある。つまり、先述した支配階級特有の矛盾がいかにして超えられていくかという問題である。筆者は従来その契機を豪族の側における士大夫倫理のなかに求めてきたが、都築論文はこれを一歩進め、豪族と民衆の媒介項として、処士なる存在に照明をあてた。後漢末以後、処士とよばれる人びとが仕官の志を絶ち、清貧に甘んじつつ、儒教の護持者として在野生活を送った。一種聖者としてのかれらの生き方は、深く民衆の帰依を受け、解体してゆく郷里社会における秩序再編の指導者となる。郷里社会を解体させてゆく一方の力は豪族勢力であるが、処士たちも出自からすれば、多く豪族の一員である。すなわち処士は、当時の豪族階級がおちいっていた腐敗・汚濁から自らを絶縁させて行った人びとであった。そのかれらを媒介として豪族社会に浄化作用が行われる。魏晋以後、豪族層はこうした処士の生き方を規範として貴族制社会への昇華をなしとげるのである。

豪族階級が社会の一方の階級でありながら、社会全体の主宰者であるという矛盾は、このように、処士という存在を媒介として解決される。都築も文中で触れているように、六朝貴族の私家が、地方社会における一種の公共機関でもあったらしいことは(5)、まさしくこの問題に深くかかわるものである。

このようにして、豪族階級が私から公へと自らを高めてゆくとき、再び政治と結びつくことになるのは当然であろう。かれらが九品官人法等々の制度を通じて参画して行った六朝の諸政権は、そのような意味をもつ公権力として理解される。周代封建制の崩壊以後、士大夫階級はこのようにして初めて、自らの政治権力をもつに至ったのである。それはかれらの階級的自立が、十全なすがたで達成されたことを意味する。

貴族制とは、このような士大夫階級の階級的自立の別名である。かれらの地位は、第一義的には皇帝によって与えられるのでなく、いわばかれら自身によって付与されるものである。かれら自身における相互付与機能がつまり郷論清議であった。このことはまた、士大夫階級の階級的自立達成に地域社会が深くかかわっていることを示唆している。

後漢時代、士大夫階級の形成と地域社会の成長とが相関的に進行したことは、さきに見たとおりである。この観点を六朝期にまで延長するならば、貴族制は、地域社会内部に深く食いこんで、それを組織づけたことが想像される。この貴族各家の名望が郡望・県姓等々として、各級の地名と結びついたのは、その証左であろう。のみならず、地域社会における貴族制の貫徹は、地方行政そのものにも深く影響した。周知のごとく、州官の系統は在地貴族の辟召によって充てられることが通例となったからである。

六朝諸政権といえども官僚制国家であることには変りがないが、しかし中央から地方へという官僚制の原則は、貴族制によってかくも大きく歪みを被るのである。政権が自らの確立と安定を期すれば期するほど、この歪みを甘受しなければならないのが、六朝特有の政治のジレンマである。政権の発端は軍閥勢力に発現し、したがって最初は地方支配も都督府による軍政が一応優位に立つが、しかし州官機構に拠る在地貴族層の協力によってこれを補完しなければならないのが実情であった。たとえは、北族軍を中核とする北魏王朝の地方支配において、最初鎮を設置し、やがてそれを州に切り替えるという事例が多いのも、軍政国家から民政国家へ、北族国家から貴族制国家へという方向を示すものであろう。(6) このようにして国家は地方貴族勢力に依存して安定を期すのであって、孝文帝の姓族詳定は、その一応の帰結を示す施策であった。

軍政から民政への過程を、劉宋初期の襄陽地方にとらえたのが、安田論文である。襄陽地方は永嘉の乱以来数次にわたって華北より士民の流入した所で、ここに雍州が僑置された。しかし最初治下の郡県は雍州刺史が兼領する都督（将軍）府に直属していて、安田の推定によれば、州官系統は置かれていなかったという。劉宋政権が成立するや、僑民に対して土断を施行し、同時に州官を置き、また所属の士族に対する姓族分定を行った。すなわち、軍政から民政への移管が行われると共に、僑民社会を貴族制的秩序によって編次し、これをもとに州官系の官僚体制を構築したのである。周知のようにこれら僑民の士族は、建康所在の中央門閥によって寒門視された人びとである。そのようなかれらが、軍府所属ということに甘んずることができず、その拠って立つ社会を貴族制的な自律秩序に再建すべく働きかけた結果が、如上の改革であったと安田は見るのである。安田も指摘するように、襄陽の地がのち蕭衍（梁の武帝）の挙兵地点であったことを考え併せるならば、こうした北来僑民士族の志向は、きわめて重要な意味をもつであろう。

一口に言えば、貴族制社会の普及と水平化の傾向を物語るものである。中央政権に拠る特定家門の門閥化に対して、地方寒門のなかに鬱積した不満があり、これが南朝易姓革命の原動力となる。そしてそれは、貴族制社会に活性を与えると同時に、貴族階級全般の水平化を結果する。このことは、貴族制社会の根元が、やはり地域社会にあったことを示唆するのである。

北魏王朝が危機におちいったとき、これを支えようとしたのも、郷里において郷兵集団を結成した漢人士大夫層であった。この点に関わって、山東地域におけるかれらの動向をとらえたのが、気賀沢論文である。北魏末動乱は、門閥体制が北族的世界と漢人地域社会から遊離したことへの反動として起った。その運動の主体は北族系軍士と郷人部曲（郷兵）をひきいる漢人士大夫層であった。しかし、西魏＝北周においてこの両勢力が協同して門閥主義の克服に向ったのと対照的に、山東地域では、これらの力を体制そのものにまで高めることに失敗して、東魏＝北斉政権は挫折に帰したのである。気賀沢は、このような東西両政権における共通項の一つを、地域社会に結びついた漢人士大夫層に把えつつ、しかし両者の岐路を、それが政治体制として定着しえたかどうかに求め、その見地から東魏＝北斉政権の複雑な権力構成――そこには山東地域の地域性が関わっている――を論じたのである。

三　君主独裁政治における士大夫階級と地域社会

前節に見たように、六朝時代は、士大夫階級が階級としての自立性を打ち樹てた時代であった。そしてその自立性は、地域社会に支えられたものであった。当時の社会の流動的状況によって地域社会の様相に大きな変容が加わったとしても、その基本原理には変りがなかった。郷論清議にもとづく九品官人法や在地貴族の州官辟召制などが、そのことを政治制度の上から物語っている。士大夫階級は地域社会に支えられ、地域社会に声望をもつことによって、中央・地方における政治権力を掌握した。このように、地域社会が士大夫階級における階級的自立の契機をなした点に、六朝時代の特質があったといえる。

隋代に入って、州官（郷官）が廃止され、それに伴なって辟召制も消滅した。また、ほとんど時を同じくして、九品官人法より科挙制への転換が行なわれた。これらはいずれも、地域社会を媒介とする士大夫階級と政治権力の結合を断ち切るものであった。しかしそれは制度上のことであるにすぎない。地域社会が士大夫階級生成の基盤となり、且つこれを政治権力に参与させてゆく歴史の運動は、隋の制度改革以後もなお一定期間持続を見る。さきに安田論文に見た襄陽僑民の動向、気賀沢論文が取り上げた山東郷人部曲の興起等々には、巨視的にみて、後漢末以来の波動が、南北朝時代に入ってもなお止むことなくくりかえされていったことを物語っている。西魏から隋に至る郷兵集団の結成もまたその一環であり、筆者は西魏・北周政権の中核をなした所謂武川鎮軍閥そのものが、地域社会（武川鎮）をバックとする北族系士大夫集団として理解さるべきであると考える。[7] そして、この運動は、隋朝で止めを刺されることなく、隋末の内乱に興起する反乱指導者およびその地域集団として現われるのである。

このようにして、地域社会は、およそ四世紀のあいだ、政治変革を契機に次から次へと指導層を生みだし、これを政治権力に参与せしめて、貴族階級を形成した。そして、門閥貴族、寒門・北族出身の新貴族階級、あるいは隋末群雄から成り上った文武の官僚等々と、波状的に形成された新旧士大夫階級の総体が、最後に唐朝官僚集団の巨大な裾野を形づくったと考えられるのである。

しかし、統一政権唐朝の基礎が固まると、この波状運動は停止したと考えなければならない。隋の制度改革が効果を表わすのは、このような時期であったであろう。士大夫階級がその地位を維持するためには、中央政権と密接しなければならず、しばしば説かれるように、貴族各家のなかには郷里を離れて首都に移住する者が少なくなかった。では、そのとき、地方社会はどのような状態にあったのであろうか。愛宕論文が、この問題への示唆を与えてくれる。

愛宕は高宗儀鳳二年（六七七）に建立された「潤州仁静観魏法師碑」のなかに、旧南朝士人とその一族の地域に生きるすがたをとらえた。同碑は茅山派の道士魏法師隆の頌徳碑であるが、碑文によりその父祖は梁陳の寒門士人であったことが知られる。そして碑陰に名を列ねた約五四〇人中、法師と同姓の魏氏が七十六名を占め、それらは潤州丹徒県北楽村一円に集住していたことが判明する。また、魏姓は官吏、道士・女官、一般民衆の諸階層を含むが、官吏はおおむね地方の下級官あるいは吏である。そのなかには博士・助教などの学官も散見する。これらのことから、魏氏が南朝以来の下級官吏の地位を守って旧建康附近に隠然たる勢力をもっていた状況が分る。そしてまた、かれら一族は道教という宗教的権威を媒介として地域社会に対する指導力を発揮していた。愛宕はほぼこのように推定しつつ、とくに最後の点に、当時の時代相を見るのである。

魏氏が南朝以来寒門士族として官職を保ちつづけたのを、愛宕は任子の制によるものと推定している。任子とはいわば貴族制の変形であって、とすれば、魏氏一族の勢力も、貴族制変質期の所産と見なければならない。しかし、魏氏一族の地域社会に対する影響力が、南朝末から初唐に至る時期に一貫して持続している事実は、六朝と隋唐の間に一種の連続性のあったことを示唆するのである。

さて、本研究の主題にとって、いわゆる唐宋の変革とは何であったか。官僚制度の面からこの問いに解明の光を投げかけたのが、竺沙論文である。宋代以後、士大夫階級がすぐれて官僚（あるいは官僚候補者）として現われ、むしろ士大夫と官僚とがほとんど同義に用いられることは、周知の事実である。竺沙によって明らかにされた寄居の官をめぐるさまざまの問題は、このような宋代士大夫の生活実態を、官制面から明らかにするものである。すなわち、宋代における厖大な官僚数と限られた官職ポストとのアンバランスから待闕官など職事をもたない空席待ちの官が生まれるが、かれらは多く本貫以外の地に寄居し、土地兼併その他非法を行うことが多かった。このため朝廷は時代を追って禁令を強化し、寄居官と寄居地との結びつきを断とうと努める。それは、根なし草的になった士大夫階級が、私家の安定と富裕を寄住地に求めようとする欲求に対応するものであって、禁令のきびしさは、一方にこの欲求がいかに熾烈であったかを予想させる。宋代官僚社会のこのようなあり方こそ、まさに唐宋の変革を経た結果と見なければならないであろう。

であるとすれば、宋代以後の士大夫階級を支えた直接的基盤は、六朝社会と異なって、もはや地域社会ではない。科挙を通過することによって得られる任官資格そのものが、かれらの存在の根拠である。六朝においては、貴族階級は士大夫たることが郷論によって認定されたが故に官僚たり得たのであった。しかし、宋代以降にあっては、官僚であってはじめて士大夫たることが承認される。唐宋の変革を機にこのような逆転が生じたと考えられるが、しかし、歴史の変革は単に時代を断絶させるだけでなく、時代を連続させる役割をもになうものである。科挙官僚は——マックス・ウェーバーによって指摘されているように——専門的行政職ではなくて、教養的政治家である。科挙によって試されるのは、主として古典学の理解と政治的識見とであって、そのそれぞれが知識と道徳の双方を含んだ士大夫的精神の具現である。別の言い方をすれば、科挙官僚とは単なる天子の手足に止まるものではなく、自ら天下の治平に責任を負う政治的主体たることが要求されるのである。そこには、地域社会に対して知と徳とをもってかかわった六朝貴族と、どこか軌を一にするところがある。ただ、宋代以後の士大夫階級においては、その地位から家格、同族関係、地域社会等々の血縁的・地縁的要素を一切捨象し、官僚という形姿の中にすべてを昇華させてしまったのである。これと対応して、その知と徳の判定方法も、郷論から考試へと、徹底した客観化を図ったのであった。

およそ以上のように考えることができるとすれば、宋代以後の士大夫にとって、地域社会はどのような意味をもっていたのであろうか。あるいはまた逆に、地域社会にとって士大夫階級はいかなる存在であったか。前述したように、寄居の士大夫がその土地で行う横暴非法の行為が、両者の関わりの一つであった。しかしそれは科挙官僚制が地域社会（の自立性）を捨象しているところから来る否定的な現象である。竺沙はこのような現象と対照的に、郷里に土居する士人が、救済事業など地方行政に参画協力して、郷民の信望を集めた例もあったことを指摘している。士大夫階級のこのような一面をどう考えたらよいのであろうか。

森論文は、このような課題に立って、宋～清の士大夫階級のあり方を総括したものである。森は、戦後の学界が宋代以後の支配階級の物質的基盤を解明すべく地主制の研究に大きな成果を挙げたことを評価しつつも、同時代の支配階級の知的道徳的指導性については、関心が不足していたと指摘する。今日の学界はいまなお旧中国の支配階級をトータルに概括しえないでいる、というのが森論文の根底にある反省的な基本認識である。支配階級の知的道徳的指導性とは、言葉を換えていえば、かれらの側から働きかけてなされる、社会の秩序ある統合である。しかしそれは果して、どのような場で行われるのであろうか。

ここに地域社会の問題を生むのであるが、しかしそれを考えることは、一種の二律背反に陥るおそれがある。先述のとおり、宋代以後の士大夫階級が科挙官僚と同義語である限り、地域社会という要因はそこに介在を許されないからである。しかし歴史の実相から言えば、士大夫と地域社会との関連は、時代を追ってますます密接となるように思われる。たとえば宋の解試、明清の学校試のように、科挙制度が地方レベルにまで拡充され、それに対応して府州県学および私学の設置・普及が見られる。当然受験者数は増大し、その出身階層も農家に及び、こうして読書人層が地域社会に滞留・沈澱する結果となる。このような情況から考えても、士大夫階級と地域社会との直接的関係が、現実に予測されるのである。

森は士大夫層が自らの内発性において、地域社会の公共的課題を解決すべく努力した例を、宋元、明、清の各期に分けて挙げている。従来の諸研究を駆使して展開されたその所論のなかでとくに注目されるのは、このような士大夫層のなかに顕著にあらわれる処士的性格である。南宋の道学者、元代の処士などいずれも、官界と絶縁し、自己の志において地域社会に生き、これを指導した人びとである。その系譜はさらに明代の市隠層につながる。森はまた、明代の処士層の一類型として農村型士民結合というカテゴリイを提起している。

科挙官僚が地域社会を直接媒介とすることなしに成立するということと、如上の士大夫の地域社会的指導とは、結局のところどう結びつくのであろうか。その手がかりは、後者における処士的性格という点に見出されるであろう。政界の固定化と腐敗が、好むと好まざるとにかかわらず、読書人層を処士的な生き方に変えるのである。本来任官して経世に当たる資格をもったかれらであるけれども、時世はこれを許さず、かれらは官僚集団から逸脱して自立の道を歩むのである。さきに見たように、科挙官僚は単なる天子の手足ではない。一面知と徳を具えた天下の指導階級として各自の自覚をもつ存在である。そのような一面が、いまやかれらに処士としての生き方を選ばせたのであった。

森が二律背反とのべた、科挙官僚制と士大夫の地域指導とは、このようにつながりあうのではなかろうか。すなわち、科挙官僚自体のなかに、官僚機構の歯車としての一面と、士大夫として人格的に自立した一面と、この二面が本来共存しており(8)、官界の歪みに応じて、後者が在野に押し出されて地域社会との結合を強めるのである。そのようなとき、地域社会自体も官僚主義の腐敗に影響されて混迷に陥っているわけであり、ここに処士層は地域社会を救済し、これを浄化する役割を果たしたと考えられる。時代こそちがえ、それは都築論文が取り上げた後漢末の処士・逸民と全く同じ位置を占めるものであろう。

処士・逸民は士大夫的精神の純粋体現者であるが、在官の士大夫階級も何ほどか、そうした性格を身につけていたであろう。先述した竺沙論文における士居の士人がそうであった。竺沙はまた、待闕官が文化事業に貢献したことを指摘しているが、士居にせよ寄居にせよ、士大夫階級が地域社会と結びつく契機の一つに文教があったことは看過できないであろう。森田論文は、元代の下級士人が地域社会で果たした文化的役割を対象としたものである。森田は祖先の碑文執筆を依頼する側と依頼される側との関係に照明を当てることによって、この問題に接近した。依頼される側は、山東益都・済南二路の州県教官を転々としてつとめた李庭実なる人物である。依頼した側は、大部分地方の下級官吏で、一部に農家を含む。森田の推定によれば、それらは、当時の地域社会の最小単位におけるリーダー達である。執筆者の李庭実にしても、正史に名を残すような上流の人物ではない。そのような儒官が学校勤務のかたわら、地域の有力者たちのために碑文を撰し、それがたまたま県史に跡をとどめているわけである。ごく限られた地域社会を場として、碑文の執筆というごく日常的な行為を通じてつながりがあった下級士人の世界が、ここにある。そして、こうしたつながりの中心に、地方の学校と教官があったことが、とくに注目される。

科挙と学校制度の発達が地域における士大夫層の厚みを増すのに寄与したことは、さきの森論文でも指摘されたが、森田論文はさらにその実体を追求して、学校の地域社会における文化的位置を明らかにしたのである。さらにいえば、愛宕論文が江南の道観においてとらえられたところと、どこか軌を一にする点が感じられる。当時の学校体系は、本来中央に収斂されていくものであったが、しかしその文教的機能は地域社会にもさまざまなすがたで還元されていたのである。

以上のようにみてゆくと、中央と地方は、宋以後の君主独裁政治の下でも、やはり相対峙する関係にあった。ただしそれは六朝時代のように可視的な状態にあるのではなかった。眼に見えない形で両者の桔抗が保たれていたと考えられる。ところで異民族国家清朝の集権政治はきわめて徹底したものであった。そのような条件のもとで、これに桔抗する側は、さまざまな形で地域社会論を提示する。大谷論文は、その展開を論じたものである。明代に始まる経世致用の学は清朝に入ってからも持続発展させられるが、経世家の議論が集中したのは、「封建」「井田」「朋党」の三点であった。大谷によれば、この議論を担ったのは、各地域生活圏の名望家としての郷紳層であった。そして如上の議論は、中央と地方との政治・経済・文化上の支配をめぐる主導権争いとして生起したものであった。たとえば、「封建」論は王朝支配のもとで地方都市の自治を目ざし、「朋党」論は欧陽修にならって君子＝士大夫の間の連合を正当とし、また、「井田」論は官田・屯田を窮民に開放せしめようとするものであった。しかし雍正帝の徹底した独裁政治はこれらの議論を圧殺し、主張者弾圧の挙に出たのである。乾隆期に入って行政の腐敗が顕在化すると、これらの経世思想は江南諸都市を拠点として台頭し、やがて嘉道期に及ぶ。この頃には、地方名望家を董事に選んで地方行政を補完せしめる郷董制すら実行に移される。まさしく清朝支配と拮抗して、地域社会は経世家的士大夫階級の主導の下に、自らの主張をもつに至るのである。森・大谷両論文が指摘するように、そこには地域社会の経済的発展――県域を中心とした市場圏の成立――があった。このようにして地域社会の成長をバックに登場してきた地域社会論は、結局王朝政治の根本的改革の主張にまで行きつかざるを得ないであろう。

大谷の射程は洋務期にまで及んでいるが、ウェスタン・インパクトは、当然従来の経世論に深刻な影響を与え、これを大きく発展させたのであった。そのような過程における士大夫階級と地域社会との関係はどうであったか。井上論文は、これをアヘン戦争の発生地であるカントンにおいてとらえたものである。井上は、嘉道期のアヘン論議の根底に、呉蘭修ら現地知識人が深くかかわっている実情を解明した。かれらは両広総督阮元の創設した書院学海堂を中心に結合する挙人・生員グループで、当然行商とも深いつながりの中にあった。井上は、このグループの中心人物呉蘭修の人脈を丹念にたどって、かれが包世臣と程含章との間に交わされたアヘン論議の仲介者であったと推定する。このような過程を経て形成された呉自身のアヘン論「弭害篇」がやがて許乃済の弛禁上奏の根拠となったのであった。

従来の見解ではアヘン戦争を中国近代史の始まりとみなすが、井上によれば、それは先行する歴史過程の結果あるいは結節点にすぎないという。その先行する歴史過程を根底から支えるものは、この場合においてもやはり地域社会と士大夫階級の結合した世界であった。森論文が予測するように、この構造は、十九世紀末まで中国社会を支えつづけたと考えても差し支えないとおもわれる。

四　おわりに

以上一、二、三で述べたことが、本研究の総括的な結論である。それを改めて要約する必要はないとおもわれるが、二千年余にわたる帝国時代の士大夫階級のあり方を通観するとき、そこに一貫した性格が横たわっていることが強く認識される。とくに注目されるのは、かれらの属性たる知識・道徳が、その民衆支配ときわめて密接な連関を有していることである。これはすでに自明の事柄のようであるが、従来の研究において必ずしも掘り下げられているわけではない。この点の認識は、本研究の成果の一つであると同時に、今後の研究の展望を切り拓くものである。本研究は、地域社会——生きた民衆の社会とかかわらせることによって、士大夫階級の原生的なあり方を求めたのであったが、そこにこのような知識と道徳の世界を見出すのである。それがもつ観念的性格から、それを第二義的な世界と見あやまってはならないであろう。むしろこの世界こそ、旧中国における最も現実的な階級支配のすがたと考えなければならないのである。

もとよりこのような支配構造は、各時期を通じて不変の形であるのではない。本研究の成果の第二は、唐宋の間を境とするその歴史的変化の実体を明らかにしたことにある。ことに、宋以後の科挙官僚制と地域社会とのさまざまなかかわりが解明されたことは、大きな収穫といわねばならない。

このような中国社会の固有な支配関係は、当然他の地域・文化圏との比較研究によってますます明らかになるであろう。本研究では、インドネシアにおける村落首長制の実態を解明した植村論文を得たが、比較史的研究の範囲は、今後ますます拡大されねばならない。三年間に蓄積された研究の質と量は、本報告書の叙述につきるものではない。本報告の刊行をむしろ出発点として、それらが各研究者によって展開され、本研究の主題がますます掘り下げられてゆくことを確信するものである。

註

（1）以上の学説整理については、拙著『中国中世社会と共同体』（国書刊行会、一九七六年）を参照されたい。

（2）増淵龍夫「春秋戦国時代の社会と国家」『岩波講座世界歴史　古代四』（岩波書店、一九七〇年）所収、参照。

（3）貝塚茂樹「国語に現れた説話の形式」『貝塚茂樹著作集』第五巻（中央公論社、一九七六年）所収、参照。

（4）『六朝貴族制社会の研究』（岩波書店、一九八三年）第Ⅰ部貴族制社会の形式。

（5）拙稿「中国中世における『公』――教団・名望家支配・国家――」『月刊百科』一九八二―一〇、参照。

（6）拙稿「北魏末の内乱と城民」『隋唐帝国形成史論』（筑摩書房、一九七一年）所収、参照。

（7）拙稿「武川鎮軍閥の形成」『名古屋大学東洋史研究報告』八、一九八二年。

（8）科挙官僚に内在するこのような精神構造に関しては、研究分担者の一人である島田虔次が一九八一年一月十七日の研究会において「近世士大夫の一視点」と題して研究発表を行った。

「中国中世」再考

一　はじめに

中国中世史研究会（以下、中世史研究会と略称）が発足してからすでに三十年余を経過し、その最初の時期の研究成果を世に問うた『中国中世史研究　六朝隋唐の社会と文化』（東海大学出版会、一九七〇年）の刊行からも二十年以上がたった。その三十年ないし二十年を記念して論文集を編むことになり、私も中世史研究会創立当初からの同人として、一文を寄せることにした。しかし、各自の論文の単なる集成ではあまり意味がないという意見が出たこともあり、私としても、この企画にふさわしいテーマと観点で稿を草したいと考えたが、それは、自分にとってどういうものでなければならないか。率直にいって、何か重い問題をそこに感ずるのであるが、このことから、小文を始めていきたいと思う。

この論文集の編集を引き受けた世話人会からの要請では、「各自の得意な時代・分野・テーマで自由に構想するが、ただし、中国中世という時代を問題意識なり、視野に収めてほしい」ということである。中世史研究会の編纂・発行する論文集であるから、この要請もしごく当然のことであるが、しかしたとえば、「中国中世という時代を問題意識に収めて」書くということは、決して自明のことではない。周知のように、中国における中世をどの時代に設定するかについて、日本の学界には統一した見解はない。主として六朝・隋唐をこれに充てる説、唐末以降に中世が始まったとする説――この両説が対峙したまま、今日に至っている。中世史研究会は、六朝・隋唐史を専攻する研究者を中心として構成されているので、世話人会のいわゆる「中国中世」が六朝・隋唐を指しているのは、問うまでもないことかもしれない。しかし、中世史研究会が始まったころ、「中世」という言葉は、しごく自明なこととして使われてはいなかった。このことについて、宇都宮清吉氏が、同書の「まえがき」の中で述べているところを、抜き書きしてみたい。

私たちは初期には、研究会の名称さえ「中国中世史研究会」などと自称することに、互に問題を感じあっていた。むしろこの名称は、単に会合の席を予約する場合の便宜のために用いられたという方が適切でさえあった。けれどもメンバー各自の研究が次第に進行するにつれて、いつとはなく誰しもが、自己の当面する問題の歴史的時間こそは、まさしく「中国中世史」と名づけるにふさわしいものであるという認識が段々と強く明白になって行き、会合が名古屋で京都で、あるいは遊行をもかねて、その他の土地で何度も積み重ねられてくるにつれて、遂に自他ともに明確に「中国中世史研究会」と名乗るに至った次第である。

私自身の感じていたところも、まさにこのとおりであった。研究会のメンバーは、当時は京都大学と名古屋大学の卒業生・在籍者から成り立っていて、内藤湖南以来のいわゆる京都学派の時代区分法に強い影響を受けていた。メンバーの共通の指導者であった宇都宮氏は、すでに一九四七年、後文で取り上げるように、「東洋中世史の領域」という論考を発表しており[1]、それは京都学派の面目躍如たる論旨である。これらのことからすれば、当時の中世史研究会にとって、六朝・隋唐時代が中世であることは自明の前提であったと想像されるかもしれないが、実はそうではなかったのである。

会の歴史にとって第一期ともいうべき一九六〇年代は、敗戦後に始まった中国史の時代区分論争が、まだかなりの熱気を帯びて展開されていた時期である[2]。中世史研究会でも、唐末以後中世説、つまり六朝・隋唐を古代とする説が、しばしば話題に上った。この説を支える実証研究のあれこれとその方法は、会のメンバーにとっても、決して看過できなかったからである。要するに、二つの対立する時代区分説の緊張関係を強く意識しつつ、そうした学問的環境のもとで中世史研究会の研究活動は営まれていたのである。

現に私自身にも、かつて隋唐時代を古代とみていた一時期があった。(3) 一九五〇年代後半になって、それを考え直すことに迫られ、その転換の歩みが中世史研究会を生んだといってもよい。メンバーの一人、河地重蔵氏にしても、私といくぶん共通するところがあろう。氏が『中国中世史研究』に、「中国中世とは何か」という論考を寄せているのは、やはり氏自身の内面における再検討の必要に発していると推測されるのである。

一方、川勝義雄氏は、初めから一貫して六朝・隋唐時代を中国の中世としていた。しかし氏も、いかなる根拠において六朝を中世とするかという問題に絶えず直面していた。氏の頭をつねに充たしていたのは、ヨーロッパの中世封建制に比擬しうるものを六朝社会に見いだしたいという願望であった。一例を挙げれば、『中国中世史研究』に寄せた「貴族制社会と孫呉政権下の江南」では、孫呉政権を「武人領主制的色彩をかなり濃厚におびた純軍事政権」と性格づけ、わが国古代末期の東国武士団に比定している。(4)

以上のことでもわかるように、当時にあって、六朝・隋唐＝中世は決して自明のことではなく、宇都宮氏の文章にもあるように、各自がその研究テーマを通じて、検証・確認していくべきものであった。このようにして『中国中世史研究』は生まれたのであり、言い換えれば、その書名に『中国中世史研究』と銘打つ以上、それなりの覚悟が必要であった。会の名称に用いるくらいならば、まだ抵抗は少ないであろう。しかし書名にするとすれば、その根拠を明示しなければならない。川勝氏が私と連名の形で草した「中国中世史における立場と方法」なる一文は、まさしくこの問題にかかわるものであり、中世史研究会の正面切った主張であった。果たせるかな、重田徳氏の批判を呼び起こし、これをきっかけに、いわゆる「共同体」論議が噴き上がったのであった(5)。

中世史研究会における「中国中世」の意味は、およそ以上のごとくであった。それから二十年以上を経て、「中国中世」を問題意識に上せるとすれば、この概念には、どういう内容がこめられるべきであろうか。小文では、このことを考えてみようと思うのである。

二　時代区分論への内的衝動

六朝・隋唐時代を「中国中世」とみるべきことを首唱したのは内藤湖南であるが、この時代区分法の根本動機は、どこにあったのであろうか。よく知られているように、湖南にあって、「中国中世」とは、「貴族政治の最も盛んなる」時代であった。彼によれば、「貴族政治」とは、上古から唐の中期ぐらいまでを特徴づけるものであるが、六朝・隋唐時代がその最も頂点に達した時代だというわけである。もちろんこの「貴族政治」という概念は、単に当時の政体のみを意味するものではなく、政治・経済・社会・文化のすべての分野を貫く時代的特徴を表現したものである。そのことは、かの「概括的唐宋時代観」を読めば、きわめて明瞭である(6)。

その「貴族政治」は「君主独裁政治」に取って代わられ、中世は近世へ移行するのであるが、「君主独裁政治」の積極的意義の一つは、平民の地位向上にある。湖南は、唐代の藩鎮を評して、権力が（貴族階級の手から）傭兵の手に落ち込んだと述べているが、そこに「貴族政治」が変革されていく時代の潮流をみている(7)。彼のこのまなざしは、中国の将来を洞察しようとするまなざしでもあろう。今世紀の初頭、辛亥革命直後の渾沌たる政情を前にして、彼は次のようにいう。

……さうすれば今日支那を統治すべき最善の政策は、其の国情の惰力、其の国土人民の自然発動力が、如何に傾いて居るか、ドチラへ向って進んで居るかといふことを見定めて、それによりて方針を立てるより他に道あるべしとも思はれぬ。此の惰力、自然発動力の潜運黙移は、目下の如く眩しいまでに急転変化して居る際に在っても、其の表面の激しい順逆混雑の流水の底の底には、必ず一定の方向に向って、緩く、重く、鈍く、強く、推し流れて居るのである。此の潜流を透見するのが、即ち目下の支那の諸問題を解決すべき鍵である。(8)

ここにいう潜流とは、別の言葉でいえば、歴史の大勢である。湖南は、『支那論』の本論冒頭で、中国政治史の大勢を貴族政治から君主独裁政治への展開として総括し、そこに人民の力の増大があったことを述べる。そして次のように結論する。

一体世界の大勢の変遷は、或る時には幾らか旧に復るやうな形があっても、実は皆新しく形られた勢力の中心に向って、新しい局面を開いて行くものであるから、君主独裁政治の弊が極まって、又貴族政治に復ると云ふよりか、他の政治に変ると云ふことが、大勢の自然であると見るが至当である。(中略)一方には人民の力が、漸々伸びる傾きになって来て居る。其処へ共和政治の思想が入ったのであるから、実はまだ人民の政治上の知識の準備としては、共和政治を組織するには十分ではないけれども、兎に角元の貴族政治に復るよりか、新しい政治に入る方が自然の勢ひなので、それで今度の革命と云ふものが、支那の状態から見ると突飛なやうであるけれども、新しい局面に向って進んで来たのである。是は大体世界の大勢であると云っても宜いから、此の間に一時の変化で独裁君主のやうなものが又起って、或は袁世凱のやうな人が帝王の位に即くとしても、それは大勢には背いて居るので、今の所では漸々民主的勢力と云ふものが伸びて行き、さうして貴族と云ふものゝ復興が到底出来ないと云ふ以上は、結局共和政治のやうなものに変るより他の途があるまい。

要するに、湖南にあって、宋代以後の「近世」時代は、現代に相接し、それの前提をなす時代であった。その「近世」の時代的特徴をネガティヴに際立たせるのが、「貴族政治」の時代である「中世」であり、さらに前期「貴族政治」の時代ともいうべき「上古」である。湖南が中国史の発展をヨーロッパや日本と異なる固有の原理でとらえているることは後文でも触れたいと思うが、ともかくも、彼は中国の将来を過去の歴史の延長線上にとらえようとしたのであり、またその視点が、中国史の時代区分に対する明確な認識を生んだのであった。

辛亥革命後の中国をどうとらえるべきか、「君主制か共和制か」は、当時にあってきわめて重大な政治問題であった。湖南の「貴族政治」ないし「中国中世」の観念は、こうした当時の現実と内的にかかわりつつ形成されたとみることができる。

その時期から約三十年後、戦後になって再び中国中世論を提起したのが、先述した宇都宮氏の「東洋中世史の領域」である。このとき、氏にあって「中国中世」とは何であったか。というより、氏がいかなる動機で、このような課題を自ら提起したかが、検討されなければならない。氏は、この論文の冒頭に、次のようにいう。

現代人は現代の世界が、一つの転換期にのぞんでいることを深くさとろうとしている。それを人々は、原子力の利用法が発見されたという事件によって、いい現わそうとしている。げに、人々は現代は始めなのか、それとも終りなのかといった風に、世界史の上に、大きな一つの、けじめの時期が、きていることを自覚しているように思われる。これは、現代人が、近代の西洋的世界を一つの、歴史的となってしまった世界として、考えねばならぬことをさとっているという意味であろう。まことに近代西洋的世界は確かに、もはや過去の世界となり終ったと思われる。かつて、われわれの父祖が住んでいた東洋史の世界も、これと同じような運命のもとに、今を去るあまり遠くない時代に、一つの歴史的な世界と化し終ったのであった。それは実に、かの近代西洋が、歴史的世界と化するに先がけて、なお発展途上にあった近代西洋的世界の巨波の中に、飲みこまれてしまっていた。かくして、最近の数十年間に、偉大なりし、二つの歴史的世界が、終りをつげたのである。

第二次大戦の終結は、宇都宮氏にとって、西洋近代世界の終焉を意味するものであり、伝統的東洋世界とともに、「偉大なりし、二つの歴史的世界が、終りをつげた」と観ぜられるのである。それでは、この時点に立って、氏は未来に、いかなる世界を期待するのであろうか。

現代人は、この偉大なりし二つの世界に、新しい生命のつながりを求めつつ、さらに偉大なる、人間性の展開に向って、進まんとしているのだ。東洋史の研究とは、これを過去をふり返る立場にたっていえば、後述するように、「広い意味の中国文化」発展の歴史学的研究である。しかし、これを未来をのぞむ立場にたっていえば、つまりは、わたくしたちが、新しい人間性の展開のために、そのたち切り得ない生命のつながりを、東洋の歴史的世界に、求めようとする学問であるといえると思う。

すなわち、「偉大なりし、二つの世界」の終焉という時点に立って、氏の展望する未来とは、「新しい人間性の展開」の時代でなければならなかった。しかし、それは、過去の世界と絶縁したものではありえない。人びとは、「そのたち切り得ない生命のつながり」を過去に求める。それが歴史学だ、というのである。

この志向が「東洋の歴史的世界」を対象とするとき、それが東洋史にほかならない。宇都宮氏にかぎらず、一九四五年の敗戦は、多くの人びとに、未知なる時代の到来を予感させた。それは不安であると同時に期待でもあった。宇都宮氏は、それを「さらに偉大なる新しい人間性の展開に向って、進まんとしている」と述べて、かなり強い期待を寄せている。とすれば、歴史的世界として「生命のつながり」を求める「東洋の歴史的世界」もまた、それ自身として、「人間性の展開」の歴史として把握されなければならない。氏の「東洋中世」論は、まさしく、この立場に発するのである。

氏は、中国史の時代区分にあたって、各時代を個人の人格になぞらえ、「時代格」というユニークな言葉を用いる。個人は父祖につながって、それから多くのものを遺伝する。その意味で、かれは父祖的性格の最後の完成者である。しかし一方かれは、その独自のタマシイとともに、かれをとりまく多くの偶然や必然によって、かれ自身の独自の個性ある人格を作りあげる。正にそのように、中国古代帝国は、多くのものを中国古代文化の発展の遺産として、受けつぎながら、しかもそれ自身は、全く独自な個性的秦漢時代として現われた。

その「独自な個性的秦漢時代」の時代格は、氏によれば、「政治性」である。「そこにおいては、文化はすべての点において、政治化されて外面化」する。

その「政治性」の発展と完結が、次の新しい時代である六朝時代成立の前提である。六朝時代の時代格は、「秦漢時代の政治性に対して、自律性である」。そして隋唐時代は、政治性と自律性の融合の時代である。かくして、宇都宮氏にとって、中世とは、秦漢時代に胚胎していた自律性が、時代の完結とともに自己を顕現し、隋唐という第二の完結につながっていく時期にほかならない。

六朝時代を自律性の時代と規定することについては、後節で詳しく考察したい。ここで読者の注意を喚起しておきたいのは、時代格という宇都宮氏独特の用語についてである。個人はおのおのさまざまの属性を有するが、それを全体として統合するのが、その人の人格である。それと同じように、時代格という言葉は、特定の時代の性質をトータルに表現するものである。そのように宇都宮氏が中国史上の各時代を一つの個性においてトータルにつかもうと意図した動機は、どこにあるのであろうか。それはまさしく、西洋近代世界が、東洋の伝統的世界ともどもに終結したというその時点で、「新しい人間性の展開」を期待したことにかかっているのであろう。ひらたくいえば、「これからの世界はどうあるだろうか」という全体的な発問は、過去に対しても、「これまでの世界はどうあったのか」という総括的な追求心を生むのであって、特定の時代のあれこれの現象を問題にするのは、その次の段階にすぎないのである。ともあれ、「中国中世」とは何かという課題をあらためて提起した宇都宮氏の起点もまた、一個の当代人として未来の行く手を展望するところにあった。換言すれば、内藤湖南にしても、宇都宮清吉にしても、時代区分とは、未来に対する切実なる意識が、過去に向かって激しく働いた結果であった。

ひるがえって、今日の我々の状況はどうであろうか。今日、未来が不透明であることは、二十世紀初頭、あるいは、一九四〇年代半ばと変わりはなく、あるいはそれ以上であるかもしれない。しかし、未来に対する人びとの心情には、大きな差異がある。湖南における未来は、「共和制中国」であった。宇都宮氏におけるそれは、「新しい人間性の展開」であった。形こそ異なれ、いずれにも未来に対して、何ほどか肯定的な姿勢が感じられる。しかし今日の我々にとって、未来は決して肯定的ではない。「共和制中国」の渾沌たる行く手はしばらくおき、人間性の問題についていえば、現代文明が社会のあらゆる面で人間性を蝕み、これを分解し、これを無化するに至っていることは、もはや何人も否定できない事実である。それは、「新しい人間性の展開」どころではない。宇都宮氏をはじめ多くの人びとが期待し、またその実現を意欲したその「未来」は、不幸にして幻想でしかなかった。

今、我々自身が病者であるために、未来に向かおうとする志向は、きわめて微弱であるといわざるをえない。未来を望み、過去を振り返るという思惟の構造も、したがって、強い基線をもたないわけであり、それは、今日の歴史研究を大きく規定しているように思われる。誤解を恐れずにいうならば、歴史研究の細分化、瑣末化、無目的化、時代感覚の薄れ、社会の表層現象に対する関心の強さに比して基層構造に対する関心の稀薄さ等々。それはまさしく、未来—過去という太い時間軸が、研究者の意識の中で消えかけていることを意味しているのではなかろうか。

戦後あれほど激烈に闘われた時代区分論争が、一九七〇年代を境として顧みられなくなった根本理由も、このような研究者の意識の変化と無関係ではないであろう。もしそうであるとすれば、このことを自ら問わずして、「中国中世」に新しい意味内容をもたせることは、到底不可能であろう。冒頭で、「重い問題を感ずる」と述べたのは、まさにこの問題にほかならない。

少なくとも私自身には、惰性で「中国中世」の語を用いることはできない。といって、荒涼たる未来を望む岸辺で、何を発条として過去を総括すればよいのであろうか。むしろこの荒涼たる風景こそ、過去へ向かう契機があるのかもしれない。すなわち、我々の未来は過去の歴史を継承していくのかどうか。その答えは、今日の現実を凝視すればするほど、否定の側に傾く。かえって、過去を断ち切ることによって成り立っているのが、現代社会ではなかろうか。それは、かつて宇都宮氏が、「その断ち切り得ない生命のつながりを」と言ったこととは、まったく逆の論理である。しかし、現代社会のそうした危機的状況に思いを致すとき、我々はあらためて歴史の意味を問うことに迫られる。それは過去の事象のあれこれについてではない。人類の父祖は、人間としてどう生きたかという、甚だ漠然としてはいるが、しかし総括的な問いである。

人類史の悠久なる時間の中に、衰退・滅亡の危機がしばしば訪れたことは、あらためて説くまでもない。しかし、人類はそれを乗り越えて社会を安定させ、これを維持して、その基礎の上に文明を築いてきた。おのおののエポックはそのようにして創造され、それらの連鎖が、人類を今日まで生存せしめてきた。こうしたことはいわずして自明であるが、それでは、持続するそれぞれの時代を創り、支えたのは、人間のいかなる特質であったのであろうか。これを、宇都宮氏に従って人間性と呼び替えてもよいであろう。おもうに、人類は、父祖から享けた人間性を、自らの世代において更新し、それを活性化することによって、危機を乗り越えてきたというほかはない。抽象的にいえば、それは不変なるものと変化するものとの弁証の歴史である。

私たちにとって過去の歴史が存在するということは、このような、生きた歴史的人格の実在を証明するものである。未来に確信を持てない者も、過去については、人間存在の確かな姿をみることができるであろう。このようにして、ともかくも、未来展望は、過去への遡行と逆説的に接続し、歴史研究に新たな課題を与える。

それぞれの時代には、人間存在のそれぞれの枠組みがあり、それが各時代を創出し、その文明の特質を形づくっていたはずである。時代区分という作業を意味あらしめるためには、その枠組みにまで降りていかねばならないのではなかろうか。

以上に述べたところを要約するならば、歴史形成者としての人類の未来は、決して楽観できないであろう。その認識は、私たちをもう一度、歴史の基盤としての人間の問題へ導いていかざるをえない。過去において、人類の父祖はどうであったか、中国史もそのような関心のもとに再考が試みられなければならないであろう。その視座から特定の時代の質がとらえられるとき、私たちはじめてそれを、「中国中世」と呼びうるであろう。しかし人間の在り方に眼を向けるとしても、いかなる方法でこれを分析するかという課題が行く手に立ちはだかる。次にこのことを考えなければならない。

三　個の存在形態における「中国中世」

四苦八苦したあげく、ともかくも「中国中世」を考える立場ができ上がったように思う。それは、「中国中世」を人間の歴史の一こまとしてとらえる立場である。しかしそれは、従来の「中国中世」論とどう異なるのであろうか。

六朝時代はいかなる根拠で中世とされてきたのか。そのことから、考察を始めてみたい。六朝時代を中世とするのは、この時期が古代と呼ぶにふさわしい中国史の第一段階を経過して、次の段階に入ったという認識に基づくのであろう。しかし、この時代区分法を支えるために、しばしば他の認識、たとえばヨーロッパや日本との類比が試みられる。六朝時代がヨーロッパ・日本の中世と共通するところが多いことを根拠として、この時代を中国史上の中世とする主張がなされるのである。このような類比の一例として、宮川尚志氏の「中国古代末期の仏教と道教[9]」を挙げてみたい。

宮川氏は次のようにいう。

古代末期という語を東洋史に適用することは、現在東洋史の時代に関しなお定説がでていないために注意を要する。しかし世界の宗教史的平行を考えるとき、西洋中世のキリスト教文化に対し、仏教を考えないわけに行かない。またゲルマン諸族の民族移動とユーラシアの広大な草原に活躍した遊牧騎馬民族の相互関係をたどってゆけば秦漢帝国と匈奴族の抗争にまで関係することも推測されている。（中略）五胡十六国の乱がはじめて漢族をして中原を放棄し、江南の開発に力を向けかえさせ、中国史上に重要な転期を与えたことを考えるとき、これを画時代的事件の端緒でないとして退けがたい。

またいう。

周知のとおり西洋史の三時代区分はルネサンス期の人文学者たちが彼らの時代を古代の復活だとし、古代を否定し、したがって近代によって克服さるべき中世という時代が歴史的反省の結果設定されるに至ったのによる。これと対比すべき思想を中国に求めるなら唐代の原初新儒教の代表者である韓愈の『原道』を取り上げられる（傍点――引用者）。

さらに氏は、韓愈を高く評価した蘇軾の文章を引いて、

八代、すなわち東漢・魏・晋・宋・斉・梁・陳・隋は暗黒時代ということになる。宋代の新文化がルネサンスと平行するという説は宋人の意識に根拠があるといえる。

と論じている。

宮川氏は以上のような発想に基づいて、後漢末の桓帝・霊帝時代を、ローマ帝国の解体期に比すべき中国古代末期ととらえ、この時代に道仏二教を普及せしめた社会的諸条件を指摘している。

以上のように、宮川氏は、六朝社会をヨーロッパ中世に比定すべき中世的時代ととらえ、両世界の同時並行的類似現象を種々挙げている。私もまた、氏の描く古代末期像にかぎりない共感を覚えるものであるが、しかし歴史叙述の論理としていえば、六朝時代を西洋中世と類比してこれを中世と見なすだけでは、問題はなお残るといわざるをえない。なぜなら、それだけでは、六朝時代が西洋中世に比すべき時代であることはいいえても、この時代がそれ自身の特質において中世であることは、まだ立証されていない。つまり、六朝人が真に中世人であったという証明はなされていないのである。

宮川氏にかぎらず、六朝＝中世説がしばしば直面するこの難関をどう乗り越えるかが、中国史の時代区分問題のかなめではなかろうか。この意味では、六朝＝中世説はなお完全には証明されていない、といわなければならない[10]。

といって、中国史の時代区分を論ずる諸家が、西洋との類比のみをもって事足れりとしてきたわけでなく、皆それぞれに、中国史の独自性を重視してきたことは看過できない。宇都宮氏の「東洋中世史の領域」は、その意識をはっきりと表明したものの一つである。氏は、東洋史の時代区分法は、西洋史のそれとは、「必ずもっと異った方法によってなされなければならない」とする。なぜなら、西洋史の古代・中世・近世という時代区分は、一般に民族・

文化・地域の三つの要素を内実としてなされており、「この三つの要素は、歴史のにない手として、各時代によって、それぞれ大なる相異をもっている。しかも『広い意味での西洋文化』の発展という点では、おのずから、そこに一貫したものがあって、西洋の歴史全体を統一しているのである」。

しかし、

西洋の歴史と並立するものとしての東洋の歴史は、西洋の歴史とは異って、時代によって、文化・民族・地域に本質的な相異があるものではない。東洋の歴史は、「広い意味における中国文化発展の歴史」として、一つのシステムをもつが、しかし、その文化は決して、時代によって、その本質が異るようなものではなく、時代とともに、原初の文化が、ひろがり、深くなったものであった。

それでは、文化・民族・地域の三つの要素において時代的転換を経験しない東洋の歴史は、いかに区分さるべきであろうか。ここに氏が案出した方法が、先述の「時代格」の概念である。すなわち、東洋史を一つの家系の持続と見なし、各時代を、その家系に属する個々の人格と考えるのである。

こう見てくると、宇都宮氏は、西洋との類比にたよる立場をできるだけ遠ざけ、東洋史それ自身に内在するシステムの展開としてとらえようと努めていることがわかる。そして、その固有のシステムは、「時代格」という言葉が暗示しているように、各時代に生きる人間の在り方として、表現されるのである。

たとえば、秦漢時代の「政治性」。氏はいう、「そこにおいては、文化はすべての点において、政治化されて外面化し云々」と。とすれば、個々の人間もまた、「政治化されて外面化」するのであろうか。「社会階級は巨大な帝権の下に、その存在を無視せられて、一応の外面的平等が現われる」と述べているのが、この推測を裏づけている。

しかし、この「政治性」は一つの矛盾を内包している。「かえって、あまりにも政治の優越にまかされた文化は、倫理といわず学問といわず芸術といわず詩文といわず、すべて生気を失って硬化し形式化した」。この矛盾が「そのまま直ちに、六朝時代の新しい発展へと転化する。というのは、完結とは、実は発展の裏なのだからである。いまや、硬化し形式化した文化は否定せられ、生気ハツラツたる自律精神が生れ、個人の姓名と固く結びついた創造的芸術が発展する」。「かくの如く六朝時代のすべてを支配するものは、秦漢時代の政治性に対して、自律性である」。

このように論理の筋道をたどっていくと、「自律性」はまた、六朝人の時代的特性を指示する言葉とみることができる。

秦漢の「政治性」にしても、六朝の「自律性」にしても、それぞれの時代の特性をきわめ、的確にとらえていることは、まことにみごとというほかはない。しかしながら、半世紀後の今日の立場においてこれを再考するならば、いささか不満がないではない。というのは、「政治性」ないし「自律性」という表現は、時代精神をとらえて正確であるとしても、当時における人間存在の内的構造にまでは、立ち入り得ていないからである。換言すれば、「政治性」に規定された秦漢人はいかなる人間であったか、たとえば近代の人間とはどう異なるのか、「自律性」の六朝人の場合はどうか、等々の疑問について、答えるところが少ないように感じられるのである。この点でさらに不満を覚えるのは、隋唐時代の時代格を、「一面きわめて政治的であるとともに、他面また自律的なるものがよく生かされている」と述べていることである。個人にはさまざまの相反する面がありながら、これを一つの人格として統一しているというのが氏の立場であろうが、もしそうだとすれば、隋唐時代格にも、いま一つ積極的な性格づけが要求されるのではなかろうか。

さきに私は、宇都宮氏の時代格の用語が、各時代に生きる人間の在り方にかかわる概念であると述べた。しかし以上のようにみてくると、そのかかわり方は、必ずしも鮮明ではない。人びとの生き方に立ち入るというより、時代精神の展開とその論理を述べることに重点が置かれている。

宇都宮論文をそう理解したうえで、そこからいま一歩踏み出せないであろうか。私は、氏の「政治性」の概念に触れて、次のように述べたことがある。

（宇都宮先生は）秦漢時代では、すべてのものが全部政治というところに帰納していく、秦漢時代とはそういう時代なのだと言っておられるわけです。それを私なりに翻訳いたしますと、自分をいろいろな形で無化しながら普遍的な世界へつながってゆく、そういう内面のいとなみを文化というふうに考えますならば、秦漢時代ではそうした文化というのは、ただちに政治に帰結し、同一化されていく傾向があるのではないかと思うわけでありま す。[11]

宇都宮氏は、秦漢時代において文化はすべて政治に収斂するとし、それを「政治性」と表現した。私の考えでは、文化は個人の内面の営みを起点とするものであり、その営みは、個人から普遍的な世界へ向かってなされる。その営みが、政治、すなわち君主と個々人との関係に同一化するとすれば、個々人のアイデンティティは、帝国そのものの中に吸収されてしまうことになるであろう。こう考えると、宇都宮氏のいわゆる「政治性」とは、要するに、個人とこれを囲繞する外界との関係の一つの在り方を示しているのではないかと思うのである。大ざっぱな言い方をすれば、秦漢時代においては、個人は帝国に帰属する人間としてはじめて個人なのである。

では、こうした視点を「自律性」に適用するとするならば、そこに人間存在のいかなる構造が見いだせるであろうか。

六朝時代の「自律性」について、もう一度宇都宮氏の発言を聴いてみよう。

秦漢時代は、一方の極に皇帝があり、一方の極に民がある政治的原理の支配する時代であったが、六朝時代は個人といわず集団といわず、それ自身の自律的原理が支配的であった。しかし、個人ははっきりと豪族と庶民に分化し、庶民は自律的な豪族の社会内部に組織化されている。個人の自律性といっても、それは豪族における個人の自律性であって、人間一般の自律性でないところに、六朝的限界のあることを忘れてはならない。

これでわかるように、六朝時代の「自律性」は、豪族階級に体現された「自律性」である。六朝時代が、豪族階級を基盤とする門閥貴族の支配する時代であったことは学界の通念になっているが、宇都宮氏は、それを「自律性」という語で表現したのである。しかし、氏がこの論文で述べる豪族の「自律性」の内容は、荘園制や豪族連合国家など、経済・政治の現実的な力にとどまっていて、名族としての権威の問題は述べられていない。その点、「自律性」の内面的なコンセプトが弱い感じを受けるのであるが、それは戦後的傾向を反映したものであろうか。その後何十年の六朝貴族制論議を経た今日、「自律性」をより内在的にとらえる必要がある。

「政治性」の世界では、文化、すなわち個人の内面の営みは、皇帝―人民という支配のシステムに外化してしまうが、「自律性」においては、どうなるのであろうか。宇都宮氏のさきの言葉をもう一度引くならば、「個人の自律性といっても、それは豪族における個人の自律性であって、人間一般の自律性でないところに、六朝的限界のあることを忘れてはならない」という。この文章の後半部分についてはなお疑問の余地がないわけではなく、後文で検討したいと思うが、ともかく、ここでは差し当たって、豪族における個人の在り方を考えていきたい。六朝豪族がその個人の在り方において自律的であったとすれば、その「自律性」はいかなる構造を備えているのであろうか。この点で、内藤湖南の示唆に富む次の一節を想起したい。

支那の名族は此のやうな厳重な家族制度の意味を有って相続して来たのであるから、それで官爵も封土も無くても依然として名族の地位を維持して来たのである。六朝から唐代には、譜学といふものが一科の学問になって居ったくらいで、云々。[12]

天子から与えられた官爵や封土がなくても、名族の地位は維持されていく、というのであって、まさしく、これは、六朝貴族の「自律性」を指摘したものである。それでは、この「自律性」がどのようにして生み出されたかを、湖南はどう考えているであろうか。

この時代の支那の貴族は、制度として天子から領土人民を与へられたといふのではなく、その家柄が自然に地位の名望家として永続した関係から生じたもので勿論これは元来幾代も官吏を出したものに基因する。[13]

この一節の趣旨を要約すれば、六朝貴族は封建領主ではなく、本来地方の名望家であり、地方名望家は累世登官の家から興った、というのである。官僚とはもともと個人の能力によって登用されるものであるから、能力ある個人の功業の積み重ねが、その家を地方名望家たらしめ、ひいては貴族の地位を占めるに至った、ということになる。そうしてみると、家系の本源は個人にあり、そしていったんでき上がった家系はまた、これに属する個人の地位を規定するのである。六朝貴族は、このような個人と家の相互作用についてよく認識しており、子弟の能力を高めて、家門の維持、向上に努めたのであった。

このような個人と家系との相互関係を突き詰めてみると、個人は家系の一員としての個人であり、また家系は個人の個性ある人格を基礎としている。個人はもとより近代的な individual ではないが、それかといって、家族の中に埋没してしまっているわけではない。こうして、私たちは、六朝貴族の中に、前近代的個人の一つの在り方をとらえることができる。それを、〈人＝家〉という記号で表して、さらに考察していきたいと思う。

〈人＝家〉は、六朝貴族の人間存在の原点であるが、これが「自律性」を発揮するには、より広い社会的な場が必要である。というのは、これまでしばしば論ぜられてきたように、貴族を貴族たらしめる第一の要件は、その家系なり個人なりに対する社会的評価――輿論、郷論――であったからである。この社会的評価を生み出す場は、何か特定の機関というわけでなく、不定形な人びとのコンセンサスであり、その中には、地方の民衆から中央の官僚に至るまで、さまざまの階層を含んでいる。川勝義雄氏はこれを郷論環節の重層構造と呼んだ。(14) 地方レベルでいえば、特定の家ないし個人に対してなされる評価の主体は、宗族および郷党、つまり血縁と地縁につながる人びとである。評価は、その家ないし個人の知と徳、すなわちその指導者的力量について行なわれるのであって、評価される者と評価する者とのあいだに、保護＝被保護の上下関係が意識されている。当時しばしば用いられる「望」という言葉が、この関係を的確に表現している。

こうみてくると、貴族（豪族）の被保護者たる民衆もまた、保護者の人間的資格を評論する立場に立っているのであり、ネガティヴではあるけれども、彼らもまた一種の「自律性」をもつ。ここにおいて、宇都宮氏が、「個人の自律性といっても、それは豪族における個人の自律性であって」、そこに六朝時代の限界があるとしたのは、一面正しいとしても、なお考究すべき余地を残しているといわねばならない。けだし、六朝貴族制社会における階級関係は、封建大地主とその物言わぬ農奴との関係では律しきれぬものがあるからである。

六朝期における大土地所有の展開を否定することはできないが、基本はやはり自立的小農経営であったと思われる。しかしその自立性は戦乱と災害によって日常的に脅かされており、自家以外の力に依附することを余儀なくされた。「自律性」とはこの不安定さに支えられるものであり、六朝政治史を複雑に貫流する官僚間の依附関係もその例外ではない。ともかく、貴族の「自律性」は、こうした〈人＝家〉の外側に拡がる宗族・郷党さらには婚戚・交友関係、官界における人的結合、といったさまざまの媒体を通じて成立するのである。

言うまでもないことであるが、その「自律性」が外界の人びとを媒体として成立するからといって、「他律性」に転化するわけでない。〈自律性〉の根元は、あくまで貴族個人にある。ただそれが現実に成り立つためには、社会の承認が必要であった。したがって、さきの記号でいえば、〈人＝家―社会〉ということになる。

この記号をさらに解析すると、「社会」もまた、〈人＝家〉の集合体である。もしその人物が寒賤の家に属しているとしても、高貴なる〈人＝家〉に依附し、またそこへの向上を夢みる限りにおいて、同質の世界に生きている。こうして、「自律性」の時代を構成する細胞は、やはり〈人＝家〉であったとみることができよう。

繰り返して述べるが、〈人＝家〉とは、決して個人の資質が家に一方的に規定されているというのではない。しかし個人の資質が個体の枠内だけでなく、それを超えた血統に由来しているという観念である。優れた血統に由来する優れた資質は、常人を超えた世界の認識能力をもつ。天時人事、人類の過去の経験、そして事物を表現する方法、あるいはまた、日常生活のための科学技術、等々である。しかしそれらは、古代の巫祝たちにみられるようなカリスマ的資質ではない。玄儒文史四学あるいは秘学などの語から知られるように、習得によって後天的に獲得される学問であった。ここに、〈人＝家〉に内在する矛盾があるのであるが、これについては後文で述べよう。ともかくも、個人の努力が最初にあり、それが「家学」ともなるのである。

かくして、六朝貴族における知は、後天的に獲得されたものであって、それは、貴族の家が個人の功業の蓄積に由来することと一致する。そこにいわば「第二次性」がある。これは、徳についてもいえるであろう。彼らが民の保護者として行なう徳行は、儒教倫理を基本とし、道仏二教の宗教意識を加味したものであった。その儒教倫理は国家イデオロギーの遂行というよりは、多く家族秩序の維持の原則、すなわち家礼として実践された。それはまさに、〈人＝家〉の倫理であり、一方、個人の祈福を目的とする道仏二教の信仰も、単なる個人ではなくて、家系につながる個人であったことが、近年の研究で明らかにされている。(15)

六朝貴族の知と徳の構造についてはなお深い探求を必要とするが、上古との比較においてきわめて大ざっぱにいえば、まず神があってそこから人が成立するのではなくて、長い時間の後に形づくられた人が神を求めるのである。〈人＝家〉は、歴史上このような位置を占めるので、この「第二次性」のゆえに、私はこうした人間存在の時代を、「中世」と呼んでも差し支えないのではないかと思うのである。

ところで、これまで「自律性」をキーワードとして、六朝貴族の人間の在り方、ひいては、六朝人全体のそれを探ってきた。それでは、隋唐時代、宇都宮氏のいわゆる「自律性」と「政治性」の総合の時代は、どのように理解されるのであろうか。

さきにも少し触れたように、〈人＝家〉という個人の存在原理は、一つの矛盾を内在している。この記号では人と家は等号で結ばれているけれども、実は楕円の二つの中心のような対極的構造をなしている。中心のそれぞれは、もう一つの中心がなくても、それ自身として、半ばは中心的位置を占めている。すなわち、家系がよくなくても、才徳は優れているということがありうるし、家系がどんなによくても、本人の人格が劣っているという事例も珍しくない。この問題は選挙制度の上でしばしば議論を引き起こし、個々の学行を強調する立場は、賢才主義の採用を主張した。しかし六朝前半期においては、人物と家系の一致が社会通念として一般的であり、選挙制度にもそれが反映して門閥貴族制を盛行せしめたのであった。

しかし、門閥貴族制が極点に達すると、人物と家系の乖離はますます甚だしくなる。かつて家系を高からしめた人と家との相互作用が弱まり、昇り詰めた家系のもとで、人びとは自らの人格を錬磨することを怠るようになった。ここに再び賢才主義が登場し、選挙制度でいえば科挙制の創設を結果したことは、周知の事実である。

それでは、〈人＝家〉の構造は、この時期、すなわち隋および初唐期に至って、崩壊したのであろうか。結論をさきにいえば、決してそうではなく、この在り方は依然として存続した。個人は、特定の家系に属することにおいて個人であった。そのことは、賢才主義的理念と矛盾しないであろうか。この矛盾を解決する役割を果たしたのが、強化されつつあった国家権力である。科挙制は、任官の資格を国家が与える制度である。そして、その考試の基準は、貴族的人格の認定にあったとされる。このようにして登官した人物の家は、貴族の家として公認される。「貞観氏族志」編纂の理念がそこにあったことは、あらためて説くまでもないであろう。

かつて〈人＝家〉として表される個人は、他の不特定多数の〈人＝家〉の輿論を回路として、貴族の資格を保有した。これが六朝貴族の「自律性」実現の仕組みであった。隋唐時代の実態をこれに重ね合わせると、この回路には国家機構が介在する。国家が不特定多数の〈人＝家〉のコンセンサスに取って代わったのである。しかし考えてみると、隋唐国家もまた、〈人＝家〉の世界に生きる官僚たちの連合であり、ただ、その結合がより緊密に、より統一的に、したがってより制度的となった点が前代と異なる。それは、一見、秦漢帝国の再来を思わせる現象である。

宇都宮氏のいう「自律性」と「政治性」の総合とは、まさにこのような、〈人＝家〉という存在様式の新形態を意味するのではなかろうか。それは、六朝的な形式の継承であると同時に、統一政権たる国家を媒介として成り立っている点で、前代と大きく異なっている。つまり、個人を成り立たせる場が、血縁、地縁という直接的な世界から統一国家という普遍世界に拡散したことは否定できないであろう。この変化した情況のもとで、唐代士人の自己意識がどのようなものであったか、興味ある課題であるが、現在の私には、それを究明していく準備が無い。

四　結　語

これまで叙べてきたところを省みて、学術論文らしからぬものとなったことを愧じるが、そうした非難は甘んじて受けるつもりである。ただ、私が目指したのは、「中国中世」とは人間が人間としていかなる原理で生きた時代であったか、そこから時代区分をしていきたいということであった。人間存在の原点はあくまで個人である。しかしその個人は、各時代において、いかなる個人であったか。私は、宇都宮清吉氏の「時代格」の構想を手がかりとし、内藤湖南の六朝貴族観に大きな示唆を得て、秦漢から隋唐までの時代を考えてみた。その結果の成否については、読者諸賢の高評に委ねるほかはない。

しかし、最後に一言しなければならない点がある。小稿の最初に、私は未来への危機感が思いを過去に致させることを述べた。そしてまた、人間性の稀薄化していく現代の情況についても言及した。それでは、これまで検討してきた「中国中世」は、これらのことにどう答えるのであろうか。現実の課題と歴史研究とを安易に結びつけることは戒めなければならないが、私の一応の考えを提示しておきたい。

秦漢・六朝・隋唐、いずれの時代においても、人びとは個人として生きたのであった。しかしその個人は、個体の限定の中にとどまるものでなく、それぞれの時代の特質において、個体を超えた人間社会に帰属する個人であった。そうした人間存在の拡がりこそが、各時代の文明を形づくってきたのであろう。それでは先秦時代における個人の在り方はどうであったか、いわゆる唐宋変革において、個人はさらにどう変わっていくのか、等々が、未知の課題として次々に立ち現れてくるであろう。

ひるがえって、現代における個人の在り方は、どう理解されるであろうか。個人は個体の中に限定され、その外側に拡がる社会は、個体間の交換関係、管理関係であるにすぎないのではなかろうか。それは前近代の個人の在り方を否定して、個人のさらなる自立を目指した結果であろうが、その人間性の内容においてかえって貧しくなり、稀薄になってきたことを否定することができないのである。

私は決して前近代に回帰することを主張するのではない。だが、個人は本来、その個体の枠を超えた世界に支えられつつ個人なのではないか。歴史における個人の在り方の諸形態は、そのことを物語っているように感じられる。これはもとよりいまだ予測の域を出るものではなく、今後、歴史上における人間存在について実証していかなければならないが、「中国中世」という言葉も、そのような手続きによってはじめて、活性を取り戻すのではないかと思うのである。

註

（1）宇都宮清吉『漢代社会経済史研究』（弘文堂、一九五五年）所収。

（2）戦後の時代区分論争については、谷川道雄編『戦後日本の中国史論争』（河合文化教育研究所、一九九三年）を参照のこと。

（3）一九五四年度歴史学研究会大会における報告「中国古代末期の農民闘争」（歴史学研究会編『歴史と現代』岩波書店、一九五五年）の題名が、何よりもよくそれを物語っている。しかし、その翌年の歴史学研究大会では、私は、唐代を古代末期とすることに対して疑念を表明した（歴史学研究会編『歴史と民衆』岩波書店、一九五五年）。もっともこの時点では、中世論に対して確信があったわけではない。その後、隋唐時代の歴史的性格をとらえるために、研究対象をその形成過程にさかのぼらせることになり、五胡・北朝史の研究を通じて、ようやく中国中世のイメージができ上がった次第である。

（4）川勝氏の意図については、谷川道雄「貴族制と封建制――川勝義雄氏の遺業に寄せて」（川勝義雄・礪波護編『中国貴族制社会の研究』京都大学人文科学研究所、一九八七年）参照。

（5）谷川道雄「『共同体』論争について――中国史研究における思想状況」（『中国中世の探求――歴史と人間』日本エディタースクール出版部、一九八七年）参照。

（6）内藤湖南「概括的唐宋時代観」（『内藤湖南全集』第八巻、筑摩書房、一九六九年、の中の「東洋文化史研究」に所収）。

なお、『支那近世史』（原刊　弘文堂、一九四七年、『内藤湖南全集』第一〇巻、一九六九年に所収）も同様の趣旨に立つ。

（7）内藤湖南、前掲書（6）『支那近世史』。

（8）内藤湖南『支那論』（原刊　文會堂書店、一九一三年、『内藤湖南全集』第五巻、筑摩書房、一九六七年）。

（9）宮川尚志『六朝史研究　宗教編』（平楽寺書店、一九六四年）所収。

（10）宮川氏も、中国中世の特質を取り出すことに、決して注意を怠っていない。たとえば、「中国中世の支配階級は封建武士ではなく文雅的士大夫である」（『六朝史研究　政治・社会編』平楽寺書店、一九六四年、二〇二頁）と述べていることにその一端を見いだしうる。しかしその「文雅的士大夫」がなぜ中国の中世人であるかという説明は、与えられていない。このことについては、谷川道雄「六朝貴族制社会の史的性格と律令体制への展開」（『中国中世社会と共同体』国書刊行会、一九七八年）にも述べておいた。ただ、これは宮川氏のみに対する不満ではない。わが国の六朝史学界の最も高い水準にある学説が、六朝貴族を「文雅的士大夫」としてとらえるというところまでいきながら、それを社会的存在としてどう理解するかという問題へは踏み込み得ていないことへの不満と解していただきたい。後述する私の「豪族共同体論」は、この問題を自分なりに解こうとした結果である。

（11）谷川道雄「中国文化と中国社会」（『文明』五五号、一九八九年）。

（12）内藤湖南、前掲書（8）『支那論』、一「君主制か共和制か」。

（13）内藤湖南、前掲書（6）『支那近世史』、第一章「近世史の意義」。

（14）川勝義雄『六朝貴族制社会の研究』（岩波書店、一九八二年）第四章「貴族制社会の成立」。

（15）たとえば、都築晶子「六朝時代における個人と『家』——六朝道教経典を通して」（『名古屋大学東洋史研究報告』一四、一九八九年）。

二つの豪族共同体論
――堀　敏一「魏晋南北朝時代の『村』をめぐって」を読む――

一

つとに私の豪族共同体説に対して異論を唱えてきた一人に、堀敏一氏がある。しかし、堀氏は、多くの批判者のなかで、唯一と言ってよいくらい、六朝社会の内部にふみこんで、意見を表明してきた人である。後述するように、そのふみこみ方に対しても、私はいささか不満を覚えるのであるが、ともかくここでは、差しあたり氏の批判の内容を簡単にふり返ってみたい。

まず氏は、一九七〇年、「中国古代史と共同体の問題[1]」という論考において、近年の学界における漢―六朝の共同体論を紹介論評した上で、拙論に言及している。漢代に大土地所有が発展して、大土地所有者（豪族とよみ代えても差支えないであろう――谷川）と民衆との間に階級関係が生れるが、それは従来から存在していた共同体社会とどう関わってゆくのか。これがこの論考全体の中心課題である。氏の見解によれば、漢代では、「大土地所有者が、周囲の自立小農民の生産と生活を保証し、共同体を維持していくうえで重要な役割をはたした」。しかし、「漢代と六朝期のちがいは、（六朝期には――引用者補足）大土地所有制が共同体的規制のわくをつき破って拡大していく点にみられる」。大土地所有者が共同体を維持するという両者の関係は「六朝期にもうけつがれるが、他方で大土地所有の拡大が共同体を破壊して、多数の農民を大土地所有者に従属させ、あるいは他郷に流浪させることとなった」。「均田制が国家によって直接小農民を創出し、共同体的機能をはたそうとするのは、こうした矛盾を解決、というよりは実は隠蔽もしくは緩和しようとするものであったと考えられる」と。

さらに氏は、以上の見解に立って、拙論「均田制の理念と大土地所有[2]」における私の考えとの相違を次のように要約する。「共同体と大土地所有の関係は、私（堀氏自身を指す）のいうように『矛盾』しているのでなく、『統一』されているのだと（谷川は）いう」。ここで使用されている「矛盾」、「統一」という言葉の意味について述べると、堀氏は大土地所有と共同体との相互対立的、相互排除的関係を「矛盾」と言い表しており、私が「統一」と言っているのは、大土地所有と共同体とは、一定の歴史的情況の下では、必ずしも対立・排除しあうものではなく、むしろ互いに支えあう関係に立つという意味である。例えば、共同体内の賑恤行為は、大土地所有による穀物の蓄積によって可能となる。そのような、個人の営利のみに走らず、共同体成員の生活をも視野に入れた土地経営を、私は士大夫的土地所有とよび、営利中心のそれを、非士大夫的（つまり小人的）土地所有とよんだ。勿論、士大夫層に属する地主のなかにも後者の例があり得るが、それが士大夫的倫理観念に反することは、儒家の義利観からすれば、自明のことであろう。

堀氏自身も、「私とて大土地所有をすべて共同体と矛盾するという一面からのみとらえているのではない」と言っているが、しかし「漢代にくらべるならば、この時代には矛盾の側面をより重視しなければならない」と主張する。このように、氏と私の見解の相違は、「矛盾」か「統一」かにあると堀氏は結論する。私自身もまた、両者の見解の相違はそこに根ざしていると感じるのである。

「矛盾」か「統一」かという論議は、いかにも言葉の遊戯に堕しているように受け取られるかも知れないが、この論議はもともと均田制の理解をめぐって起ったものであって、それは、六朝豪族社会の構造をどうとらえるか、また隋唐帝国の性格をどう把握するかという問題につらなってくるのである。すなわち、右の大土地所有者を豪族ないし貴族と読み代えるとすれば、堀氏の論では、豪族と民衆の間の階級矛盾を強く意識することになる。先に紹介した通り、堀氏の均田制論では、この階級矛盾の中に国家権力が介入したところに均田制成立の意義があるとする。とすれば、均田体制に基づく諸国家、たとえば隋唐帝国は、貴族階級を超越する権力として理解されることになるであろう。それは、隋唐帝国を貴族制国家とする従来の説に対して、異なる見方を提示しているわけである。

一方、私の「統一」説は、豪族（貴族）と民衆の共存に関心をもつものである。この共存体制が強固である限り、社会は安定を得ていて、均田制というような施策の必要はない。均田制が主として対象としたのは、都市近郊に多く見られる営利追求型の大土地所有であろうと、私は推論した。そこでは、大土地所有者と無産農民との両極に分化する傾向が顕著だからである。こういう考え方に立てば、均田制が単なる平等主義でなく、労働力に見合った土地給付を原則としていること、したがって、制度内における種々なる形での大土地所有の容認が理解できるとおもうのである。それはともかく、均田制のこうした理解からすれば、均田体制による国家は、貴族と民衆の共存の理念を引き継いで構築されていると見ることが可能であり、その意味で貴族制国家と称するに足るのである。(3)

双方のいずれが正鵠を得ているかは読者の判定によるしかないが、ともかく以上のような六朝・隋唐史の基本的な見方の問題をめぐって、大土地所有と共同体の関係が論じられたのであった。ただ堀氏は、この論文では、大体において双方の説を整理し比較することに重点を置いており、拙論に対するふみこんだ批判は行なっていない。氏の拙論に対する不満が表明されるのは、翌年に書かれた、中国中世史研究会編『中国中世史研究　六朝隋唐の社会と文化』(4)に対する書評(5)においてである。氏はそのなかで、同書に寄稿した拙文「北朝貴族の生活倫理」を紹介した後、次のようにしめくくる。「谷川氏の論にたいする私の考えは、氏の別稿「均田制の理念と大土地所有」に関連してのべたのでくりかえさない（前稿「中国古代史と共同体の問題」参照）。ただ貴族勢力の基盤が直接には土地所有の大きさや直接生産者にたいする支配にもとづかないからといって、これをただちに精神的関係に転化させず、郷党社会をめぐる生産構造を明らかにすることが肝腎であろう」と。

この文章によって、堀氏は私との見解の相違を、一層突っこんだ形で表明している。七〇年の論文では、大土地所有と共同体の関係について、「統一」か「矛盾」かを問題にしただけであったが、ここでは、共同体成立の契機について、貴族と民衆の「精神的関係」か、郷党社会の「生産構造」か、という風に整理されている。この二つの対立点は、勿論同じ脈絡でつながっている。拙論でいうように、大土地所有と共同体が共存するためには、大土地所有において営利的活動を自己抑制することが、必須だからであり、それには貴族と民衆の「精神的関係」に価値が置かれねばならないからである。一方、堀説の場合は、共同体は大土地所有と対立して、それ自身の運営システムを具えており、それを「生産構造」と表現しているのであろう。尤も堀氏は、七〇年の論文において、共同体の救済事業や灌漑・開墾、平時の村落統治、戦時の郷土防衛などにおいて、豪族勢力の指導的役割を認めている。それでは、氏はなぜ私が当時の共同体結合において「精神的関係」を重視することを批判するのであろうか。

私は単なる精神主義者ではないつもりである。そのことを、私自身の文章によって証明したい。その一つを挙げると、前掲「北朝貴族の生活倫理」において、豪族共同体における精神と物質の相互連関について、くりかえし述べている。[6] すなわち、貴族がその私産を宗族・郷党のために提供するのは、民衆の生産生活を保護し、郷村の共同体結合を維持するためであって、それは当然「郷党社会をめぐる生産構造」に関わってくるのである。精神と物質は、人間生活にあって車の両輪の如きものであり、その相互作用なしに社会の再生産は不可能である。この場合、その能動的要因として、貴族の指導が不可欠であることを、私は述べたつもりである。

もう一つの例を、一九七二年に発表した拙文から引用したい。[7]「さきに見たように、〈里共同体〉の解体は、大土地私有制の進行と自立小農民の無産化とに帰因するものであり、要するに、私有財産制の展開による人びとの共同体結合の弛緩・解体として一般化しうる。ではこのような状況が超えられうるとすれば、それはいかにして可能なのであろうか。もっとも主体的には、私的所有に対する人びとの自己制御力が発動されることが、そのカギである。客観的条件としては、水利・防敵などの必要性が人びとに共同体結合を要求するということが考えられるが、これらの要求を実現する主体的要因は、人びとの精神のあり方以外にはありえない云々」（傍点引用者）。

農村の共同体の機能として、水利や防敵その他があるであろうことは、誰でも推測することである。しかし私は、その面から当時の社会の分析に向ったわけではない。漢帝国崩壊以来の大動乱のなかで、人びとがいかに生きて行ったか、そしてそのなかで貴族階級はいかなるあり方をしていたか、こうした問題関心が、私の共同体論の根底にある。あえて言えば、当時の貴族階級の社会に対する関わり方について史料を分析してゆく過程で、私は共同体的結合関係を見出したのであって、〝始めに共同体ありき〟ではなかった。

関係史料の大部分は、正史に収められた貴族出身者の列伝である。共同体の存在を示す記事は、彼らの善行のなかに含まれている。このことは、共同体結合の契機として精神を偏重する危惧を人びとに抱かせることになるかも知れない。しかしこの危険を冒さなければ、当時の生きた社会の実体に触れることはできないのである。水利や防敵や、その他の「生産構造」に関する記事も、ほとんど貴族の美談として断片的に記されているのである。とすれば「精神的関係」をさしおいて、どうして共同体の実体を把握することができよう。

このように、中国史料そのもののあり方にもとづいて分析してゆくのでなければ、中国社会の独自な構造に迫ることは不可能である。しかるに堀氏は、「精神的関係」は一先ず措いて「生産構造」を、という。私にはなぜ堀氏がそう考えるか理解できないのであるが、ここに何かある種の先験的観念があるのではないかと疑われる。私の七二年の論文における上引の一節は、記憶が定かでないが、或いは堀氏の批判を意識して、それへの反論のつもりで書いたのかも知れない。また、七四年には、豪族共同体論への批判意見を紹介・整理して、その論理の矛盾を指摘する文章を書いた(8)。その中には、堀氏への反論も含まれている。しかし討論はこれで終わったわけではなかった。

二

堀氏の右の二つの文章が発表されてから凡そ二〇年を経て、氏は、「魏晋南北朝時代の『村』をめぐって」という論考において、再び私の説にコメントを加えている。この論文はもと、唐代史研究会編『中国の都市と農村』（汲古書院、一九九二年）に寄せられたものであるが、最近刊行された氏の専著『中国古代の家と集落』（汲古書院、一九九六年）にも収録されている。ちなみに、後者には一部前稿につけ加えた箇所があるが、ここで取り上げる事柄については、両文とも変りがない。

この論文は、一、問題の所在、二、「村」の起源、三、「村」の成立過程とその形態、四、「村」の構造、の四節から成る。その概略を小文に必要な限りにおいて紹介すると、一では、まず漢代の里は自然村と行政村の一致した集落であったという。ここでいう村とは、一般的な集落の意味である。つまり、里は自然発生的に形成された集落であると同時に、行政の末端をも荷う集落だというのである。この自然村と行政村の一致・分化という問題が、この論文を貫ぬく基線であると言ってよい。ところで、漢帝国の瓦解に伴なって里は崩壊し、一方で豪族階級の台頭をみる。こうした情勢のなかから成立してくるのが、「村」とよばれる新しい集落である。「村」の出現について最初に専論を発表したのは、宮川尚志氏である。宮川氏はその意義を、都市と農村の分化として、そこに中世社会の様相を見るのであるが、堀氏の考えでは、「村」の出現には、その他に自然村と行政村の分離という意味もある。すなわち、のちの唐の戸令に規定される「里」と「村」の二重体制は、自然村として発生した「村」が行政村になり切れず、そのため国家はそれと別個に再び「里」制を布いて、行政の末端組織とした、というのである。「村」がこのように十全な政治体制化に至らなかったという点は、第四節で述べられる「村」の構造の問題に関わるので、留意しておく必要がある。

堀氏は次いで宮崎市定氏の集落論に触れ、宮崎氏が「村」を中世的農村と規定したことについて、つぎのようにいう。「『中世は農村から出発する』ともいわれ、その意味で『村』の成立はたしかに重要であるし、また農村と都市の対立が中世の特徴であることも間違いない。私もこの時代に中世的様相（傍点は堀氏）が生まれたとすることには異論がない。しかし宮崎氏の時代区分論は、世界史のなかの共通性に注目し、類似の現象を取り出すことによって行われる。そこでは地域のもつ特殊性は問題にならず、無視されてしまう。たしかに世界史的な段階論というものはそういうものかもしれないが、ものごとの特殊な具体性を探究していくうちに、共通・普遍とみたものがはたしてそうなのか、疑われる場合も出てきはしないものだろうか」と。ここには、「村」を中世的農村と規定してしまうことのできない問題のあることが、予測されている。それでは中世的農村と呼びうる条件とは何かということが改めて問題となるが、ここでは何も述べられていない。この点も後文に譲らなければならない。

次に紹介されるのが、越智重明氏の見解である。越智氏は、魏晋南朝にも、漢代以来の郷・亭・里の系統が存在していることを挙げ、漢と六朝との連続性を強調する一方、官人（豪族）が村の共同体的規制を破って自己の私田経営などのために村を支配し得たと論じている。堀氏はこの二つの点についてコメントを加える。前者については、漢代と魏晋南朝とをこのように連続してとらえることに疑問を呈し、後者に関しては、豪族がそれ自身共同体に属し、共同体的規制を握って「村」を支配する場合もあるのではないかと述べている。この後者のコメントは、第一節で述べた大土地所有と共同体との矛盾面を強調する堀氏の論理とどう関わるのか理解しがたい点があるが、ともかくここで堀氏の言わんとするところは、豪族が、越智氏のいうように「村」＝共同体に対して超越的な支配者であり得たかどうかという問題である。つまり、誤解を恐れずに言えば、豪族が「村」＝共同体に対して領主支配を実現していたかどうかという問題である。ここでの氏の論調から言えば、豪族もまた共同体の一員に過ぎないとし、その可能性については否定的であるように感じられる。しかし氏自身も言っているように、この問題は、後文において本格的に論ぜられる。

越智説に続いて紹介されるのが、川勝義雄氏と私の豪族共同体説である。そこには当然批判が加えられているが、これについては、後に詳述しなければならない。ただここであらかじめ指摘しておきたいのは、堀氏が、「この時代に『豪族共同体』をみることには賛成なのである」と言明している点である。すなわち、堀氏には堀氏の豪族共同体論があり、それを、この論文において論じてゆくというのである。これは堀氏としては一歩踏みこんだスタンスであって、私たちは当然その語る所に耳を傾けなければならない。本稿に、「二つの豪族共同体論」と題したゆえんである。

この節ではさらに中国の趙克堯氏らの説について紹介するが、これらについては省略したい。

第二節について要点を述べると、「村」の起源について宮崎氏の屯田起源説を批判し、漢代以前行政機関の置かれない集落としてあった「聚」が「村」の前身であるとする。また、「塢」も「村」の形成に密接に関わる。すなわち、要害の地に築造された「塢」が、漢末の戦乱のなかで、豪族と民衆の結合する居住空間を形成したと考えるのである。

第三節では、このようにして豪族を中心に結集する民衆の集居形成が「村」という集落を発生せしめたことを論じ、その構成に二つの類型が見られることを指摘する。そのひとつは、一人の指導者の下に複数の集落に分れるものであり、いまひとつは、別個の集落が一人の指導者の下に結集したものであるという。

三

堀論文が「村」の共同体的構造について論ずるのは、とくに次の第四節であり、小文の考察も、ここでの記述が主たる対象となる。なぜなら、堀氏の共同体論がこの節で提示されるからである。以下その論旨をたどりつつ、氏の見解と拙論とがどう異なるかを明らかにしてゆきたい。

ただそれに先立って、前節に触れた、拙論に対するコメントを取り上げておかなければならない。氏が川勝氏と私の見解について批判的に述べた文章は、次に掲げる通りである。

川勝・谷川氏の基本的な考え方は、人間は共同体を離れて生きることはできないのだから、共同体のために奉仕する生き方が、人間として根本的に重要なのだという点にあるように思われる。そこから谷川氏の研究は、六朝豪族を採りあげて、彼らに私心を去り公に生きるという高い精神的態度と能力があり、自己の私益を抑制して郷党の農民を救済する行動をとるとして、高い評価を与えている。しかしこれは谷川氏らの思想のあまりに直接的な投影であり、六朝豪族の理想化ではないかと思われる。ただし、六朝豪族がこのように理想化されるための実態があったのだと私は考える。したがって私は、〔谷川氏のような精神論はとらないし、川勝氏の「共同体の自己発展」という考え方にかならずしも従わないが、〕この時代に「豪族共同体」をみることには賛成なのである。しかしそのことは、「村」ないし郷党社会の私なりの分析を通して証明されなければならない。以下の本論は、「村」のさまざまな面を問題にするが、その中心課題は最後の点にある。（―、～の傍線と（ ）括弧は引用者）

率直に言って、この文章は必ずしも明晰ではない。とくに八行目以下に、「しかし」、「ただし」、「したがって」、「……が」、「しかし」と、順接・逆接合わせて五つもの接続詞が使われているのが、全体の文脈を分りにくくしている原因であろう。おもうに、これは、堀氏が私たちの考えをある程度まで了解しつつも、全面的には賛同できないということを、反映しているのであろう。こうした理解にしたがって氏の言わんとするところを端的に要約してみると、次の三点に整理できるのではないか。

一、川勝（共同体の自己発展説）、谷川（精神論）にはそのまま賛成できない。

二、しかし、そのような六朝豪族の理想化を生むような何らかの実態（原文では「このように理想化されるための実態があった」とあるが、この表現は分りにくい）はあったと考える。つまり、豪族共同体とも称すべき共同体集団が存在したことは想定できる。

三、そこで「村」ないし郷党社会の自分なりの分析を通して、これを証明したい。

ここで堀氏が、拙論を「精神論」として斥けている点は、先述した約二十年前の批判をなお堅持しているようである。全体として見れば、堀氏は、川勝氏や私の論に一歩ふみこんでいるようであるが、この点に関しては、依然として妥協していない。それはそれで一貫しているのであるが、しかし氏が私見を「精神論」として斥ける根拠については、いささか疑念を覚えずにはいられないのである。

前掲の文章の前半を読んでゆくと、私が人間は本来共同体的存在であると考え、「そこから」、六朝豪族の精神性を強調していると紹介している。つまりまず自己の人間観があって、それにもとづいて六朝豪族をそのように描いたもので、それは六朝豪族の理想化に他ならず、したがって、自分（堀氏自身）はこれに従い得ないのだ、という文脈に解される。たしかに、現実に生きる人間が自己の抱く人生観や世界観に立って過去を観察し、そこに何らかの意味を見出すことはあり得る。いな、歴史認識とは本来そのようなものでしかあり得ないとさえ言うことができるのであって、私自身も当然その枠内に立っている。しかしその観察者がいやしくも研究者であるならば、自己と過去とを結ぶ歴史認識は、学問的手続を通して、つまり学問の正当性において構築されなければならない。それが歴史研究というものの意味であるとおもうのであるが、しかし、堀氏によれば、私は自己の人間観をダイレクトに過去に投影して（「谷川氏らの思想のあまりに直接的な投影であり」）、それを自己の学説としたという。あたかもそこには学問的手続が欠如しているかのごとき印象を、読者に与えるのである。

すなわち、堀氏が拙論を容認できないのは、拙論が私の主観性の産物であって、実証に基づいていないためだということになる。もし実際にそうであるとするならば、私は研究者として失格ということになるであろうが、堀氏は、これまで発表してきた拙論の内容に即して検討した上で、この評価を下されたのであろうか。私の知る限りにおいて、氏の拙論に対するコメントは、ほとんどその手続を欠いている。私をして言わしむれば、堀氏のいう「精神論」の根拠は、六朝貴族の精神主義的な処世態度そのものにある。私は種々の史料を用いてこのことを力説しているのであるから、氏はその理解の誤謬を具体的に指摘した上で、「精神論」と批判すべきではないであろうか。

ただ、堀氏はこの論文で自身の豪族共同体論を提示すると述べているので、或いはその行論の中で、私の「精神論」のあやまりが浮き彫りにされるのかも知れない。そうした期待を抱きつつ、第四節の内容に立ち入ってゆきたい。

四

この節では、豪族とその許に結集してきた民衆との関係を重点に、論が進められる。そのために用いられた基本史料は、『三国志』巻一一田疇伝と『晋書』巻八八孝友・庾袞伝である。田疇は右北平・無終の人。幽州牧劉虞の従事に選ばれ、虞の命を受けて長安の朝廷に使したが、その間に劉虞は公孫瓚に殺された。そこで田疇は主君の仇を討つべく、宗族その他附従数百人を率いて徐無山中に立てこもった。そこでは耕作も行われたようであるが、後漢末の動乱を避けた民衆がこれに帰附し、数年の間に五千余家にふくれ上ったという。

一方、庾袞は、潁川郡出身の名族で、東晋明帝の皇后の伯父に当る人であるが、かねてから徳行を以て知られ、数々の美談を残している。西晋八王の乱に際し、その同族及び庶姓を率いて禹山に避難した。この庾袞とさきの田疇が率いた所謂塢の集団は、魏晋争乱期の難民集団の実態をよく伝えているので、従来しばしば議論の対象となっているが、堀氏もこれらのケースを中心に、「村」の構造を考察している。

この二つの事例には、集団の構成を考える上で、共通する点がいくつかある。その一つは、田疇も庾袞も、集団の成員に向って誰か統率者を選ぶことを提案し、結局かれら自身が推挙されていることである（A）。もう一つは、このようにして統率者が決定された後、集団の運営についての規約などが定められていることである（B）。討論の都合上、両伝におけるこの二つの箇所を、それぞれ左に掲げよう。

（A） 疇、其の父老に謂いて曰く、「諸君、疇の不肖を以てせず、遠きより来りて相就く。衆都邑を成すも、相統一する莫く、久安の道に非ざるを恐る。願わくは其の賢長なる者を推択して以て之が主と為さん」と。皆曰く、

「善し」と。同《とも》に僉《とも》に疇を推す（田疇伝）。

是の時百姓安寧、未だ戦守の事を知らず。袁曰く「孔子云えらく、『教えずして戦うは、是れ之を棄つと謂う』と」と。乃ち諸羣士を集めて謀りて曰く、「二三君子、相与《とも》に険に処るは、将に親尊を安保し、妻孥を全うせんとする也。古人言える有り、『千人聚りて、一人を以て主と為さざれば、散ぜずんば則ち乱る』と。将た之を若何せん」と。衆曰く、「善し。今日の主は君に非ずして誰ぞや」と。袁黙然たり。間《やや》有って乃ち言いて曰く、「古人は急病して譲夷し、敢て難を逃れず。然れども人の主を立つるは、其の命に従うを貴ぶ也」と。乃ち之に誓いて曰く云々（庾袞伝）。

（B）疇曰く、今来りて此に在るは、苟安するのみに非ず。将に大事を図り、怨を復し恥を雪がんとす。窃に恐る、未だ其の志を得ずして軽薄の徒自ら相侵侮し、快を一時に偸み、深計遠慮無きを。疇に愚計有り、願わくは諸君と共に之を施さん。可なる乎」と。皆曰く、「可なり」と。疇乃ち約束を為る。相殺傷犯盗諍訟法、法重き者は死に至り、其の次は罪に抵す。二十余条なり。又制して婚姻嫁娶之礼を為り、学校講授之業を興挙して、班ちて其の衆に行わしむ（田疇伝）。

〔袞〕乃ち之に誓いて曰く、「険を恃む無かれ、乱を怙む無かれ、鄰を暴する無かれ、屋を抽《やぶ》る無かれ、人の植うる所を樵採する無かれ、非徳を謀る無かれ、非義を犯す無かれ、力を戮せ心を一にして、同に危難を恤わん」と。衆咸く之に従う（庾袞伝）。

「庾袞伝」にはさらにこれに続けて、山中における共同生活の模様を次のように述べている。以下の行論に参考となるところが大きいので、全文を掲げておこう。

是に於て険阨を峻しうし、蹊径を杜し、壁塢を修め、藩障を樹て、功庸を考え、丈尺を計り、労逸を均しうし、有無を通じ、器備を繕完し、力を量り能に任じ、物其の宜しきに応ず。邑をして其の長を推し、里をして其の賢を推さしめ、而して身づから之を率いる。分数既に明らかに、号令二無し、上下礼有り、少長儀有り、其の美を将順し、其の悪を匡救す。

さて、堀氏は、(A)の二つの史料を引いて次のようにいう。

これらの集団は、はじめ田疇が宗族・附従をひきいて徐無山に入り、庾袞が同族・庶姓をひきいて禹山を保ったことから始まったのであるから、これら豪族の主導権は否定できないのであるが、これに多数の民衆が参加してきた場合、豪族の指導・支配がすんなりと貫徹することになるとは限らないのである。そこで田疇・庾袞両者とも、民衆のなかの指導層と思われる人々に語りかけて、あらためて集団の長を推薦することを提案している。その結果かれらが推薦されて、はじめて民衆の支持をとりつけることになり、彼らの指導・支配が公認されることになるのである。(傍線引用者)

つまり、集団がその長を選ぶこの行為は、豪族の指導・支配が公認されるという意味があったとする。そして、(B)についてでは、

右のようにして法と制度が定められて、ここにようやく政治的・公共的世界が姿を現すことになるのであるが、その法は「約束」とか「誓」とか言われて、なお初歩的なものである。田疇の約束二十余条は、かつて劉邦が国家形成以前に関中の父老・豪傑に約束した法三章を大きく出ていない。庾袞の誓は後世の郷約を思わせる内容である。それは支配者が一方的に命令・制定する法ではなく、民衆の主体性を認め、民衆の参与を要請して作られたものといってよいであろう。ここにも集団の共同体的性格が現れているのであって、田疇や庾袞はここでは彼らも共同体の成員であり、共同体の首長としての地位を占めているにすぎない。彼らの地位は民衆(共同体成員)

の側からする規制をうけており、とても「共同体の規制を破った」支配を確立しているとは思えないのである。（傍線引用者）

と述べている。

以上のことから、堀氏における「豪族共同体」のコンセプションを割り出してみると、共同体は、豪族対民衆の支配服従関係をタテ軸とし、集団が自ら定めた規約をヨコ軸として構成されているが、豪族もまた集団の一員として規約の遵守を義務づけられているところに、その共同体的性格を見ているようである。

ひとつの集団の内部に支配関係が貫徹し、同時に集団全体の運営を律する規約が設定されるとすれば、それは、堀氏のいうように、「政治的、公共的世界」の成立を意味するであろう。ではこの「政治的、公共的世界」は、当時の王朝体制の下で、真に自立し得ていたであろうか。堀氏はこのような問題関心に立って、「村」の実態を探ってゆく。「村」に関する断片的史料によれば、「村」には村会のある例や自衛団をもつ例があって、「村」の内部は自立的に運営されているようであるが、「村」の境界は土壁に囲まれた部分だけで、その外部にひろがる荒地・山沢は国家管理のもとにある。豪族の山沢占有も、国家の管理下でのみ公認されるにすぎない。かくて豪族もまた封建領主となり得ず、結局は官僚化の方向をたどる。こう論じた上で、堀氏は次のように結論する。

このような（民衆を率いる豪族——引用者補足）勢力は、中央権力が弱体化した当時、各地に存在したであろう。それは封建的分権体制にいたる初歩の条件は備えているといえるかもしれない。しかし上の例も示すように、結局は中央集権的な官僚制に屈服していった。（中略）最後にもう一度村についていえば、それは漢代までの里とはちがって、地縁的なつながりをもった村落共同体として発展していく傾向をもち、地方分権的な豪族勢力の基礎となった点で、そこに中世的社会の萌芽をみることは許されるかと思う。しかしこの時代に存続し復活をみた王朝支配の基礎としては、体制的公認を得られるまでにいかなかった。そのことは、周知のようにこの時代の国家が、漢代までの里とはちがって、「村」を行政機構の末端に組みこむことをせず、これとはまったく別個の官製の行政村（「里」——引用者）を組織しなければならなかったことに示されている　云々。

これがこの論文の帰結であるが、その趣旨を要約してみると、「村」に中世的社会の萌芽を見ることは許されるが、それは王朝支配の基礎として体制的公認を得るには至らなかった、ということに尽きる。これは、「村」が中世村落としてはまだ不完全であったということに他ならない。換言すれば、ひとつの歴史的村落を中世村落と規定し得るためには、その集団内部に支配関係が貫ぬかれ、集団として独自の規約・制度をもち、居住地や耕地だけでなく、周辺に広がる山沢・原野に対しても共有権をもち、これが全体として、集団の共同体から超越した領主によって領有されている。領主はその領有権を基礎として、政治的自立を実現する。したがって、村落はこの意味で行政機構の末端をになっている。堀氏が中世村落の十全なる姿をこのように想定して、そこから六朝時代の「村」の中世的性格の度合を推し量っていることは、ほとんど疑うことができないであろう。さらに言えば、かかる十全なる中世村落を史上の実例として求めるならば、それはヨーロッパ中世の荘園化された村落共同体ではなかろうか。要するに、堀氏は、中世村落のある典型を基準として六朝時代の「村」を分析しているように思われる。

しかしながら、こうした視座から「村」をとらえるとすれば、一面中世村落の様相を具えているが、それは十全ではないという説明の仕方に帰結し、「村」のポジティヴな映像が浮び上ってこないうらみがある。堀氏自身も認めているように、「村」の出現は、六朝時代という新しい時代の到来の標徴でもある。「村」は典型でもなければ非典型でもない、当時の切実な社会的現実の内部から生み落されたものである。私たちの視点は、まずそのような歴史の産物としての「村」の実態そのものに向けられる必要があるのではないか。私は何も、他の文化圏における集落との比較が無意味だといっているのではない。それは世界史的認識のためには不可欠の作業である。それについては後文で述べよう。ここで強調したいことは、堀氏の考察視点によって「村」のポジティヴな姿をとらえるのは、非常に困難なのではないかということである。例えば、堀氏は「村」を一種の地縁共同体と考えているようであるが、ではその「村」を一個の共同体たらしめる共同性、つまり人びとの共同体結合の契機は、どこに求められるのであろうか。堀氏は塢集団の内部を律する規約、あるいは「村」の集会や自衛団などに共同体運営の内容を見ているようであるが、これらは、前近代、近代を問わず、自律的集団には多かれ少なかれ共通に見られることであって、これをもって「村」共同体の本質とすることはできないであろう。端的に言えば、「村」の成員と成員とを共同の世界に結びつける内的契機が、氏の叙述からは浮び上って来ないのである。

五

当時の史料に拠りながら、なぜその実像が見えてこないのであろうか。こうした疑問を抱きつつ、堀氏の実証過程をたどってゆくと、やはり私には納得できない点が感じられてくる。

そのひとつは、田疇・庾袞両伝において、かれらが共に集団の首長に推された経緯についての堀氏の理解である。氏は、田と庾が、首長を選ぶことの必要性を大衆に訴え、その結果かれら自身が推挙されるに至ったことの意味を、次のように述べている。「豪族の指導・支配がすんなりと貫徹することになるとは限らないのである。そこで（傍点引用者）田疇・庾袞両者とも、民衆のなかの指導層と思われる人々に語りかけて、あらためて集団の長を推薦することを提案している。その結果かれらが推薦されて、はじめて民衆の支持をとりつけることになり、彼らの指導・支配が公認されることになるのである」。

これによれば、集団の長の推薦は、豪族の民衆に対する指導・支配を確認し貫徹するため、ということになるが、史料は果してそう語っているであろうか。前掲の（A）の部分を虚心に読めば、彼ら二人が集団の長を選ぶことを提案したのは、集団の内部にさまざまなトラブルが生じて、全体の統制がとれなくなり、あげくの果には集団の分裂・混乱・解体に帰することを憂えたからである。そこでは、豪族対民衆という関係軸は、第一義ではない。勿論田疇・庾袞いずれも豪族階級に属する。しかしだからといって、そこに民衆支配の意図を想定するのは、史料の語る所から離れた解釈と言わなければならない。田・庾二人の提案は、当時の乱離の中で、しかも難民として集まってきた人びとが、いかに集団のまとまりを維持してゆくかという切実な現実的要請に発するものであって、ここに豪族と民衆の階級関係を持ちこむのは、やはり現代人の先入見と言わざるを得ないであろう。それでは、そこに階級関係は存在しなかったのかと言えば、やはり実態としては機能している。しかし、問題は階級関係のあり方なのであって、その点も、史料の述べるところに従って、考究してゆかねばならない。そのことは後文で明らかになるであろう。

次に、集団が田・庾のイニシアティーヴによって規約をもつことになった点に関してであるが、堀氏はただこれを規約とか法とか制度とかと形式的に述べるだけであって、その内容に立ち入って分析してはいない。しかし、一つの集団を律するための規約がいかなる内容のものであるかが、その集団の性質を示しているといっても過言ではないであろう。そこで、（B）項について見ると、「田疇伝」では、「軽薄之徒」の無思慮な行動が集団の結束を乱すことを恐れて、まず集団内の殺傷・犯盗・諍訟に関する刑罰二十余条を定めており、その最も重い罪には死刑を以てした。これらが集団内の対立を防ぐためのものであることはいうまでもない。さらに、「婚姻嫁娶之礼」を作り、「学校講授之業」の振興を計っているが、前者は男女の関係を正し、後者は儒学教育によって道徳の振起を目ざしたものであろう。「庾袞伝」では、山中の生活に即した掟を定めたことがうかがわれるが、これも集団内部に紛争が起り亀裂を生ずるのを極力防ぐのが目的であり、ことに「非徳」「非義」を誡め、全員協力して危難に対処してゆこうと訴えている点が注目される。

要するに、田・庾両伝とも、集団内の個人・家族あるいはグループなどの間に利害の対立から紛争を生じ、これが集団全体の結合を破壊することを極力防禦するために、種々の掟や法規や制度を定めているのであって、しかもその中心的理念は道徳であった。その効果は両集団ともに現われ、「田疇伝」では、「道に遺ちたるを拾わず、北辺翕然としてその威信に服するに至る」とあり、異民族の烏丸・鮮卑とも一時の和平関係を保ち得て、それらの侵寇から免れたとある。庾袞の方も、「上下礼有り、少長儀有り、其の美を将順し、其の悪を匡救し」、賊が来襲しても攻めあぐねて、退却して行ったという。

こう見てくると、田疇にせよ庾袞にせよ、その集団内部で制定した規約的なものは、単に「法と制度」（堀氏）というような抽象的な表現だけでは済まされない意味を有している。重ねて言うが、それは集団の統一・結束という切実な要請に基づいて定められたものであり、その中心理念は、儒家的色彩をもつ道徳観念であった。集団の指導理念がこのようなものであったとすれば、その長たる者もまた、当然それを象徴するような人格の持主でなければならない。田疇は後世いろいろな批評はあるにせよ、とにかく節義の士として当時に知られた人である。「孝友伝」中の人庾袞の高徳については、いうまでもあるまい。人びとが彼らを推したのは、その人格に対する信頼関係からであり、推された彼らは、集団を道徳によって結束させるべく、そのリーダーシップを発揮したのである。そして、もし彼らが豪族の出身であることを考慮するとすれば、それはこのような儒家的道徳理念とその実践にそのことが大きく関わっていると見なければならないであろう。

以上のように考察してくると、田・庾両伝から導き出される両集団のイメージは、堀氏のそれとは大分隔ったものになる。そこには指導者の人格から発せられる集団的モラルが強烈に作用していて、それは、堀氏のしりぞけた「精神」を主軸とする共同体――共存を目的とする集団――に他ならない。こうして集団の規律として定められたものを、堀氏のように「法」「制度」と言えば言えるかも知れないが、集団の共同性は、この「法」「制度」に対する成員の legality にあるのではない。個（個人・家族・グループ）の立場・利害を越えて集団全体の維持を第一義とする morality が共同体結合の本源であって、「法」「制度」はそれを実践形式として表現したものに過ぎないのである。

私はすでに二十数年前、この両伝の集団を分析したことがあるが[9]、そこでは、以上に述べたことと完全に同じ趣旨でかなり詳細に論じている。もし堀氏がこの文章を検討されたならば、私見を「精神論」の一語で片づけることはできなかったであろう。なぜなら、そこでの私の議論も、史料に即して展開していると信ずるからである。たとい堀氏の見解が私見と相違することになったとしても、史料の正しい理解という実証的な次元において、その相違を比較検討することができたならば、それが契機となって実質のある展望が開けたであろう。しかし残念ながら、事実はそのようには向わなかった。堀氏は私のこの文章に言及しつつも[10]、何ら立入った検討を加えないままに、自己の新見解を発表したのである。

しかしそれにしても、堀氏はなぜ田疇・庾袞両伝に対して、あのように史料の語るところと離れた解釈をするに至ったのであろうか。これは憶測の範囲を出でず、もし誤っていれば堀氏に対しておわびしなければならないが、先にも触れたように、氏は、六朝時代の「塢」や「村」を分析するに当って、何か領主制支配下の村落共同体を基準にしているのではないかと想像されるのである。勿論それと同一なるものを、村塢の中に見出すべくもない。しかし堀氏はその大きな相違の中にも何らか共通なるものをとらえてゆこうとし、その結果、さまざまの限界――例えば豪族の官僚化——につき当り、それを指摘するということになったのではなかろうか。

六

堀氏が中国社会を世界史的普遍性の下でとらえてゆこうとされるその努力に、私は敬意を表するものである。そうした姿勢が今日の日本の学界において、余りに稀薄だからである。しかしその一方で、堀氏の方法は、やはりヨーロッパ中世の村落共同体が基準となっているという印象を拭い去ることができないのである。ヨーロッパ史（乃至日本史）を基準として中国史を分析することには学界全体として大きな反省があり、堀氏自身も恐らくそれに同意しつつ、結果としてはやはり無意識のうちにその呪縛から脱し切れていないのではなかろうか。

これは、私自身にとっても、切実な課題である。この課題を背負うために、私も自身の観点を示さなければならない。そもそも、中国社会と他の社会とを比較する原則は、双方を典型、非典型の意識なしに、パラレルに比較することであろう。説明を容易にするために、ここに一つの図式を提示してみよう。

a　国王—封建領主—共同体農民（農奴）……ヨーロッパ

b　皇帝—豪族（貴族）—共同体農民（編戸）……中国

こう並べてみると、aとbの差異は一目瞭然である。aでは、封建領主と共同体農民との間が土地所有権の有無——所有と占有の関係でもある——で結ばれている。これは封建領主の国王に対する自立性の基礎である。これに対してbでは、豪族と共同体農民とはこのような財産の所有関係では結ばれておらず、したがって豪族は国土・人民の領有権をもたず、皇帝に対する政治的自立性を欠いている。豪族が往々にして皇帝の官僚となり、皇帝は共同体農民に対して租税徴収権を有するのも、当然のことである。

しかしながら、豪族は一方で共同体農民に対して、大きな影響力をもっている。皇帝権の弱体化に応じて、両者の間は強い絆で結ばれ、その濃密な関係は地方行政をも左右している。豪族が官僚化したとしても、彼らは名望家＝貴族として、軍閥帝王に対して優越感さえ抱いている。彼らが、ヨーロッパの封建領主のような共同体の支配者という位置を制度的に保証されていないのは堀氏の所説の通りであるが、彼らの具える社会的権威は、それとは異なる姿で、共同体農民から超越した身分を造り出している。

その社会的権威とはどのようなものであったか。表現を換えて言えば、領主権をもたない六朝貴族が、どうしてあれほどの社会的権威をもっていたのか。官位、家門、学問・文化など、さまざまの指標が指摘されつつも、その権威がいかに人びとを支配し得たかというところまで十分につきつめられてはいない。この権威による支配は、たしかに領主制支配のように明示的ではない。しかし、その明示的でない世界の究明こそ、中国史研究の使命でなければならない。なぜなら、そのことによって始めて、ヨーロッパ史と中国史とを共に理解し得る世界史の場が成立し得るからである。

最後に一片の私情を述べさせていただくならば、私の豪族共同体論は、まことに不十分ながら、私自身が戦後社会を生きてきたその思惟過程の産物である。それがいかに拙ないものであろうとも、そこに不当な評価が加えられるのを看過することはできない。かねてから畏敬する堀氏の大作に対してあえて反論の筆を執ったのもこの理由からである。しかし、氏の所論は氏の確たる視点に貫ぬかれていて、凡百の批評が何の定見もなしになされているのとは、おのずから質を異にする。本稿は反論の形をとってはいるが、最後には、中国史の研究視点に関わる普遍的な問題に帰結した。これはひとえに、堀氏の論考がそうした資質を具えていることによるものである。行文の中で、堀説に対して犯したであろう多くの錯誤については、氏の忌憚ない叱正をお願いしたい。また、もし文章表現上非礼の点があれば、何とぞ御寛恕をいただきたいとおもう。

Es irrt der Mensch, solang er strebt.（道ふみ迷うも、努むればこそ——拙訳）。

註

（1）『駿台史学』二七、一九七〇年。
（2）『東洋史研究』二五―四、一九六七年。のち『中国中世社会と共同体』（国書刊行会、一九七六年、に収録）。
（3）こうした認識の相違は、当然中国史の時代区分問題に関ってくる。拙稿「魏晋南北朝隋唐時代史の基本問題・総説」（『魏晋南北朝隋唐時代史の基本問題』汲古書院、一九九七年所収）、参照。
（4）東海大学出版会、一九七〇年。
（5）『史学雑誌』八〇―一一、一九七一年。
（6）前掲『中国中世史研究』二九二～二九五頁、『中国中世社会と共同体』二二四～二二七頁。
（7）「中国社会の構造的特質と知識人の問題」（『思想』一九七二年十二月号。のち上掲『中国中世社会と共同体』に収録）。
（8）「『共同体』論争について——中国史研究における思想状況」（『名古屋人文科学研究会年報』一、一九七四年。のち『中国中世の探求　歴史と人間』、日本エディタースクール出版部、一九八七年、に収録）。
（9）「中国における中世」（上掲『中国中世社会と共同体』所収）。
（10）堀「魏晋南北朝時代の『村』をめぐって」註（10）。

「共同体」論と六朝郷里社会——中村圭爾氏の疑念に答える——

一　はじめに

六朝時代は、いわば「地方の時代」である。秦漢時代は中央集権的傾向が強く、地方はそれを補完する位置にあったが、後漢あたりから地方の比重が増大する。郡県を監察する目的で置かれた州が、しだいに地方行政機構と化して行ったことに、そのことが端的に示されている。

それを別の側面から言えば、皇帝権の統制力が衰え、それに比例して地方豪族の勢力が伸長したことが考えられる。これらの他にも、六朝時代が「地方の時代」というにふさわしい時代であったことを示す事象は、さまざまの角度からとらえることができるであろう。さらに言えば、「地方の時代」をキイ・ワードとして、六朝時代の歴史的特質を追求してゆく方法も成立すると考えられるのである。

六朝時代のこうした特質について、かねてから突っこんだ考察を試みてきたのが、中村圭爾氏である。氏の労作『郷里』の論理」がその一つであるが、[1]氏はさらに数年前、「六朝史と『地域社会』」なる論考を発表した。[2]最近のわが国の六朝史研究には、社会の基層構造に関する考究が乏しくなっている感じを抱くが、その中にあって、中村氏のこのような研究努力は、まことに貴重と言わなければならない。

一口に地域社会と言っても、そこからその時代の歴史を再構成するのは、決して容易ではない。中村氏の「六朝史と『地域社会』」は、その容易ならざる課題にあえて挑戦したものであり、動もすれば安易に就きやすい今日の研究情況のもとでなされたこの試みに対して、深い敬意を抱くものである。

ただ、問題の困難さは、同論文にもなお再考の余地を残しているように思われる。殊に同論文は、私自身の見解にも関説するところが少なからず、しかもそこには多少の誤解もあるように感じられるので、私としては、コメントを余儀なくされる立場にある。以下、検討の結果を披瀝して、氏ならびに諸家の批正を仰ぎたいと思う。

二　中村論文の概要

行論の都合上、まず同論文の概略を紹介しておきたい。

中村氏はまずその「はしがき」において、中国史研究の方法もしくは概念としての「地域社会」が、八〇年代に入ってから強く意識され使用され始めたとして次のように述べる。そこには戦後日本の中国前近代史研究に対する見直しの意味があるが、この方向を端的に表明したのが、明清研究者森正夫氏の「地域社会の視点」である[3]。森氏はいう、「従来の階級分析の方法のみに安易によりかかっているだけでは、私たちの今日的な人間としての課題と中国前近代史研究とが乖離を強めてゆくのではないか」と。森氏はこのように考えて、「人間が生きる基本的な場」としての「地域社会」、意識統合を果している秩序原理の場としての「地域社会」から、当時の階級構造に迫ろうとしたのである[4]。

中村氏は、森氏のこのような提言を紹介したのち次のように述べる。こうした戦後歴史学への見直しと新しい視点の設定は、すでに七〇年代になされた川勝義雄・谷川道雄両名の「共同体」論を想起させる。これもまた人間の普遍的存在様式たる「共同体」を歴史研究の視点とするもので、森氏の提唱と共通した底流をもっている。すなわち、この二つの提唱は、「世界史の基本法則」「発展段階論」等々の言葉で象徴される戦後歴史学に対して再考を求めるものである。(5) 戦後歴史学では、時間軸と発展という必然性や法則性を強くもつ要素を根底に据えたその方法こそが歴史学の実践性を実現するものと確信していたが、その反省のうえに提示された「共同体」あるいは「地域社会」という概念は、時間軸より空間を、発展や連続よりも関係や構造をより強く発想させる。このような見直しは、戦後歴史学の法則性に立脚した実践性の信念に対する懐疑でもあるように見える。それは歴史を時間や発展、あるいは必然性や法則性とは別の次元で認識しようとするもので、歴史学史上の相当に大きな転換であると。

この「見直し」に対し、中村氏自身は、大いなる共感とともに、ある種の動揺を感ぜずにはおれない、という。歴史学の対象である「歴史」と私たちが直面する現実を媒介するのは両者を接続する時間であるはずだが、森氏の社会秩序や谷川らの「共同体」は、余りに普遍的にすぎて、何を媒介項とすれば歴史的過去と現在を結ぶことが可能になるかという疑問がある。中村氏はこのような疑問から、歴史研究の方法としての「地域社会」の意味を、六朝史を舞台に考えてゆこうとする。そしてそれがこの論文の意図であるという。つまり、「地域社会」を真に歴史研究の方法たらしめるためには、それをどうとらえたらよいか、というのが、中村氏の課題であるらしく思われる。

ここで本論に入るわけであるが、第一章（六朝史研究における「地域」的視点）は、「地域社会」論のための理論的準備である。ここではまず、森氏が「地域社会」という概念を、実体概念としての「地域社会」と方法概念としての「地域社会」の二種に分類していることを紹介しつつ、これを論評する。実体概念としての「地域社会」とは、行政区分、集落、市場圏など一定の具体的な地理的界限をともなうものであるが、森氏のいう「人間が生きる基本的な場」としての「地域社会」は、方法概念の範疇に属する。中村氏は、この方法概念の立て方について、森氏がなぜ

「人間の生きる基本的な場」を地域社会に特定するのか（例えば国家ではなぜいけないのか）が明らかでないという。

　つぎに、この二種の概念を含む「地域社会」が、従来の六朝史研究の中でどう認識され、いかなる歴史的意義を付与されてきたかを問うている。その一つは、六朝貴族が貴族であるための根源的な契機を郷里社会に求める考えであって、内藤湖南の名望家説、谷川・川勝の貴族制論、堀敏一氏の九品官人法説、そして中村氏自身の前掲『郷里』の論理」などがそれであるという。

　いまひとつは、六朝の政治・社会・文化に地域社会がいかなる作用を及ぼしたかという視点にもとづく研究であって、陳寅恪氏や布目潮渢氏の関隴集団説、川勝氏の江南社会と北来貴族との優劣関係論、北方流民による軍事諸集団の相互関係から説く田余慶氏の門閥貴族制論、南朝政治史に果す地域の豪族・流民の役割に焦点をあてた安田二郎氏の研究、また、会稽曹娥江流域における江南文化の高度の醸成を説く王志邦氏の論などを挙げる。その他、宮川尚志、越智重明氏らによる「村」の研究なども、この分類に入るという。

　以上二種類の研究方向は、共通して郷里、郷党、あるいは地域、地域社会を方法の基本視角とするが、その内容や性格においてはかなり異なっている[6]。前者における郷里社会の概念は、全国各地に存在する個々の具体的な在地の郷村社会そのものを意味するのではなく、社会を構成する普遍的な基本単位を意味するのであって、方法概念としてかなり抽象化されている。そしてその結果として、この郷里社会は、すべてに共通する普遍的構造をもつとされている。その普遍的構造とは、豪族社会、すなわち豪族が秩序の中心となって形成する社会に一般的に存在する構造である。それは皇帝を頂点とする政治的な支配体制とは異質な秩序をもつ世界であり、政治的な支配の貫徹を拒絶したところに出現する世界である。したがって、ここでいう郷里社会において、空間的限定はむしろ第二義的であり、空間的限定から生まれるさまざまな要因は、ここにいう郷里社会を本質的に規定する要素ではない。

後者に分類される研究においては、そうではない。むしろより具体的な、もしくはより現実的なそれぞれの地域性が重視される。つまり、関隴、江南、南徐州、雍州など特定の具体的な地域が空間的に限定される。そして一定の論理によって限定されたそれぞれの地域における自然的、歴史的、人文的諸条件と、それが作り出すそれぞれの地域の特質や性格が、政治過程における最も重要な契機と理解されている。ここでは前者のような普遍性は否定され、特殊性が積極的に意義づけされている。

このように見てくると、両者の差は決して小さくない。前者には、一定の歴史的段階に属するあらゆる社会には、すべてに共通する普遍的な人間関係が存在するという前提がある。しかしながら、例えば華北と江南の間、またそのおのおのの内部において、地域社会構造には多様性が存在する。その多様性を抽象して、全国一律の普遍的構造を抽出することはかなり困難である。にもかかわらず「地域社会」を普遍的な方法概念として用いるとすると、その人間関係はきわめて抽象的、あるいは類型的なものとならざるをえない。

後者はそれと反対に、地域差や地域性を強調するあまり、対象地域以外の諸地域に関する考慮が比較的おろそかにされる傾向がないとはいえない。かくて歴史的諸現象の理解が特定の地域の地域性に基づいてなされることになり、当時の地域社会の全体像や普遍性の把握に限界を生ずる。

中村氏はこのように、六朝の地域社会に対する二種類のとらえ方を、その長所と短所の両面で論評しつつ、この差異の中に、六朝における地域社会の意味があるとする。

第二章（六朝時代の「地域」の具体像とその歴史的性格）は、六朝時代における「地域」の概念を具体化すればどうなるかという問題を考察する。この章は、四節に分れるが、1では、後漢から六朝にかけて大量に出現した地理書によれば、自然環境と境界、人為人工の施設、住民と風俗などが有機的に連関して構成される世界が、当時の郷党《ママ》の全体像であった。(7) それらの諸要素は、各地域の地域的特色や地域差を表現する重要な要素であり、さらに六朝時代の特色として、先賢すなわちその土地の生んだ人物を重視する傾向が現われたという。

2では、人物の産出が各郷党間の差異優劣を量る新たな指標として登場して来たことを論ずる。六朝時代、各地域には、出身の人士の気質の優劣を競う風潮が生れたが、地域を代表する人士の性格は、その地域において人のあるべき姿、すなわち当該地域の価値観をも示している。かの「汝潁優劣論」は、汝南と潁川の人士が、一定の徳目に於いてどちらがすぐれているかという論争であるが、これも地域差の一種である。このような人間存在と地域社会の関係が地域差として意識されてきた点に、漢末から六朝にかけての特色がある。

さらに3では、九品官人法成立以後には、門地の高い家柄をどれだけ多く生んでいるかという点での地域差観念も生れたことが述べられる。

以上のような地域差の意識の背景には、「郷党意識」「郷党主義」の存在が想定されるが、4では、前述した大量の地誌類の撰述は、そうした意識の高揚の所産であったとする。そこには、郷里以外の他の地域に対する関心や情報の増大もはたらいている、それだけではなく、郷里は当時の人びとにとって存在の根拠であった。郷里世界は特異な価値観によって律せられた内部秩序をもつ、一種の共同的社会であった。この世界は政治的秩序の介入を拒絶する世界と意識されていたが、当時の行政区画と対応するものではない。むしろその区域は意識上の区域であり、観念上の世界である。そしてその本質は、小農民層にこの世界の主体的構成者としての幻想を抱かせつつ、彼らをこの秩序の中に包摂し、もって在地社会への現実的支配を補完しようとするこの世界の実質的支配者、すなわち豪族層の主導する虚偽意識であったという。

中村氏はこうした郷里社会の理解をすでに前稿「『郷里』の論理」で示しており、ここでもその趣旨をくりかえしているが、しかし本稿では、この節の末尾に、次のような言葉をつけ加えている。前稿の基本的発想は谷川・森の方法から学んだものであるが、しかし現実に考察を進めて感じたのは、この方法（方法概念としての地域社会論という意味か――谷川）が、構造の分析には確かにきわめて有効な力をもつが、歴史現象の動態的把握や契機の説明においてやや困難なところがあるということであったと。

終章の「むすびにかえて」は、「地域社会」を六朝時代の歴史的現象の中に具体化し、そこから今後の検討課題をみちびき出してゆく試みである。

六朝時代の「地域社会」には、普遍性と特殊性が交錯して現われるが、従来の諸研究はそのいずれかを捨象する傾向があった。さらにいずれの立場に立とうとも、いま少し実体的な認識の上に立って、「地域社会」像を豊かにする必要がある。こうした問題意識に立って、氏は個別研究の一つの見取図を提示する。それは江南社会の地域性についてである。六朝時代の江南は、首都建康を中心に、京口・姑熟といった軍事拠点とその周辺地帯がある。また、建康の後背地として農産物や人材を供給する呉・呉興・会稽の諸郡がある。それらを取り巻く山地・丘陵の周縁部は商工業の中心をなした。建康とこれらの地域は、交通路によって結ばれた。こうした独自の役割と性格をもつ各地域の総合によって、江南社会は成立していたという。つまり氏は、部分と全体の統一した「地域社会」像を、この構想によって提示するのである。

三　「共同体」論における郷里社会

以上、中村論文の概要を紹介したが、同論文は時として抽象論に傾き、また全体の文脈のつながりについて明示されていない点もあり、果してどれだけ氏の論旨を理解し得たか、甚だ心もとないものがある。しかし極めて大雑把に言えば、森氏の「地域社会」論や、川勝・谷川の「共同体」論がいわゆる戦後歴史学に対して見直しを迫ったことに一半の賛意を表明しつつも、それらの議論の限界を指摘し、氏自身の見解を提示しようとされる如くである。

その限界とする所を改めて摘記すれば、凡そ次の諸点である。

（1）両説によって提出された「共同体」あるいは「地域社会」という概念は、時間軸よりも空間を、発展や連続よりも関係や構造をより強く発想させる。また、そこには、何を媒介としたときに歴史的過去と現在を結ぶことが可能になるかという疑問が感じられる。そこにおいて歴史学の独自性はいかにして主張さるべきか（以上「はしがき」より）。

（2）この両説には、一定の歴史的段階に属するあらゆる社会には、すべてに共通する普遍的な人間関係が存在するという前提がある。しかし、地域社会構造の多様性を抽象して、全国一律の普遍的構造を抽出することはかなり困難といわざるをえない。にもかかわらず、「地域」を普遍的な方法概念として用いるとすると、その人間関係はきわめて抽象的、あるいは類型的なものにならざるをえない。このような方法に、そのような傾向が皆無であったとは思えない（第一章より）。

（3）この方法は構造の分析には確かにきわめて有効な力をもつが、歴史現象の動態的把握や契機の説明においてやや困難なところがある（第二章より）。

以上は、明代史を対象とする森氏の提案と、六朝史を対象とする川勝・谷川の「共同体」論の双方に対するコメントであるが、それらの誤りを指摘したものではなく、あくまで方法上の有効性を問題にしたものである。その点における氏の指摘が妥当なものであるかどうかを、これから検討したいとおもう。その際、森氏の説に関しては措くこととして、もっぱら六朝「共同体」論について考察することを、あらかじめ断っておきたい。

さて、最初に私の結論を述べておくならば、中村氏の立論には、「共同体」論に対する誤解が前提になっていると考えざるを得ない。そしてその誤解にもとづいて展開された氏の論旨は、六朝史研究の発展にとって必ずしも生産的であるようには思われないのである。本稿は、「共同体」論の趣旨を改めて闡明するためだけでなく、この懸念を感ずるが故にまた執筆の必要に迫られたものである。

それでは、どの点が誤解なのであろうか。氏は、「共同体」論で用いる「郷里」「郷党」などの概念を方法概念として分類し、実体概念としての「地域」概念とは質を異にするものとして、論を進めているが、果してそうであろうか。「共同体」論は、六朝貴族を貴族たらしめる本質的基盤は何かという問題から出発したものである。戦後、この問題に関連して、漢代以来盛行した大土地所有内部の生産関係が論議された。主として、その主要な耕作労働者が奴婢であったか佃客であったかという論争である。それはこの時代が古代奴隷制の時代であるか、それとも中世農奴制の時代であるかという時代区分の仕方にもつながる問題であった。一方、これとは別に、六朝貴族が多く官人として出仕していることから、その地位の根源を王朝権力、端的に言えば皇帝権力に求める見解も提出された。これによれば、六朝貴族は王朝権力を根拠として始めてその支配層としての地位を獲得するのであり、いわば王朝の寄生官僚であった。

しかし、以上のような私経済や国家権力といった契機では、六朝貴族の本源的な階級基盤を説明することができないとして、それを出身の郷里社会との関係に求めたのが、「共同体」論である。すなわち、貴族は名望家として郷里社会に絶大な影響力を有した。郷里社会は貴族の指導性を中心にある種の団結力を発揮し、中央政府もその内部に直接介入しがたい態勢にあった(8)。ここに貴族階級の自立の根源があるのではないかと考えたのである。

したがって、「共同体」論によって、郷里社会が重要な契機となっていることは、中村氏のいうとおりである。また、大土地所有者とその隷属民、あるいは王朝官僚と民衆といった工合に、階級間の対立関係に貴族の本源的地位を求めることをせず、名望家と郷里民という場所的次元でそれを導き出そうとしているのであるから、たしかにそれは方法の転換を試みたものであり、それゆえに郷里社会が方法概念として用いられていると理解されたのかも知れない。しかしながら、「共同体」論における郷里社会とは、むしろ実体的な社会状態を言い表したものである。このことを、具体的に述べてみよう。

これまでに発表した文章の中で何度も述べたことであるが[9]、貴族名望家がその郷里社会を指導する場合、その対象とする社会は、しばしば宗族・郷党という当時の用語で記述されている。宗族とはいうまでもなく男系の親族関係であり、その起源は上古に遡る。郷党は出身地を同じくする人びとの親密な関係を意味する。宗族を律するものが血縁関係であるとすれば、郷党は地縁関係である。しかし血縁関係も時間が経つにつれてしだいに拡延してゆくので、その中におのずから親疎の別を生ずる。疎縁になった人びとは、彼ら自身で宗族関係を結びつつ同一地域に居住することが多いと考えられるが、この場合、こうした疎族との関係は郷党関係に近くなるであろう。また一族が分支して他の地方へ移住することも少なくないので、同姓者の地域分布は必然的に拡大する。このようにして、一郡内の各地に、あるいは隣郡に及んで、同姓の人びとが分布する例が少なくない。

もちろん郷党関係はそれだけではない。当然異姓の家族や宗族を含んでいる。郷党関係とは、このような同姓・異姓の家族間を結ぶ精神的な連帯感によって支えられている。同姓に対しては、たとい疎族であっても同姓意識がはたらくであろうが、異姓に対しては、通婚・交際その他の契機で結びついている。長い時間のあいだに、さまざまの錯綜した人間関係が、同一空間内において形成されたことが想像されるのである。

しかし、宗族・郷党のつながりは、単なる血縁や地縁のみによって即自的に維持されるものではない。六朝時代の酷烈な生存条件のもとでは、各人はこれに対処し、これを克服して、生をつないでゆく努力が必須であった。たとえば、寇難に対する防衛、飢荒時における賑恤、生産向上のための諸施策を始めとして、弱小家族の救済、内部紛争の調停など、多岐にわたる日常の営為がそこに必要であった。こうした事業を率先して行なったのが、貴族名望家である。それは、宗族・郷党に内在する貧富や身分の差を越えて、人びとの生存の維持を目指したものであって、この共存の体制は、貴族名望家のリーダシップを起点に形づくられたものである。人びとはその指導的人格を景仰し、その感情によって宗族・郷党の団結が固められたのであった。

六朝貴族が動乱時にその郷里に兵を結集して軍事行動を起した例は、枚挙にいとまがない。また、郡望、郷望などの名辞や、九品官人法の運用に大きな役割を果した郷論・郷評等の用語によっても、貴族階級と郷里社会との密接な関係は、容易に推測できる。ただ、従来の研究では、この両者の関係について十分な分析を加えることがなかった。すなわち、貴族階級がいかにして郷里社会をコントロールし得るかについて、論理的な説明を欠いていたといってよい。

川勝氏が、輿論の社会的機能という観点から後漢末・魏晋社会の動態に迫ったのは、この問題に深くふみこんだものであった。さらにこの輿論の精神構造を問うたのが、「共同体」論である。すなわち、貴族名望家の自利の世界を越えた生き方が人びとの信望の的となり、それがひろく宗族・郷党の共存の体制を実現したと考えるのである。

以上のような「共同体」論の立場からすれば、郷里社会を単純に方法概念とみなすことは適切ではない。方法とは、実体から原理を導き出す思考システムの謂であろう。しかしここにおける郷里社会とは、宗族・郷党を概括する実体概念であって、当時ひろく存在していた同郷人社会を、この言葉で表現したのに過ぎないのである。それはたしかに各地域の特殊性を表わすものではなく一般的名辞ではある。しかしだからといって、それを現代の研究者の思考システムたる方法概念とみなすことはできないのである。

それでは、「共同体」論において、方法として用いられたのは、いかなる概念であろうか。さきにも述べたように、六朝貴族と郷里社会の両者を結ぶものは、貴族の卓越した人格とそれに対する評価である。この人格論が「共同体」論のかなめであって、集団形成力としての人格に着眼した点に、「共同体」論の独自性がある。この観点から宗族をとらえ、郷党をとらえて、それを貴族階級成立の基盤に据えたのであった。この宗族・郷党は、貴族の人格を認識評価する最も日常的な世界であるから、九品官人法の郷品決定にも大きく関わるわけであるが、宗族・郷党以外にも人格評価の場はあり得る。川勝氏が「郷論環節の重層構造」という表現で、郷里から中央官界に至るまで幾つかの層次に分けてそうした場を想定したのは、正にそのことを示しているであろう。六朝時代、貴族の人格に対する官界の評価が、政治を大きく左右したことは、ここに改めて説くまでもない。

このように見てくると、「共同体」論において方法概念ということを言うとするならば、まさにこの人格を中心とする社会の結合原理にあるのであって、郷里社会の共同体結合は、その具現形態であるにすぎない。郷里社会という地域社会の一形態が「共同体」論にとってきわめて重要な要素であるには違いないが、しかし、「共同体」論は地域社会論ではない。中村氏が、これを「時間よりも空間を」重視する考えであると理解し、地域社会論に引きつけて論評しているのは、やはり誤解と言わざるを得ない。この誤解が、以下に述べるさまざまの問題を派生してゆくことになるのである。

四 中村説の検討

「共同体」論について以上の説明をした上で、前掲の（1）、（2）、（3）の検討を行いたい。

まず（1）に関してであるが、中村氏は、「共同体」論において歴史的過去と現在とがどう結びつくのかという点に、不安を表明する。つまり、「時間よりも空間に」重きを置く「共同体」論には、発展の契機が見出しにくいというのである。「時間よりも空間に」という捉え方が適切でないことは一部前節に見たとおりであるが、「共同体」論が発展を重視していることは、すでに二〇年前の川勝氏や私自身の文章に明記しているところである。

当時私たちは、中国史を共同体の発展史として捉えることができないだろうかと考えた。この提案は中国中世史研究会の中で討議され、その中から、漢代の「里共同体」から六朝の「豪族共同体」へ、という図式が生れてきた。「里共同体」の内部矛盾の展開が「豪族共同体」を形成せしめたというわけである。このことは、川勝氏の草した「中国中世史研究における立場と方法」に縷述されており[10]、それをふまえて、私自身もつぎのように述べている。

（「里共同体」と「豪族共同体」は）、いずれも、自立小農民を支配的要素とするところの村落共同体を共通の地盤とする。しかし、後者は前者の内部矛盾の結果として生成したものであって、両者の組織原理には質的な相違がある。一見相似た社会構成のなかに、じつは歴史展開の跡が深重に刻印されていると見て、わたくしたちは、前者を中国古代の、そして後者を中国中世の、それぞれの基層構造と考えたのである云々[11]。

「里共同体」と「豪族共同体」のどの点がちがうかといえば、それは、後者に豪族という支配層が介在してきたことである。その詳しい説明は、上述の川勝氏と私の二つの文章を参照されたいが、ともかくここには時代区分までも考慮している。そのことから言えば、「共同体」論は、時間を超えた社会学的考察に陥ることを避け、あくまで歴史学的なそれとして構築することを試みたものであった。

「共同体」論において、歴史と現在がどう結びつくかという疑問も、右の説明でおのずと氷解するはずであるが、今すこし解説を加えると、共同体は階級関係を媒介としつつ再生産されて、新らしい歴史的な形姿を具現してゆく。それが終極に達した地点が近代社会であるが、近代社会自体は共同体の解体を条件として成立する。「共同体」論は、従来の歴史認識と同じように、歴史を古代から近代に至る発展の過程と見るが、そこに異なる点があるとすれば、その発展を単に大土地所有制のような私有財産制の発展とのみ見てそれを近代社会につなげないことにある。私有制の発展史観からすれば、歴史は共同体の解体・消失の歴史であるが、「共同体」論は、各時代における共同体の意味を積極的に問い直そうとする試みである。その点からすれば、「共同体」論は、過去から現在への方向と同時に、現在から過去への方向をも併せ具えた、歴史の複線的理解に立っていると言えるかも知れない。

このように、歴史を複線的に捉えようとする際、好個の対象となるのは、中国史であろう。その歴史はあくまで発展の歴史であって、停滞の歴史ではない。しかしその発展のプロセスを、ヨーロッパ的な歴史発展の基準に依拠してとらえようとすれば、たちまち大きな矛盾に遭遇する。というのは、それが妥当する部分の外側に、ネガティヴな現象が大きく立ちはだかってくるからである。この間の事情についてここでは詳言を避けるが、戦後の中国史研究が逢着したアポリアは、この点に存したと考えても過言ではない。この難関を突破するために、共同体という概念を導入し、中国社会の特性を積極的にとらえようとしたのが、「共同体」論である。「共同体」論は、それによって、ヨーロッパと中国、近代以前と近代といった対極的世界を包括的に把握しようとしたのであった。

この試図が果して成功の可能性を有しているかどうか、それはさだかではない。例えば、中国史を共同体の発展史として見るとしても、唐代以降明清に至る時代にそのことをどう実証してゆくか、今なお未知数に属する課題である。しかしそれは、歴史家の批判精神が同時代社会の価値観を相対化したとき、一つの新しい世界史構想が浮び上がってくることを、ささやかながら例示していると言えないであろうか。

「共同体」という概念は、それ自体としては超歴史的概念である。私たちはそれを人類の普遍的存在様式と考えた。中村氏が「共同体」論に発展の契機が乏しいと感じたのは、恐らくそのためでもあるだろう。しかしながら、不易なき流行は真の流行ではない。人類史の普遍性という課題を視野に持たない歴史認識が、真に人間科学の名に値するであろうか。

（2）の問題に移ろう。

中村氏はいう、「共同体」論には、一定の歴史的段階に属するあらゆる社会には、すべてに共通する普遍的な人間関係が存在するという前提があるが、地域構造の多様性を抽象して、全国一律の普遍構造を考えることはかなり困難であると。しかし、この評言に対して、私は少なからぬ戸惑いを覚えるのである。まず第一に、言葉尻をとらえるようであるが、「共同体」論は、右のような前提を設けたことはない。六朝社会を蔽う普遍的な人間関係を明らかにすることは私たちの願いではあるが、それは願望であり目標であって、前提ではない。「共同体」論は、六朝史の把握方法についてさかんに提言はするが、同時に実証の作業も行って来たはずである。中村氏の批評は、「共同体」論をいかにも独断の説のように印象づけるが、しかしそれは氏の真意ではあるまい。氏はおそらく「共同体」論を「地域社会」論の一種と理解し、それへの不満としてこの一節を述べているのであろう。しかしそれが誤解であることは、前説に論じたとおりである。

ただ、そうであると仮定しても、「共同体」論と地域との関わりが、はたして「地域構造の多様性を抽象して、全国一律の普遍構造を考え」ているると断定しうるのかどうか、左に検討したいとおもう。

くりかえし述べるように、「共同体」論は、六朝貴族の階級的基盤が何であるかを問題にするものである。その場合、六朝貴族の淵藪である華北地方を対象に考察することは、決して不自然ではあるまい。この問題に関する川勝氏の後漢・魏晋史における研究も、私の五胡北朝史におけるそれも、華北が舞台であった。その実証的研究から一定の結論を導き出したのである。したがって、先述のように「郷里社会」が一種の実証概念であることと照応するが、私たちの貴族制研究も、主として華北という実際の地域を暗黙の前提としている。華北は全国の一部分ではあるが、貴族制成立の問題に関しては、キイ・エリアともいうべき地域である。そこに足場をふまえて構想した貴族制論ではあるが、これを起点として貴族制の本質を考えてゆくことは不当であろうか。

中村氏は、「共同体」論が地域の多様性を抽象して全国一律の普遍構造を考えているように述べるが、例えば、江南地方もまた本来同じ論理で認識し得るとしたことはない。実際はむしろ逆であって、「共同体」論に立つ川勝氏が、江南豪族の独自なあり方について正面から論じている。それによれば、江南を含めた貴族制社会の形成は、華北に生育した貴族制の論理が江南に移植されることによってなされたという。川勝氏がそれを「郷論主義」的イデオロギーとよんだことは、知られる通りである。つまり、卓越した人格を人びとが支持・評価することによる人的結合の方式が、江南官界の統合システムを形づくったというのである。

川勝氏のこの研究を熟知しているはずの中村氏にあって、先掲のような論断が生れてくるのは、何故であろうか。さらに不可解に感じられるのは、川勝氏の江南社会に関する研究を実証的地域研究の範疇に入れ、同じ川勝氏の「共同体」論を普遍的方法概念としてこれと区別している点である。川勝氏の江南貴族制社会研究が生れるのは、「郷論主義」が華北の産物であることを川勝氏自身が自覚していたからに他ならない。その内的に連関した同一人の問題意識を、中村氏が切断してしまったのは、いかなる原因によるのであろうか。もし私の誤解であれば氏の教正をお願いしたいが、氏は「共同体」論を中国史の実証研究に先行する、単なる理論的作業としか見ていないのではなかろうか。（3）の批評も、以上の問題と密接に関連しているように思われる。これは、「共同体」論と特定の地域を対象とした諸研究との比較をふまえた発言である。中村氏は、この双方が、いずれも地域社会を方法の基本的な視角としつつも、その内容・性格に大きな相違があるとする。ここにいう「方法の基本的な視角」というのが、方法概念のことであるとすれば、「共同体」論にとってそれが妥当でないことは、すでに論じたとおりである。

かりに氏の分類に従うとして、前者（「共同体」論）においては地域の特定が第一義的ではないのに対し、後者ではそれに強く関わっていることは、氏の指摘のとおりである。しかし、両者の関係は、方法的に全く異質なだけのものであろうか。先述したように、川勝氏は、「郷論主義」という前者の原理によって、江南貴族制政権の成立を説明した。また、後者の一例とされる安田二郎氏の研究においても、蕭衍（梁武帝）の襄陽における挙兵の主力となった在地軍団は、晩渡北人といわれる北来貴族が華北から率いてきた郷人部隊であって、その団結を可能にしたものは、彼らの名望家的人徳であった。この研究も、「共同体」論に多くを負っているのであって、襄陽という地域の革命性（つまり特殊性）が安田氏によって解明されたのは、疑いもなく「共同体」論が基盤になっている。

陳寅恪氏の関隴集団説について言えば、関隴地方と西魏以降の諸政権形成との密接な関係を論じて説得力に富むが、それだけでこれら政権、例えば隋唐政権の成立を論ずることは、もはや今日の我々にとっては十分満足できるものではない。この地域がいかにして政権にまで凝集してゆくかという点まで掘り下げてゆくことを必要とする。具体的にいえば、陳氏は西魏政権の成り立ちを、「宇文泰当日、胡漢民族の武力・才智有る者を融治して、以て覇業を創む」（『唐代政治史述論稿』上篇）と論じているが、その「融治」の実相を明らかにしなければならないのである。その試みの一つとして、私は、府兵制の形成過程に重要な役割を果した郷兵集団について考察した[12]。その結果によれば、この郷兵集団もまた、貴族と郷人との信頼関係を通じて結成されるが、政治権力は、これを積極的に募集し編成することによって、国軍を増強した。この関隴方式ともいうべき軍団の組織法は、政権の拡大につれて関隴地方以外の地域にも拡延されてゆく。隋唐統一政権の形成は、この郷兵集団（すなわち郷党の軍事化）を視野に入れなければ、十分に説明できないのである。こうして、関隴集団説はもはや単なる後者ではなく、前者の論理に助けられつつ、さらに発展し続けているのである。

中村氏が後者の例として挙げた田余慶氏の研究についても、同じことが言えるであろう。なぜなら田氏の重視する京口集団は、北来の難民とその統率者郗鑒との信頼関係を基礎としているからである。

このように見てくると、中村氏の分類した二つのタイプの研究は、互いに深く関わりあっている。「共同体」論による「構造の分析」は、特定地域における政治的なパワーの根源の究明を助け、「歴史現象の動態的把握や契機の説明」を可能にしている。一方、特定地域を対象とする研究は、「共同体」論の具体化（その当否の検証を含めて）の問題に寄与しているわけである。要するに、この二つのタイプの研究は、六朝史研究の実際にあっては、少なからず相互作用を果してきたと思われるのである。そのような相互作用がなぜ可能になるのであろうか。私の考えでは、「共同体」論が地域の特定化を第一義としないという性質が、むしろ特定地域の研究に対してプラスにはたらくのである。しかるに、中村氏は、その性質の相違を地域社会研究という同一次元で類別したために、右のようなネガティヴな評価を下すに至ったものと推測されるのである。

これもまた私の憶測にすぎないが、中村氏には、構造原理的なものだけで六朝史を解釈する手法を避け、地域社会の多様性を通じて、六朝社会をトータルに叙述したいという願望があるのではないかとおもう。そのような願望のためであろう、氏が第二章で示した地域の多様性の事例は、当時に特有な地方主義の表れとして興味深いが、その多様性も、各地域における名士の存在を共通項とする多様性に他ならないことは、氏も言及するとおりである。すなわち、貴族名望家の影響力をぬきにして当時の地域社会問題を考えることはできないのであって、貴族名望家と地域社会とのこの一体的関係もまた、氏の力説するところである。とすれば、この一体的関係が何に基因するかという問題が当然生れてくるわけであり、ここにも「共同体」論の関わってくる余地があろう。

ここで一言しておきたいのは、氏によるつぎのような一節である。氏は、当時の郷党主義における郷里は、「現実の郷里社会はそれとは対蹠的であり、その現実を前提として、観念上の世界として醸成された」ものとし、「そしてその本質は、小農民層にこの世界の主体的構成者としての幻想を抱かせつつ、彼らをこの秩序の中に包摂し、もって在地社会への現実的支配を補完しようとするこの世界の実質的支配者、すなわち豪族層の主導する虚偽意識であった」と述べる。この論述を簡約してみると、現実の郷里社会には豪族層と小農民層という階級関係があったが、かの郷党主義は、豪族層が小農民層もこの郷党の一員であるという幻想を彼らに抱かせつつ、彼らに対する現実的支配を貫徹するためのイデオロギーであった、ということになろう。果してそうなのであろうか。氏はここで、「豪族層の主導する虚偽意識」という表現を用いている。この箇所は、氏の前稿「『郷里』の論理」の要約であるが、やはりそこでも、虚偽意識という言葉を使っている。[13]これを「共同体」論に関わらせていうと、貴族名望家がその宗族・郷党に対して行なった救済行為その他の施策は、相手に幻想を与えてその階級支配を貫ぬくための手段であった、ということにならないであろうか。もしそうであるとすれば、これまで「共同体」論に対して批判的であった一部の人びとの見解――共同体よりも階級関係の方が本質であり、共同体は階級支配を貫ぬく手段であるという見解に近づくであろう。

「共同体」論とその批判意見ないし修正意見といずれが正しいか、事は研究者の思想的立場からではなく、史実そのものによって証明されなければならない。しかしながら、中村氏の二つの文章による限り、右の「幻想」「虚偽意識」を示す史実を見出すことはできないのである。

では「共同体」論では、この問題をどう考えるのであろうか。当時の郷里社会は、たとえ明確な行政区分に限られていなくても、それは現実の社会関係である。先述したように、その主たる構成要素は宗族と郷党であって、血縁・地縁という確固たる人間関係で結ばれている。豪族（貴族）と小農民という階級区分も、この人間関係のもとにおいて生じた格差である。貴族名望家の諸施策は、この格差を越えて、ひろくこの世界の人びとの生を維持することに寄与したものであって、その恩恵を受けた人びとの心情は、幻想や虚偽意識などではありようがないと私は考える。自己の生活利害に関する限り、小農民層もまた郷論の主体である。彼らが郷里の貴族層を賞賛したり非謗したりするのは、貴族層の指導性が彼らの生活に直接関わってくるからである。郷論が選挙に利用されるようになり、それが貴族同士の人物評価という傾向を帯びるようになるとしても、貴族が宗族・郷党と関係を保っている限り、川勝氏のいう第一次郷論の対象として日常を過さなければならないのは、いうまでもないことである。

五　結　び

本稿で述べたところを詮じつめれば、「共同体」論は地域とか地域社会とかを、第一義的に方法や目的とするものではないので、その点から限界を論ずるのは、妥当を欠くということである。そして、それは恐らく中村氏の「共同体」論に対する誤解から来ているであろうことも指摘した。氏の意図する地域社会論のイメージからすれば、「共同体」論における地域社会の取扱い方には不足が感じられるかも知れないが、「共同体」論の向うところはそこにはないので、これは致し方のないことである。

つぎに中村氏は、「共同体」論と特定の地域を対象とする諸研究を、地域概念の相違という点から類別した。しかし、私の考えるところによれば、この両者は互いに相依り相助けつつ六朝史研究に寄与してきたものであり、また今後もその可能性を包蔵している。とすれば、氏のこの類別は、その可能性を促進するというよりは、これを分断して、社会構造論は社会構造論、地域論は地域論といった工合に、研究の総合性を減衰させてゆく結果になりはしないであろうか。(14) 研究が個別化の方向に傾きすぎて、それを全体化してゆくことの必要性が叫ばれている今日、氏のこうした手法に対して、ある種の危惧を感ぜざるを得ないのである。

しかし、本稿では、氏の疑念に答えてゆく作業を通じて、「共同体」論について一層鮮明に語ることができた。「共同体」論については、七〇年代以来、さまざまの意見が投げかけられてきた。賛成意見も表明されたが、発表されたものの多くは、批判意見である。しかしその殆どすべては、批判者の思想的立場からするものであって、「共同体」論が六朝史の実体的研究から構築されていることを無視するものと言わざるを得ない。中村氏の場合は、勿論それとは異なる。氏は自らも言うように、「共同体」論に影響を受け共感を抱いて来た人である。それにも拘らず、「共同体」論に対して、上述のような誤解を抱くのは、何故であろうか。私の推測によれば、それは、「共同体」論をその論理構成の側面からのみとらえて、その実証過程としての一面をあまり考慮に入れていないことにあるのではないか。さきの方法概念云々の問題は、そこに起因しているのであり、もし「共同体」論が郷里社会というとき、そこに宗族・郷党という「実体」を想定していることを自覚したならば、あのような誤解は無かったか、少なくとも小さかったであろうと考えるのである。

このことは、「共同体」論の論証を、当時の歴史の実体によって益々深めてゆくことの必要性を感ぜしめる。本稿で中村氏に対して多くの誤解や非礼を犯したであろうことを深くお詫びすると共に、中村論文がこの自覚を新たにする機会を与えられたことに対して、大きな感謝の気持を抱くのである。

註

(1) 『東洋史研究』四一—一。のち中村圭爾『六朝貴族制研究』(風間書房、一九八七年)に改訂収録。

(2) 中国中世史研究会編『中国中世史研究　続編』(京都大学学術出版会、一九九五年)所収。

(3) 「中国前近代史研究における地域社会の視点」(『名古屋大学文学部研究論集』史学二八、一九八二年)。

(4) このことを私自身の理解にもとづいて補捉すると、ここにいう「従来の階級分析の方法」とは、戦後の明清史研究が当時の社会の歴史的特質を大土地所有内部の生産関係や階級関係、あるいはそれと関連する国家権力のあり方に求め、いわばスコラ論議に陥ってきたことを指すのであろう。そこで森氏は、「人間が生きる基本的な場」としての「地域社会」、人びとの意識統合を果している秩序原理の場としての「地域社会」という社会の根元へ降り立ってゆき、階級関係を自明のこととする従来の研究前提を越えようとしたのである。

(5) 中村氏がここで述べている「戦後歴史学」についても、私の理解するところを述べて若干補っておきたい。戦後におけるわが国の中国史研究の重要課題は、戦争中の反省にもとづいて、中国史を進歩の論理によって体系づけることであった。その体系の仕方からかの時代区分論議が生れるのであるが、その一方の立場は、史的唯物論に依拠する中国理解であった。中村氏がここにいう「世界史の基本法則」や「発展段階論」等々は、中国史もまた、史的唯物論の定式に従って古代奴隷制—中世封建制(農奴制)—近代資本制という必然的な発展の道筋を歩んだことを証明しようとするところから生れた諸観点である。そして、このことを学問的に証明することがひいては未来、つまり社会主義への必然性を証明することであり、そこに学問の究極目標があると信ぜられたのである。かなり単純化して整理したが、こうした発想は戦後多くの研究者の心をとらえ、濃淡のちがいはあれ、ひろく学界を蔽うことになった。時代区分法において史的唯物論の立場と異なる論陣を張ったいわゆる京都学派さえ、しばしば前者と同じ土俵に上ったのであった。それは前者の論議に引きずられたというよりは、戦後という時期が、中国史を進歩の過程として、しかもそれを世界史共通の観点においてとらえることを要請していたからであった。そして、そこにおけるキイ・ワードは、階級であり大土地所有であった。森氏や私の問題提起は、こうした学問的風気がようやくマンネリズムに堕して、活性を失なってきたことに対して向けられた。

（6）中村氏は、氏の分類による二種類の研究を並列したのち、「以上のような研究には、郷里、郷党、あるいは地域、地域社会が、方法の基本的な視角として現れる。しかし、その内容や性格が、両者でかなり異なっていることも確かである（傍点谷川）」と述べている。この節が「方法概念としての『地域』」と題されていることとも考えあわせると、氏は、これら両種の研究はいずれも地域社会を方法概念としていると考えているようであるが、その点の明確な説明はない。あえて文章中の表現を用いれば、前者は「きわめて抽象的、あるいは類型的」な方法概念であり、後者は、「より具体的な、もしくはより現実的な」方法概念ということになろうか。論理を重視するこの論文で、「きわめて」とか「より」とかいった比較級による表現は望ましくないが、それはともかく、以上の理解に誤りないとすれば、森氏の立てたもう一つの範疇、すなわち実体概念としての地域概念は、後者とどういう関係に立つのであろうか。森氏によれば、実体概念としての地域社会とは、一定の具体的な地理的界限をともなうものであり、たとえば、行政的区分、集落形態、市場圏、対比的に呼称される地理的風土（例、東北、江南）などであるが、中村氏が後者の例として挙げたのは、関隴、江南、南徐州、雍州等の地域に関わる研究である。ただ中村氏によれば、それらは「その空間的限定は、単なる地方行政区画を自明の前提とするものでなく、むしろ限定の方法や範囲そのものが一個の重要な問題たりうるものであり云々」と性格づけられる。たとえば、僑州たる南徐州は地方行政区画の一つではあるが、そこは京口軍団の所在地でもあり、東晋以後の江南政権にとって特別の意味をもつ。この意味に着目して南徐州を取り上げるのは、この地域性を実体概念としてではなく、一種の方法概念として運用しているものだというのが、中村氏の言わんとする所なのであろうか。しかし、それは読者の臆測にすぎず、氏の真意は理解しがたいのである。さらに疑問を述べるならば、氏がなぜ地方行政区画にこだわるのかが、私自身には判然としない。必ずしも地方行政区画でなくても、森氏の挙げた特定の集落、市場圏など、それ自体の構造解明を目的とする、いわゆる「地域研究」(area studies)がある。中村氏が後者の例として示した王志邦氏の浙江曹娥江流域の研究がそれに当るであろう。これに対し、後者の多くの例は、これと異なる。それらの目的は、政治権力の原動力を解明することにあり、その視点を特定地域に置いたものではなかろうか。以上の疑問は後文の議論と関わってくるので、ここに一言しておきたい。

(7) 中村論文では、郷党・郷里などの語が、地域・地域社会などの同義語として並列的に用いられることが多いが、それは適切でないと考えられる。例えば、地域社会は、空間性を契機として人びとが形づくっている社会関係を意味するが、郷党とは、そうした地縁関係の親密な感情を共有する人的結合である。したがって、ここにいう、「……が当時の郷党の全体像であった」という表現は、適正ではないとおもう。このことも、のちの議論に関わってくるであろう。

(8) 中村氏は、第一章において、「共同体」論の郷党社会の概念の特徴を四点にわたって列挙しているが、その第二に、「そこは皇帝を頂点とする政治的な支配体制とは異質な秩序によって維持された世界であり、また政治的な支配の貫徹を拒絶したところに出現する世界でもあった」と説明している。しかし私自身は、いわゆる豪族共同体が「政治的な支配の貫徹を拒絶した」と考えたことはない。貴族名望家はしばしば中央に出仕して官僚となったばかりでなく、出身地方に派遣される長官に辟召されてその僚属をつとめた。さらには、本籍地回避の原則が無視されて、本籍地の州郡の長官に任命された例さえ珍らしくない。政治権力と郷里社会とは、貴族層を仲介として適当な調和的共存を保っていたのである。六朝社会は、貴族官僚の領導する官僚制社会でありながら、その他方の極に、貴族名望家が影響力をもつ郷里社会が形づくられていた。政治権力が郷里社会のすみずみにまで介入することは、困難であったが、その自主性に依拠して政治の安定を保ったのでもあった。この二重構造ははなはだ分りにくいが、実情はこのようであり、この実情のなかから、さまざまの歴史的特色が見出される。その一つは、貴族の自立性のあり方(ヨーロッパなどの封建領主制とは異なる)の問題であるが、いま一つは、六朝末、隋唐に至って豪族共同体が解消して国家権力の中に吸収されて行ったであろう、その仕方の問題である。これらの問題には未解明な部分が多いが、右の「拒絶」という表現は少し気にかかるので、ここに付言しておきたい。

(9) 例えば、拙著『中国中世社会と共同体』(国書刊行会、一九七六年)二二一頁以下、同二九二頁、『中国中世の探求』(日

本エディタースクール出版部、一九八七年）一〇一頁以下、「六朝時代の名望家支配について」（『龍谷大学論集』四三六、一九九〇年）二八頁を見よ。

（10）　中国中世史研究会編『中国中世史研究　六朝隋唐の社会と文化』（東海大学出版会、一九七〇年）所収。のち川勝義雄『中国人の歴史意識』（平凡社ライブラリー、一九九三年）に収録。

（11）　前掲『中国中世社会と共同体』二八九〜二九〇頁。

（12）　拙著『隋唐帝国形成史論』（筑摩書房、一九七一年、同増補版、一九九八年）第Ⅲ編第一章北朝後期の郷兵集団及び補編府兵制国家論（増補部分）参照。

（13）　中村氏の近業「南朝国家論」（『岩波講座世界歴史九　中華の分裂と再生』岩波書店、一九九九年）にも、同趣旨のことが述べられている。

（14）　中村氏が「むすびに代えて」で提出した氏自身の江南社会論は、建康周辺の各地域が軍事・農業・商工業を分担して江南政権を支えている構造をえがいて説得的であるけれども、これに対して一抹の疑念がないわけではない。すわなち、この記述からは、歴史性が感得できないのである。かりに建康の地名を南京に代えて、これを後の明朝初期の地域情況として提示したとしても、それが事実認識として正しいか否かは別として、これを時代錯誤と評する人はいないであろう。この構図が六朝時代のそれであるという必然的認識は、氏の論述自体からは導き出すことができないのである。その理由を考えると、それは氏の構図の中に、社会関係が捨象されているためであると思われる。例えば、京口という軍事拠点は、先述の如く北来の難民集団の寄留地であるが、建康政府はそれを軍事力として利用して、政権の維持を計ったのである。この難民集団を団結させ、これを建康政権に結びつけたのは、貴族名望家郗鑒の統率力であった。明代ならば定めし傭兵の軍士家族から成るところであろうが、ここでは地域における郷党の団結力がその軍隊化、つまり地域の軍事化を可能にしたのである。京口以外の地域にあっても、それが建康と結びつくためには、当該地域の指導的人物が媒介となったであろう。史料上の限界があることは十分理解できるが、各地域の人的関係なしに、首都と後背地域の結合は不可能であろうと考えられる。そもそも政権とは人間の相互結合によって構成されるものであり、当時の建康は、それが六朝的特質をもって出現した結節点であったと見ることができないであろうか。

中国社会の共同性について

一

昨年来、「新しい歴史教科書をつくる会」（以下「つくる会」と略記）の編集に成る中学歴史教科書の検定問題が多くの論議を呼んできたが、検定合格後の現在、それは中国・韓国との外交問題にまで発展してきており、どういう決着をみるか予断を許さない情勢にある。私自身はまだこの教科書を読んでいないが、おおよその予測はつく。「つくる会」はかねてから、従来の日本史理解を自虐史観と批判し、そこからの脱却を主張しているので、日韓併合や日中戦争に対して、その主張をこの教科書の中に反映させているわけであろう。

教科書そのものは読んでいないが、「つくる会」の会長である西尾幹二氏の『国民の歴史』（産経新聞ニュースサービス、一九九九年十月初版、以下西尾書と略称）には、いくらか目を通したことがある。七七〇頁を超える大冊なので、ひとつひとつを検討するのは大変だが、「自虐史観」を払拭しようとする意図は、古代から現代まで一貫している。私の印象から言えば、自説を主張するあまりに、その論理が粗大に過ぎ、端的に言って読むに堪えない箇所もある。その一例を次に示そう。

第二十八章「日本が敗れたのは『戦後の戦争』である」は、終戦後連合国は、日本の軍国主義を断罪し、日本国民自身もそれによって自らを卑下してきたが、軍国主義は戦勝国も同罪ではないか、という趣旨である。そして、そうした卑屈な意識にとらわれることのなかった日本人のひとりとして、石橋湛山（一八八四～一九七三）を挙げている。石橋は終戦当時、『週刊東洋経済新報』の主筆であったが、九月一日付で「更生日本の針路」という文章を発表している。「思ふに我が国民が此の宣言（ポツダム宣言を指す）を見て最も懸念し、当局者も亦其の受諾に際して最も注意を用ゐたのは其の第一の『日本国民を欺瞞し、世界征服の挙に出でしめたる権威と勢力とを永久に除去すべし』と記せる一条であらう。併し記者は茲に断々乎として述べるが、万一我が国に事実『国民を欺瞞し、世界征服の挙に出でしめたる権威と勢力』如きが存したとすれば、敢て外国から要求されるまでもなく、我が国自ら之れを永久に除去しなければならない」。これを引用しつつ、西尾書はこう述べる。「世界征服のための共同謀議などは日本にはなかった。ポツダム宣言中のその点の事実誤認を真っ先に指摘しているのはさすがだが、重要なのは『軍国主義』を日本の宿命的属性とする米英両国の予断に満ちた決めつけに対する烈しい反論である」（六二七頁）。そしてさらに石橋の文章を引く。「勿論我が国にも、米英等の諸国に於けると同様、思潮としての軍国主義は予てから存した。而してそれが時に実際政治に相当の影響をもったこともなかったとは決して云はない。併し之れは個人的主義主張の問題であって、是れをしも撲滅すべしとは云はば、言論思想の自由を束縛するものだ。と同時に亦米英も其の国内の同様の主義主張を撲滅する要がある。蓋し前記条件第一に言ふ所は、一時我が国に於ても論議されたが如く、一種の専制的幕府的存在が国内に跋扈し恣に軍国主義的政治を行ふ場合を指すのであらう。然れば之れは本来我が建国の精神に背くものなること前陳の如く、戦争に勝たうが負けようが、我が国の断じて其の儘には差置けない所である」。これに対する西尾書のコメントは、こうである。「日本の国内にあった侵略戦争を是とする主義主張は撲滅されなければならない。それはそれでよい。しからば米英両国も久しきにわたり侵略戦争を是とする主義主張で生きてきた国家であることを認め、これを撲滅しなくてはなるまい。戦争に勝とうが敗けようが、実現されねばならぬ目標である。お互いさまでである。彼はそう言っているのである」。

西尾書が引用した石橋の二つの文章を読む限り、私は西尾書のように理解することができない。石橋の第一の文章の焦点は、ポツダム宣言の、「日本国民を欺瞞し、世界征服の挙に出でしめたる権威と勢力とを永久に除去すべし」という一条に向けられている。そしてこの「権威と勢力」を、石橋は第二の文章で、「一種の専制的幕府的存在が国内に跋扈し恣に軍国主義的政治を行ふ場合」と想定している。ポツダム宣言の「権威と勢力」は、日本の官民がその受諾に最も懸念したとあることから、明らかに天皇制や軍部その他の指導勢力を指している。石橋は、万一そのような勢力があったとすれば慎重に限定をつけつつ、また、「一時我が国に於ても論議されたが如く」と恐らく戦前における軍国主義政策批判の実績を示しながら、明治以前の封建体制にも見まがう専制権力の徹底的除去を国民自身の手で行わなければならない、それは連合国側に言われるまでもないことだと、戦後の決意を語っているのである。

石橋が慎重に言葉を選びながらこの文章を綴ったのは、終戦後わずか二週間という、内外の情勢のまだ定まらぬ時期でもあったからで、天皇制と軍部とはまだ健在であった。戦前から一貫した自由主義者であった石橋は、軍部の独走に対してさまざまの抵抗を続けてきた。米英との開戦に対しても反対を唱えてきた。その主張からすれば、敗戦は日本を正常な状態に返す絶好の機会であった。当然戦争責任者の追放が日本の新生の第一要件であった。一方彼は国体護持論者でもあった。しかし石橋が復帰すべき国政の原点としたのは、「五箇条の御誓文」である。そこには「広く会議を興し万機公論に決すべし」の一条がある。これこそ民主主義の国是ではないか。国民の自由な意志を圧殺することによって遂行された大東亜戦争は、日本近代の成立原理を遠く逸脱したものであると彼は考えていたのである。

石橋が敗戦を機にその主張を再び公然と披瀝したのが、右の文章である。その第一の文章の中で、「米英も其の国内の同様の（軍国主義の）主義主張を撲滅しなければならない」と述べているのは、個人の思想としての軍国主義であって、これを連合国が撲滅せよと要求するのであれば、それは言論思想の自由を束縛するものに他ならない。そうした個人の思想としての軍国主義を問題にするのなら、米英自身にもそれはあるのだから、やはり自国のそれも撲滅しなければならないことになるだろう。しかし、問題はそこにはない。ポツダム宣言でいっている軍国主義の一掃とは、「国民を欺瞞し云々」とあるように、戦争遂行勢力について述べているのだ、と石橋は論じているのである。

西尾書が、米英も日本も軍国主義ではお互いさまだと石橋が主張しているとするのは、曲解も甚だしいことが、以上で明白であろう。予断のはたらく所、真情にあふれる文章も我田引水の具に供せられることになる典型例と言えるであろう。

いま問題にしている箇所には、「戦後すぐ米英の軍国主義の非を鳴らした石橋湛山」という見出しがついている。このタイトルが不当なことは、以上で十分明らかにされたとおもうが、彼の真意が歪曲されている点を、もう一つ挙げよう。さきにも述べたように、石橋湛山は、「五箇条の御誓文」の原点に帰れと主張したが、西尾書もその一節を掲げている。その末尾に、「斯く勘へ来れば（五箇条の御誓文にデモクラシーを規定し、明治憲法に言論・信教・思想の自由、基本的人権の尊重を謳っていることを考えると）、かの三国（米・英・華）宣言が我が国の政治の精神或は国民思想に干渉すとなすことは無用の杞憂であって、只だ彼等は本来の日本の主義を繰返して茲に掲げたに過ぎない」とある。米、英、中国が日本に民主主義や自由を要求してきても、何も恐れることはない、それは明治以来のわが国の基本理念でもあるからだ、というのである。しかし西尾書はこの一節を引いて、次のようにいう、「日本は民主主義の伝統を欠いていたから侵略戦争を犯すに至った、とは戦後さんざん、まさに耳に胼胝ができるほどにいわれ、現代日本人の歴史観をほぼ規定しているといっても過言ではないくらいである」。石橋はこの「自虐史観」と無縁な主張を行なったというわけである。しかしもし石橋がこの一文を読むならばどう言うであろうか。「日本は民主主義の伝統を放棄したから侵略戦争を犯すに至ったのだ」と言うのではなかろうか。石橋が五箇条の御誓文を持ち出すのは戦後に始まったことではない。一九四〇年、大政翼賛会の成立に際し、彼は「万機公論に決する」という精神に反するとして、これを批判したのであった。西尾書は、戦争政策に反対してさまざまの抵抗を試みた石橋の真意をねじまげ、彼の戦後自主改革論を歪曲して連合国への抵抗にすりかえ、このような操作の上に、かの戦争への肯定論を構築しているのである。(1)

西尾書の第二十八章を一瞥しただけでも、これだけの疑問が出てくる。それは単なる事実認識上の疑問ではない。著述の意図と深くからんだ疑問であり、端的に言えば、資料や事実の一面のみを取り出し、それを都合よく理解することによって自己の意図を主張してゆくやり方である。これは到底学問的批判に堪えられない書物であるが、著者は随所に専門家の研究を引用して、それを自説の根拠としているのである。その一つに中国の性格に関する或る見方がある。その見方を援用して、日本の優越性を強調し、一種の民族主義を主張しようとする手法のようである。アカデミックな世界で行われてきた研究が、このようにして現実のイデオロギーの場に引き出され、それが一定の主張の根拠とされることになると、その研究の真理性はこれまでにもましてきびしく問われなければならなくなるであろう。本稿は西尾書の批判を主目的とするものではなく、それが根拠とする学説の検討を意図するものである。

二

西尾書をつらぬいているライト・モチーフの一つは日本と中国との比較論であるが、ここでとくに取り上げたいとおもうのは、第八章「王権の根拠——日本の天皇と中国の皇帝」と第九章「漢の時代におこっていた明治維新」の二章である。中国の国家や社会に関する西尾氏の見解が、この二章で集中的に提示されている。

まず第八章では、中国の「天」の概念について述べている。「中国の『天』には、初めのうちは人格神的な性格が強かったが、しだいにその要素を失って、理法的な性格の強いカミ概念に転化した」。それは、ユダヤ教・キリスト教・イスラム教のカミ概念にきわめて近く、換言すれば、「天」は人間と切り離された世界であり、人間と「天」との間には断絶が存在するという。これに対し、日本人のカミ概念は、人間と神との連続を前提としている。日本では万物が神であり、天上と地上の両世界を連続したものと見る。そのうち、天皇は日神の系譜を継承する現御神（アキツミカミ）であるが、臣下たちもまたカミである。君臣ともにカミであって、両者の間に本質的な区別はない。これに対し、中国の天子は、「天」より命を受けて天下を統治するものであって、それは「上帝」と人間との間の不連続を意味している。そこから、無制約で絶対的な中国皇帝の専制権力が生れた。「皇帝か然らずんばすべてそれ以外は全部皇帝に奉仕すべき従属的存在、すなわち奴隷であるという構造がそこにある」と西尾書は説く。

中国における「天」の観念が、時代を下るに従って宇宙の理法として抽象化され、普遍的理念となって行ったことは確かである。しかし、その観念が日本古代の天皇号をも支えて、天皇権力の絶対化に寄与したことも、忘れてはならないであろう。それはともかく、中国におけるカミの観念は、この抽象化した「天」の観念にすべて集約されるものではない。中国における祖先崇拝は、王（帝）室にあっても、殷代から清代まで三千年の間変わることなく持続し、民間においても、家族・宗族制度のもとで、一貫して行われている。また祖先以外にも、政治上非命に斃れた人臣、あるいは卓行のあった人物、さらには一介の義夫節婦を、死後に神として尊信する風習は、これまた民間に広く行われてきたところである。中国では、天と人とが断絶しているどころではない。この世界の森羅万象がすべて天の生んだものであるから、人類はいうまでもなく天の子である。それが死後天界に帰して神となるのも、理の当然である。君主が天子とよばれるのは、天の使命を受けて地上の統治を司る特別の任務を意味するのであって、その使命とは、天の生んだ民の生を保証することに他ならない。そのような民がどうして奴隷であり得よう。

中国のカミ観念は、道教や仏教の影響の下に生れた諸神をも併せ考えると、ほとんど猥雑と称する他はないような多種多様の信仰系統がからみ合った世界である。その中には、祖先神信仰や汎神論的信仰やシャーマニズムなど、日本の信仰体系をも包摂し得るような系統が並立している。そのことに思いを致すならば、中国と日本のカミ観念の比較は、決して容易なことではない。しかし西尾書はわずかに抽象化された「天」の観念のみをとり出して、日本のカミと比較し、そのことによって、絶対無制約の皇帝権力という印象を、読者に与えようとしているのである。

その絶対無制約の皇帝権力の統治下には、どういう世界がひろがっているのであろうか。「中国人社会には、われわれがうかがい知れないほどドライで、割り切った冷ややかな個人主義が成立していると思うことが多い。専制国家体制がえんえんと続いてきたこの大陸の集団のなかの個の意識とは何だろうかと、ふと疑問に思うことがある」（一八九頁）。これは中国社会に対する著者の印象を述べたものであるが、このマイナス・イメージを日本との比較を通じて「証明」し、それを読者と共有してゆこうとする点に、著者の意図がある。端的に言えば、中国は、この日本主義の宣揚のための暗い背景の役割を果たしているのである。

しかし、そうした意図に立つとき、ここに解決しなければならない問題がある。それは先進国中国と後進国日本という文化上の対比をどう考えるかという問題である。日本の古代史において、たしかに両国の間に極めて大きな文化の落差があり、日本はその摂取につとめてきた。精神史的に考えても、日本では鎌倉時代あたりまで生きてはたらいていた君臣間の忠誠心が、中国ではすでに春秋戦国時代に消滅した。その下克上の風潮が日本でも生れてくるのは、室町末期以後の乱世においてである。第九章の「漢の時代におこっていた明治維新」というドラスティックなタイトルは、こうした両国の歴史発展の時間差を言い現したものである。当然日本は中国を後から追いかけてゆくことになるが、しかし西尾書が強調したいことは、それによって中国と完全に同質化したわけではないという点である。近代になってヨーロッパ文明に心酔しつつその摂取の結果がヨーロッパ本国と同じでなかったように、日本はその独特の社会のあり方を残しつつ、封建社会を形成した。「封建社会というのは、ヨーロッパも日本も含めて、後追い型の国家編成のなかから生れてくるものである。ヨーロッパは古代ローマを、日本は古代中国をモデルとして追いかけた不完全な国家であった。その結果、封建制度を生み、氏族社会や部族社会が古代から抱えていた小集団意識、ムラ意識、忠誠心や義理人情を失わなかった。それに対し、中国は古代のきわめて早い時期に、ある一定の段階を経過して、高度官僚社会を形成し、戦争がもたらす長期にわたる軍事緊張を絶え間なく媒介としながら、小集団のもつ共同性を否定して、統一的に強制編成を行った結果として現れたのが、中国の専制国家体制である」とするのである（二一一頁）。

この比較論には、かつての加藤繁や梅棹忠夫あるいはE・O・ライシャワーの所論を想起させるものがあるが[2]、西尾書では単なる比較論を超えて、以下のような社会構造論を展開する。「人間の生活は、個人で行われる部分以外に、ムラや家族や、同業組合といった中間団体……がさまざまなかたちで世話してくれる。日本の前近代社会は、そうした保証がそれなりに公共的に成立していた社会であったのに対して、中国では人間の営みのわずかな部分しか公共的には処理されていないことになる。公共的に必要な空間は『国家』によって埋められてしまったのである。そうなると、きわめてドライな個人主義、中国人に特有の団体意識のない個人主義、他者無関心主義、公意識の喪失した利己主義のほかには強大な国家権力のみが存在するという形態になる」（二〇八頁）。この一節に続く次の節は、「人格的共同関係を欠く中国社会」というタイトルで、さらに中国社会の特異性が述べられる。「今まで、中国社会は地縁・血縁関係の強い社会だという認識が普通であったので、以上見るような判断は不可解に思われるかもしれない」。しかし著者は、その地縁・血縁の強さは、かえって中国では人間が安定した集団に所属していないことを示すのではないかと考え、そこから、さきの「ドライな個人主義、団体意識のない個人主義、他者無関心主義、公意識の喪失した利己主義のほかには強大な国家権力のみが存在する形態」という性格づけを導き出してくるのである。だがそれは何という索漠たる世界であろう。西尾書は一応中国社会の時間的な先進性を認めると同時に、その先進的社会のありようを、人情味の薄い個々人の集合と、その上に冷酷にそびえ立つ専制権力というイメージで表現する。つまり、中国は先進社会であると共に日本とは質を異にする世界であり、日本人に違和感を与えるところの非情の世界なのである。

さて、著者はこのような中国観をどこから得たのであろうか。著者自身の言葉を引こう。「江戸の儒学も、吉川幸次郎や貝塚茂樹のような古いタイプの巨匠も、中華思想との距離の取り方において疑問がある。また中国の近代化に期待を抱いて、歴史のなかに政治的主体としての自治団体の存在を推定した内藤湖南のような学説も、さらにまた戦後一世を風靡した領主農奴制などをめぐる諸論議や、すべてを生産構造に還元するマルクス主義的中国観も、今や完全に説得力を失っているように思える」（二〇二～二〇三頁）とし、足立啓二、渡辺信一郎両氏の著作に全面的に依存しつつ、その主張を展開するのである。

足立・渡辺両氏について、私たちは、中国史研究の同行として、よく知っている。両氏をメンバーとする中国史研究会は、とりわけ生産構造を重視してその上に中国論を構想してきた「マルクス主義的」研究グループなので、西尾書の言い方はいささか奇妙な感じを与えるが、それは問わないでおこう。また、両氏が西尾氏ら「つくる会」の政治的意図について賛同するとは到底信じがたいが、そのことも考慮の外に置いておこう。しかしどのような学問の成果も、何らかイデオロギーのために根拠とされ利用されることはあり得ることである。例えば、西欧資本主義の道筋を明らかにするためにマルクスが設定した「アジア的生産様式」の概念さえ、戦時中には停滞論の根拠となり、ひいては侵略戦争を正当化する役割を果たしたのである。したがって、ここでも、足立・渡辺両氏が西尾書の主張の根拠とされたことを、毫も問題視するものではない。本稿が意図するのは、そのような学問外的批判ではなく、西尾書が根拠とした両氏の所論の妥当性に対する学問的検討である。本来は、西尾書の出現等々を俟つまでもなく、純粋に研究者間で行わるべき作業であり、それを怠ってきた自分が責めらるべきであるが、現今のシリアスな情勢を顧みるときもはや遷延するわけにもゆかないので、遅れ馳せながら、この作業を試みる次第である。ちなみに本稿での検討は、両氏の説のすべてにわたって行なうものでなく、西尾書に引かれた論点に限定するものであることを、あらかじめ断っておきたい。また、紙数の都合でさし当っては足立氏の説のみをとり上げることにしたい。

さて、以上に見た西尾書の中国理解は、次の一節に示されるように、日中両社会の社会構造の比較の上に立っている。「二者間関係しか基本的に成り立たない中国社会を動かしているのは、濃密で情的なムラ社会ではなく、任意団体（ボランティア団体）の集まりみたいなものだといっていい。日本の共同団体のようなものではなくて、特定目的のために人々が急きょ集まった団体である。その構造は影響力のある個人を中心にして、人々が非常に不安定に集まった集団であり、中国社会にはそういう集団しか存在していないといえるであろう」（二〇六頁）。これが、さきの「ドライな個人主義云々」の社会的基礎だというわけであるが、この認識のより所となったのは、足立氏の『専制国家史論――中国史から世界史へ』（柏書房、一九九八年、以下足立書と略称）のうち、第Ⅱ章「専制国家と封建社会」である。そこでは、日本のムラとの比較を通じて中国の村落の特質を論じているが、その論旨は、「（日本の）近世のムラは、いわば小さな国家、一つの自立した公権力主体であった。これにたいして中国の村落は、それ自身としての団体的性格を殆ど有していなかった」（六二頁）という一節に要約されている。したがって、「中国村落の執行する業務は極めて限られている。華北の農村で一般的共同業務として行われるのは、必ずしも全員の参加しない廟の祭を除けば、看青と呼ばれる作物の窃盗防止作業程度である。作物刈り取り泥棒はおおむね村落の内部におり、村落で集めた金品を彼自身に与えて見張りをさせることにより、窃盗の防止がはかられた。村落による自己規律能力の欠如を示す、極めて消極的な共同業務である」（五七～五八頁）。日本の伝統社会では自明のこととして行われる道路の修理などは、行政機関が負担を割り当てる場合を除いては、損壊箇所に面した耕地の所有者が行う。車両や牛馬が自分の畑を荒らすからで、そうした私的な修理が行われないと、損壊は放置された。個別的に遂行不可能な業務は、換工に見られるように二者間で行われ、二者間でも困難な業務には、目的別任意団体が作られてこれを遂行する。総じて言えば、村落（一般的には中国社会）が公的機関として公共の業務を遂行することが少ないのである。「この社会においては、他者との間で合議に基づいて自主的に一定のルールを作って、相互関係を調整し、また公共的諸課題を遂行することがない。個別経営に利害が包摂されきらないという意味で社会的な性格をもつ諸課題の処理は、共同的に執行されえないが故に、利己的もしくは利他的に処理されざるをえない」（六九頁）。例えば橋を架ける必要がある場合、共同行為としてなされず、個人の慈善事業あるいは営利行為として行われるのである。

ここで一言注釈を加えておくと、足立氏は村落の公共事業が公的に遂行されず個人的に行われることから、それが利己的もしくは利他的な動機にもとづくことを述べているのに対し、西尾書はこの利他性については全く触れず、もっぱら利己的一面のみを挙げている。西尾書が足立書に依拠していると言っても、こうした叙述の陥穽には注意する必要があるであろう。しかし今はそうした細部にこだわらず、足立氏の説自体の検討を進める必要がある。

足立氏の説には、それなりの学説史がふまえられている。周知の如く、中国村落の実態に関する調査と研究は、戦前から世界各国の学者たちによって進められてきた。そのうち足立氏がとくに依拠しているのは、満鉄調査部が行なった中国農村慣行調査の成果である。戦中、この調査結果を素材として、さまざまの所見が提出された。その経緯については、この調査を担当した一人である旗田巍氏によってまとめられている。（旗田『中国村落と共同体理論』岩波書店、一九七三年、第三章）。旗田氏によれば、中国農村に共同体的性格をみとめる平野義太郎氏とこれを否定する戒能通孝氏との間に、深刻な論争が展開された。平野氏は、河北省順義県沙井村にみられる「公会」とよぶ組織を、自然村落の自治機構と考え、ここに村民の自然的な生活共同体の存在を認めた。これに対して戒能氏は、中国の村落には境界がなく、固定的、定着的な地域団体としての村は成立していない。それには日本のムラのような組仲間としての団結はなく、「公会」の首長たちは村民の内面的支持のない単なる支配者にすぎないとして、平野説を批判した。旗田氏によれば、両者の見解の相違は、当時の日本の対中国政策と深く関わっている。平野氏の共同体論は、村落共同体を共通の土台として大東亜共栄圏を構想するものであり、一方、戒能氏の否定論は、日本社会をむしろ西洋に近似するものとし、中国との異質性を認める立場に立っていた。

足立氏はおそらくこのような旗田氏の学説整理に多くを負いながら、「戦前・戦中期の中国研究の最終的到達点は、……中国における共同体の不在論であった」（四二頁）とする。さらに足立氏によれば、世界史の基本法則を指向する戦後の中国研究は、この戦前・戦中の到達点を継承することなく、共同体の存在を前提とするものであった。足立氏の主張は、この戦前・戦中の「最終的到達点」に立ち帰ることにある。共同体問題をめぐる氏の日中比較論は、発想の枠組みから言ってもその内容から言っても、戒能説と一致する所が多い。その上に政治構造論を組み立てたところに足立書の全体的骨骼を読みとることができる。

さてこのように、問題の核心は、中国村落ひいては中国社会における人的結合をどう考えるかという点にある。まずそこは、足立氏のいうように、共同性の希薄な、個人主義の支配する世界なのであろうか。その実態の検討から始めたい。

三

さきにも引いたように、足立書では、「この社会（中国の村落――引用者）においては、他者との間で合議に基づいて自主的に一定のルールを作って、相互関係を調整し、また公共的諸課題を遂行することがない」と述べるが、この理解は果たして正しいであろうか。例えば看青には、合議やルールはなかったのであろうか。看青には、旗田氏の実態調査にもとづいた研究がある（前掲書第六章）。それによれば、看青活動にも、種々のやり方がある。その一つは村公会の会頭たちが看青夫を選び、彼との間に「合同」（契約書）を取り交わす方法で、村民は公会を通して間接にこれに関わることになる。これに対し、村民たちが自ら青苗会を結成してその実施方法を村民の会合である「公議」できめるやり方があり、その席には本村の耕作人のみが出席し、他村民は呼ばれない。その「公議」では看青夫を選び、その報酬を定め、盗人に対する罰則を紙に記して、土地を耕作していない者も含む村民全員に読み聞かせた上、壁に貼りつける。旗田氏は、この二例の他、さまざまのタイプの看青慣行を挙げているが、これから村落共同体の存在を想定することはちゅうちょしている。このことについては後述しよう。しかしともかくも、ここには、各種のレベルにおいて合議が成立しており、「合議がない」という足立書の発言は、いささか断定にすぎるのではないかと思うのである。

また足立書では、中国村落の共同業務は、看青ぐらいではないかと述べているが、近年の小田則子氏の一連の研究は、清代の華北農村では看青以外にも多くの共同作業が行われていたことを明らかにしている(3)。小田氏の用いる史料は訴訟関係の檔案類であって、かつての農村調査における聞き取りに比べて、ある意味では一層の確実性がある。

小田氏によれば、清代順天府宝坻県（現河北省宝坻県）の各村荘では、有力者や世話役、或いは宗族や村の構成員の間に、共同の事業や県政府の委託する業務を実施する場合、「公議」とよばれる合議が行われていた。その「公議」の内容は多岐にわたるが、例えば看青の他、里の郷保（治安維持と徴税を担当）の人選、宗族共有地の管理、村廟の修復や祭礼の運営、道路・橋梁の修理、村有の樹木の管理、賭博の禁止、打更（夜警）の実施と団練の編成などが挙げられている。そしてこれら「公議」を経た事項は、「合同」として明文化される。そのような「公議」と「合同」が存在するにも拘らずこれに違反する事件が発生するので、これを政府に訴える。その際、証拠書類として附せられた「合同」が訴訟の檔案中に残っていて、このような実態が明らかになって来たのである。

小田氏はそれらの檔案により、宝坻県における嘉慶から同治に至る「公議」の多くが、「合荘人」すなわち全村民によってなされたという文言のある「合同」を多数紹介している。さらにそうした文面に、「合会人」などの語もあることから、村荘と廟会とが重なりあって活動していたらしいと推定している。さらに興味深いことには、看青に関する「公議」の中に、小麦の収穫と秋麦・莞豆の播種との間に一定の時間を置くようにとの作付上の規制が含まれている事例を挙げている。しかもこの「合同」は、十五ヶ村の連合によるもので、その中で村々が回り持ちで神戯（奉納芝居）四舞台を献納することを定めている。複数の村荘による連合組織は、看青や廟祭以外にも、賭博の禁止、堤防・水門の補修などの共同事業に当っており、ある訴状によれば、ひとつの水門が三十六ヶ村の「公修」に属するものであり、数百ヶ村の作物に影響しているという。その他、二十余荘で娘娘廟の祭礼を共同執行する例もある。

以上、小田氏の研究結果を瞥見したが、それによる限り、足立氏の中国村落に関する記述には、物足らぬものが感じられる。足立氏は、中国農村に団体性の希薄さを指摘するが、実際にはやはり力強い協同の精神がはたらいているのである。「公議」や「合同」が村民中の有力者から成る「首事人」（会首）たちによってなされ、場合によっては彼らだけの独断によるものであったとしても、それによって実施される業務内容は個々人の能力を超えたものであって、集団の力によって始めて可能となる事柄である。そしてそれを実施するには「公議」によって計画され、その合意は「合同」として文書化されるわけであって、その合意は少なくとも形式的には、村荘の意志として客観化されている。足立氏は、「村の運営の中心は、会首と呼ばれる数人の人物によって担われている。しかし彼らは村民の代表者ではない。誰が会首であるのかは、村民の間でも認識は確定していない。会首全体の合議で物事が決定されるわけでもない」（五九頁）と述べる。農村調査の行われた民国時代と清朝中期とを同一視することはできず、また地域差も考慮しなければならないであろうが、ここでも足立氏の記述は断定に過ぎるのではないであろうか。この記述は、旗田氏の農村調査結果とも必ずしも一致しないのである。

旗田氏は、看青などに看られる協同関係は、「いわゆる村落共同体とは全くちがう」として、次のように述べている。「そこ（村落共同体――引用者）においては、各個の生活の基礎が共同体にあり、各個はまだ共同体から切り離されていないがゆえに、各個は生れながらにして共同体につながっている。しかるに看青における協同は、各々別に独自の生活の基礎をもつ人々が、ただ看青という、生活の一面において結ぶ協同であり、その関係は合理的打算的である」（旗田書、二二六頁）。つまり、「それは家を本位とする協同であり、仕方なしにする協同であり、云々」（同上）というように、日本のムラのような村落共同体としての共同業務ではないという点で、足立氏と同一見解の上に立っている。しかし旗田氏は、看青という協同関係をそれが成立する事情からとらえるという内面的な観察も怠ってはいない。氏によれば、看青は農民の生活が苦しくなったことによって、やむを得ず生れた消極的協同であるが、「協同によって自己を守るという点では、大きい進歩である。この進歩の面を見逃すべきではない」（同上）という。

さらに旗田氏はつけ加えている。看青は農民生活の重要事項であるが、生活の一面にすぎない。村落生活のなかには、もっと多様な関係がある。それらの相互関係を綜合した後に、華北村落の全体は明らかになるであろうと。小田氏の研究は、この旗田氏の予測と期待に関わるところが少なくないであろう。小田氏もまた、中国村落自体の非共同体的性格を認めているが、しかし、そうした場で中国農民はいかに生きているかという問題に正面から向きあい、上述の生々しい協同の姿を発掘したのである。小田氏の研究は、足立書の刊行とほぼ前後して発表されているので、足立氏がこの研究を参照し得たかどうか不明である。もし参照することができたならば、あれほど中国村落の団体性欠如を強調することはなかったであろう。旗田氏でさえ将来に可能性を残す発言をしているのに対し、足立書の論述は余りに断定的に感じられる。その断定的な語調が西尾氏の好餌となったと推測されるのである。

いうまでもないことであるが、足立氏のこの論断は、中国社会の特質を、日本のムラ社会との異質性において明らかにしたいという意図から来ている。そしてそれは、戦後の中国史研究において、この観点があまりに希薄であったという認識に基づいている。この意味で足立書の明晰な社会分析は、その広い視野とあいまって、中国史像を世界史的に浮き彫りにした。その成果に対して、私は大いに敬意を表するものであるが、その比較史的方法の鮮明さが、かえって中国社会の非共同体的側面に言葉を多く費やす結果になっているように思われる。足立氏自身もこのことに気がついていないわけではない。「共同体無き前近代社会は、どのようにして社会を再生産するのか」（六六頁）という問いを自ら提出して、それに解答を出そうとする。それを簡略に言えば、社会の公共事業の大部分は専制国家によって遂行され、その不足のところを、個人もしくは任意団体の任意的行為によって補なっている。つまり村落は、日本のムラのように、体制としての共同体を形成していなかったというのである。この理解はかなり説得力をもっているが、しかしそれでは村・荘等々の名称でよばれる、農民が大部分を占める中国の聚落とは、いかなる世界なのであろうか。足立氏の論述を読む限り、その確かなイメージは伝わって来ないのである。

私はむしろ、足立氏のいわゆる任意団体の意義を考察するところから、この問題に迫りたい。足立氏が、村落の公共業務が任意団体に委ねられているというとき、そこに含意されているのは、村政という正規の機関より発するものではないという観点であろう。しかし任意とは、その一面で行為者の自発性という積極性も意味している。その自発性が何に由来するかを考える場合、中国農民の置かれている、日本とは比較にならない酷烈な環境を考慮に入れなければならないのではなかろうか。自然の大災害、周辺民族の大侵入、人民の大移動、国内の大反乱、これら史上に何度となくくりかえされてきた変動の下で、人びとは安住の地を求めて住みついたのである。秩序の安定のためには、統一専制権力の確立を不可避とした。その統治のもとで複数の家族が寄り合って聚落を形づくったのであり、最初から安定した世界ではなかった。その不安定さを住民たちはさまざまの形で安定へ向け変えようと努力してきたのであって、任意＝自発による公共事業は、まさにその努力の所産と考えなければならない。それらはたしかに本来村政の一部として行われるものではない。しかし、村落生活におけるさまざまの任意的行為は、いずれも村公所や村廟を拠点として実行され、それらのメンバーも重なりあって、あたかも村政そのもののような情景を呈していたと想像される。村民たちはおのずとこうした共同作業に規制され、またそれに参加したのではなかろうか。そのようにして形成される共同の意識が、廟祭の執行に集約されて行ったであろうことも、十分に考え得ることである。もしも、各種の任意団体がそれぞれ何ほどか共同体的性格を帯びており、それらが複合的に村落を支えたとすれば、村落それ自体は共同体でないにしても、村民たちは共同体的雰囲気の中で自らの生活を律していたと考えることもできそうである。

四

この村落と任意団体との関係について、いま少し考えてみよう。

一九八六年から九〇年にかけて、山東・河北両省および北京・天津両市の近郊において農村調査を行ったメンバーの一人任明氏（当時山東大学副教授）は、その調査報告論文「近代華北農村社会の凝集力」（『中国の家・村・神々――近代華北農村社会論』、東方書店、一九九〇年、所収）の中で、およそ次のような論旨を展開している。多年にわたる実地調査を行なったある日本の社会学者は、「中国社会はばらばらな個人の集合体であり」、「近代の華北村落社会は、日本の村落に比べ、はるかにゆるやかな規制しか持っていなかった」と結論しているが、いかなる社会も全く凝集力がなければ、グループや社会を構成しようがないはずである。では、近代の華北農村には、いかなる凝集力がはたらいているのであろうか。任氏はこう問いつつ、近代華北農村の社会集団を、血縁集団、地縁集団、機能集団の三種に分類し、それぞれの凝集力の原理を論じている。血縁集団は親子間に「孝」と「愛」の紐帯原理がはたらくが、それ以外の長幼の関係や兄弟の関係では、「義」が原理としてはたらく。「孝」と「愛」は無条件であるが、「義」はその内部にはらむ利害関係を超えたモラルである。地縁関係も血縁関係に擬えた親密さを具えるが、ここでも凝集力の原理は「義」であり、関羽が地域信仰の対象となるのも、その「義」に感服するからである。「義」はさらに機能集団においてもはたらく。さまざまの互助組織が文書によらず口頭の協議によるだけなのも、相互の「信用」を重んずるからであり、「信用」自体が「義」の表現である。その他の非血縁集団も、結義によって組織される。本調査の調査地域はかの義和団の発生した場所であるが、義和団も「師徒・師兄弟・本家・本族あるいは同姓・同郷関係で、相互間には義を紐帯とする比較的強固な凝集力があった」。こうして任氏は結論を下していう。「近代華北社会は、一般的状況下では、その凝集力は軟弱無力に見えるかも知れないが、しかし決して『盆の上の散砂』などではなく、……『緩やかな個人の集合体』というだけでもない。それは血縁関係を核心とし、『義』を紐帯とし、『出入りすれば友であり、お互いに見守りあい、病になれば助け合う』という伝統に導かれ形成された比較的強い凝集力を持った社会である。これがまさに中華民族が何度も災難を受けても綿々と歴史を継承してきたことの一つの内在的原因でもある」と。

任論文は必ずしも実証を積み重ねて論理を組み立ててゆく底の文章ではないが、山東地方に生活する中国知識人の叙述であるだけに、一種の説得力がある。その主張する社会凝集力の原理は、「義」というキイ・ワードで示される。氏はいう、人間社会には「義」の凝集力と共に「利」による離心力がはたらく。しかし時には、共同の「利」や、「義」に合致した「利」も凝集力となり得る。人びとは共同の目的あるいは利益を動機とし、「義」を紐帯として、多くの機能集団を結成すると。つまり個々の「利」を共同化するときに、「義」がその連帯の理念としてはたらくのである。さきに小田論文に見た、看青事業と廟祭執行との結合も、このように考えることによって説明がつくであろう。

このような「義」による集団凝集は、華北社会に限ったことではない。最近刊行された濱島敦俊『総管信仰——近世江南農村社会と民間信仰』（研文出版、二〇〇一年）では、明末以後、市鎮を中心として多くの農村を包括する江南デルタの地域市場圏を、ひとつの共同世界として結びつけた契機が、「総管」などとよばれる土地信仰であったことを精細に論証している。濱島氏もまた、戦前の華北農村調査において村落共同体の存在を確認できなかったことから出発し、長江デルタ地方の農村にも生産上の共同性を明確に見出し得ない研究の現状に立ちつつ、この地方における小農民の連帯の契機を探って、この土神信仰の問題に到達したのである。各農村で祭礼が定期的に行われる土神信仰は、抗租暴動の精神的紐帯ともなった。道光二十六年の事件では、官府がこれを鎮圧した後、村々に安置する土神の像に縄を打ち、衆民惑乱のかどでこれを県の城隍廟にさらすという奇妙な処置がとられた。村民の平時の連帯がこの土神信仰を強いきずなとしていたことを明示するエピソードである。濱島氏はこの土神信仰発生の経緯をたどりつつ、明末以後の江南農村の構造変化をとらえている。

「総管」などと呼ばれる土神たちは、民衆にとっていかなる存在であったのか。「総管」は最初海上輸送に関連して生れた神格であったのが、後には一般窮民に米糧を施す施米の神として尊崇を受けるようになる。しかしその施米は官府の禁令に敢て違反して行なうという説話を伴うもので、義挙の人物を神格化したものに他ならない。この義行の「義」が、貧しい小農民の心を互いに結びつけたのである。

長江デルタの農村といえば、各農家の孤立性は、華北よりも一層深いであろう。しかしその孤立した生活は孤立したままで営まれるわけではなかった。年々の祭礼とそれに伴う催物の実施に際しては、村民各家の参加が強く義務づけられ、規約に違反した者には罰則が課せられる。これも本来的には任意団体内の拘束であるかも知れないが、各村落が現実に一個の地域的信仰共同体を構成していることは、否定できないように思われる。

土地の共有に始まって、労働の協同など個々の経営に食いこむ共同性は希薄である反面、村民の連帯意識は神への信仰、それも神格化された義人に対する尊信という精神面のそれに、結節点を見出している。要するに、華北、江南いずれの世界においても、「義」という倫理意識が民衆の相互結合の重要な契機となっていたことは、疑いないであろう。

そもそも、「義」とは何であろうか。

南宋の洪邁は、「義」字の用法をいくつかに分類して、それぞれ例を挙げている（『容齋随筆』巻八）。それによると、

① 正道に杖《よ》るを義と曰う（義師、義戦）。

②　衆の尊戴する者を義と曰う（義帝）。
③　衆と之を共にするを義と曰う（義倉・義社・義田・義学・義役・義井）。
④　至行人に過ぐるを義と曰う（義士・義俠・義姑・義夫・義婦）。
⑤　外より入りて正に非ざる者を義と曰う（義父・義児・義兄弟・義服）。

以上が人事に関する「義」の用例であるが、この五類に共通するものは、正規に定められた正しさではなくて、人びとが自主的に認定する正当性の意識である。この非正規的な義《ただ》しさは、官府の行政の埒外にある民間の意思によって行為化される傾向をもつ。前述した江南農村の土神信仰は、④に対する民衆の景仰に発するものであった。また、華北村落に見られる各種の共同事業は③の義役に相当するものであり、個々人の利害関係を自主的に共同化することによって、官府の「正」に対する民間の「義」をつくり出したのである。その「義」の日常的意識が、廟会の行事を通じて、一層明示的に表現されたであろうことは、さきに推定した通りである。

たしかに、中国村落における共同事業の多くは任意性を帯びるものであって、官府の行なう正規的事業とは異なるものがある。しかしその任意性は、一義的に村民の公共意識の薄弱さを示すものではない。日本のムラのように、村落が公権力の一部となり、それ自体がまとまりある行政権力と化した世界では、すべてが正規の掟として機能する。これに対し、中国の村落における各種の運営は正規のルールによるとは言い難い面があって、そこに任意的活動がそれを補完している。こう述べる足立氏の見解に立つとしても、その活動は、大衆的社会的に共感される正当性の観念を基礎とするものであって、個人・団体の単なる利己・利他の行為として解釈してしまうことに疑問なきを得ないのである。

五

もしそうであるとすれば、中国人の個人主義がしばしば「散沙」にたとえられるのは、何故であろうか。足立氏は、中国人に「ドライな個人主義」の一面があることを指摘し、西尾書はこの表現を拡大解釈して、「ドライな個人主義」、「団体意識のない個人主義」、「他者無関心主義」、「公意識の喪失した利己主義」といった否定的評価を羅列している。たしかに、中国社会では、日本に比べて、個人と個人との間の切れ目が深く、一見個人主義と感じられることがある。そして自己のために利益を求める率直な気持ちを隠さないことから、往々にしてドライな国民性とみなされることも無いではない。しかしこのような人間的性質がどこから来たかを問わなければ、それは単なる好悪の域を脱しないであろう。この問題もまた、中国人がこれまでくぐってきた歴史的環境のきびしさと無縁ではない。周末に宗法封建制が解体して以来、社会の分化は往々にして個人のレベルにまで達した。分立した小家族は、均分相続制のために、際限なく小家族を再生産することになる。人びとは少人数の家族を支えとして、自然と人為の脅威から身を守ってゆかねばならない。その不安定の意識が親兄弟に対してまでも自己の権利を主張させることになるのは、決して理解できないことではない。

このように個体性を深く刻みこまれた中国人は、どのように対他関係を結ぶのであろうか。足立氏はこの点に関して、次のように述べる。「人間関係の尊重とドライな個人主義というこの二つは、対立するものではない」。なぜなら、「個別的な人間関係を基本に成り立っている社会において、人々は社会的地位の確立のために、より強くより親密な人間関係を求めて、日々最大限の努力をすることを要求される」（以上七二頁）からである。しかし、これによれば、ドライな個人主義の半面にある人間関係の尊重とは、社会的地位の確立のためになされるものであって、この社会的地位という言葉の理解によっては、プラグマティックな、実利主義的なものになってしまう可能性がある。つまり個人主義者が利己のために他人との関わりをもつ、という風に受け取られかねないのである。足立氏の真意がどこに在るか明らかではないが、私たちは、中国人の個という問題を、もっと根元的に凝視する必要があるのではないだろうか。

例えば、親と子はそれぞれ個体である。しかしその個体は、子に対する親、親に対する子というように、他の個体に対する関係性を帯びた個体である。この対他関係性を捨象したとき個人主義の立場が生れるが、中国社会における個体のあり方は、多くこの対他関係を内在させたものではないであろうか。したがって、個体が存在の不安定さに直面するとき、この要素がはたらいて、他と結びつくのである。「父は父たり、子は子たり」（『論語』顔淵篇）という章句は、個体がもつこの対他関係性を人倫として自覚させたものに他ならない。

人間性を個体性と対他関係性の両面からとらえるとき、その原基的世界は、家族である。なぜならそれは、個体が他の個体より生み出されたことを、否応ない身体的現象として証明する場だからである。また家族生活においては、自分とは異なる個体が親という同じ個体から生れたことを日常的に実感する。この親子・兄弟の関係が原基となって、血縁・非血縁における人的結合が構成される。宗族・郷党、あるいはさらに広域の諸組織を内面から支えている意識は、この家族関係の原理である。

このことは、中国人がしばしば「散沙」と評されることと、どういう関係に立つのであろうか。「散沙」という表現を用いた一人に、孫文がある。彼は、「三民主義」（一九二四年）第一講中に、次のように述べている。「什麼是民族主義呢？……民族主義是国族主義。……外国旁観的人説中国人是一片散沙，這個原因是在什麼地方呢？就是因為一般人民只有家族主義和宗族主義，没有国族主義，中国人対於家族和宗族的団結力，非常強大，往往因為保護宗族起見，寧肯犠牲身家性命。……至於説到対於国家，従没有一次具極大精神去犠牲的。所以中国人的団結力，只能及於宗族而止，還没有拡張到国族」（『孫中山選集』下巻、中華書局、一九五六年）。つまり孫文に言わせれば、「散沙」とは外国人が外から見た印象であって、国家に対する国民意識の欠如がそういう印象を与えるというのである。中国人に全く団結力がないのではなく、家族・宗族に対しては身命を賭してこれを守ろうとする強い団結力があるのだか、それがまだ民族にまで及ばないのだと。

内藤湖南もまた、辛亥革命後、中国官民に愛国心の欠如していることを慨嘆したが、その一方で、民間には宗族・郷党が「生命あり、体統ある団体」（『支那論』自叙）として存在しており、これに依拠して共和制国家を打ち樹てるべきことを提唱した。このように、孫文・湖南らにあっては、中国人が「散沙」であるのは、国家に対してであって、彼らがどのような場合においてもそうであるというわけではない。彼らをヨーロッパモデルの近代国家ないし近代市民社会の一員として組織しようとするとき、政治家たちがつねにぶつかったのは、中国人の個のあり方が、それになじまないというのではなかっただろうか。

近代国家を支えるものは代議制度であるが、それは自己を社会の一分子とする抽象的個人の意識を前提とする。真正なる意味の個人主義はここにある。ヨーロッパでは、このような個人主義によって社会の担い手となることをおれの誇りとした。しかしそれを中国民衆に要求するとき、彼らは冷淡であり無関心であった。それが「散沙」と評されるゆえんであろう。もしそうだとすれば、中国の民衆には異なる形式において、政治に関心をもつ可能性がないであろうか。

中国政治の特色の一つに、輿論の機能の重視がある。古来為政者は、輿論によって国政の歪みを是正すべきものと考えられた。それはすでに『詩経』国風の解釈に始まっているが、漢・六朝時代には、輿論の機能は制度化され、郷論による人物評価が登官の条件となった。科挙時代以後も、地方官の任地での評価獲得に意を用いたのである。

このように、いわゆる専制政治の下にあっても、中国の民衆は為政のあり方を評論し、政権もそれに対して開かれた姿勢を示した。こうした政治理念の根底には、先述したように、民は天によって生れたという思想がある。民衆の意向は、天の意志の反映でもあるのである。民衆は政治の世界では受身の立場にあるが、彼らはその地点から、指導者が真に指導者たるにふさわしくあることを要求した。そのような人物は清官と目され、場合によっては、祭祀の対象となって尊信され、またその逸話が作品化されて人びとの喝采を浴びた。そうした文化活動が民衆社会の凝集力となったことは、先述の如くである。

辛亥革命後の中国政治は近代国家確立の模索の道程であったが、そこに生れた政治権力は、こうした民衆の政治参加の伝統に対して、十分な考慮を払ってきたであろうか。足立書は、国民党政権および共産党政権の特質について、ほぼつぎのように分析している。最初任意諸団体の連合という形で発足した国家は、その統一強化のために、党即国家という形態に移らざるを得ず、結局党組織が国家を代行することになったと。もう少し詳しく言えば、近代国家の基本的システムである合議制を国民全体にひろげることができず、それを党組織に局限したものだというのである。とすれば、党外の国民が政治から疎外され、政治批判の自由をもたず、専ら党＝国家の指導にしたがうのみになるであろうことは、必然の帰結である。足立氏の党＝国家の論は説得的であるが、ここからさらに一歩を進めれば、これらの党＝国家は、ヨーロッパ的近代国家の亜種に他ならない。政治批判の封殺は、近代政治の未成熟のためであると同時に、伝統的な政治理念の切捨てをも意味している。このことは、中国社会の実情に最も適合した近代国家とはどのようなものであるかという課題を、未来に向かって投げかける。中国社会の近代化における後進性が独裁制国家の出現を必然ならしめるとする従来の通説は、当然考え直さなければならない。足立氏の説は勿論そのように単純ではない。中国社会の非団体的性格という歴史社会学的考察をふまえて立論されており、私たちはそこから種々の貴重な示唆を受けることができるのであるが、中国社会が長大な時間の中で養なってきた社会保持力、その固有の論理、そしてそれが複合されて形づくられる文化の諸形象等々について、いまひとつ積極的な提言が少ないように感ぜられるのである。

西尾書がその意図のために利用したのは、まさにこの不足の点であった。もし足立書が中国社会の人間的豊饒さを十分に取りこんで立論されていたならば、中国社会を個人主義と利己主義に満ちた荒涼たる世界とし、それとの対比の上で日本主義を宣揚するというようなことは不可能であったであろう。

足立氏の意図はもとより西尾書の如きものではない。足立書は、世界資本主義の世界統合、今日いうところのグローバリゼイションの進行のなかで、いかにして喪われゆく人類の共同性をとり戻してゆくか、という点に究極の関心を置く。それは、いわば憂世の書である。それにも拘らず、それが西尾書にからめ取られた根本の原因は、やはり中国社会の理解にあると言わざるを得ないであろう。足立氏はいう、「(中国の) 専制は、あるいは現代の先駆けである」(三頁)。「中国社会における共同体の不在を理解し難い人々は、現代社会を観察するのがよい」(二七八頁) と。だが、今日グローバリズムの波浪にさらされて、伝統的な社会体制やそれを支える思想が解体されつつあるのは、中国社会もまた例外ではないのではなかろうか。今日の中国知識人たちがその文章に托して表明する憂慮に触れるならば、そのことは明白である。

これまでも述べてきたように、日本と中国との比較研究は、長い歴史を持っている。その多くの研究が、日本を基準にして中国をとらえるという視角に立っている。その日本とは、成熟した封建社会を経験し、それを基礎として西欧的近代化を達成し得た日本である。その視角に立てば、中国が負の位置に置かれることは必然である。こうした比較研究には一半の長所はあるが、完善であるとは言い切れない。長所というのは、比較に明確な方法が具わっている点である。方法がはっきりしていなければ、基準なき比較に終わってしまうであろう。したがって基準や方法は必要であるが、それは必然的に一方に偏してしまうので、他の一方は光に対する影の役割を負わされることになる。比較研究が完善なものとなるためには、その影の部分を直視し、むしろそこに別の光を見出さねばならない。団体性の欠如という影は、人びとが任意に活動するという自発性の光である。団体性に守られ、その法規に依存してきた日本人は、その一方では自発性に乏しい国民として、いま私たち自身の眼前にある。それは単にグローバリゼイションのみのせいではない。軍国主義がこの社会の団体性のためにいかに強固であったかは、戦中派の私たちが身をもって体験したところである。

以上のように、足立氏の明晰な立論は、中国史研究に極めて大きな課題を投げかけている。凡百の研究論文が意図不明瞭な文章に終始しているとき、これは貴重な貢献といわなければならない。私自身の問題関心もこの書によって一層鮮明になったことを、氏に感謝しなければならない。その意味では、そのきっかけを作ってくれた西尾書にも、感謝する必要があるかも知れない。

註

（1）以上の石橋湛山の思想については、松尾尊兊編『石橋湛山評論集』（岩波文庫、一九八四年）附録の松尾氏解説を参照。

（2）この点に関しては、拙著『中国中世社会と共同体』（図書刊行会、一九七六年）第一部第一章「中国社会と封建制」を参照。

（3）小田則子「清代の華北農村における青苗会について――嘉慶年間以降の順天府宝坻県の事例より――」（『史林』七八―

一、一九五五年）、同「十九世紀の順天府宝坻県における『村庄』と『村庄』連合――清代華北における農村組織の一考察――」（『愛知大学国際問題研究所紀要』一〇七、一九九七年）、同「清代の華北郷村における公議――順天府宝坻県の事例――」（『名古屋大学東洋史研究報告』二五、二〇〇一年）など。

中国前近代社会の基本構造試論

一　はじめに

二〇〇〇年初夏、私は中国社会科学院が発行している『歴史研究』二〇〇〇年第一期の特集記事「社会形態与歴史規律再認識筆談」（以下「筆談」と略称）を一読して、深い感銘を受けた。この記事の編者の説明によれば、『歴史研究』編集部と南開大学歴史系は、一九九九年十一月、共同で「中国社会形態及其相関理論問題学術研討会」を開催した。それには中国各地から七十余名の参加者があったようであるが、その研討会の終了後、十二人の学者に依頼して、この問題に対する各自の意見を記してもらい、それを編集した上、この研討会全体を総括したのが、この特集記事である。(1)

私がこの記事に感銘を受けたのは、先ず何よりも、この学術研討会開催の趣旨に対してであった。編者によれば、中国史発展の社会形態とこれに関連する理論問題については、新中国成立後の五〇年代、六〇年代に活潑な討論が展開された。改革開放の初期にも学界はこの問題に再度取り組んだが、ただ種々の原因から深く突っこんだ討論にはならなかった。ここ二十年来、基礎研究と実証研究が進展し、一段と高いレベルでこの問題を再考する可能性が生れた。こうした関心が高まって、この研討会が開催されたのだという。

この半世紀における中国史学界の歩みが、ここに簡潔に要約されている。そして、後述するように、その歩みには、日本における中国史の研究状況とどこか共通するものが感じられる。日本の中国史研究は、七〇年代を境として、中国史の体系的理解を目指す研究と討論の時代から、個別的史実の実体的研究を重んずる時代へと転換してゆき、その状況は現在まで基本的には変っていない。個別実証研究が歴史学の基礎であることはいうまでもないが、しかし全体史への展望をもたなければ、中国史の真の理解へは肉薄できないであろう。この難関を突破するために、日本の学界でも種々努力はされているとは思うが、その意志は全体として必ずしも強くはないように感じられる。このことを考えると、中国の学界で敢えてこの試みがなされたことに、深い敬意を払わざるを得ないのである。しかもこの十二人の「筆談」の執筆者の多くは、中国史学界を代表する長老級の学者たちである。そうした人たちがここにまた中国史学界の過去を反思し、未来への新しい道路を切り拓いてゆこうとされるその真摯な態度には、強く心を打たれるものがある。それは、五十余年の研究生活を送りつつ中国史の体系的な理解について未だ確信ある見解を打ち出せないでいる私を反省させるのに十分である。編者の按語の末尾には、「史学理論研究の進歩を促進するために、この問題に関心を持つ学者の積極的な討論と参加を歓迎する」とある。この一文に触発されて、私は浅学の身を顧みず、卑見を述べることにした。とはいうものの、私に確信ある説があるわけではない。この小論が国境を越えた討論のきっかけとなるのを願うだけである。おもうに、これまで日中間の学術交流は大きな成果を収めてきたし、今後もますます盛んになってゆくであろう。しかし中国史全体の展開をいかなる論理で把握するかという問題は、双方の学界にとって多年の懸案でありながら、それを共通の課題として討論する機会は、過去にそれほど多くはなかった。いまこの問題が改めて両国の共通課題として討論されることは、学術交流上の大きな発展であるばかりでなく、両国民の思想的連帯を築き上げてゆくためにも、重要な意義を持っているのである。

二　「筆談」の提起する諸問題

上述したように、この研討会で提起された諸問題については、南開大学張分田、張栄明両氏による詳細で的確な「述評」がこの特集に付せられている。その中には、「筆談」の筆者たちの論点も十分に採り入れられているので、屋上屋を架する憾みがあるが、私自身の整理した結果を述べて、そこから考察の道をたどってゆきたいとおもう。

私の整理した所によれば、「筆談」で提出された各氏の論点は、凡そ次の七項の問題に分類できるようにおもわれる。（一）「五つの生産様式」（五種生産方式）の問題、（二）奴隷社会の問題、（三）封建社会の問題、（四）資本主義萌芽の問題、（五）交換経済の問題、（六）中国史把握の方法の問題、（七）中国史の基本的社会関係の問題。以下に述べるように、これらの問題は相互に密接に関連しあうものである。

（一）、「五つの生産様式」の問題とは、いうまでもなく、唯物史観の定式とされる、原始共同体社会、奴隷社会、封建社会、資本主義社会、社会主義社会の歴史的発展段階を決定づける各生産様式のことである。この構想は、マルクス・エンゲルスの言説を淵源とし、スターリンによって定式化されたものであって、世界諸民族の歴史は基本的にこの法則にしたがって発展してきたし、また将来も発展してゆくものとされる。因みに、マルクスは、有名な『政治経済学批判』の序文の中で、階級社会における各生産様式の系列の最初に、「アジア的生産様式」を置いた。この「アジア的生産様式」がいかなる生産様式であるかについて、一九二〇年代よりソ連・日本・中国ではげしい論争が起ったが、スターリンは独立した生産様式としての「アジア的生産様式」の存在を否認し、これに反対するものには強い弾圧を加えた。こうして上記の「五つの生産様式」が世界諸民族に共通する普遍的法則と定められ、国際共産主

義運動の理論的指針となったのであった。(2)

「五つの生産様式」の理論は、勿論中国の共産主義運動にも適用された。中華人民共和国成立後の史学界では、「五つの生産様式」論が公認の学説となった。奴隷社会、封建社会、資本主義社会を中国史のどの時代に比定するかという、いわゆる「古代史分期問題」「資本主義萌芽問題」をめぐって展開された諸論争は、この公式を前提とした上での討論であった。この公式は中国史の実際に適用され、それがこの半世紀のあいだ中国史学界を支配し続けた。この公式に反する学説を提出することは極めて困難であり、場合によっては提出者を不利な立場に陥れたのであった。しかし「筆談」の諸家の多くは、いま、従来の公式理論によって中国史を把握することは正しかったのかという疑問を表明している。まずその疑問の第一は、唯物史観の始祖たるマルクスの考えをめぐって発せられる。その意見は必ずしも一律ではないが、要約すると凡そ以下の論点を含んでいる。すなわち、マルクスの生産様式論はヨーロッパ史の展開について述べたもので、普遍的法則ではない。あるいは、ヨーロッパの史実によって理論化したものにすぎない。マルクスは東方社会を西方の奴隷制、封建制と区別してとらえていた等々、マルクスは彼の描いた生産様式発展の図式を世界の普遍的法刖と考えていたわけではないという意見が集中して提出されている。そして、マルクス・エンゲルスの構想を単純化し、それを普遍的法則とみなして一個の教条に仕立て上げたのがスターリンである。スターリンはそれを不可犯の真理として信奉させ、中国国内では郭沫若らが中国の国情を無視してマルクス主義の普遍的適用を強調し、その反対者を批判した。ヨーロッパ中心主義は単一的直線的な進化を主張するが、それでは諸民族の具体的な歴史を研究する意味がなくなる。世界史は多元的であり多様である。しかしながら、これまでこの教条主義の誤りについて、まともにはっきりさせられたことがなく、そのため研究水準は今だに三、四〇年代の水準に止まっており、教科書のなかのまとめ方も一向に変っていない、といった不満が表明される。

(二)、それでは、五つの生産様式のうち、奴隷社会についていては、どう考えるべきであろうか。殷周時代を奴隷社会とする見解はだんだん少なくなって来ており、今日多くの専門家は中国には奴隷制の段階は無かったと考えている。殷代の「衆」の主体は平民であり、彼らの負担する労役や軍役は労働地代に近い。周の「野人」も階級的には平民である。春秋中期以後、労働地代は現物地代に転化した。戦国・秦漢の農業生産の主要な担い手は、国家に租賦徭役を提供する自作小農民であった。秦漢時代は奴隷社会ではないが、奴隷の数は中国史を通じてこの時代が最も多かった、等々。以上によると、「筆談」の論者はほとんど中国における奴隷時代の存在を否定しているようである。

(三)、封建社会については、次のような意見が寄せられている。今日用いられている封建社会の概念は、九―一二世紀の西欧の社会情況から想定されたもので、中国には適合しがたい。例えば、商品経済は、西欧では封建社会の外側にあるとされるが、中国では封建経済に有機的に組みこまれている。政治組織について言えば、西方では王権の微弱化や無政府状態を特徴とし、東方では専制主義を特徴とするといわれるが、中国でも皇権は社会勢力の制約を受けており、東西を対立的に考えることはできない等々。以上の意見は、中国史上封建社会の存在を認めつつも、ヨーロッパの封建社会の概念にとらわれることなく、中国独特の封建社会の形像を発見しようとするものであろう。

(四)、交換経済の問題。上掲(三)の意見にも見られるように、交換経済はこれまで封建社会とみなされてきた時代のいずれの時期にも存在する。これは次の資本主義の萌芽問題を考える際に深く関わってくるが、ただ交換経済も時代によって消長がある。それを強調する意見では、戦国・秦漢時代における盛行と漢魏の際における衰落とを対比する。この見解は分期問題に関連してくるであろう。

(五)、資本主義の萌芽問題について。「五つの生産様式」の必然論の立場に立つと、中国でも資本主義生産様式の時代を認めねばならなくなる。論者の一人は、その肯定論には、ヘーゲルらの中国停滞論に対する否定の意識や、民族感情にもとづく西欧への対抗の意識が背景になっていたという。こうして、各時代に見られる市場経済を資本主義の萌芽と見なす諸説が生れたが、市場経済即資本主義ではない。結局、中国の近代は、資本主義が中国史にとって必然の過程ではなかったことを証明した。

(六)、以上のように、「筆談」の論者たちによれば、「五つの生産様式」の理論をそのまま中国史に適用することには、大きな困難がある。それでは、これに代って、どのような方法論が考えられるであろうか。この問題を考えるには、まず、従来用いられてきた生硬な言葉を使わないこと、自分自身の言語系統によって語ることが必要である。また時代呼称も、奴隷時代、封建時代等々の語を使わず、上古、中古、近古、近代などの呼称によるべきである。中国史発展の実際に即して考究することが肝要である。「筆談」ではこれらのことが提唱されているが、一言でいえば、中国史研究の本土化の主張である。しかしその一方で、世界史的普遍性の意識の下で考察することの重要性も無視してはならないこと、世界史の発展段階に比定しつつ中国史をとらえること、しかしまた中国史を典型的な歴史発展の変異としてとらえてはならないこと、等々が指摘されている。

(七)の問題は、以上のような反省の結果、中国史をどのような社会関係の構図においてとらえたらよいかという問題である。ある論者はいう、中国の基本的社会関係には、階級関係の他に共同体関係があり、共同体は家庭から民族・国家に及ぶ。また中国では、皇権によって経済分配も行われる。支配層はその分配にあずかる集団である。皇権主義はまた、思想・文化全体の中心ともなっている。このように、王朝権力の支配構造から中国社会を分析する見方を提出する。また別の論者は、封建社会の下には二種類の基本矛盾があるとする。その一つは、平民地主・自作農と国家との関係であり、もう一つは、佃農と地主との関係である。このうち前者の重要性に注目すべきである。国家は政権的要素をもつ他に、最高の土地所有者である。上記の二種類の矛盾関係については、もう一人の論者も、恐らく前者が主要な矛盾であり、君主専制主義の経済外的強制は大きいものがあるという。如上の三人の意見は、それぞれニュアンスの相違はあるが、国家と平民の関係に重点を置いている点では共通している。

以上が「筆談」の大体の論調である。細部は別として、大綱では私自身にとっても共感できるものばかりである。日本の中国史研究が戦後半世紀の間に経験し自覚してきた諸問題とも、大きな共通点をもっている。ただ、日本の中国史研究が、中国史把握の原理上の問題を何となく曖昧にしたまま今日に至っているのに対し、「筆談」がきわめて率直明確な言葉で教条主義への反省を語っているのは、大いに学ぶべき点である。次節では、両国学界の共通点を探るために、戦後日本の中国史研究の足跡を回顧してみたい。

三　戦後日本における中国社会構造論(3)

第二次大戦の敗北によって日本の軍国主義が壊滅すると、日本の中国史研究は、過去の反省の上に、再建の道を踏み出さなければならなかった。このときの課題は、中国史を科学的に理解すること及び世界史的発展の歴史として把握することの二点であった。前者は戦中の所謂皇国史観の非合理性への反省から来ており、後者は停滞論克服の必要に基づいている。皇国史観も停滞論も、戦中、日本のアジア侵略を正当化するイデオロギーとしてはたらいていたからである。

如上の課題を自覚的に掲げて戦後ただちに中国史研究再建の事業を開始したのは、周知のとおり歴史学研究会である。歴史学研究会はマルクス主義の歴史家たちが指導的役割を発揮し、日本史、中国史、西洋史の各分野で、当時の歴史学界に多大の影響を与えた。中国史の分野では中国史の時代区分法が新しく考案され、戦前からすでに成立していた京都学派の時代区分説と対立して、両者の間に熾烈な時代区分論争が展開されたことは、改めて説くまでもないであろう。

この歴研派の時代区分法は唯物史観の発展段階説に拠っており、奴隷制、封建制などの生産様式を時代のメルクマールとするものであるが、古典古代の労働奴隷制やヨーロッパ中世の封建農奴制をそのまま中国にも見出そうというのではなかった。かの西嶋定生氏の家父長的家内奴隷制説が如実に物語るように、秦漢の奴隷制は、家内奴隷と共同体農民の複合形態における奴隷制であった。歴研派の時代区分説では唐代までを古代奴隷制の時代としたが、その根拠は均田農民を事実上の奴隷とみるその解釈法にあった。

さらに、封建制の時代は唐末に始まり、明清までの約一千年に及ぶとされるが、この時期はいわゆる君主独裁政治による集権的官僚制の時代であって、ヨーロッパ中世の分権政治とはおよそ正反対の政治構造をあらわしている。それにもかかわらずそれが封建制の時代であるのは、当時の社会に普及する佃戸制を農奴制生産様式とみたからである。つまり、集権的官僚制という特殊な政治環境の下での封建制という構想が立てられたのであった。

要するに、唯物史観の主張する世界史の普遍法則が、中国社会という特殊条件の中を貫ぬきつつ、中国史の発展の体系を実現していると、歴研派は考えたのであった。そしてその普遍法則のメルクマールが、つまり奴隷制生産様式や農奴制生産様式なのであった。しかしその後の討論は、その点に集中して行われた。まず秦漢時代の家父長的家内奴隷制説に対して、それをこの時代の基本的社会関係とみなすことに異を唱える見解が、あいついで発表された。その中の一説（濱口重國説）は、当時の基本構造は国家権力と自営農民の関係に見出すべきことを主張し、これが主たる契機となって、西嶋氏は家父長制的家内奴隷制説を撤回し、周知のごとく、皇帝権力の個別人身的支配説へ転換する。また、ヨーロッパ史の中から抽出された奴隷制などの概念で中国史の実態把握を歪曲すべきでないという増淵龍夫氏の方法論的警告も、この古代史論争の中で提出されて、学界に大きな影響を与えた。

佃戸制をもって中国の農奴制とみなす仁井田陞・周藤吉之・堀敏一氏らの見解も、大きな抵抗にあった。反対者の中心であった宮崎市定氏は、佃戸は主戸との間に契約で結ばれるいわば近世的小作人であるとした。君主独裁政治下の経済制度としては、この方が無理がない。佃戸がそうした身分であるとすれば、土地所有者への転化も可能である。宋代以後、農民の主力は自作農であったという柳田節子氏らの説も提出され、佃戸＝農奴制説は、生産構造の上からも、或いは国家権力の経済的土台という点からも、学界の中に支配的な地位を占めることができなくなった。今日では、宋代から清代に至る約一千年を、近世の語でよぶことがかなり普及しており、このことも、唐末以後を中世封建社会とする歴研派の説が、ついに十分な説得力を持つに至らなかったことを物語っている。

こうして、世界史の普遍法則の貫徹という思想は、しだいに影が薄くなった。その反面に浮び上ってきたのが、中国史の特殊性の重視である。すなわち、専制権力と自営農民との関係に、中国史の基本構造を見る観点が生れてきたのである。こうした観点には、つぎのような意義がはらまれている。それは戦後の中国史研究が重点を置いてきた民間における私的土地所有の構造分析から一転して、国家権力の役割を重視することになった点である。中国社会をありのままに、しかも全体的に捉えるという意味でこれはひとつの進歩である。しかし戦後歴史学が中国史の停滞論的解釈から脱却して生産様式の発展に関心を注いできたことに思いを致すならば、これは停滞論への逆行とも受けとられかねない面をもっている。そのディレンマをのりこえるためには、専制主義の支配の対象となる民間社会の生きた存在形態が究明されなければならない。六朝時代について豪族共同体説が提起され、明清時代について地域社会論が生れたのも、以上の研究動向をふまえた新提案であったと考えてよいであろう。

唯物史観の発展段階説を中国史に適用する試みが後景に退いていったのは、学問内部の要因からだけではない。第二次大戦後の冷戦構造の中で、日本の知識人層は、新中国の動向に熱い期待を寄せた。社会主義が世界史の必然であることが、隣国において証明されつつあると考えたのである。中国史研究における唯物史観の採用は、そのことと密接に関連している。しかし新中国の前途は決して平坦ではなく、文革―改革開放という事態は、この期待を急速に冷却させる結果となった。さらにその背景には、日本社会における市場原理の貫徹、さらにそこから来る社会イデオロギーの変質といった要因が複雑にからみついている。価値観の多様化といわれる現象が中国史研究にも影響し、原理の追求よりも事象の調査を重視する風潮が高まった。それは戦後の大局的議論への反動でもある。個別的事象の即自的な実態研究が大勢となり、これが基本的に現在に至っているわけである。

このようにして、生産様式論の再検討を意図して提出された六〇年代以後の種々の提議も、学界全体として力強く受けとめられているとは必ずしも言えないものがある。『歴史研究』誌上の「筆談」は、私たちにこの反省をよび起すものであるが、しかし現在私たちは、どこに再考の起点を置いたらよいのであろうか。

右にも述べたように、生産様式論がその普遍法則の、いわば影の位置に置いた専制国家およびこれを支える自立した民衆こそが、あらたな考察の出発点になるべきであろうと私は考える。顧みるに、かつてヨーロッパの社会思想家たちは、アジア社会の特徴を、専制国家と人民の関係の中に見た。モンテスキューはこれを政治的奴隷制とよび、ヘーゲルは君主一人だけが自由をもつ社会とし、マルクスも、総体的奴隷制の語でアジア社会の特性を言い表わした。戦後日本の中国史研究は、こうした発想をヨーロッパ中心史観、あるいは停滞論としてしりぞけ、中国社会をヨーロッパ史と共通する発展原理で把握しようと試みたが、結局また専制国家と人民の問題に立ち戻ったのである。それでは、この国家と人民の関係をどうとらえたらよいのであろうか。ヨーロッパ人のように専制権力とその奴隷という構図でとらえるほかないのであろうか。私たちはいま、この課題に迫られているわけである。次節以下に述べる所は、この課題に対する筆者個人の見解である。まだ仮説の域を脱しないが、敢えて提示して、同学諸氏の批正を仰ぐことにしたい。

四　中国史における国家と人民

上記の課題を中国史の展開に即して考えてみると、以下のような事実に気づかされる。中国の国家が中央集権的性格を強めたとき、それと並行して人民の地位も高まるという事実である。これについて二つの事例を示そう。その一つは秦漢帝国時代であり、もう一つは宋代以後の時代である。秦漢帝国は周代の宗法主義的身分制の崩壊を前提として成立した。春秋戦国期の社会変革による貴族勢力の瓦解は、一方で統一帝国を生み、他方で人民を身分的束縛から解放した。専制権力の強化と人民の地位向上とは、時代の楯の両面を成している。つぎに、唐宋の際の社会変動においてもまた、門閥貴族勢力が崩壊して、君主独裁権力が成立した。後述するように、これもまた、人民が貴族権力の種々の制約から解放された時代であった。この時代にも、専制権力の強化と人民の地位向上とが同時現象として生起している。(4)

このことを言い換えると、専制と自由が同一時代に共存していることを物語っている。専制の下での自由が果して真の自由であるかどうかという疑問も起り得るが、ここではそれに拘泥せず、あくまで歴史の実態に即して考察を進めよう。

専制と自由が同一の社会で共存しているということは、両者が相互依存関係にあることを示唆している。すなわち、専制なくして自由なく、自由なくして専制なし、というような関係がそこに成りたっているのではないだろうか。秦漢時代の人民は、氏族組織の解体によって析出された比較的小規模の三族制家族を単位として生活を営んだ。この変化の背景には勿論農業生産力の発展がある。彼らの遠祖は大部分貴族の領民であったが、今やその束縛を脱して、自己の計算によって農業生産を営み、且つ市場にも関わっている。専制国家は、このような自作農民を編戸とし、その労働と生産物に財源を見出している。一方、人民がその生産と生活を安定的に継続するためには、外敵の侵寇を防ぎ、河水の調節を図り、豪民や商人の侵奪から身を守らなければならなかった。しかしそれらの広域にわたる事業は個々の農民のよくするところではなく、専制国家の統一政治によって始めて可能となる。

唐宋変革後の君主独裁政治の時代でも、基本的に同じことが言える。唐代の人民は律令によってその生産と生活を強く規制されていた。彼らは本籍地主義の政策に緊縛されて、移転の自由をもたなかった。その占有地も田令に規定されて所有の自由がなく、穀物・衣料の生産にも種々の規制が加えられていた。それは何時の時代にも見られる人民に対する法的規制と同じではない。貴族制社会に特有な制度、すなわち凡ゆる人間の社会生活を等級づけ、規格し、それによって社会全体を固定化し安定させようとする意図から出ている。しかし唐中期以後、こうした制度は大きく崩れた。均田・租庸調制は両税法に変り、府兵制は傭兵制へ移行した。この制度的変化の背景には、交換経済のすさまじい発展がある。社会はこれまでの静的状態から動的状態へ急激に変貌した。人民には、居住の自由や土地所有の自由が認められた。権力方面では、貴族政権から君主独裁政権へ移行する。君主独裁政権は、貴族政権から解放された人民を、直接の権力基盤とする。土地所有権を認められた人民はそれと引きかえに両税を納め、商人は各種の商税を納めて営業権を獲得する。土地を失なった無産戸の一部は傭兵となり衣食の給与を受けつつ軍事労働に服務する。

このようにして成立する専制国家の財政の主要な使途は、軍事費と官僚の俸給である。官僚の役割については後述するが、国家の遂行する軍事と行政は、社会の安寧を図り生産を安定させるためのもので、その効果は人民の生活に還元されることが期待されている。

このような構図において国家と人民は相互に依存しつつ、帝国体制を形づくった。人の要素から言えば、君・臣・民の三者から構成される。専制国家の運営に当るのは君と臣、すなわち皇帝と官僚から成る、所謂治者階級である。治者階級が皇帝と官僚に分化するのは、広大な領域を統一的に統治するために専制君主を必要とするからに他ならない。周代の貴族政治でも君臣関係は存在するが、君と臣との絶対的な隔りはなかった。六朝期の貴族政治も皇帝政治ではあるが、ここでも君臣間の距離は比較的小さい。このように、時代による消長はあるが、とにかく帝政成立以後、皇帝と官僚はそれぞれの立場を保ちつつ、全体として治者階級を構成した。治者階級は国家の管理運営に任じ、被治者階級たる民は生産を分担して、両者はここに共同の世界を構成している。その一方が欠如すれば、他の一方は存立し得ない関係にある。このような意味で、この共同の世界を「国家共同体」とよぶことは、必ずしも不当ではないであろう。

しかし、「国家共同体」は、決して理想社会ではない。それは実際の歴史においてもそうであったし、原理上から言ってもそうである。その中に内在する対立関係がたえず働いていて、共同体を動揺させ、変容させ、ついにはこれを瓦解にみちびく。現実の現われ方から言うと、賦役の過重化が人民の生活を脅やかし破壊していく。これには皇帝や官僚の欲望がその原因をなすことが多い。王朝が建設され、「国家共同体」が成立すると、それによって社会が安定する結果、物質的繁栄がもたらされ、これが治者階級の奢侈への欲望を刺激するのである。また皇帝の四囲に対する征服欲が軍事費の増大を結果し、あるいは、巨大化した帝権誇示の欲求が土木事業への莫大な出費をもたらして、人民の生活を疲弊させる。社会の安定は一方で生産力を高め、商業資本や土地私有による経済発展をうながし、また社会の文化生活を向上させるが、それらが農民生活を圧迫する面のあることも考慮されねばならない。そして宗室や官僚階級がその特権を利用して、自ら商業経営や大土地経営に関わる現象も顕著となる。このようにして、「国家共同体」内部に、社会の私化傾向が生れ、それが人民の生活を侵害し破壊してゆくと、公共の世界であるべき「国家共同体」はその基礎を失なって、解体への道をたどるのである。

こうした矛盾の生れる根元は、「国家共同体」が、治者と被治者という対立する機能をもつ二つの階級によって構成されているところに在る。その対立する機能とは管理と生産であるが、そのうち生産こそが人類生存の第一の要件であり、管理機能はこれを保障するところの第二の要件である、しかし実際には、第二の要件に拠って存立する皇帝や官僚が、第一の要件を荷う人民の上位に立ってこれを支配する権限をもっている。この矛盾が、生産と管理の有機的結合である「国家共同体」から共同体的性格を奪ってゆくのである。

中国専制帝国の基本的骨格はおよそこのようなものであったと考えられるが、これを共同体とよぶ以上、構成員のこれに対する帰属意識が問題にされなければならないであろう。一般の人民がこの共同体の一員として自らを意識していたかと言えば、それはほとんどなかったであろう。彼らにとって国家とはその生活の場から遠く離れた世界のことであり、賦役を徴収される際にその存在を感じていたぐらいではなかったであろうか。しかし管理者たる官僚階級にあっては、少し事情が違ってくる。彼らは政権によって地位を与えられたエリートであり、政権の消長は、「国家共同体」が安定的に維持されるかどうかにかかっている。彼らは一方において自己の私的欲望を満たそうとする反面、他方では、その管理者としての責務を無視できない立場にある。彼らの民本主義的政治倫理がここに形成される。それによれば、「国家共同体」の究極の思想的根拠は天にあり、その政治倫理実現の目的は、天意にもとづいて民生を安定せしめることである。そして、この理想を実現すべき責務は、自己自身にある。なぜなら、自分は社会のなかで選ばれた階級の一員だからである。「修身・斉家・治国・平天下」とは、まさしく「国家共同体」の一員としての自覚と任務を説いた言葉である。ここに見られるように、儒教が「国家共同体」の思想の形成に果たした役割は、極めて大きいものがある。(5)

要するに、「国家共同体」の一員としての自覚は、大体において治者階級に限定されていたと考えられる。彼らは、「国家共同体」の中に、自己の帰属する世界を見出した。それでは、人民には自己の帰属する世界は存在しなかったのであろうか。生産者・生活者としての人民は、家族関係を通して、生産し生活している。中国の家族関係は血縁で結ばれた自然の関係であると同時に、夫婦・親子・兄弟という人倫の関係で結ばれた共同生活の組織である。人民にとって、家族関係こそは自分自身の世界であり、その意味でこれを「家族共同体」とよぶことができるであろう。「国家共同体」の一員であることを自覚しない人民も、ここでは共同体の一員であることを自覚する。外界から受ける脅威や被害も、まず「家族共同体」によってこれを防衛し、平安な世界をそこに形づくろうとする。

この防衛体制を強固にしようとおもうならば、複数の家族が連合して血縁性の宗族共同体や地縁性の郷党共同体を構成する必要がある。これらも一括して「家族共同体」の延長とみなすことができるであろう。さらに、家族原理がひろく他姓との関係にも及んで、仮父子や義兄弟のような擬制的家族結合を作り出すこともある。これらも、「家族共同体」の拡延形式である。

このようにして、「国家共同体」の中では管理の対象（object）の位置にある人民も、「家族共同体」の中では、帰属する社会の主体（subject）である。彼らの生活がいかに貧しくとも、そこに彼らの「自由」がある。勿論、「家族共同体」の中で父権や夫権が極度に強くなれば「家族共同体」の共同体的性格に歪みを生じ、したがって各成員の「自由」が減殺されるが、家父長制は、本来中国の家族制の原理ではない。ともかくも、このような「自由」なしに人民は生きてゆくことができないのであり、人民はこの「自由」の中に生きつつ専制国家を支えている。もしこの

「自由」が無ければ、彼らはまさしく専制国家の奴隷でしかないであろう。ヨーロッパの思想家たちは、「家族共同体」を単なる自然的結合としか見ることができず、つまりそこに人倫を見出すことができなかったために、これを事実上の奴隷と想定したのである。

いうまでもなく、治者階級たる皇帝・官僚も、「家族共同体」を構成している。上述の「修身・斉家・治国・平天下」は、「家族共同体」と「国家共同体」とが自己のエートスの中で結びついた思想だということができる。治者階級にあっては、この二つの共同体は同心円的構造をなしている。しかし、「国家共同体」を公とすれば、「家族共同体」は私である。この公私はしばしば相剋しあい、私を優先して公を軽視することもあり、范仲淹の「先憂後楽」の思想のように、公のために私を滅却することもある。被治者の人民の場合、この葛藤は生じ得なかったと思われるが、しかしともかくこのようにして存在する「国家共同体」は、治者・被治者を問わず、中国人の生きる場であった。中国文化もまたこの場において創造され享受されたのである。「家族共同体」を支える家族倫理も、治者階級から被治者階級へと、この「国家共同体」の具える回路を通じて普及して行ったのである。国家と人民との間に敵対的矛盾を強調してきた従来の観点からすれば、「国家共同体」の概念は、一種の階級協調論として受け取られるかも知れない。しかしその内部に治者と被治者、管理と生産の矛盾がはたらいていることは、すでに縷述した通りである。それを十分に認識した上であえて「国家共同体」の語を使用するのは、中国人にとってそれが所与の現実であると考えるからである。このありのままの現実から社会発展の論理を導き出してこそ、私たちは中国史の実態に即した観点を獲得できるであろう。

以上は、中国における国家と人民の関係を一般論として考察したものであるが、次に、これを歴史の具体的な展開の中で論じてみたい。

五　中国史の展開と共同体

管理と生産の二つの階級によって構成される国家が中国において何時出現したかは、明らかでない。しかし遅くとも殷周時代には、このような国家体制がすでに成立していたと考えられる。(6) 殷周時代の国家は所謂都市国家であり、社会的には、氏族制を原理として構成されており、支配氏族と被支配氏族とに分化していた。これを士族と庶族という語で言い表わすならば、周代では士族は宗法制によって組織され、祖先の祭祀を根幹とする国の運営にたずさわった。士族は戦士集団でもあり、「国の大事は祀と戎に在り」（『左伝』成公十三年）といわれるように、祭祀と軍事が国政の二大中心事業であった。その中心事業を荷ったのが士族階級であり、しかもそれを荷うことが彼らの誇りでもあった。これに対して庶族階級は、「礼は庶人に下さず」（『礼記』曲礼上）とあるように、国家の祭祀権から排除されていた。軍事労働には従事したらしいが、それは士族の命令による強制労働である。そして彼らの労働の作り出す生産物が祭祀のために捧げられ、また士族階級を養なった。租・税などの語が本来祭祀の供物を意味するのは、生産と管理の機能分化の起源を考える上で興味深いものがある。(7)

殷周の国家は士族すなわち支配氏族の祭祀軍事共同体を根幹としており、この意味において、それは「国家共同体」の原型を示している。被支配氏族たる庶族は国家の不可欠な要素を構成しつつ、国政に主体的にあずかることはできなかった。彼らの人格的地位については必ずしも明瞭ではない。それを氏族奴隷とみなすかどうか両論があり得るであろう。国家機関に専属する工人の地位も考究すべき問題であるが、農民に限って言えば、彼らにも彼ら自身の自由な世界、すなわち「家族共同体」が存在したことを主張する学者もある。(8) もしそれが正しいとすれば、殷周時代、

「国家共同体」と「家族共同体」の二重構造がすでに成立していたことになるであろう（士族においてはこの二つの共同体は重なり合う）。要するに、この時代における士族と庶族との関係は、後世の専制帝国における管理階級と生産階級の原型をなすものとして、極めて重要な意味をもっている。換言すれば、中国史における自由と専制の問題は、すでにここに胚胎しているということができるのである。

さて、秦漢時代の農民となると、上代の農民に比べてその自立性は格段に高まったと考えられる。彼らの居住区域は里であるが、里は小規模な三族制家族の集合する聚落であり、各家長の間から選ばれた父老がこれを指導していた。この家族連合の精神的な紐帯は里社に対する信仰であって、里は一種の祭祀共同体とみることができる。個々の家族の力はまだ弱く、宗族結合も後世ほど制度化されていなかったようであるが、しかし氏族的結合の弛緩によって自立した小家族相互の結びつきは、農民の地位を高めた。父老層の中から選ばれる三老は、県政の諮問を受け、その席次は県令と同格であったという。このように、官と民の階級的区別は、かえって後世ほど隔絶したものではない。前漢中期以後、地方から官吏候補者を推挙する郷挙里選の制度を実施したことも、この印象を与える。国家はむしろ爵制によって生産階級に「国家共同体」の一員としての自覚を植えつけようとした。それが民爵の範囲内に限定されたものであったにせよ、周代の庶民が爵制とは全く無縁の存在であったのに比べれば、大きな変化である。漢代の農民が受爵によって「国家共同体」に対し、どれほど参加の意識を抱いたかは、今後考究すべき課題であろう。先述の如く、彼らは「家族共同体」をも形成していたが、それは「国家共同体」に自然に連接していて、両者の間に深い対立関係は感じられない。漢帝国の「国家共同体」が公共的性格を強く発揮して後世の政治の模範となったのも、そこに原因があると考えられる。

漢帝国は、「国家共同体」が社会各分野の私化のために解体することによって、滅亡して行った。政治においては外戚・宦官の政権壟断、経済においては大土地所有の盛行、社会の風気においては奢侈と無気力と個人主義。このような時代傾向の下で、農民の「家族共同体」もまた存立を脅やかされ、多くの農民は流亡と没落をよぎなくされた。「国家共同体」再建の動きは、二つの方面から起こった。一つは治者階級の間から生れた清流運動であり、いま一つは道教徒の革命運動である。この二つの運動には共通点がある。清流運動は礼教の士が個人の使命感に基づいて起したものであり、道教徒革命もまた個人の救済を目的として結ばれた組織的運動である。前者は漢帝国を支えようとし、後者はこれを否定しようとしたが、いずれも個人の倫理意識を出発点としている。結局漢帝国は滅亡し、魏晋時代の新国家群の成立に至るが、それらの「国家共同体」を荷った士族階級もまた、同じ性格を具えていた。彼らは歴代登官の家の出身で、学問・教養を持ち、しばしば大土地所有者であった。彼らは、優越した経歴と能力と財力、つまりその私的な力を、賑恤・地域防衛・紛争調停・医療などのために支出して、宗族を団結させ郷党を指導した。私はこれを「豪族共同体」とよんできた。それは漢代の「里共同体」のような、小家族の比較的対等な連合ではない。卓越した力を有する特定の家族が中核となって、広範囲の「家族共同体」を構成したものであり、数百家、数千家という規模のものも決して珍しくない。中核をなす家族は、この血縁と地縁で結ばれた「家族共同体」の支持にもとづいて中央・地方の官界に地位を占め、貴族階級を形成した。九品官人法は、この登官方法を制度化したものである。

こう見てくると、魏晋以後には、「国家共同体」と「家族共同体」とが、貴族階級を仲介として、密接に関連していることが分る。これを公と私の概念で表わすとすれば、漢代では公と私は単純な矛盾関係であったが、魏晋以後になると、公と私は複雑に入り組んでいる。貴族の家では、家族員が私情を抑えて家全体の公に服務し、その家族はまた自家の力を同姓・異姓の諸家族の安定のために支出する。そうしてそれが究極として「国家共同体」の公を支えるのである。この場合、私人・私家の卓越性は決して否定されず、むしろそれこそが公的世界を生み出す主体的な力となる。一般的に言って、魏晋南北朝全期における社会と国家の構造は、胡族支配の要素を捨象するならば、およそこのようなものであった。貴族階級の優越的な地位は、公と私のこのような相互依存関係によって支えられていた。そしてその優越性の根源を彼らの血統に求めたとき、門閥貴族制が成立するのである。

この門閥貴族制度のもとで、人民の地位はどうであったか。人民の中にも良賤の区別があり、さらに賤民の間も種々の階層に分れている。貴族は彼ら賤民を奴客として家内に養ない、双方の間は強い隷属関係で結ばれている。しかし当時の社会は、この関係だけで律せられているのではない。貴族の家の周辺には、同姓・異姓の良民が広範に存在していた。彼らは法的身分としては自立し、国家の編戸を形成するが、外寇や自然災害の脅威に絶えずさらされているので、貴族の庇護を必要とした。このように自立と依附の両面において生きる農民の地位をどう考えるかが重要な問題である。私にはいま直ちに結論を出す準備はないが、彼らは貴族にとって宗人か、そうでなければ郷人であって、そこに一定の自由が保留されている。すなわち、彼らは、貴族の指導する「家族共同体」（宗族・郷党）の一員なのである。彼らはまた、郷論を形成する主体であって、貴族に対して道徳的評価を下す。つまり貴族の指導によって生きつつ、その指導を期待する存在である。ここに受動的ながら、人間としての自由が保有されていると考えなければならない。漢代に比較すると、形式的な自由は一歩後退したが、道徳面では深化している。彼らの保有する自由が、貴族主導の「家族共同体」を根底において支え、それが地方社会の安定に大きな役割を果した。貴族と人民のこの結合体は、本来私的な結合でありながら、「国家共同体」の形成と存続に寄与した。その一例を挙げるならば、江南に寄寓する東晋王朝の防衛と北土回復戦争に活躍した所謂北府の軍団は、北来の郷党集団を核心としていた。

一般的に言うならば、魏晋南北朝時代は、貴族階級が私によって公を実現した時代であった。しかしそれが可能になるためには、克己心によって私を公に転ずる倫理精神がはたらかなければならない。しかし南朝では、そのようにして地位を確立した門閥貴族は、その地位に安住して、私を公に転ずる努力を怠り、「国家共同体」の運営実務から遠ざかり、人民との間にも隔りを生じて、勢威を失なってゆくのである。北朝ではやや事情を異にする。北地に留まった貴族階級は、胡族の軍事政権下にあって、「家族共同体」を長く保持した。胡族政権はそのような漢人貴族を政界に吸収し、胡漢合作によって、部族共同体から出発した「国家共同体」を再編強化しようとした。北魏孝文帝の漢化政策は、その完成を意図したものである。しかしその胡漢融合の原理が門閥主義にあったため、胡族の一部を「国家共同体」から排除する結果となり、たちまち北魏王朝は瓦解した。北魏後期諸政権の政治は、「国家共同体」の再建過程を意味する。そこに特徴的なのは、寒門層の進出である。この傾向は南朝でも見られるが、寒門層は門閥貴族に代って国家の公を荷う新興階級として登場した。このような時代の潮流が隋唐統一帝国を形づくった。すなわち、科挙制に象徴されるように、門閥・非門閥の等級を超えた新しい貴族官僚集団が形成され、それが統一帝国の管理体制を荷ったのである。

再建された「国家共同体」は、貴族主導の「家族共同体」の下にあった人民を編成して、行政の下部組織とした。すでに北魏に創設された三長制・均田制・租庸調制などの諸制度は、隋唐に至って整備大成された。人民は個々の貴族への依存関係から解き放たれて、名実ともに国家直属の民となった。それでは彼らの地位をどう理解すべきであろうか。均田・租庸調を土地の給付および反対給付の制度と解して、彼らを国家の農奴と見る見解もあり得る。しかし均田制には、農民家族の保有する労働力に応じて耕地を保障し、それを他人の侵奪から守るという意義が含まれている。端的に言えば、自営小農民の生産と生活を法の力によって保障するという目的がある。「国家共同体」は貴族階級主導であるから、均田農民も貴族階級の支配下にあるわけであるが、農民を直接統制しているのは個々の貴族の意志ではなくて、国家の法令たる律令である。それは農民にとって保護と束縛の二重の意味をもっている。彼らは、律令によって自作農としての家庭生活を保障されていると同時に、律令に定められたこまごまとした生活規制を守ることを義務づけられている。彼らの属する聚落は、里制と村制の両形態が重複しているが、どちらかと言えば、村制の方に、「家族共同体」としての自治的な活動があったであろう。なぜなら、村は魏晋南北朝時代以来の自成的な聚落形態だからである。しかしその一方で、彼らは、国家行政組織の末端である里制によってきびしく管理された。

律令制の下にあった隋唐の社会は、概して固定的であり静態的であった。唐代初期までに潜在的に存在していた生産力の発展と交換経済の勃興が、盛唐期以後、爆発的に顕在化した。社会の性質は静から動へと激変したが、法制と現実の乖離が深刻な政治矛盾を惹き起した。例えば、逃戸の逋賦に対する攤配が、農民の逃亡をさらに拡大した。宇文融の括戸は、本籍地主義に拠りながら、一方では現住地主義を採用しなければならなかった。その妥協はついに両税法の制定に帰結する。唐朝の政策方針は法制主義から現状主義へ転換したが、かつて法制によって保持されていた「国家共同体」の公共的性格は失われ、宦官と財政官僚と藩鎮が権力を左右し、貴族官僚は、そして皇帝さえも、これらに依附して地位を守った。

唐末五代の政治混乱は、新しい「国家共同体」の原理を模索する試行錯誤の営みと解してよいであろう。宋代以後清朝まで一千年間の君主独裁政治が、その新たに切り拓かれた世界であった。「国家共同体」は、独裁君主とその臣僚たちによって領導された。宋代の政治の最大の課題は、民族としての自立性を強めた周辺民族から中華の地を守ることであった。そのため、歳賜を含む厖大な防衛費を必要とし、その徴収のために大量の官吏が配置された。勿論水利等の施策を始め国内の社会安定につとめることも、彼らに課せられた任務であった。その厖大な官僚群には巨額の給与が支給され、それが軍事費と共に財政上の二大支出項目となった。自由化された土地経営と工商業とに課せられる租税収入が国家の莫大な支出を支えた。

宋代以後の「国家共同体」の特色は、身分や地域のような自然的属性を越えて、統一的な世界を形成したことにある。そこに属する官僚集団も、身分や出身地域を第一義としない普遍的治者階級である。彼らの哲学が自然と人倫をひっくるめて普遍原理によって説明する宋学であったことも、このことと対応している。人民について言えば、官と民の間に身分上本質的な差別はない。その機会に恵まれることは極めて少ないが、一介の農夫にも考試を通過して官僚となる門戸は開かれていた。大土地所有下の佃戸が農奴身分であったかどうかかつてはげしい討論があったが、少なくとも彼らはまた丁税を負担する編戸であり、つまり「国家共同体」の一員であった。田主が佃戸を恣意的に圧迫することは法制上許されず、これを犯せば国家がこれに干渉した。このように、官と民との間に、前代の貴族政治におけるような身分上の区別はなかった。とすれば、官僚とは職能の一つでしかなく、いわば職業の一つであった。官僚がこの職業を、「国家共同体」に対する自己の責任としてとらえるか、或いは私利獲得のための手段としてとらえるかによって、人民の運命が大きく左右される。

職業化した官僚政治の下で、人民の生活も身分的束縛を脱して自律性を深め、多種多様な自治的集団を作り上げた。いくつかの事例を掲げるならば、まず宗族結合において新しい制度的発展が見られた(9)。郷党関係では、全国各地に同郷会館が建設される。唐代の敦煌地方には、宗教的、非宗教的相互扶助組織として、社邑なる民間団体が出現しているが、後世になると、大規模な会党・教門の類が簇生して、しばしば政治的事件を惹き起した。

宗族以外のこれらの集団は、いずれも血縁関係を超えた結合であるが、その根底には、何らか「家族共同体」の意識がある。郷党関係を律するために作られた郷約の第一に掲げられた徳目は、父母への孝であり、次いで兄への敬であり、こうした家族道徳ののちに郷里に対する奉仕が述べられている。会党・教門などの結社が、天地を父母とする兄弟結義によって団結していたことはよく知られている。これらの結社の成員は多く郷里社会から離脱をよぎなくされた人びとであるが、彼らが仲間集団を形成するときには、再び血縁原理を擬制として導入したのである。

以上を総括して言えば、人民が家族の範囲を超えて、地域や宗教を契機に新らたな相互扶助集団を構成するとき、その骨格を血縁原理に求めたことが理解できるのである。つまりそれらの集団は、「家族共同体」のさまざまな様式におけるヴァリエィションを意味するものであった。

このような人民の成長に応じて、国家もまた「家族共同体」を権力の土台として利用しようとした。宋代の保甲法、元代の社制、明代の里甲制などは、民間の地域社会を官制として編制したものであるが、ここでも戸を単位としてぃる点が注目される。これらの施策は、「国家共同体」が「家族共同体」を包摂しようとしたもので、明の太祖の六諭を人民に普及させた老人の制は、この意図を道徳面で示している。その六諭の格言もまた、郷約と同じように、家族道徳を第一としている。

「国家共同体」がこのように「家族共同体」を自己の権力内に取りこもうと意図するのは、むしろこの二つの共同体の調和関係が維持され難くなっていることを示すものと思われる。明清時代になると、人民は平和な郷村生活に安住できない一面を持つことになる。前述した会党・教門の活動にみられるように、本来の「家族共同体」から脱離し、反政府的行動に走る、いわゆるアウトローの世界が形成されたからである。やや誇張して言えば、中国世界は、「国家共同体」と郷村の「家族共同体」の他に、反権力の共同体集団が生れ、三極構造を形づくる。政府は反権力組織を弾圧するが、反権力組織は政府に対して執拗な抵抗を試みつつ、郷村に浸透し、またこれを荒廃させる。郷村の疲弊は、当然のことながら国家財政を危機に陥れるであろう。

明清期に多発する民衆反乱は、このような悪循環を通じて、国家の威信を低下させた。清朝乾嘉時代の白蓮教の反乱においては、腐敗した官軍はこれを鎮圧することができず、郷勇に頼らねばならなかった。これは、「国家共同体」がその存立のために「家族共同体」に依存しなければならなくなったことを意味している。太平天国革命においても、情況は同じで、官軍に代って華中一帯に郷紳・生員の組織する義軍が、大きな役割を果した。「国家共同体」の自覚的一員である郷紳・生員が、「家族共同体」を領導して成功を収めたのである。辛亥革命はこの義軍に端を発する新軍と会党との二つの力によって達成された。これを端的に言うならば、それは「家族共同体」による革命であり、「国家共同体」と「家族共同体」とに分裂した二千年来の帝政は、ここに終止符が打たれたのである。とすれば、辛亥革命後における中国国家の課題は、この二つの共同体を一致させ、管理と生産、官僚と人民の階級的分業関係を解消して、専制と自由の矛盾から人民を解放することでなければならないであろう。(10)

六　結　語

中国社会は、国家と人民の関係を主軸として運動している。しかしこのように認識しても、この両者の関係を原理的にどう理解するかについては、さまざまの考え方がある。きわめて一般的な理解では、両者を最初から階級的な対立関係でとらえる。そこから国家的奴隷制や国家的農奴制などの説が派生してくる。そこまで明確に規定しないとしても、収奪する者とされる者との階級対立として把握する傾向は、今日の学界でもかなり支配的であるように感じられる。

本稿では、このような諸見解と異なる観点を提示した。すなわち、国家権力を人的に構成する皇帝・官僚と人民とが同一の世界に共存していることに着目して、これに「国家共同体」という概念を与えた。それは中国という文明世界が存立するための必須の条件である。国家本来の存在理由は、統一的な政治的共同体を作り上げて、人民の生活を安定させ、生産活動を維持することに在る。国家を先験的に階級対立において把握するのは、現象をもって本質とみなしているためである。

勿論、この本質と現象は分ち難く結びついている。「国家共同体」が成立し得るためには、その内部に生産と管理の二大機能を備えなければならない。一定の歴史的条件の下では、この二大機能は、治者と被治者という階級的区別を通して遂行され、そのことが両者を利害の対立にみちびく。生産者が国家に提供する労力や生産物や貨幣は、本来国家に対して納める地代ではなく、「国家共同体」の運営に必要な経費である。しかし種々の原因からその額は増大して、生産者の再生産を困難にするまでに至る。その諸原因の中には、既述のように、皇帝の権威を高めるための土木事業や外征、私腹を肥やそうとする官僚の不法な収奪なども含まれていて、それらが人民の為政者に対する憎悪をかき立てる。「国家共同体」は、民間の大土地私有や商業資本の侵奪から小農民を保護することを任務の一つとするが、「国家共同体」が変質するとこうした機能ははたらかなくなり、むしろ皇帝や官僚は、大土地私有や商業資本からも利潤を得ようとする。心ある官僚はこうした事態を批判して諫言を上呈するが、大勢はもはや如何ともしがたい場合が多い。やがて民衆反乱が発生し、治者階級の私を憤り、自ら新しい公を打ち樹てようとする。これは「国家共同体」の再建を志向するものである。民衆反乱によって誕生した新政権は、往々にして既成の官僚国家の再現というすがたをとるので、そこに反乱の革命性の限界を指摘する見方もあるが、民衆反乱が否定したのは、治者階級によって私物化され、隳壊してしまった「国家共同体」であって、「国家共同体」そのものではないのである。「国家共同体」はいつの時代にも、人民にとって生存のための必須条件であった。

「国家共同体」の構想からすれば、被治者たる人民もまたこの共同体の一員であるが、しかし彼らは一般に共同体の運営から排除されている。たといそれにあずかるとしても、郷官、胥吏、下級軍人などのように、官僚機構のごく下部に位置するだけである。これは大きな矛盾であるが、人民には彼ら自身の世界があって、この矛盾を補なっている。本稿ではそれを「家族共同体」の語で言い表わした。「家族共同体」は、治者・被治者を問わず、万人に与えられた最も根源的な生存の場である。人民は「国家共同体」の運営権から排除されてはいるが、「家族共同体」の主体であることによって国家の奴隷となることなく、一定の人間的自由を保有した。「国家共同体」はこのような人民の自由を前提として成り立っており、専制権力はむしろこの自由の拡大によって支えられたと見ることができる。

自由と専制を二者択一的にとらえる発想からすれば、中国社会における、その複雑な二者の相互関係は、理解し難いであろう。しかし例えば、人民の自由が専制主義の否定によって獲得されたヨーロッパの古典古代や近代市民社会でも、その自由の世界の外側には、奴隷や無権利の被征服民を作り出したのであって、自由と専制は、いわば不可分のものであった。中国の多くの人民は、自由の行使は制限されていたが、奴隷化されたわけではない。自由と専制がヨーロッパの歴史では相互排除的に外在的に位置するが、中国ではそれが内在的にからみあっていたのである。中国の人民は、自由と専制の双方を自己の内面に抱きながら生きてきた。その均衡が破れたとき始めて彼らは起ち上って、「国家共同体」に干渉した。なぜなら、「国家共同体」の腐敗は、必然的に「家族共同体」を解体にみちびくからである。

日本の学界では、人民がその生活圏において関わっている各種の共同体、例えば家族、宗族、郷村、あるいは地方市場圏におけるさまざまの団体などについて、深い関心を注いできた。その一方で、人民の生活に対する国家そのものの役割の大きさが指摘されてきた。また、国家と民間の諸共同体との関係をどのような論理で説明するかについても、いろいろと考察が試みられてきた。本稿の「国家共同体」と「家族共同体」の二つの共同体概念は、それらの論議に対する一つの解答でもある。この二つの共同体は、互いに次元を異にする共同体であって、「家族共同体」が煉瓦のように積み上げられて「国家共同体」を構築するのでもなければ、「家族共同体」が拡大してそのまま「国家共同体」となるのでもない。あるいはまた、「家族共同体」が「国家共同体」の下部構造を形成するのでもない。人民の立場に立って言えば、「家族共同体」は内なる共同体であり、「国家共同体」は外なる共同体である。この内外の次元を異にする二つの共同体は、互いに表裏をなして相互依存関係を構成している。「国家共同体」が人民にとって外在的に現象するのは、国家の占有する地理的空間の広大さが要因の一つとなっていることは否定できないであろう。前述したように、近隣の強力な遊牧民族の圧力や酷烈な自然の脅威に抗して安定した世界を保持するためには、この広大な地域を統一的に支配する巨大な専制国家の存在を不可避としたのである。(11)

しかし最後に断っておかねばならないのは、「国家共同体」と「家族共同体」という二つの共同体が次元を異にしつつ共存するのは、とくに帝政時代特有の現象だという点である。帝政以前の都市国家時代においては、士族階級に限定すれば、「家族共同体」と「国家共同体」とは完全に重なりあっていた、つまり次元を同じくしていたと考えられる。この構造が中国における国家の原構造である。一方、さきにも示唆したように、帝政終了後の近代社会において、「国家共同体」は人民にとって内なる共同体として建設されなければならない。近代の先覚者たちは、それを理念の上で「国家共同体」と「家族共同体」の統一という道を希求してきたのであった。こう見てくると、帝政時代における「国家共同体」と「家族共同体」の共存状態は、帝政以前の原始国家におけるそれらの統一から発展・分化したものであり、帝政以後にその再統一を構想する立場にとっては、そこに至る長い過渡期だということになるのであろう。それが過渡期であるというのは、自己の属する世界が人民にとって自己自身のものになってゆく歴史的過程という意味である。

註

（1）十二人の「筆談」の筆者は次のとおりである。清華大学文化研究所教授何兆武・北京師範大学歴史系教授何茲全・山東大学歴史系教授田昌五・北京大学歴史系教授馬克垚・首都師範大学歴史系教授寧可・南開大学歴史系教授劉沢華・南開大学歴史系教授馮爾康・南開大学歴史系教授朱鳳瀚・南開大学歴史系教授張国剛・北京師範大学歴史系教授晁福林・河北師範大学歴史系教授沈長雲・清華大学人文学院教授李伯重。

（2）ソ連におけるアジア的生産様式論の推移については、拙著『中国中世社会と共同体』（国書刊行会、一九七六年）五三〜五四頁、参照。

（3）本節に紹介する日本学界の研究および討論については、拙編『戦後日本の中国史論争』（河合文化教育研究所、一九九三年）を参照のこと。また前註所掲の拙著『中国中世社会と共同体』所収の各論文を参照。

（4）この理解は、内藤湖南の史論に多くを負うものである。内藤湖南『支那上古史』・同『支那近世史』（いずれも『内藤湖南全集』第一〇巻、筑摩書房、一九六九年所収）参照。

（5）「君子労心、小人労力、先王之制也」（『左伝』襄公九年）、「夫滕壌地褊小、将為君子焉、将為野人焉。無君子莫治野人、無野人莫養君子」（『孟子』滕文公章句上）、「労心者治人、労力者治於人、治於人者食人、治人者食於人、天下之道義也」（同上）。これらの著名な諸文章に見える君子と小人（野人）の分業論は、国家を一つの共同体とみるところに由来している。この構想は長く後世の国家論の基礎をなしている。

（6）前註『左伝』の一文に、それを「先王之制」と述べていることに注意したい。

（7）宮崎市定「古代中国賦税制度」（『宮崎市定全集』第三巻、岩波書店、一九九一年所収）。

（8）宇都宮清吉『中国古代中世史研究』（創文社、一九七七年）第三章「詩経国風の農民詩」は、この観点を強く主張したものである。

（9）拙稿「六朝時代の宗族——近世宗族との比較において——」（『名古屋大学東洋史研究報告』二五、二〇〇一年）参照。

（10）内藤湖南は、この二つの共同体を、「政治と社会組織」という風に表現し、その分裂を克服することが中国共和制国家確立の道だと説いている（拙稿「内藤湖南と中国基層社会」『史林』八三―二、二〇〇〇年参照）。

（11）　このように提議したとき、それでは「国家共同体」は何を原基として形成されるのかという疑問が、当然生ずるであろう。王朝権力が生れるとき、特定の家族・宗族・郷党集団、あるいは外来民族の部族集団、さらには擬制家族として組織された反乱集団などが中核になることが多い。それらは本文に述べたところによれば、「家族共同体」に属し、「国家共同体」の原基を各種の「家族共同体」に求めても大誤はないであろう。しかし、「家族共同体」の凝集力を中核とする武力のみでは、「国家共同体」成立の十分条件とはなり得ない。そこには、私から公への集団の飛躍を実現して、「国家共同体」としての資格を具えてゆかねばならない。この問題については専論の必要があるので、ここでは省略に従いたい。

中国史における世界性と固有性——六朝時代を実例として——

一　戦後日本における中国史研究の課題

第二次世界大戦終結後、日本の歴史学界の内部に、一つの強烈な志向が生まれた。それは、日本史、中国史、ヨーロッパ史を、これらに共通する歴史発展の原理で統一的にとらえたいという願望である。今日から見れば無謀とも思われるこの企図には、当時確固たる理由があった。それは、日本のひき起こした侵略戦争への反省の意識にもとづいていたのである。

具体的に言えば、その課題の一つは、日本史における所謂皇国史観の払拭であり、もう一つは、中国史に対する所謂停滞史観の克服である。皇国史観と停滞史観は両々あいまって、日本の中国侵略を正当化する役割を果たしていたのであった。

そこで戦後、一部の歴史研究者たちは、日本史にも中国史にもひとしく世界史の基本法則が貫徹していることを証明するために、大きな努力を傾けた。そしてその影響が歴史学界全体に急速にひろがった。

この企図のためにとくに採用されたのが、唯物史観の理論であった。実を言えば、戦時中の中国史の停滞史観は、マルクスのアジア的生産様式の概念に依拠していた。周知の如く、ヨーロッパの革命のために知力のすべてを傾注したマルクスの理論体系において、中国を含むアジアの歴史は、近代ブルジョア的発展を達成したヨーロッパに対しては、後景に置かれている。マルクスは、近代ブルジョア的発展を指標とする限りにおいて、アジア社会は立ちおくれた社会であると考え、これを「アジア的」という言葉で概括したのである。ここからヨーロッパの進歩とアジアの停滞という対比の構図を宿命論的にえがく人びとが現れた。中国社会の停滞性の主張は、ここに由来すると言ってよいだろう。

第一次大戦後、植民地アジアの解放の問題が政治日程に上ってくるのだが、ここでアジア的生産様式の概念に関する論議が、ソ連、日本、中国の間で噴出してくる。所謂アジア的生産様式論争である。さまざまの議論が行われる中で、スターリンは、独立した生産様式としてのアジア的生産様式を否定して、階級発生後の世界史を、奴隷制↓農奴制↓資本制という図式に一元化した。それはアジアの革命の戦略目標をヨーロッパに対する目標と同性質のものに設定しようとしたことを意味する。したがって、第二次大戦後の学界における中国史の停滞論批判は、一面でスターリン戦略の路線に沿ったものと言うこともできるであろう。

しかしスターリン的普遍理論を中国史の実際に適用することは、大きな困難を伴った。まず奴隷制を中国上古の基本的生産様式と認めることができないからである。一部の学者は、秦漢社会の主要な農業生産者は、形式的には自由な小経営農民であるが、実質的には奴隷であるという論理で奴隷制が中国上古にも貫徹していたことを立証しようとしたが、各方面から強烈な批判を浴びて、こうした解釈は潰え去った。

我々が、例えば秦漢時代の主要生産者を虚心に観察するとき、そこに感得されるのは、帝国の編戸として、家族労働によって自己の保有地を耕作して生きる小農民のすがたである。たといこれを「総体的奴隷制」（マルクス）などの言葉で表現してみても、なぜ「奴隷制」の語を用いなければならないか、大きな疑問が残る。人間が他の人間によって完全に自由を奪われ、一個の物として対象化され、当該社会の生産労働の基本形をなすというのは、やはりかえってヨーロッパの特殊性ではないかとさえ考えられる。今日の日本の歴史学界で中国古代の社会性質を論ずるのに、奴隷制の語を用いる学者は、殆どないと言って差支えないであろう。のみならず、古代帝国支配下の小農民をどう定義づけるか、それはその後どういう変遷をたどるのか、といった問題の解明さえ、今日では放棄されたままだと言ってもよいのである。

一般的に言って、上古から近代に至る中国史の発展過程を、どのように論理的に説明するかという問題意識さえも、ここ数十年の間、ずっと希薄化の一途をたどってきたように感じられるのである。

二　内藤湖南の中国史論

私たちが現在、中国史を世界史的発展の論理によって説明するというかつての課題の前に立つとき、唯物史観の他に、拠り所となる理論はないのであろうか。実は、唯物史観が日本の学界に導入され始めた一九二〇年代後半より以前に、内藤湖南は中国史を一つの世界史として把握する説を提唱していた。湖南が一九二一年頃に京都大学で講じた『支那上古史』の「緒言」には、中国文化が四囲の世界に拡大発展してゆく方向と、それによって周辺の諸種族が自覚してその力を中国内部に及ぼしてゆく方向と、この相反する運動の交互作用を基線として、中国史を以下のように分期している。

第一期　開闢～後漢中頃………………上古

第一過渡期

第二期　五胡十六国～唐中期…………中世

第二過渡期
第三期　宋元時代……………………………近世前期
第四期　明清時代…………………………近世後期

そして、これについてつぎのように述べる。「以上の各時期に支那の内部に出来上った文化の様式の異れることは事実であって、其の文化の様式により各時代の特色を生ずる。それを全体合せて観れば、一の支那文化発展史が出来るわけである。支那文化発展を通観すれば、宛も一本の木が根より幹を生じ葉に及ぶが如く、真に一文化の自然発達の系統を形成し、一の世界史の如きものを構成する。日本人もヨーロッパ人も、各々自国の歴史を標準とする故、支那史の発展を変則と見るが、それは却って誤って居り、支那文化の発展は、文化が真に順当に最も自然に発展したものであって、他の文化によって刺激され、他の文化に動かされて発達して来たものとは異なってゐる。[1]」

これによれば、中国史の各時代はそれぞれの特色をもつ文化様式によって成立しており、それが集まって一つの系統ある文化発展史を構成している。それは一つの世界史である。中国史の発展は日本やヨーロッパよりも順当で自然な軌跡を示しているという。中国が日本・ヨーロッパと並行的な発展を遂げたという説は他にもあるかも知れないが、日本・ヨーロッパよりずっと順当で自然だという説は、内藤湖南を措いて他に例を見ないのではなかろうか。それは決して彼の中国びいきによるものではないであろう。彼がここで述べている説の核心は、文化様式の時代的発展という客観的事実に在る。

この文化様式とは、どのような概念であろうか。『支那上古史』の叙述の中から、この答えを導き出すことは、必ずしも容易ではない。しかし湖南の「概括的唐宋時代観」、つまり今日いわれる「唐宋変革論」とは、正に中世貴族政治の時代から近世君主独裁政治の時代への文化様式の転換を意味する。湖南は、この転換が政治形態の変革に止まるものでなく、人民の地位の向上、実物経済から貨幣経済への移行、文学・思想・芸術における形式尊重から自由表現への転換と、総じて言えば、社会万般に及ぶ文化様式の水平化、自由化であったことを指摘している(2)。

湖南のいう文化様式の文化とは広義の文化であって、当該時代に生きる人びとの社会的な存在様式と考えてよい。つまり彼らがその帰属する社会の中で思惟し、生活し、また能動的に活動するその仕方を、時代の風気としてとらえたものに他ならない。湖南は、このような意味での文化様式によって、各時代に上古、中古（中世）、近世という時代称呼を与えたのである。この時代称呼は、人類文化の発達段階の表示として、ヨーロッパ史、日本史に用いられる時代称呼とも照応するものである。しかも中国史ではその連鎖が極めて順当に、自然に行われたと考えるのである。

唯物史観では、世界史の発展段階を生産様式という共通尺度で測るが、湖南の場合は、文化様式という、より広い概念を用いている。文化様式は生産様式をも包括する余地があるが、生産様式のみを時代画定の決定要因とするものではない。湖南の文化様式の概念については、今後なお検討を深める必要があるが、しかし兎も角も、中国史をヨーロッパ史や日本史から見て特殊な歴史と考えず、むしろそこに世界史的な普遍性の典型的な現われを見出した内藤湖南の史論の意義を強調しておきたい。

三　上古——神権の時代

さていよいよ本論に入るが、本報告は、六朝時代を例に取って、中国史の世界性の問題を考えようとするものである。この時代には、門閥貴族階級が社会の各方面で指導的地位を占めた。しかし彼らにしても、各王朝の官僚という一面を具えていた。彼らは大土地所有者として奴客を蓄えることが通例であったが、農民の多くは編戸として国家に属していた。したがってこの時代をヨーロッパの封建社会と同一視することはできないけれども、中国史そのものの発展をたどってみると、この時代が中国史上の中世とよばれるのにふさわしい時代であることが分かる。つまり内藤湖南の所謂文化様式という点から見れば、明らかに中世的文化様式に特色づけられた時代である。以下その点について述べたいとおもう。

六朝貴族は庶民とは身分的に厳格に区別された存在で、当時士庶間の厳格な区別については、多くの資料がある。しかし士庶の区別そのものは、上古から明清時代に至るまで一貫して存在する中国社会特有の階級体制である。とすれば、六朝貴族制は、その中でどういう時代的特色をもつのであろうか。それを上古以来の士庶関係から考えてみたい。

西周の宗法社会において、士は国の祭祀に関与する階級であり、彼らはまた戦士集団を構成していた。「国之大事、在祀与戎」(『左伝』成公十三年)といわれるように、国家(邑)を経営し、これを外敵から防衛することが士(公・卿・大夫・士)の職能であり、それ故に彼らは庶(民)の管理階級であった。一方、庶は士に奉仕する生産階級である。国家運営のための管理労働と生産労働の職能の分化がすでにこの時代に成立し、以後三千年の間、さまざまに性格を変化させつつ存続したのである。

西周時代において、士庶を区別する原理は、神権であった。祭祀に参画して神(祖先神・自然神)の権威を享受するものだけが、社会を支配する権利があった。族長中の族長であり、国の祭祀の主宰者である周王に、その権力が集中するのも当然であった。

四　士の自律化と人格支配

春秋戦国時代になると、宗法社会の崩壊に伴って、各地に広域国家が生まれ、互いに覇権を競うようになると、その君主に仕える新しい士の集団が発生した。彼らは従来の士庶の身分の枠をこえ、個人の能力によって国政に参加する。君主の側は彼らを士として遇し、その能力をもって自己に奉仕させた。この時代に簇生した種々の学派や集団は、この新しい士の供給源であった。士は君主の官僚として様々の待遇を与えられる。

新しい士の階級は、宗族を背景とした西周時代の士とは大きく変化している。しかし、彼らは所詮君主の家産官僚であって、君主の絶大なる権力なしには、士として生きることができない。その意味において、秦漢時代をも含めて、当時の君主権は絶大的なものであったと言わなければならない。その絶大性がいかなる権威に裏付けられていたか、私はまだ十分に確信ある考えをもつことができない。しかし彼ら君主がいかに微賤の出身であれ、その人格のどこかに天与の資質（カリスマ、charisma）というべきものを感じさせるものがあって、士はこれに帰依し献身したのではないかと思われるのである。

しかし漢代、朝廷が儒学を採用して儒家一尊の政策に踏み切った頃から、君主に対する士のあり方に、重大な変化が現れた。従来の士は君主に対して術（法術、兵術などの政治技術）を以て仕えた。しかし儒学の素養と実践が官僚の重要な資格とされるようになると、士は自己の道徳的人格を以て国政に参与することになる。つまり、官僚は、自律的人格の具有者でなければならなくなったのである。漢代の察挙、六朝の九品官人法、隋唐以後の科挙、いずれも官僚は儒家的人格の持主たることが要求されるが、その二千年の伝統は、この当時における士のあり方の転換に由来するとしても過言ではないだろう。後漢末の清流運動が礼教のためには一身の犠牲をいとわず、むしろそれを誇りとしたのは、この転換を象徴的に物語る事件である。

このようにして、社会は、自律的人格の保持者としての士を中心に再構成されてゆく。所謂門生・故吏関係が君臣関係とは別に、士人相互の間に形成されるのが、その一証である。後漢末には、青年たちの間に名士に奴僕のように服務する風潮があったとされるが、これも同じ時代傾向から生まれたものであろう。また、地方社会では、名望家の地域住民に対する救済や保護、それに対する地域住民の支持と帰依、といった相互関係（すなわち「望」）が生まれた。これが九品官人法の運用に大きな役割を果たしたことは周知の事に属する。かつて秦漢帝国は中央の地方に対する強力な支配を基軸として構成されたが、今や地方社会に新しい人と人との関係が生まれることによって、中央、地方の均衡が、地方の側に傾くことになったのである。

内藤湖南は、六朝の門閥貴族の由来を説明して、何代も官吏を出した家柄が地方名望家を形成し、それが門閥貴族を作り上げたと述べているが、この官僚――地方名望家――門閥貴族という径路の基線には、自律的人格を具有する士の発生という歴史の事態を考慮しなければならない。

しかしなぜ儒家官僚から門閥貴族が生まれるのであろうか。門閥貴族といっても、西周の宗法時代の公卿のように、先天的に優越性を認められた氏族の血統によるものではない。家門の地位を維持する努力が代々積み重ねられた結果であり、その努力には家内で行われる教育、つまり家教が大きな部分を占める。さらにその家庭教育は儒家の経典をテキストとする学問であり、また実践道徳であった。こうして形成された高貴な家門の地位を保ち続けるために、各家には祖先から伝わる家訓があり、また家庭生活の作法を規定する家儀が作られたのである。

六朝諸政権の多くは、各地に形成された門閥貴族の協賛によるものであった。政権の中心をなすのは言うまでもなく皇帝であるが、六朝時代の皇帝には、秦漢までのようなカリスマ性は希薄である。特定の軍閥の首領が、貴族各家の支持を得て王朝を建てたものであって、双方が朝廷において君臣関係を結んではいても、帝王が貴族の社会的権威を凌駕することはできなかった。むしろ帝王や宗室自身が貴族としての修養につとめたのである。

五　六朝時代の「文化様式」

以上述べてきたことを要約すれば、漢から六朝に至る間に、中国は神権の時代から人格の時代へ変化したのである。神権の時代には、人間が神の意志によって生き、したがって神から特別の資質を授けられた者が権力者となって人びとを支配した。しかし人格の時代においては、後天的な努力が人格の力を生み出し、人びとはこのような力を身につけた特定の人間に、生の保障を求めるようになった。ここに人と人との間に一種の依存関係が発生するのである。

六朝時代における士庶の関係も、このような原理に立っていたとおもわれる。民衆の地位は、秦漢時代にはかなり自立的であったが、六朝時代になると身分上きびしく区別された。これは見方によっては地位の後退であるが、かれらは貴族（士族）階級に依存して生きることにより、秦漢時代とは異なる新たな性格を身につけることになる。つまり貴族に対して道徳的な期待（望）をかけることによって、受動的ではありながら民衆自身も人間の道徳にかかわることになるわけである。このようにして、当時の社会の身分的不平等は、人格の時代という時代的性質と分ち難く結びついていたのであった。

六朝時代には道仏二教が盛行したが、いずれも人間の道徳性による救済を主張したものであって、そこに道仏二教が個人宗教でありかつ普遍宗教たる所以がある。それは上古の神が特定の共同体の神であったのと、質的に異なっている。

宗教以外の文化の各領域についても、人格主義が強く刻印されている。例えば、個人の感懐を述べる短詩型の成立、個人の文章表現の方法としての新字体（真行草）の創出、いずれも、個人の人格の表現にまつわるものである。梁代の鍾嶸『詩品』・庾肩吾『書品』などの著作は、作品と人格との関係を強く意識したものと言えるだろう。

六朝時代の社会的政治的構造はヨーロッパの封建社会とは大きく異なるけれども、以上のように見てくれば、これは文化発展の上で人類史上の一到達点を示したものであり、これを中国における中世とよぶことは、決して不当ではないと考える。くりかえして言うが、それは人間精神の内面化の所産であって、当時の社会や政治のあり方も、この「文化様式」から理解することができるのである。

六　中国史における変化と持続

六朝時代に続く隋唐時代の歴史的特質をどう理解するか、さらには唐宋変革以後をどうとらえるかについて、ここには詳論するゆとりがないが、極く大まかな展望のみを示しておきたい。

六朝末期には、門閥貴族制に一種の弊害が生じた。本来士たるべき人格が高貴な家門を形成したのであったが、人格と門地の対応関係が固定化すると、かえって両者が必ずしも対応しない情況になった。この不合理を是正して、士たるべき人をひろく門閥以外からも吸収して政権の基盤にしようとしたのが隋唐帝国であって、その端的な表現が科挙制度である。つまり試験制度を通じて、出身家庭にかかわらず士たるべき人物を選抜しようとしたのであって、内藤湖南はこれを人格主義とよんでいる。この人格主義は、前代六朝の精神を普遍化しようとしたものとみることができる。

内藤湖南は、隋唐時代の科挙と北宋王安石の改革以後の科挙とを比較して、前者を人格主義、後者を実務主義とよんでいる。実務主義とは、単なる士族としての人格ではなく、君主独裁政治下の官僚としての資格を問うという意味であろう。しかし実務主義といっても、近代の官僚に要求されるような行政能力ではない。従来貴族的人格主義に要求していた単なる経学、文学の素養から一歩進んで、「経義」「策論」というような、官僚士大夫としての見識を問うものである。したがって、士としての人格を問う意味は、宋代以後の新しい科挙制度においても決して減少したわけではなく、むしろ現実世界に対する道徳論、政策論として客観化されつつ、一層深まったと言える。この客観化された人格は、当然国家の文教政策や行政制度を創出する精神の源泉である。この点に、近世的士の特色を見ることができる。

政治の表面だけから見れば、中国は秦漢以来一貫して官僚制による帝国であり、ヨーロッパ史の劇的な展開に比較すれば、変化に乏しい歴史のように感じられる。そしてそれはある意味において正しいであろう。しかし中国史の持続性は、大きな特色である。内藤湖南は、この持続性こそが中国史を一個の世界史たらしめたと道破したのである。中国史の内面に入れば、そこには不変なる形式の中に、明らかに変化の跡がある。むしろ各時代の変化によって伝統を持続してきたと言うべきかも知れない。中国史が一個の世界史として大きな価値をもつのは、中国社会がこの変化と持続の弁証法を歴史の中に体現してきたからであると私は考える。

註

（1）『内藤湖南全集』第一〇巻（筑摩書房、一九六九年）所収。夏応元選編並監訳『内藤湖南博士中国史学著作選訳・中国史通論上』（社会科学文献出版社、二〇〇四年）所収。

（2）「概括的唐宋時代観」（『内藤湖南全集』第八巻、筑摩書房、一九六九年、『東洋文化史研究』所収）。『支那近世史』第一章近世史の意義『内藤湖南全集』第一〇巻、「中国近世史」（上掲『中国史通論上』）参照。

中国国家論序説——階級と共同体——

一　前言

私は四十年ばかり前から、魏晋南北朝時代（以下六朝とよぶ）の社会構造に関する観点について、私見を提起してきた。それは、日本の学界では、ふつうに「豪族共同体論」とよばれている。六朝時代は政治的分裂の時代であり、中央政権の地方社会に対する統制力は甚だしく衰えたが、この情況に応じて、各地に豪族勢力が興った。彼らはその財力・武力、さらには家門の伝統的な権威によって宗族・郷党を統制し、また保護した。当時、各地域社会の人びとは、豪族の指導の下に寇難から身を守り、またその賑恤行為にたよって凶荒の中で生命をつないだ。豪族の方も、このようにして民衆の支持を獲得し、その地位を守り続けることができた。豪族と民衆とは、このような形で、一種の共存関係を作り上げた。豪族主導による地域共同体ということから、「豪族共同体」という名称が生れたのである(1)。

この「豪族共同体」の立ち入った内容分析は後文で行なうが、ともかくも、私がこうした見解を学界に提起したのは、一九六〇年代から七〇年代にかけての時期であり、それは一九四〇年代後半以来の日本学界の討論情況を背景にしている。私がここに「豪族共同体」について再説するのは、単に自説にこだわっているのではなく、そこから更に考えを発展させて、歴代国家の基本構造に関して少しばかり新しい観点を提出したいと考えるからである。そのためには、まず、戦後日本学界の討論情況について説明し、それがどのようにして「豪族共同体論」の構想につながっていったかを述べなければならない。

二 「豪族共同体論」の学説史的背景

一九四五年の敗戦を契機に、日本の中国史学界には、一つの新しい課題が生れた。それは、中国史を進歩の歴史として論理的にいかに説明するかという課題である。周知の通り、中国は二千年余にわたる専制帝国の時代を経過したことから、一部の学者によってその社会は停滞的性質を具えていると言われてきた。しかしこの観点は、日本軍国主義の中国侵略に対して、一つの口実を与える結果となる。すなわち、この戦争を進歩の日本が停滞の中国を指導するためとして正当化する余地を生むからである。敗戦によって軍国主義が壊滅すると、日本の歴史学界は、この停滞論をどう克服するかという課題に直面した。しかし政治が一夜にして変貌するのとは異なり、実証を必須とする学問の改革は決して容易ではない。日本の中国史研究は、この問題の解決に長く苦悩し続けることになる。

戦後日本の学界内に史的唯物論が急速に普及したのは、このような課題と密接に関連していた。具体的に言えば、史的唯物論において発展の公式とされる原始共同体、奴隷制、封建制、資本制、社会主義制の五つの生産様式が、中国史にどう貫徹しているかを証明することである。一九四七年以来、このことに関するさまざまの提案が中国史の各時代にわたって行なわれ、一九五〇年頃には、これを主導した歴史学研究会がこれらを総括した体系的提案を行なった。それは、先秦時代から唐代までを古代奴隷制時代とし、宋代から清代までを中世封建社会とするという図式であった。奴隷制から封建制への変革を唐宋の間においたこの分期法は、やがて六朝～唐を中世とし宋～清を近世とする京都学派との間に、十数年に及ぶ激しい論戦を展開することになる(2)。

しかし、歴史学研究会の提案は、京都学派との分期問題論争にとどまらず、さらに広汎な討論をよび起した。その焦点となったのは、西嶋定生の提起した漢代奴隷制説であった。

西嶋は、漢代豪族の大土地所有内の労働形態を論じて、その主要形態を奴婢とし、これを家父長的家内奴隷制と規定した。さらにその周辺に存在する共同体農民に仮作を行なわせて、前者の労働力の不足を補った。後者は一見農奴制のように見えるが、それを可能にするのは前者を主動力とする豪族の権力によるものであり、これも一種の奴隷制とみなすのである。西嶋は、この複合的な生産形態を、中国型奴隷制とよんだ。そして漢代では、このような中国的特色において、奴隷制が貫徹していたと考えた。さらにこの基礎構造と対応して、漢朝の統治集団もまた家父長的家内奴隷制に比擬すべき君臣関係を形成していたと論じた。[3]

西嶋がこの説を提起するや否や、これに対して猛烈な批判が起った。それは当該時代が奴隷制時代であったかどうかという問題にとどまらず、中国史の方法一般にかかわる討論が展開された。まず増淵龍夫は、奴隷制或いは農奴制というような普遍的概念を、先験的に中国に適用させるべきではないと論じた。[4]また濱口重國は、一般に中国社会の基本構造は、大土地所有下の生産関係にはなく、国家と自営農民との関係にあるとし、漢唐間におけるこの関係を、国家的農奴制とよんだ。[5]さらに、守屋美都雄は、西嶋が奴隷制的関係とした君臣関係は、主客関係から出発するもので、決して主人と奴隷の関係のようなものではないとして、西嶋説を批判した。[6]これらの批判にさらされて、ついに西嶋は奴隷制説を撤回し、改めて新しい秦漢帝国論を発表した。[7]この新説では、秦漢時代の基本構造を皇帝権力と自営小農民との間の支配関係に置いた。それは濱口の批判に耳を傾けたものであったが、これを彼のように国家的農奴制とはみなさず、個別人身的支配とよんだ。個別人身的支配とは、国家が人民のひとりひとりを直接に人身的に支配する意味であって、土地を媒介とした封建農奴制的関係ではない。そこにはマルクスの総体的奴隷制（die allgemeine

Sklarverei）の概念の影響が感じられるが、[8] 西嶋は新説では奴隷制の語は一切使用していない。

如上の漢代史の基本構造に関する討論は、中国史を進歩の観点から論理的、実証的に説明することがいかに困難であるかを痛感させる事件であった。この課題のために採用された史的唯物論の生産様式発展の図式は、大きな挫折に遭遇した。以後、学界の一部には、帝国時代の中国史全体の基本構造を専制国家と小経営農民との間の支配関係としてとらえる気分がただよい始めたが、それでは再び停滞論に陥ってしまわないであろうか。その危険をのりこえるためには、このような関係が、各時代にそれぞれどのような特色を表わしているかを究明しなければならないが、その作業はこれまで十分自覚的に行なわれたとは言い難い。

それでは、六朝時代についての討論はどうであったか。最初はここでもやはり、個々の大土地所有内部における生産関係の性質が大きな問題となった。唐代までを奴隷制時代とする歴史学研究会派は、六朝豪族の大土地経営が主として奴婢労働にたよっていたと考え、この時代も奴隷制の時代であるとした。これは、京都学派の中国史分期法に対する挑戦であった。京都学派は、戦前内藤湖南（一八六六～一九三四）の首唱した分期法を、戦後も継承してきた。[9] それによれば、先秦より秦漢までを古代（上古）とし、六朝・隋唐を中世とし、宋より清までを近世とする。すなわち、六朝時代は、ヨーロッパ中世封建社会に比擬すべき中国の中世だというわけである。その指標の一つは、豪族の大土地所有内における佃客の存在にある。京都学派は佃客こそが主要労働力であるとし、それを一種の農奴として理解した。[10] この六朝大土地所有の経営形態に関する歴史学研究会派と京都学派との意見の対立が、その後の長期にわたる分期問題論争の発端となった。

京都学派は史的唯物論の立場に立つものではないから、大土地所有の生産様式だけで当該社会の性質を決定するわけではない。この学派の方法では、各時代にはそれぞれの時代的特質があり、それが社会現象の各分野に表現されているとする。そしてそれらの時代表現を連関させながら、当該時代の全体像を構成していくのである。それはあたかも、人がそれぞれの年齢に応じた個性を表わしながら、子どもから大人へと成長してゆくような成長過程をたどると考える。上掲の六朝の大土地所有について言えば、それは中国史発展の第二段階を示すものである。しかし、それを示す時代的特質は大土地所有のみに限らない。従来一般に指摘されてきたこの時代の門閥貴族制もまた、重要な標識となる。

六朝の門閥貴族は、たとい皇帝の臣僚であっても、その社会的権威においては皇帝を凌ぐものがある。これは清朝考証史学などに始まり、内藤湖南およびその門下に受け継がれてきた考えであるが、ヨーロッパ中世においても王権が封建諸侯によって大きな制肘を受け、その権力が相対化されていた情況と、どこか似通ったところがある。ただヨーロッパの中世貴族が封建領主として広大な領地を世襲していたのと異なり、六朝貴族はあくまで皇帝の臣下であり、王朝の官僚である。この差異点をどう解決するかが、京都学派にとって避けられない問題となる。

宮崎市定『九品官人法の研究――科挙前史――』（東洋史研究会　一九五六年、『宮崎市定全集』第六巻所収）は、この問題に対する彼の解答である。宮崎に拠れば、六朝貴族は外見から言えば王朝官僚であるが、その任官資格は中正官によって与えられる。中正官は当該人物に対する郷党の評価（郷評、郷論）にもとづいて郷品を決定する。郷品は起家官の官品を強く規定し、したがってその後の昇進にも深く関わることになる。もし郷品決定に被選者の家格が作用するとすれば、家格上の品級が官界における地位を左右することになるわけである。宮崎はこのように論じて、六朝官僚制の内面に、門閥貴族制が生きて働いていることを明らかにした。

かつて内藤湖南は、六朝門閥貴族の源流を、歴代登官の家系が地方に定着して形成された名望家層に求めた(11)。歴代官僚を出した家がそれ自身の中に社会的影響力を具えるようになり、これに対する郷民の評価が当該家族に一種の権威を与え、それが定着して門閥貴族を形づくったというのである。それは支配階級に対する社会の評価基準が官界での地位から家門の地位へと変質していったことを示している。宮崎の九品官人法の研究は、この変質を、官僚制度自体の中で実証したものである。要するに、六朝門閥貴族の官僚としての地位は、本来皇帝権力によって与えられたものでなく、その出身地域における名望によって与えられたと考え、これによって、門閥貴族は皇帝権力からの一定の自立性を保有できたとするのである。

このような六朝貴族に帝権からの一定の自立性を認める京都学派の観点に対して、異なる見解が現われた。その最も明確な主張者は、矢野主税である。矢野は、六朝官僚貴族が国家の俸禄に依存して生活していたとし、これを漢代官僚にそのまま連続する皇帝の寄生官僚と規定した[12]。これは京都学派の六朝貴族観と真向から対立する意見である。矢野ほど極端ではないが、越智重明も、六朝貴族の官僚的性格を強調した[13]。その他、六朝貴族の地位に対する皇帝権力の強さを重視する見解が、さまざまな形で提出された。

これに対し、川勝義雄は、六朝貴族の自立的性格を、社会史的な方法で追求した。川勝が後漢から魏晋にかけての政治的、社会的変動において最も注目したのは、社会輿論の作用である。後漢末の清流運動は士人間の輿論の作用なくしては興り得なかった現象であるが、清流派の流れを汲む六朝貴族についても、これを重視した。宮崎の指摘する九品官人法における郷論の作用も、このような当時の風潮の現われであろう。川勝は後に、師の宮崎の説に刺激を受けて、出身地方から中央の朝廷に至るまでの各レベルで、郷論が重層的にはたらいていたとして、これを、「郷論環節の重層構造」とよんだ。要するに、川勝は、六朝貴族の自立性の根拠を、その人格に対する社会的評価に求めたのである[14]。

以上のように展望してくると、六朝貴族制に関する討論は、大土地経営内部の生産関係から官僚体制へと焦点が移り、さらには社会関係、すなわち人と人との人格的結合の問題にまで深化した。私が「豪族共同体論」を提起した背景の一つには、上述のような日本学界の秦漢・六朝史の討論があったのである。私もまた六朝時代における郷論の作用を重視したが、私の関心はそれを生み出す社会構造を解明することにあった。しかし社会構造といっても、従来分析されてきたような土地所有、家族、聚落、階級といった社会の外形的構造ではない。六朝豪族がそれらの要素を総合しつつ、いかにしてその階級的地位を保持したかという研究である。私は、六朝地方社会では、豪族の家門を中心にその宗族・郷党が結集して、寇難と凶荒に対処し、自存を図ってきたことを確認した。そしてそこに発生する地域住民の団結した状態を、私は一種の共同体と考えた。いわば共生共同体である。その共同体形成に主導的な力を発揮したのが、豪族の「軽財重義」の精神である。その実践形態については後文で述べるが、この精神なくしては、当時の地方社会は乱離の中に解体し、「人相食」のはてしない争闘をくりかえしていたであろう。

三　階級と共同体

私は六朝各正史、とくに華北貴族の列伝を精読する中からこうした考えに到達したのだが、これを学界に発表した当初から、大きな抵抗に出会った。一九七〇年代、批判意見が続々と寄せられ、学界にいくらか波紋を生じたのである[15]。その頃、分期問題論争はようやく膠着状態に入っていたから、この「共同体論争」は、新しい局面だと言ってよい。その批判の多くは、史的唯物論を固守する人たちから発せられたものであった。私はこれらに対して幾度も反論を試みてきたが、本稿ではさらに一歩を進め、この論争の論点を通じて中国史研究の方法に関する考察を行ないたいとおもうのである。

拙論に寄せられた批判は、私の整理した所によれば、凡そ二点にしぼられる。その一つは、「豪族共同体論」が観念論（唯心論）に陥っているという批判である。それによれば、一つの共同体が成立するためには、生産者間で共同に利用する何らかの物質的基礎、たとえば、山林叢沢、牧草地、あるいは水利施設等々が必要であるが、拙論では、豪族の利他の精神を共同体形成の中心に据えている。これは唯心論の誤りに陥っているというのである。

もう一つは、拙論は、豪族と民衆という異なる階級間の対立面よりも、両者の間に共同体という結合面を重視している。それは社会の主要矛盾が階級関係にあるという史的唯物論の原則からの逸脱ではないかという批判である。

以上の二つの批判は相互に連関している。なぜなら、豪族の利他の精神の役割を強調することは、階級間の物質的な利害対立を軽視することにつながるからである。しかしここでは、とくに後者、階級と共同体の関係について考えてみることにする。批判者たちの意見では、階級矛盾が社会の主要な原理であって、もし共同体的関係が存在するとしても、それは従属的な位置を占める。むしろ、共同体関係は階級関係を貫徹するための装置にすぎないとする。

しかし果してそうであろうか。現生人類は数万年にわたる原始時代ののち文明時代に入り、階級社会を形成したが、それもすでに数千年を経過している。このように長期に階級社会が維持されてきたのは、いかなる原因によるものであろうか。階級間に利害の対立のみを見て、その矛盾が支配階級の権力によって抑制されてきたと考えるのは、あまりに単純な機械論ではなかろうか。階級関係にそのような一面があることは否定できないが、その一方で、階級関係は一定の歴史的環境の下では、人類生活を実現し保持する一種のメカニズムでもあるとは考えられないであろうか。もしそう考えることができるとすれば、階級関係は人類全体の共生にも、何らかの積極的な作用を及ぼしているはずである。

以上は一般的な推論にすぎないが、このことを六朝時代の「豪族共同体」について考えると、この社会構造の内部

には、いくつかの階級関係が内包されている。それを列挙すると、

①豪族と奴婢・佃客

②豪族と一般郷民（宗族・郷党）

③国家と編戸

「豪族共同体」の主要な骨骼をなしているのは、このうちの②である。一般郷民の大多数は自家経営農民で、①の奴婢・佃客のように他人の土地で耕作に従事する階級とは区別されなければならない。普通に階級関係を云々するときには、生産手段の有無による地位の対立が問題とされるが、②では基本的にこういう関係は成立しない。なぜならその占有地に大小の差異はあっても、自家経営者という点ではいずれも共通しているからである。しかしそれにも拘らず、両者の間には資産上の差異があり、その差異が豪族の郷民に対する賑恤行為を生み、そこに救済する者とされる者という対照的な位置関係が成立する。この対照性は豪族の郷民に対する指導力、統制力の根源である。例えば、寇難に際して地域の武装化が必要になるとき、人びとは豪族の号令の下に結集するのである。

豪族の賑恤行為は、単なる慈善心の現われではない。散施は礼経に記載された士人の義務である。[16]豪族は長期にわたって郷村生活を営み、学問・倫理を修めた名家として、郷民の間で影響力を発揮してきた。彼らと郷民の間には、文化上の差異も存在し、それが彼らの権威を形づくったのである。

このようにして、両者の間は厳密な意味で階級関係で律せられているとは言えないまでも、身分上の差異がさまざまな程度で存在している。上記の①の階級関係は、この差異に深くかかわっている。まず、自立して家族生活を営むことができなくなった民衆は、豪族のもとに依附して生命をつなぐことになる。この階級的従属関係から生産物が生み出され、あるいは直接に労働力が提供される。生産物は賑恤の資料となり、労働力は地域防衛の際に豪族の手勢を

構成する。このように、①は②を補完する関係にある。

ところで、②の豪族と郷民は一面から見ればいずれも国家の編戸である。国家権力の統制力の衰えた当時にあって、戸籍と実情の不一致が甚だしかったことはいうまでもないが、しかし、政府に対して原則として租調力役納入の義務が課せられていたことは、否定できない。このような情況の下で、租調力役を徴収する側と徴収される側の階級分化が生れる。前者は官であり後者は民である。官僚といえども租調納入の義務はあったが、力役は免除された。力役の有無が官と民の身分の差異を示す決定的な境界線である。

ここで、六朝時代の任官資格が、九品官人法の郷品にもとづいて定められることに注目したい。その郷品の基礎となる郷論は、②の社会関係から生み出されたものである。こうした手続を通じて、六朝豪族はあるいは中央に出仕し、あるいは地方長官に辟召されてその官属となり、中央・地方の政界を切り廻したのである。

こう考えてみると、①・②・③の三種の階級関係は有機的に結びついて、六朝貴族制国家を構築していることが分る。そのうち、②がこの全構造の枢軸をなしていることは明らかであろう。軍事力だけを取ってみても、豪族の地方社会における指導力、影響力なしに、六朝諸政権の多くは存立し得なかったと言ってよい。

六朝時代の社会的性質に関する戦後の討論を総括してみると、それは先ず豪族の大土地所有内部における生産関係の理解問題から始まった。ついで焦点が六朝貴族の官僚的性格の問題に移り、帝権に関する彼らの自立性の如何が論ぜられた。上掲の図式でいうと、①と③の分野である。「豪族共同体論」は、②の視点を設定することによって、この三種の支配関係を有機的に結びつけたのである。

帝政成立後の各時代において、①と③の階級関係は共通して存在する。西嶋定生の家父長的家内奴隷制説は①に属し、ついで彼が転換した個別人身支配説は③に属する。その転換は、この二種類の階級関係のどちらを秦漢社会の基本構造とするかという問題に関わるものであり、現実には両者は共に存在する。これは他の時代についても同様である。②についてはどうか。地方の名望家や豪門が民衆を保護してその地の秩序を維持するというような例は、これも多数存在する。しかしこのような人と人との結合関係が国家の官僚体制の中に選挙制度として取り入れられているのは、六朝時代だけである。他の時代においては、せいぜい地方政治を補完するものとして利用されているだけである。

これは六朝時代独特の現象であるが、しかしこの現象は突然出現したものではない。内藤湖南がいうように六朝名望家が歴代登官の家から発生したとすれば、その根源はやはり漢代の官僚政治にあると言わなければならない。また、六朝から隋唐に至る過程では、②の構造を国家体制の中に吸収して、律令制度による統一政治を行なった。一例を挙げれば、北魏ではじめ宗主督護制を行なって有力な家に民衆を保護・統制せしめていたが[17]、李沖の提案により各戸を戸数によって党・里・隣の三級に改編組織した。この三長制が後の唐代の郷里隣保制の源流となる。この改制は、国家が民戸自身に自主管理を命じ、それを地方行政の末端に位置づけたもので、賑恤の機能をもっている。これは、国家が「宗主」に代って民衆を「督護」する体制である。つまり北魏から隋唐にかけて発達した律令制度は、六朝の豪族支配を国家の統一政治の中に編入する役割を果したのである。

以上のように見てくると、六朝の豪族共同体は官僚政治の中から生まれ、官僚政治の中に吸収されて行ったと考えられる。このことを反面から考えると、国家の官僚政治そのものの中に、共同体の機能が宿っているのではないかという想像が可能となる。そして国家が官と民の二大階級から構成されているとすれば、ここに共同体と階級の関係の問題が国家を舞台に再び立ち現われてくることになる。次節では、この問題について考察を進めたい。

四　国家共同体の起源と発展

中国における官民関係は何時どのようにして始まったのか。それには、先秦の都市国家邑の時代に遡らなければならない。この時代、例えば周の時代、王の側近に仕える官はあったが、当時の基本的な政治機構は官僚制ではなく、封建制であった。当時の封建制では、血縁上の嫡庶関係がそのまま主従関係となる。周王の都城だけでなく、封邑内部も同じ原理で構成される。こうして、一族は王・公・卿・大夫・士の各階級に分化する。これが宗法封建制であるが、それは又軍団の各単位を構成している。白川静によれば、「士」字は小さな鉞の頭部の象形であり、「王」字は、大きな鉞の頭部の象形で王坐の前にシンボルとして置いたものだという(18)。要するに、彼らは本来戦士集団であり、したがって、その全体を広義の士と見ることができる。しかし彼らは一方で血縁集団を構成しているので、祖先の祭祀によって一族の団結をはかった。「国家之大事在祀与戎」(国の大事は祀と戎に在り)(『左伝』成公十三年条)といわれるように、祭祀と軍事は国邑の最も重要な行事であり、これにたずさわったのが、広義の士集団である。以下これを士族とよぶことにする。

このように士族は国邑の経営にあずかる人びとであるが、国邑にはまた、庶族ともいうべき集団が付属していた。彼らは、士族によって征服され、以後その支配を受けるという例が多かったとおもわれる。彼らもまた従来の血縁組織を保ったまま、集団として士族の支配を受け、生産物を貢納し、また労力を提供した。士族の中でも狭義の士の中には自ら農耕に従事する者があったとおもわれるが、大夫以上の士族はそれぞれの邑を領有し、庶族の集団の労働の成果を享受していた。

帝政以前の国家構造については不明の点が多いが、もし大略以上の如くであるとすれば、我々は以下のように総括することができる。周代の都市国家邑には、士族と庶族の二大階級があり、前者はさらに嫡庶の別によっていくつかの階級に分れていた。これらの階級は、いずれも血縁共同体によって形づくられていたから、当時は、階級と共同体とは即自的に一致していた。つまり階級とは各共同体間の関係を意味するものであった。しかしながら、士族と庶族との間には、邑の運営に関わるかどうかという点で、決定的な差異がある。この差異は分業関係を生み、それが全体として邑を存立させた。

このように、士族は祭祀と軍事を通して、邑の運営に関わるが、それには、彼等のうちにそのような能力が具わっていなければならない。そのことを具体的に述べたのが、『毛詩』鄘風・定之方中の伝に見える、いわゆる君子九能である。「建邦能命亀、田能施命、作器能銘、使能造命、升高能賦、師旅能誓、山川能説、喪紀能誄、祭祀能語、君子能此九能、可謂有徳音、可以為大夫。」（邦を建つるに能く亀に命じ、田するに能く命を施し、器を作るに能く銘し、使して能く造し、高きに升りて能く賦し、師旅に能く誓い、喪紀に能く誄し、祭祀に能く語る。君子此の九能を能くすれば、徳音有りと謂う可く、以て大夫と為す可し）

ここに挙げられた建国、田猟、大事の記録、外交使節、国内視察、出征、地理的認識、葬礼、祭祀に関する九能は、いずれも祭祀と軍事を含む邑の経営事務に関するものである。しかも、それがすべて文字言語を含む言語能力であることは、注目に値いする。すなわち、まさに「文章経国之大業」（文章は経国の大業）（曹丕『典論』）であって、ここに後世の文官政治が胚胎していると言わなければならない。

このように、邑の士族は単なる戦士集団でもなければ、単なる祭祀集団でもなかった。国土経営に必須な文化能力を有する集団であって、それ故にこそ、彼らは邑の支配者であり、邑の指導者であった。これに対し、庶族は客観的に見て邑の成員ではあるが、その経営に主体的に関わることなく、受動的な位置にある。士族と庶族とのこうした位置関係は後世の官民関係の原形をなすものである。

しかし当時の士庶関係が官民関係にまで発展するのには、社会の深刻な変動を要した。春秋戦国時代に入ると、士庶間の厳密な区分が緩和されて来たようである。その一例を挙げると、庶族の中から士としての待遇を獲得する者が現われた。戦闘方法が車戦から歩戦に移ったことと同時に、強大化してゆく君主が庶族を軍隊に編入するようになったことが大きな原因と考えられよう。

階級間の区別の弛緩は、士族内部でも起った。各国内における所謂下剋上現象がそれである。このような伝統的な階級秩序の解体の中から、新しい士の集団が生れた。新しい士の出現は、君主権の強大化に対応して起った。富国強兵に努める君主たちは、その出身に関わらず、有能な人物を登用してこれに士としての待遇を与え、自己の手足とした。ここに官僚制が主要な統治体制となる。

この新しい士の観念は、すでに孔子に見られる。孔子は「有教無類」（教有り類なし）と説いて、人の価値は出身階級にあるのでなく、その人間の後天的な向上の努力にあるとした。彼はしばしば士のあるべき姿について語っているが、一身の安逸をねがわず、郷党の支持を受け、君命を辱しめない勇気ある人物こそ、真の士であると考えた。後世士大夫のモットーとなった、「修身、斉家、治国、平天下」の思想は、すでに孔子自身によって語られている。

儒家を始めとして、戦国諸子はそれぞれの主張を展開して、自派が各国君主に採用されることを望んだ。それらの主張はいずれも国の統治術に関わるものであり、その根拠としてそれぞれの経典を備えていた。新しい士の階級は、このような各派の統治術を掲げて登場したものである。経典は古の聖賢から伝えられたとされるものであり、したがって、その修得者は何ほどか聖性を政術として身につけていると言えないであろうか。もしそのように見ることができるとすれば、新しい士の階級も、どこかに邑時代の士を継承していることになるであろう。

他方で庶族の方も大きく変化した。その中の一部が士に列せられたことは前述したが、庶族は全体として、邑の領主の支配下から離れ、領土国家、さらに帝国の君主の直属となり、郡県制下に編成された。その居住区は、郷―里である。郷里制の特徴は、それが戸数によって編成される所にある。すなわち、かつての血縁集団から、しばしば「五口之家」とよばれる小家族が分立して独立した一戸となり、それの一定戸数の集合体として里があり、数里を以って一郷を形成した。秦漢時代には、郷里は民戸の中から選ばれた父老層によって指導統制された。里には父老があり、郷には郷三老があり、さらに県段階には県三老があった。郷里の中には国家権力が介入していたが、このような父老制は、民衆の集落生活における自治の強さを示している。

郷里に住む庶民はまた国家の兵源でもあった。彼らには正規兵としての兵役が課せられた。かつて邑の庶族が正規の軍事労働から排除されていたことと比べてみると、これは彼らの国家における地位が一歩向上したことを物語るものである。さらに彼らには、漢代には里社の祭祀が公認されているが[19]、これもまた、国家が里を共同体として公認したことに他ならない。さらに、漢代の民爵授与は、被授与者を士に準ずる者として認めたことになるだろう。

このようにして、帝政時代の開始と共に構築される官と民の二大階級は、前代の士庶関係を受け継ぎつつも、それぞれ性質を大きく変えて、帝国の骨格を形成した。官が国家の運営にたずさわり、民がこれに労役と生産物を提供するという階級的な分業体制は前代と基本的に変りないが、両者の間に前代のような出身家族による身分的区別はない。まことに「王侯将相寧有種乎」(王侯将相寧んぞ種有らん乎)である。官僚制の理想型は、能力ある者のみが主権者の下で系統的に国政に参与することにあるが、秦漢時代は官僚制がほぼこれに近い形で成立した時期であった。これは、以後二千年に及ぶ官僚制国家の基礎を作ったものである。

秦漢帝国にとっての課題の一つは、国内の統一と秩序の安定であり、いま一つは、外夷の侵攻の防禦であった。秦はこの二つの課題を解決できず滅亡し、漢になってようやく成功を収めた。広大な版図の下、平和にして秩序ある世界を維持することが帝国の使命であり、この使命を果した漢帝国は、後世歴代の政権にとって、一つの模範となった。

かつて国邑は一つの共同体であった。祭祀と軍事を主要任務として士族集団がその運営に関わったが、時代を下るにつれて庶族もこれに参加する傾向を見せた。それでは、漢帝国はどうであろうか。先述の如く、漢では、士たる官の他、民も限定的ながら国政にかかわる所がある。県三老は県令と行政について商議することを任務とした[20]。ここにさらに興味深い見解がある。宮崎市定の説では、漢代の県・郷など複数の里の集中する所は、春秋時代に簇生した邑の後身であるという[21]。すなわち、漢の統一行政組織である郡県制は、前代の邑の統合体制だというわけである。これは、都市国家と統一帝国という形態上の差異はありながらも、県・郷が邑を継承した一面をもつことを指摘したものである。この観点に立てば、漢帝国は邑共同体の総和であり、その意味でも一大国家共同体を形成していたと言える。

ただ、この国家共同体を運営すべき官僚制は、漢初においてはまだ未熟であった。官僚はその能力によって皇帝の手足となった者であり、その君臣関係は、マックス・ウェーバー（Max Weber）のいう家産官僚制をどこか想起させる所がある。すなわち皇帝権力に対する官僚の自立度はさほど高くはなかったであろう。この情況を変えたのは、儒学の採用である。

五　豪族共同体から律令制貴族国家へ

董仲舒の天人相関の説は、皇帝に道徳政治の実行を要求したものであるが、その究極の目標はいうまでもなく国家共同体の基盤をなす民生の安定にある。そのためには、皇帝の手足である官僚もまた、徳治につとめねばならず、ここに儒学の修得が要求される。こうして、儒教が国家共同体のイデオロギー的支柱をなすことになり、この情況はその後、歴代王朝に一貫して出現することになるが、それは官僚制の在り方としてどういう意味をもつのであろうか。

官僚が儒教的道徳の保持者であることが要求されれば、彼の官僚としての根拠は、単なる政術的能力ではなく、その人格の内面に置かれることになる。極端に言えば、国家共同体の存亡は、彼らの人格にかかっているのである。事実、後漢末の清流運動は、この意識に立って展開された。国家の命運がその人格に繫っていると意識していたからこそ、名士たちは「浮華交会」と評されるほどの顕示的言論活動に出て一身の危険を省みなかったのであった。こうした風潮は、国家の最高責任者である皇帝の権威を相対的に引き下げることになるであろう。中国皇帝はたしかに専制君主ではあるが、ヘーゲルが言っているような唯一自由な存在ではない。その手足たる官僚は、道徳的人格を資格として官位に就いたものであり、皇帝の恣意を阻止する役割を担っている。

後漢の政治情況に即して言えば、官僚制に儒教倫理が導入された結果、士人の間に、ある種の人格的な上下関係が生れた。内藤湖南は王応麟『困学紀聞』の記事を参照して、当時名士に服事する風潮が生れたことを指摘している。[22]よく知られた門生故吏の風習も、同じ社会傾向に属するであろう。[23]これらの現象は、従来の皇帝と官僚という君臣関係の他に、人びとが卓越した人物を景仰して人格的に依存するという新しい時代の風潮を示している。月旦評を始めとする清議が盛行し、郷論が普及して、ついには九品官人法という選挙法を生み出したのも、こうした風潮の然らしむる所であろう。

六朝の門閥貴族制が、この社会潮流の下に成立したことは、もはや贅言するまでもないであろう。その社会様態についてもすでに述べた。門閥貴族が当時望族、門望などと「望」字を附してよばれていることが、そのことをよく物語っている。

秦漢統一帝国は、邑制の都市国家から大きく飛躍を遂げたものであり、その根底には社会上の巨大な変動がはたらいてるが、しかし一面、都市国家群の統合でもあった。また、士に属する階級が、専ら国家共同体の経営責任を以ってその存在理由とする点でも、この二つの時代は共通性をもっている。すなわち、彼らはいずれもいわゆるhomo politicus（政治的人間）の範疇に属した。

漢代の儒家一尊政策は、士族の資格に道徳的扮飾を加えることによって、漢王朝の正当性を確立しようとした。これは邑以来発展してきた国家共同体の高度な成熟を示すものであった。しかしそれはまた、国家共同体発展の方向を転換させる契機ともなった。なぜなら、官僚に対する評価が行政能力から個人の道徳的人格へ移るようになったからである。さまざまの原因による国家共同体の瓦解の過程でこの傾向は一層強まり、官民共に国家体制よりも、卓越した個人の人格に依存する社会に移行して行った。

六朝時代には士と庶の身分的差別が厳格に行なわれ、「士庶之際、実自天隔」（士庶の際は実に天より隔たる）とさえ言われた。しかし当時の士庶区別は、都市国家時代の士庶区別とは、内容上大きく異なる。都市国家時代の士庶は、出身血族の如何によって決せられる。孔子の所謂「類」であって、いわば先天的に区別されている。六朝の士庶区別も家門によって決せられるので、一見同様に見えるが、士族の家門は、漢代以来の官歴、すなわち国家共同体への貢献の累積によって築き上げられたもので、その努力の中には、儒学を始めとする教養の蓄積、またそれにもとづく家風の形成等が含まれている。つまり後天的努力、孔子の所謂「教」が家門の上昇に大きく作用している。もしこの努力を怠れば、家門が衰微してゆくことも、当時の現実であった。

ただこの二つの時代の士族には、共通点もないわけではない。それは、共同体に対して経営責任をもち、そのための文化能力を備えていた点である。ここで共同体というのは、邑共同体と豪族共同体であるが、このような士族の資格は、帝政時代のすべての国家共同体にも一貫して認められることである。そう考えると、士族の第一条件は、共同体の経営責任とそのための文化能力に在り、それを反面から言うと、この条件さえ具有すれば、身分・出自の如何を問わず士族の資格をもち、それによって官たり得ることになる。春秋戦国の変動期を経て秦漢に至る過程は、正にこの原理が実行された例証であるが、六朝から隋唐に至る過程にもまた、相似た現象が起った。隋唐の士族は、六朝以来の門閥貴族のみで占められるものではない。寒門・寒人、あるいは北族出身者が新統一帝国の官僚群を形成し、士族身分を獲得した。私は隋唐の貴族制をかつて新貴族主義とよんだ。(24)

新貴族主義の一つの表われは、前代以来の功臣の子孫を任子として仕官の資格を与えたことに見られるが、もう一つの表現は、科挙の創設である。このような任官制度を通じて、非門閥出身者が官界に進出した。非門閥出身者が皇帝の信任を得て朝廷内に実権をもつことは、六朝後期より顕著に見られたが、隋唐王朝はこの傾向に制度的保証を与えたのである。

しかしこのようにして新しく進出した官僚たちも、貴族らしい教養の持主でなければならなかった。内藤湖南は、主として帖括と詩賦を課した唐代の科挙について、これを「貴族らしい人物を選ぶ人格主義」と評し、経義・策論を重視する宋の王安石以後の科挙と比較した。後者については、これを「実務主義」と表現している。(25)この「実務主義」の意味については、後文で卑見を述べたい。

要するに、隋唐時代は、非門閥出身者が新たに貴族階級として進出してきた時代である。この進出には、再び強化されてきた皇帝権力が媒介となっている。或いは、この新興貴族の支持によって皇帝権力の強化が進んだとも言える。同じ論理が庶民についても言えるかも知れない。六朝時代に豪族の督護の下にあった華北農民は、北魏王朝後期以来国家体制の下に組織づけられることになった。三長制・均田法・租庸調制などがその新らしい管理方式である。これら居住組織、土地占有、賦税を、各戸毎に編制することによって、農民は豪族の不当な圧迫から保護されることになる。(26) これは農民にとっていくらか地位が向上したことを意味するであろう。しかしこの地位向上は国家の制度によって保証されるものであり、その分だけ農民は国家権力の統制を受けることになるであろう。

民衆の地位向上という点でとくに注目されるのは、府兵制である。北朝後期、関中政権の強化に力があったのは、北族兵のみならず漢族中から召募された郷兵であった。この両者は府兵の軍隊を構成し、皇帝の直属軍となって侍官とよばれ、そこから軍功により軍官として昇進してゆく道も開けた。(27) この経緯から見ても、府兵は本来自発性を帯びた兵士で、唐の制度で携帯する糧食と小武器が自弁とされているのは、その名残りであると思われる。これも民衆の地位が国家の制度によって引き上げられた一つの例である。

唐朝は四囲の諸部族の帰属により、広大な版図を有した。これは唐朝の平和と安定をもたらしたが、周辺諸部族の帰属にも、この時代の特色が見られる。(28) 周知の如く、唐朝は周辺諸部族の首長を冊封して、その族長権を公認し、他方で彼らを都督府・州・県の長官に任命した。いわゆる羈縻州政策である。つまり首長たちは、唐朝の行政系統につながることによって、その族長権を確保したのである。殊に北辺においては、彼ら諸部族は突厥の支配下にあったが、突厥が唐に制圧されることにより、各自一定の自立性を獲得した。これを確認した唐朝皇帝は彼らより天可汗の称号を上られた。したがって、この自立性もまた唐朝の統制の下での自立性であり、つねに都護府の監督下にあったのである。

以上、新興貴族官僚、民衆、周辺諸部族の三者について、その地位形成の経過を見てきたが、前代よりも向上したその地位は、しかし国家権力を仲介として実現し、またそのことによって国家権力を支えたという共通点がある。それは、唐王朝が、六朝時代を継承しながら革新を図ったことを意味するものであって、この新旧の二面性を維持するために取られた手段が、法体系の整備、すなわち律令の完成であった。

六　唐宋変革以後の官と民

しかしながら、法体系によって政治体制を保持してゆくためには、当該社会があまり変化のない、固定的な状態でなければならない。唐初、前代に引き続いて交換経済が比較的停滞していたことが、この条件を作り出すのに有利であった。唐の中期以後、貨幣経済の急速な発展が制度と現実との乖離を生んで、国家体制の均衡を破っていった。まず社会の基層部分では、農民の土地占有情況が変化して令制通りの給田が困難になったにもかかわらず、租税体系では現行制度に固執したばかりでなく、[29]さらに諸税を追加したため、農民の離村現象が顕著となった。これは府兵制の基盤をもゆるがした。かくて民間には地主と佃戸との関係が新しく展開し、王公百官も利益追求に狂奔した。政府は、次第に土地への課税方式を現状主義へ転換してゆかざるを得ず、また新興の商工業への課税政策が急速に進展した。前者がやがて両税法を生み、後者が各種商税や国家専売に発展してゆくことは言うまでもない。

政府の中央機構も三省六部の均衡のとれた宰相制度から同中書門下三品（同平章事）の専権的宰相制度へと変化した。これは君主独裁政治への第一歩である。これによって支えられる皇帝権力は、各領域に使職を置き、律令官制を超越して、権力の集中を図った。専権的宰相とその腹心官僚が、重要な使職を独占した。この使職制度が宋代以後の官僚政治に決定的な役割を発揮することになる。

節度使等の名目で辺境に使職が配置されたのは、羈縻政策の破綻によるものであった。その破綻の原因は、唐朝と周辺諸部族長らとの紛争にあるが、そこから周辺諸部族の間に完全自立の希求が高まる。羈縻的手段が効力を失えば、府兵による辺防に頼ることはできず辺境に大軍を配置せねばならない。兵源を傭兵に見出す方向が、こうして主流となり、節度使がこれを掌握した。傭兵すなわち農業生産から完全に切り離された傭兵制度は、安史の乱を契機に内地に普及し、以後長期にわたって中国兵制の根幹となる。

唐代中期に始まる、以上の激烈な構造変化は唐の国家共同体を解体させたばかりでなく、中国社会の体質を根本的に変革するものであった。所謂唐宋変革であるが、その後に構築される国家共同体も、当然かつてない新しい性質を帯びることになる。次に、この点に関して、卑見を述べることにしたい。

唐末変革論の首唱者内藤湖南は、この変革について、次の二つの点を指摘している。(30)一つは貴族政治から君主独裁政治への変化であり、もう一つは、人民の地位の向上である。前者の変化は、換言すれば、君主と臣下との関係の変化である。すなわち、貴族政治とは君主もまた貴族階級の一員であり、それ故に貴族階級から超越した位置になく、政治の実際においても貴族階級の制約を受けている。彼によれば貴族政治は、周の封建政治にその典型的な姿を見るが、封建政治が崩れて帝政時代になっても、その政治の性格は完全に払拭されない。秦漢時代にはいくらか君主独裁政治の傾向を表わすが、しばしば外戚の専権を来したように、どこかに貴族政治の性格を宿している。(31)六朝時代になると、さらに貴族政治の全盛情況を現出し、唐代では、変容しつつも、なおこれを継続するのである。

しかし唐宋の変革以後は完全に異なる。臣下は君主の手足であって、宰相と雖も、皇帝の秘書官にすぎない。すなわち君主は、臣下たる官僚集団の頭上に超越的に存在しているのである。したがって、科挙試験も、隋唐時代のように貴族らしい人物を選ぶものではない。王安石以後の科挙が、それまで帖括・詩賦を主としたのに対し、経義・策論を重んずるのは、官僚としての実務を重視するところから来ているという。

ここでこの「実務主義」について一言説明しておかなければならないだろう。湖南のいう所の「実務主義」とは、決して近代国家の官僚に要求される行政上の専門能力を意味しない。策論は、国家の政策についての意見であり、経義は政治の根底に据えられるべき儒教哲学的認識である。つまり、国家共同体の指導階級としての精神と政策とを問うものである。内藤湖南がこれを「実務」と称するのは、それが単なる士人の教養ではなく、国家の運営に対する責務に視点を定めたものだからであろう。

宋代以後の官僚にこのような要求が課されたものだとすれば、それは彼らが皇帝の手足であったことと矛盾しないであろうか。私はこの両面性に、この時代の官僚制度の特質があると考える。なぜなら、このような責務を負う官僚階級の政治活動は、すべて皇帝の意志から出発し、また皇帝の許へ集中されてゆくべきものだからである。宋代に始まる殿試は、新任《ママ》さるべき官僚の学識が最終的に皇帝によって認定されるものであることを顕示する儀式であった。

そこには、任官以前の社会的身分やそれを表示する教養等がはいりこむ余地はない。前代までは、社会的に士族として認められた者に官を与えるのが普通であったが、宋代以後においては、むしろ官となることによって士身分が与えられる。士と官の関係は、ここで一種の逆転現象を現わすのである。ここに、官と民の関係にも、一つの変化を生じていることが分る。

既述のように、先秦時代にはただ士と民（庶）の関係だけがあり、帝政成立後は、士民関係が基礎となって、官民関係が形成された。このことは、官民関係に何らか身分的差別がはたらいていることを示唆している。然し、宋代以後、官民関係以前に士民関係が前提として存在するというような情況は、基本的には存在しなくなった。このことは、官民関係に何ら身分的差別が無くなったことを意味するであろう。これは唐宋変革の過程で、貴族階級を没落せしめて行った、あの社会情況と大いに関係がある。

内藤湖南の唐宋変革に関するもう一つの指標、人民の地位の向上と言う問題が、ここに関わってくる。湖南は両税法の土地現額課税方式と現地課税方式にヒントを得て、人民の財産所有の自由化、居住の自由化の二点を指摘した。勿論又、王安石の雇役法以後、人民が労働力を無償提供するのでなく、自由に処分できるようになったと論じた。勿論これらの自由は、人民間の貧富の差を拡大してゆくことを容易にする。しかし人民がもはやその身分によって、土地に縛りつけられ、無償労働を賦役として提供させられる時代は去ったのである。これは、個々の人民にとって新たな苦痛を生むことになるかも知れないが、しかし人間の社会的地位としては一歩向上したと言わなければならない。

それでは、唐宋変革以後の官と民の間に見られる格差は、何にもとづくのであろうか。人民は上述の自由が得られたと言っても、国政に干与する権利が与えられたわけではない。国家共同体の運営に参加するかどうかが、先秦以来、士と民を分ち、官と民を分つ原則であったが、この原則は、宋代以後においても変化がなく、官と民の間における政治と生産の分業関係は、依然として継続している。官に一種の特権が生れる理由は、まさしくこの分業関係に根ざしている。

したがって官僚が国政上の特権を行使するのは、一般論として言えば当然のことであり、代耕とよばれる俸禄制度も、これなしには、国政の運営は不可能である。問題はこの特権が公務の遂行に向って発揮されるか、それとも私利の充足のために行使されるかにある。官僚のタイプとして言えば、経世済民型か昇官発財型かということになるであろう。国家共同体が安定的に維持されるか否かは、政界がこの二つのうちどちらに傾くかにかかっている。その際、皇帝と宰相による中枢部の政治姿勢が大きく影響することはいうまでもない。

政治権力が私物化されれば、民の被害は甚大となり、そこから種々の抵抗運動が発生する。この現象は時代の違いを越えて見られることであるが、唐宋変革以後の抵抗運動には、やはり時代的特色がある。この時期、歴代の民衆叛乱は、参加者数、展開地域また頻度において世界にも類を見ない大規模なものであった。その原因としては、流通経済の発展による交通・情報網の拡大、また同じく貨幣経済がもたらす収奪の甚しさなどが挙げられるが、精神的要因としては、官民間における人格的格差意識の減少が挙げられよう。この人格的格差意識の希薄化は、民間の主客関係や主僕関係にも及んで、抗租・奴変等の闘争が展開するに至ったのである。

民衆叛乱は地域暴動から発展して広域を占拠するに及び、自らの革命スローガンを宣伝するようになる。「替天行道」、「順天救民」、「割富済民」等、それは、天に代って貧富の差を均平にし、民の窮乏を救うという構想に、多くの共通性がある。これこそ本来既存の王朝が堅持すべき国家共同体の理念に他ならない。唐宋変革後の民衆は、自らの心に新国家建設の構想を抱く段階に入って来たのであった。勿論、スローガンの発案者は叛乱指導者であるが、『水滸伝』等の大衆的観劇の中で「替天行道」の語に喝采を送る民衆の姿は、やはり唐代以前には見ることのできない光景であろう。

このような情況は、歴代の王朝に、民衆に道徳心を植えつけようとする努力を行わせた。明太祖の六諭がその代表例であるが、地方官が諭俗文を作って勧戒することは、すでに宋代に始まる。(32)

現王朝によって経営される国家共同体の存立が不可能となった時、これを再建する方途は、政治動乱の中から新しい勢力が生れて新王朝を建設する以外に、域外諸種族の内侵建国というコースが存在する。元、清両王朝がそれであるが、これもまた、唐宋変革期を境とする域外諸種族の成長の所産である。唐代北方羈縻政策の破綻の一因は、これら諸種族の自立にあることを前述したが、遼・金・元三朝の中国支配はその延長線上で起った。清朝政権はその歴史の最後を飾るものであった。

これら非漢族が中原王朝を建設し得たのは、南進後もそれぞれ独自の部族組織を維持して、漢化から来る解体を防ごうとしたからに他ならない。そしてこうした組織の団結が中核となって、占領地域の秩序回復に効果を発揮したと考えられるのである。しかしそれも永久に続くわけではなく、この中核組織の弱体化が、王朝の滅亡につながった。

異種族による中国支配は、漢族に一種の民族主義を自覚させた。元末の白蓮教徒の叛乱のように、宗教的色彩を帯びることがあり、それを直ちに近代国民の民族主義と同一視することはできないかも知れないが、しかし、以後漢族が国家共同体の建設を志向するとき、対外的な自立の実現を目標の一つに掲げる情況になったことは否定できない事実である。清朝雍正帝が『大義覚迷録』によって、華夷の別は種族よりも文化に在りとして、清朝の正当性を強調したのは、この問題に対処したのであったが、清末の革命運動は、やはりこの民族主義が強力なばねとなった。さらにそれは列強帝国主義の侵略からの自立を目指す三民主義の一項に発展して行った。

七　近代の国家共同体

辛亥革命を契機に、二千余年に亘る帝政時代は終焉を告げ、共和政の新時代に入った。それでは、国家共同体の時代もここに終ったのであろうか。私はそうは考えない。私がこの小文で、国家共同体の語で表現してきたのは、民衆の安寧と福祉を目的とする一大共同体世界のことである。国家はその世界の実現のために存在し、国家の運営に当る人びとは、そのための倫理と能力を具えた者でなければならない。これは中国古来の理想であり、この理想が後世の人びとに伝承されて来たが故に、中華民族はその長期にわたる歴史を存続させてきたと考えられるのである。

勿論、現実はしばしば理想と乖離し、その都度国家共同体は危殆に瀕した。しかしそれはまた再建されて、人びとは生き続けることができた。士庶の間、官民の間には、行政と生産、精神労働と肉体労働の差別があり、それは往々にして前者の後者に対する圧制に結果したが、この分業関係は一方で文化を生み、生産力を向上せしめた。それが中国の歴史を生き生きとした人類発展史たらしめている。このような国家の理想とそれを実現するための努力が、近代史から消え去ってしまうとは、到底思えないのである。

しかし、近代の国家共同体は帝政時代の国家共同体と質を異にする点もあるはずである。なぜなら、帝政時代では官の地位は皇帝権力によって支えられ、皇帝権力はまた天の権威によって正当化されている。それでは、皇帝権力が消滅した近代において、官はいかにしてその立場を保持するのであろうか。もしも彼らがただ官職に在ることのみを以って特権を行使するとすれば、民生はただちに危機に陥り、新しい国家共同体の建設など望むべくもないのである。

袁世凱政権の時期は、まさしくそうであった。真に共和制を実現してゆく運動が、そこから始まった。その後の経過の分析については小文の能くする所ではない。ただ一言つけ加えるならば、五四文化運動における科学と民主というスローガンは、近代的国家共同体建設上の課題を示唆している。天の思想に代っていかなる科学を確立してゆくか、王朝の官がいかにして民主の官に生まれ変わってゆくか、この二つの課題は互いに結びついているのだが、これが追求さるべき時代に入ったのである。

ただ五四文化運動段階では、孔教批判に強い力点が置かれているため、近代的国家共同体建設のための科学と民主の起点を示したにすぎない。新しい経世済民のための「経義」（原理）と「策論」（政策）の構築は、その後の課題として今日に至っている。加えて、近代的国家共同体にはまた、新らたな課題が生れた。それは世界諸民族の平和共存と全地球の自然環境保全の問題である。国家共同体が全球化の真只中に存立している以上、これらもまた決して無視できない「国之大事」である。中国に限らず、それらが世界のすべての国家の責務であることは論を俟たない。

註

（1）拙著『中国中世社会と共同体』（国書刊行会、一九七六年）参照。

（2）谷川道雄編著『戦後日本の中国史論争』（河合文化教育研究所、一九九三年）参照。なお、下記の論争についても同書を参照のこと。

（3）西嶋定生「中国古代帝国の一考察――漢の高祖とその功臣――」（『歴史学研究』一四一、一九四九年）、「漢代の土地所有制――特に名田と占田について――」（『史学雑誌』五八―一、一九四九年）、「古代国家の権力構造」（歴史学研究会編『国家権力の諸段階』、一九五〇年）。以上いずれも、西嶋定生『中国古代国家と東アジア世界』（東京大学出版会、一九八三年）に収録。

（4）増淵龍夫「漢代における民間秩序の構造と任侠的習俗」『一橋論叢』二六―五、一九五一年）。のち増淵龍夫『中国古代の社会と国家』（弘文堂、一九六〇年、新版、岩波書店、一九九六年）に収録。

（5）濱口重國「中国史上の古代社会問題に関する覚書」（『山梨大学学芸学部研究報告』四、一九五三年）。のち濱口重國『唐王朝の賤人制度』（東洋史研究会、一九六六年）に収録。

（6）守屋美都雄「漢の高祖集団の性格について」（『歴史学研究』一五八・一五九、一九五二年）。のち守屋美都雄『中国古代の家族と国家』（東洋史研究会。一九七八年）に収録。

（7）西嶋定生『中国古代帝国の形成と構造――二十等爵制の研究――』（東京大学出版会、一九六一年）。

（8）Karl Marx: *Formen, die der Kapitalistischen Produktion vorhergehen.*

（9）註（2）所掲『戦後日本の中国史論争』参照。

（10）宇都宮清吉「僮約研究」（『名古屋大学文学部研究論集』五史学二、一九五三年、のち『漢代社会経済史研究』（弘文堂、一九五五年）に収録。宮崎市定「中国史上の荘園」（『歴史教育』二―六、一九五四年、のち宮崎市定『アジア史研究』第四（東洋史研究会、一九六四年）、『宮崎市定全集』第八巻（岩波書店、一九九三年）に収録。

（11）内藤湖南『中国（支那）近世史』弘文堂書房、一九四七年、『内藤湖南全集』第一〇巻（筑摩書房、一九六九年）所収。

（12）矢野主税「門閥貴族の系譜試論」（『古代学』七―一、一九五八年、のち矢野主税『門閥社会成立史』（国書刊行会、一九七六年）に収録。

（13）越智重明「魏西晋貴族制論」（『東洋学報』四五―一、一九六二年）。

（14）川勝義雄『六朝貴族制社会の研究』（岩波書店、一九八二年）所収各論文。

（15）拙稿「『共同体』論争について」（『名古屋人文科学研究会年報』一。一九七四年、のち拙著『中国中世の探求』（日本エディタースクール出版部、一九八七年）に収録。

（16）賢者狎而敬之、愛而知其悪、憎而知其善、積而能散（鄭氏注：謂己有蓄積、見貧窮者、則当能散以賙救之、若宋楽氏）、安安而能遷（『礼記』「曲礼」上）。

（17）旧無三長、惟立宗主督護、所以民多隠冒、五十三十家方為一戸、沖以三正治民、所由来遠、於是創三長之制而上之」（『魏書』巻五三李沖伝）。李沖の提案によって創設された三長制では、党長・里長・隣長の三長は、その地位に従って征戍復除の特権が与えられ、また、孤独・癃老・篤疾・貧窮のため自立できない者は、三長の間でこれを扶養させることにしている。つまり三長制が従来の豪族督護の役割を果していることが分る。

（18）白川静『字統』（平凡社、一九八四年）。

（19）高祖十年春、有司請令県常以春二月及時臘祠社稷以羊豕、民里社各自財以祠。制日可（『史記』巻二八「封禅書」）。かの陳平の故事などから考えれば、この時以前すでに民間に里社が存在していたことは明らかであるが、漢初、国家の祭祀体系を作り上げる中で、里社の取扱いを定めた事実が注目される。

（20）（二年）挙民年五十以上、有脩行、能帥衆為善、置以為三老、郷一人。択郷三老一人為県三老、与県令・丞・尉、以事相教、復勿繇戍。以十月賜酒肉（『漢書』巻一「高祖紀」上）。

（21）宮崎市定「中国における聚落形体の変遷について――邑・国と郷・亭と村とに対する考察――」（『大谷史学』六、一九五七年）、のち『宮崎市定アジア史論考』中巻（朝日新聞社、一九七六年）、『宮崎市定全集』第三巻（岩波書店、一九九一年）に収録。

（22）内藤湖南『中国（支那）中古の文化』（弘文堂書房、一九四七年、『内藤湖南全集』第一〇巻所収）「第四講　学問の効果と中毒」。
（23）川勝義雄前掲書第Ⅱ部第五章「門生故吏関係」の項参照。
（24）拙著『隋唐帝国形成史論』（筑摩書房、一九七一年、同増補版、一九九八年）。
（25）内藤湖南前掲『支那近世史』第一章「近世史の意義」。
（26）このように述べると、「豪族共同体」説と撞着を来すように受け取られるかも知れないが、この点については、前掲拙著『中国中世社会と共同体』第Ⅲ部第三章「均田制の理念と大土地所有」参照。
（27）前掲拙著『増補隋唐帝国形成史論』「補編　府兵制国家論」参照。
（28）中華王朝の外夷首長に対する冊封の仕方は、漢王朝と唐王朝とでは異なる。漢では単に王・侯・君・長を授与しただけだが、六朝期以後。これに内臣の官職を加えるようになる。拙稿「東アジア世界形成期の史的構造——冊封体制を中心として——」唐代史研究会編『隋唐帝国と東アジア世界』（汲古書院、一九七九年、本書Ⅱ部所収）参照。
（29）初定令式、国家有租賦庸調之法。開元中、玄宗修道徳、以寛仁為理本、故不為版籍之書、人戸寖溢、隠防不禁、丁口転死、非旧名。田畝移換、非旧額矣。貧富升降、非旧第矣。戸部徒以空文総其故書、蓋得非当時之実（『旧唐書』巻一一八楊炎伝）。
（30）内藤湖南前掲『支那近世史』第一章「近世史の意義」。
（31）内藤湖南『支那論』（創元社、一九三八年、『内藤湖南全集』第五巻〔筑摩書房、一九七二年〕所収）「一、君主制か共和制か」
（33）小林義廣「宋代の『諭俗文』」（宋代史研究会編『宋代の政治と社会』汲古書院、一九八八年）参照。

〔付記〕
本稿は『日本中国史研究年刊』刊行会編『日本中国史研究年刊二〇〇六年度』上海古籍出版社、二〇〇八年）に収載された『中国国家論序説——階級与共同体』（中国文）の日本語版であり、一部修正を加えている。

Ⅱ

北朝郷兵再論——波多野教授の軍閥研究に寄せて——

一　序　言

中国近代史の展開、とくに清朝政権を終極点とする伝統的王朝体制が否定・克服されていく過程に、どのような社会集団がどのような役割を果したかは、大そう興味ある、しかも切実な研究課題といわなければならない。それは、今日の中国社会の固有のすがたを、伝統的時代との連続性ないし連関性において、綜括的・全面的にとらえるという重要な作業の一環をなすであろう。中国近代史研究の実情にうといわたくしは、以上のような構想に立った研究活動が今日どのように行なわれているか一向に不案内なのであるが、ただ幸いにして日頃波多野善大教授の謦咳に接しているところから、このような近代史上の研究課題がわたくしの専攻している中世史の諸問題と深くつながっていることが、いくらか認識できるようになってきた。波多野教授の諸業績の根底には比較史学的関心が強く流れており、それはヨーロッパとアジアとの比較の視点と同時に、伝統的時代と近代との比較のそれを含んでいる。こうしたいくつかの視点を軸として、中国近代の世界史的な質に迫っていこうとするところに、氏のユニークな構想があるのではないかとおもう。

このような構想の一環として、かねてから氏の強い関心を惹いてきたテーマに、近代の軍閥がある。民国軍閥の直接の母体は北洋新軍とこれに模して設立された各省の新軍であり、これらの新軍が辛亥革命の達成に多大の役割を果したことは、氏の研究によって解明されたところである。また、氏は、北洋軍閥の形成過程を、太平天国戦争期における湘淮軍の形成時代にさかのぼって精細に跡づけ、前人の注目のうすかった分野の開拓に貢献した。それらによれば、湘淮軍の結集から北洋新軍の編成を経て、民国の袁世凱執権—軍閥混戦に至る伝統的王朝体制の解体過程に、これら近代的装備の軍隊の果した役割はきわめて大きいものがあった。伝統的王朝権力を崩壊に至らしめ、そこから新らたに生まれてくる近代的権力の原質ともいうべきものを、そこに見ることもあながち不当ではないであろう。

このことは、後進国における近代革命がしばしば軍事政権という形をとって遂行されることと無関係ではないとおもわれる。誤解をさけるために断っておくが、このように見ることは、中国近代革命史上における知識人と農民の役割を軽視して、中国革命を軍事革命一色で塗りつぶそうというのではない。むしろ知識人と農民とはそれぞれの固有な反体制運動を進めてゆくと同時に、かれらはまた将あるいは兵として軍隊に結集し、私軍から体制的軍隊へ、体制的軍隊から反体制的軍隊へ、そこからまた私軍化傾向が生まれ、これがさらに革命軍へ蘇生するという風に、さまざまの転変を経過しつつ、近代革命過程のジグザグにして且つ一本の太い糸を成したのではないであろうか。近代史の知識にとぼしいわたくしは、これ以上の推測的発言をさしひかえたいとおもうが、要するに波多野教授の軍隊史に関する研究は、近代革命の中国的型態の問題に触れる重要な示唆をわれわれに与えてくれるのである。

ところで、最近の波多野論文は、近代軍閥史の研究を、伝統的時代の軍事体制およびヨーロッパ・日本の軍事体制との比較史的考察にまで拡大するという、意欲にみちたものである。宇都宮清吉元本学教授の定年退官を記念して寄せられた「民国軍閥の歴史的背景——比較史的素描——」（中国中世史研究会編『中国中世史研究』、東海大学出版会、一九七〇年）がそれである。その論旨の概要は次節に紹介するとおりであるが、氏の視野は当然わたくしの専攻する六朝・隋唐時代にも及んでいる。この時代の軍事体制が表わす時代の性格については、これまでわたくし自身もつよい関心を抱いて来たので、この論文の叙述に深い感銘を味わったことはいうまでもない。ここに波多野教授の定年退官にあたり、その所懐の一端を記して、多年の学恩に対する謝辞に代えたいとおもう。

二　波多野論文の大要

波多野教授はこの論考を、「民国軍閥は中国史上においてどういう位置を占めるのか」という設問から始めている。この設問をより具体的に表わせば、(i)中国史上しばしば出現する軍閥の民国軍閥との間に共通点があるとすれば、それはどういう点か、(ii)またそれらと異なる民国軍閥の特色は何か、(iii)世界史的に見て中国軍閥の特性とそれを生み出した基底は何か、の諸点であるとする。このような問題関心を前提として述べたのち、氏はまず軍閥という概念を定義する。軍閥とは、「武力を背景にした私的利益集団である」。各時代の国家はそれぞれ暴力的強制手段としての武力をもつが、「この武力のなかに私的な要因が入りこむことによって軍閥が形成されるのである」。しかし「国家の所有する武力は、その国家のあり方によって異なるから、この私的要因もそれに応じて異なる」。国家を古代国家・中世国家・近代国家の三類型に分けるとすれば、その武力もおのおのそれに応じた類型をもつ。古代国家の基本的構造は「部族的構成」にあるが、その軍隊も自由民たる部族の全成年男子によって構成されており、兵士たることはかれらにとって義務であると共に誇りでもあった。つぎに中世国家の基本構造は、「領主による農奴たる農民の支配」にあるが、その軍隊は、国王以下諸侯およびその各々の家臣からなる貴族的専門兵士(騎士・武士)によって構成される。また、近代国家の基本構造はブルジョアジーの支配で、政治の基本体制はブルジョア民主主義としての議会政治である。その軍隊は国民皆兵を原則として国民の成年男子から徴兵した常備軍である。軍事技術の進歩によって、将校・兵士はそれぞれ一定の軍事教育が必要となる。「こうした近代的軍隊は、近代国家の基本的機構としての議会の支配下にある文官の命令に従うものであったが、後進国にあっては、その前近代的な遺制のために、上に述べたものとは異なる雑多な国家形態とそれに対応する軍隊が存立した」。この提言の最後の部分は、議会政治が確立せず、したがっていわゆるシヴィル・コントロールが貫徹しない後進国における軍隊の自己運動的傾向、すなわち軍閥化傾向を示唆するものであろう。それはともかく、古代・中世・近代にはそれぞれの国家機構に対応する軍隊が存在しており、その限りにおいては私的なものの入りこむ余地はなかったのであるが、古代および中世においてはその崩壊の過程に、また近代国家にあっては、古い遺制を残す後進国家の軍隊の場合に、軍閥的勢力の発展の機会があったというのである。

以上のような総論的叙述をふまえて、氏は、古代・中世・近代各時期の国家・国軍のあり方とそこから軍閥が発生していく事情を、ヨーロッパ・日本・中国のそれぞれについて詳細に考察する。そして最後に、民国軍閥と中国古代・中世の軍閥との比較を試みて稿をしめくくるのであるが、ここではとくに中国史に関する叙述を重点に、大要を紹介することにしたい。

まず、古代国家の軍事体制崩壊と軍閥発生との関係についてであるが、ギリシァ・ローマにおいては、国家の基礎を成していた部族体制が貨幣経済の発展によって崩壊すると、従来の自由民兵士が減少し、これに代って無産者・他国人からなる傭兵が出現する。このような軍事体制の変質過程は、中国古代についてもかなりの類似点が見られる。すなわち、殷周国家を基礎づけていた部族的軍隊――自由民たる貴族のみが費用を自弁して兵士となる――は、春秋戦国期になると変質して平民をも加えるものとなり、一部に傭兵の出現をみた。漢ではすべての壮丁に兵役義務を課し費用を自弁せしめたが、資産の所有高による精兵・雑兵の分類は、軍隊の組織原理が血統から財産へ移行したことを示している。武帝以後はさらにこの体制が崩れて異民族出身者等の傭兵が増加し、中央軍・近衛軍の世襲化傾向も深まった。三国以後、中央軍は募人・流賊・流民・降民・降卒・私兵などが主力となり、それらは軍戸として兵役義務を世襲した。かかる軍戸は身分的地位が低下して賤民化する傾向にあったが、両晋・南朝の諸国家は、この軍戸制によって維持された。要するに、殷周―秦漢の自由民兵制は、軍戸というすがたにおいて傭兵制へと転化したわけである。「こう見てくると、中国では、古代的な、自由民凡ての成年男子が兵士たるの義務を負う軍事体制が前漢で崩壊し、以後は傭兵体制になり、それがまた主として軍戸体制になったことが分る」。

さて、氏によれば、如上の傭兵＝軍戸体制の出現は、古代国家の末期的症状ともいうべき現象であって、中国では、この段階を経過して中世国家としての唐帝国が成立し、これを支える軍事体制すなわち府兵制が構築される。ではこの末期的症状を救済してあらたな体制を現出せしめた契機はどこにあったか。ヨーロッパにおいて、ゲルマン人のフランク王国がローマ帝国のゆきづまりを打開したように、中国古代世界に新生面を開いたのは、周辺遊牧系諸民族の素朴な生命力であった。遊牧民族の軍事体制は、部族の自由民すべてが戦士であるところに特徴があるが、「兵役をすべての自由民の義務とした府兵制を創設し、かねて低下していた兵の社会的地位を回復させたのは、鮮卑民族の影響によるものであった。中国的な中世国家としての隋・唐帝国は、末期的症状の古代的中国王朝が遊牧系王朝から新しい生命を吸収することによって復活したものと見ることができる」。それはあたかもフランク王国がローマ国家とゲルマン部族社会との綜合であったのと相似た関係をなしている。ただ、隋唐帝国がフランク国家と異なる点は、前者の場合、遊牧民族がすでに中国化して、「遊牧民族本来の要素が微弱で、中国的な中央集権的専制国家が再生されたが、フランク王国の場合は、ゲルマン固有の体制をまだ強力に保存していたから、ローマの体制とキリスト教をとりいれながら、ゲルマン的な封建国家になった」ところにあるという。

如上の西欧・中国の対比に加えてさらに日本の場合、すなわち律令制的軍事体制から豪族の私的武力を基盤に中世的武士階級が成長してゆく経緯が述べられるのであるが、ここでは紹介を省きたい。

さてつぎの問題は、以上のような中世的軍制がどのようにして崩壊してゆくかという点である。氏はそれをヨーロッパ・日本・中国のそれぞれについて考察して、ヨーロッパでは封建軍隊の傭兵軍化という現象を指摘し、日本では大名領国制の形成とともに兵農分離が決定的となり、武士階級は封土受給者から禄米受給者へ転化したことを述べている。これに対して中国では、「封建体制へ発展したヨーロッパ・日本とは異なって、均田制と府兵制を中心とした中央集権的王朝体制として成立した隋・唐帝国の崩壊過程は、ヨーロッパ・日本の中世国家のそれと異なっていた」と前置きして、府兵制が崩壊して藩鎮体制へ移行したこと、そしてその藩鎮体制は、客戸・流民および遊牧民族を召募した傭兵制を基底とし、節度使以下将兵間の私的結合によって組織づけられていたことを論じている。ただし、それがヨーロッパ・日本の中世国家の崩壊過程とどう異なっているかは、論理としては示されていない。なお、氏は宋以後の軍事体制にも言及し、募兵制にもとづく宋朝国軍が部族制的自由民部隊の遼・金・元軍制にとって代られ、明は元制を継承して軍戸制を施行したが――唐の府兵制的体制の復活であるという――、次第に崩壊して募兵制に移行し、やがて部族制による満州八旗軍がこれを制圧するが、明以来の軍戸制も一部に残存していたことを述べている。

かくてようやくにして近代的国軍形成の段階に到達するのであるが、中国の近代国軍はこれまで見てきた前近代の軍事体制をいかにふまえ、また、これらと区別すべきいかなる特質をもつのであろうか。さらに中国以外の文明世界におけるそれとの比較はどうであろうか。本節の冒頭に紹介したように、これらの課題が波多野教授の究極的関心をなすものであるが、それらについて氏はつぎのような結論を提示している。ヨーロッパではローマ末期に一時兵士が賤視されることがあったが、フランク以後再び地位が上昇し、ついに支配階級を構成して、近代国家の貴族となった。

日本でも、古代以来、武力を温存する地方豪族が擡頭して、支配者たる武士階級を形成した。ところが中国では事情が異なる。三国以後、兵士の社会的地位の低下した状態が永続し、「遊牧民族の影響によって、一時的にその地位が向上することがあっても、まもなく低下して清に至ったのである」。これに対応して武官の社会的地位も低く、文官第一主義を生むが、近代軍閥の発生は、こうした歴史的前提を越えた結果である。すなわち、「尚文卑武の伝統をもつ中国が、尚武の伝統をもつヨーロッパ諸国および日本の武力的侵略を受けるなかで武力を強化しようとして、近代の軍閥を生みおとしたのである」。しかし、ヨーロッパや日本においてもそうであったように、近代的常備軍の形成には、この軍隊を支える精神的支柱――ナショナリズムが不可欠である。北洋軍閥がブルジョア・ナショナリズムによる国民党軍閥によって打倒され、さらに農民ナショナリズムを支柱とする中共の武力が国民党政権を克服したことは、中国近代国軍がそれにふさわしい資質を具えていく過程を示すものである。

とすれば、民国軍閥には、中国前近代の特質がなお濃厚に刻印されているわけである。「アヘン戦争後の中国では、前近代的な国家体制をそのままにしておいて、軍隊の装備・訓練を近代化しようとしたために、その軍隊が指揮官の私兵になった。新建陸軍・北洋新軍が袁世凱の私兵になったのはそれである」。「兵は、古代末期および府兵制崩壊後そのままに、流民・遊民・無頼・匪賊および貧農から召募された」。そして将校も、尚文卑武の伝統を受けて、兵から昇進したものが大多数であった。軍閥内部の人的結合関係も、古代・中世の軍閥と相似た点が見出される。中世軍閥すなわち藩鎮の武力構造は、族人および義児・家僮などの血縁者・擬血縁者からなる親衛軍と、これらを軍将に任命して把握された外鎮軍との二重構造をそなえていた。「この二つの私的武力を擁して各地に割拠し、管下の軍・民・財三政を支配して幕府を開き、賓客をして政務を分掌させた。とくに、有力藩鎮は唐朝の命を奉ぜず、その地位が世襲または有力部将によって継承された。藩鎮のこの構造は、基本的に見て古代末期の軍閥と異なるところがない」。

のみならず、藩鎮のこの構造は、民国軍閥によって受けつがれている。「民国軍閥の軍隊には、地縁的な結合がまだ強かったが、藩鎮武力の中心を形成した家兵のようなものはなかった。しかし、結合を強くするために血縁を擬制する義子・義兄弟の風習は多少まだ残っていた。将校と兵の結合の基本は、任俠的ではなく、ローマの保護・被保護の関係であり、部将は軍閥の被保護者《クリエンテス》であった」。このような人的結合を内部の核として、民国軍閥が、軍隊を勝手に召募拡大し、部将を省内各地に配置し、その武力で民政・財政を支配し、世襲化の兆しもあり、また銀行・鉱山・紡織など各種企業を経営したことなども、唐代藩鎮との類似点であるという。

要するに、民国軍閥は古代・中世のそれぞれの末期に出現する軍閥とのアナロジーでとらえうる一面があり、しかしまた他方では、ウェスタン・インパクトによって、装備の近代化、尚文卑武の気風の脱却、ナショナリズムの摂取など、伝統的軍隊に見られなかった新らしい要素を具えるに至って、ついには中国共産党の指導のもと、近代的常備軍へ自らを転化せしめるのである。

氏のこのような民国軍閥論は、中国の近代化過程に対する氏の把握を、かなり明確な形でわれわれのまえに提示してくれる。と同時に、それはかかる近代化過程に果された軍隊の役割の重要性を示唆するものであろう。前者の点についてはなお後文で触れたいとおもうが、要するに、この論考における氏の主張の大体は、ほぼ以上のごとくではないかと理解されるのである。

三　問題の所在

さてこれから、この労作に触れてわたくし自身の所見を述べるわけであるが、同論文についてはすでに菊池英夫氏の論評があるので、一応紹介・検討しておきたい[1]。菊池氏は波多野論文の大要を紹介したのち、つぎの二点について批判意見を提出している。その第一点は、「波多野氏の問題意識における『軍閥』概念の非歴史性である。『武力を背景にした私的利益追求の集団』であり、国家の軍事組織の中に『私的要因』『私的結合関係』が入りこむことによって形成されるものである、とするところに、すべては平板化され、唐五代藩鎮も民国軍閥も古代軍閥と『異なるところがなく』なってしまい、強いて区別すれば『精神的支柱』が異っていたにすぎなくなってしまう。たしかに『軍閥』の語は、それ自体としては屢々使用する。しかしそれが制度史的に無内容なものであったとすれば、もはや無意味であろう」。かくて菊池氏は、軍閥のメルクマールをつぎのように提示する。「近代以前の『軍閥』に関していえば、それが単なる将軍と区別される所以は、国中為国の独自の支配権力を形成している点にある。即ち軍事支配権を足場に行政・財政の政策決定を行いうる力を持ったものであり、それが全国的に支配権を及ぼしうるに至ったときはもはや正統王朝（国家権力）としての資格を獲得したこととなる」。「然らば『軍閥』出現の条件は、決して社会変動期における安定支配の解体ないしは正規の国家制度の埒外における『私的結合』の成長、といった要因のみに帰することはできない。むしろ中央集権強化策ないし対外防備強化策としての地方軍軍事権強化策が、制度的に軍事司令官の権限過大、軍事力の拡大、民政・財政の行政権掌握へと進ましめ、結果として権力闘争・政治危機を激化せしめたという場合が多い」。したがって、軍閥の歴史的性格は、（i）軍事力の構成と軍事権の内容、（ii）軍帥たるものの民政・行政上の地位など、（iii）依拠する財政手段とそれを支える社会経済的条件、等々によって明確に段階規定を与えることが可能であり、波多野氏の所説のように「古代から近代まで『異なるところがない』どころか、歴史は決して繰り返さないこと、段階的発展の認められる所以を、明確に指摘しうる筈なのである」。

菊池氏による批判点の第二は、以上のように「平板化された問題意識によって捉えられる限り、歴代の軍制の変遷の概観が全く平板な現象的羅列主義を出られなかった」という点にある。わたくしはここで如上の二つの批判が果して正鵠を射ているかどうかを検討したいとおもうのであるが、まず後者からとり上げると、菊池氏が「平板な現象的羅列主義」と見たのは、波多野論文の単なる叙述形式をいうのか、それとも叙述内容における論理性の稀薄さを問題にしようとするのであるのか、必ずしも明らかでない。しかしもし後者を指すのであれば、それは当っていないと見なければならない。なぜなら、波多野論文中一見そのように感じられる箇所でも、注意深く読めば、すべて氏の論旨に関わる叙述がなされているからである。しかし、問題はそのことよりもむしろ菊池氏がそのように受けとったことのなかにある。すなわち、菊池氏自身もいうように第一の批判点と関連してくるのであるが、波多野教授は、公的体制的軍隊から私的体制外的軍隊へというシェーマを、個々の史実をふまえつつ、いわば巨視的に導き出したのであった。波多野教授は、民国軍閥の史的性格いかんという問題意識から東西の古代・中世の軍制を照射した結果、それが前近代における軍閥、すなわち体制的軍隊の変質形態のひとつにすぎないという確信に到達したのである。とすれば、中国における真の近代化の達成は、かかる前近代性の克服を通じてしかなされえないであろう。いな、中国のみならず、ドイツ・日本における近代軍閥の発生も、それぞれの社会を貫徹する前近代性の所産ではないかという予測が、そこから導き出されてくるであろう。波多野教授が、近代・前近代の各時期における軍事体制にそれぞれの歴史性を見ていることは、前節で紹介したところでもほぼ明らかである。またその歴史的規定において、政治的・社会経済的要因を視野の中に入れていることも、行文のなかから十分汲みとれるところである。にもかかわらず、氏はそれらの歴史的事象を通じて、前近代に通有な性格を導き出し、これと近代軍隊との比較検討を試みたのである。その限りにおいて個々の事象は歴史性を捨象されざるをえない。菊池氏が非歴史的であるとし、また平板な羅列主義であるとしたのは、あるいは波多野教授のこの巨視的にして実践的な視座を理解できなかったことに基因するのではないか。とすれば、むしろ菊池氏の発展段階的叙述の方にこそ平板さがあるともいえるであろう。

要するに、波多野論文を批判しようとするならば――波多野論文に限らずいずれの場合でも同じことであるが――、その論旨の全構造をふまえた上で、これを問題にしなければならない。こうした立場からすれば、つぎの点が考察の対象となるであろう。氏の理解によれば、民国軍閥は体制的軍隊の崩壊形態であり、この意味においてそれは体制的権力に対して否定的な役割を果たすが、しかしながら一方では、前近代性を克服しきれない構造をもつ。克服の決定的契機となったのは、外側からの影響、すなわちウェスタン・インパクトであった。まずその装備がヨーロッパの影響によって近代化され、ついでその精神的支柱、すなわちナショナリズムが外圧への抵抗という形で強化されていったのであった。こうした論旨の限りでいえば、一般に中国の近代化を達成すべき決定的な契機はウェスタン・インパクトにあったと理解されているがごとくである。しかしながら、もしそのようにのみ観るならば、中国の近代と前近代とは、何か異質な世界として互いに切断されてしまうおそれがないであろうか。かりに両者の論理的連関を求めるとしても、そこには、前近代の否定すなわち近代化、というような否定的な契機でしかつながりえない結果を生む。中国の近代化過程においてこの否定的契機が果した役割の大きさは疑うべくもないとしても、他方に、前近代と近代との連続的一面が何らかの形で存在しないであろうか。前近代とは、ただに近代によって否定さるべきものであるばかりでなく、一面において、近代創出の主体的条件でもあるのではなかろうか。この推測はもちろん綿密な実証的作業によって確められなければならないものではあるけれども、波多野論文に感じられる一抹の物足りなさは――氏もこうした問題を無視されているわけではないとおもうが――、主としてこの面が捨象されていることに基づいているのではなかろうか。

たとえば、氏は、中国の軍隊が農民ナショナリズムによって支えられたとき始めて真に近代的な軍隊たることができたという。しかし、その農民ナショナリズムなるものは、すべて西欧・日本などからの輸入品ではありえず、伝統的体制のもとで培われた側面をもつとおもわれるが、その点はどうであろうか。前近代社会にはそれぞれの時代の「農民ナショナリズム」を精神的支柱とする軍隊が何らかのすがたで存在したと想定することは不当であろうか。ここで、太平天国およびそれ以前の農民戦争における反乱軍のあり方に関心がもたれるのであるが、本稿では問題の提示にとどめておきたいとおもう。ただ、中国近代の軍隊が農民ナショナリズムを精神的支柱として始めてその近代性を充足させたとする氏の構想から、つぎの予測が導き出される。かかる軍隊としての中国解放軍の大きな特色は農民の武装にあるのであって、兵農分離がひとつの社会構成にまで高まらず、したがって支配階級としての武士階級の形成を見なかった中国中世の特質を継承しているとも見られるのである。言いかえれば、武士団から市民軍へという近代国軍の形成コースとはまたちがったコースとして見ることも不可能ではない(2)。そしてこのことは中国伝統社会の特色たる尚文卑武の風とも関係があろう。すなわち、かかる文官優位の体制は、民衆と軍隊との結びつきをかえって容易にしたのであって、農民武装の契機はつねに存在したと言えるのである。それは、公的体制的軍隊であろうと私的体制外的軍隊であろうと、基本的には変りがない。徴兵制のばあいはもちろんであるが、傭兵制や世兵制が優位を占めた時代でさえ、郷団を場に組織された民兵的軍隊が大きくこれを補完するのが普通である。さらに、内乱や農民戦争は郷村の軍事化を急激に拡大するのであって、体制的、反体制的いずれにしても、農民の武装化が中国における軍隊結集の基本様式であったことは疑いえないであろう。とすれば、中国近代の軍隊が農民兵的色彩をきわめて濃厚にそなえているのも、中国軍制の固有の性質と無縁ではないようにおもわれる。

以上述べたところからすれば、中国近代の軍隊は、古代・中世のそれとの脈絡を深い内面において有していると想定して不当ではないであろう。中国史をひとつの発展において見ようとするならば、このような個性を持続する社会のそれとして把握しなければならないのではなかろうか。また、中国近代の軍隊が古代・中世のそれと異なる点を求めようとするならば、かかる個性の一貫性を前提とした上でなされねばならないであろう。以上のような推測が果して当を得たものであるかどうか、本稿では、北朝の郷兵を中心に考究してみたい。

四　北朝郷兵の自由民兵的性格

波多野教授によれば、漢代以後一旦傭兵制におちこんだ中国兵制が再び自由民兵制に復活するのは、北朝・隋唐の府兵制においてである。しかしそれは、尚文卑武の漢族社会の特性からすれば、やや例外的コースに属する。あたかも民国以後の軍隊が外圧を契機とするナショナリズムの定着を支えとしてその近代性を獲得したように、府兵制の軍隊もまた、周辺の遊牧民族の刺激によって始めて成立し得たのであった。同様な事情はさらに元朝の軍戸制における兵士の地位の高さにもうかがい知ることができるという。

近代と中世ないし中世解体期とのこのようなアナロジーは[3]、さきに述べた氏の視点のもたらす所であるが、このアナロジーを通して前節に提起した中国近代化に関する課題に接近しようとすれば、当然府兵制形成の問題が重要な考察対象の一つとなってくるであろう。すなわち、府兵制を遊牧民族の「外圧」下に生まれた、いわば非漢族的軍制としてのみ理解することができるであろうか[4]。もとよりそうした一面を否定することはできないが、再度引用するけれども、「兵役をすべての自由民の義務とした府兵制を創設し、かねて低下していた兵の社会的地位を回復させたのは、鮮卑民族の影響によるものであった。中国的な中世国家としての隋・唐帝国は、末期的症状の古代的中国王朝が遊牧系王朝から新しい生命を吸収することによって復活したものと見ることができる」（傍点引用者）という説明のみではいかにも漠然としていて、「鮮卑民族の影響」が漢族社会にいかに受けとめられたか、「新しい生命を吸収する」とは歴史の具体相としてどういうことなのか、といった疑問を払拭することができない。一方、府兵制の北朝後期における形成過程をたどって見ると、西魏における府兵制の創始はむしろ鮮卑族の流入の少なかったことが前提となって行なわれており、(5)そして該制度の基盤をなしたのは漢人望族を首帥とする郷兵集団であった（後述）。この情況は、北族兵を多く吸収したとおもわれる北周武帝以後も大きな変化はなく、府兵の主要な供給源は漢族社会にあったと推定される。(6)このように、自由民兵制としての府兵制を支えた基盤の大きな部分が漢族兵士にあったとすれば、ではかれらはいかなるあり方において自由民兵士であったのかということが問題にされねばならない。たとえそれが「鮮卑民族の影響」によるものであったとしても、その「影響」を受けとめた漢族主体の考察はゆるがせにできないであろう。

このような意味から郷兵集団を考察の主たる対象としてとり上げたいとおもうのであるが、この時期の郷兵については、先人の諸研究がある他、わたくし自身もかつて私見を述べたことがあり、以下の叙述はそれらの成果に負うものであることを、あらかじめ断っておきたい。(7)すなわち、本稿は郷兵じたいについて特別の知見を加えるものでなく、波多野教授の問題提起と従来の郷兵研究とがどのような接点をもって関わりあうかを明らかにすることに重点を置きたいとおもうのである。

さて、まず波多野教授のいわゆる「鮮卑民族の影響」ということについて考えてみたい。周知のごとく、鮮卑の兵制は、北魏の漢化と共に頽壊して一種の兵戸制と化してゆき、中央における羽林軍士の変、北境における鎮兵の反乱のごとき事態に立ち到る。ことに後者は、直接北魏国家の内乱をみちびき、この内乱の産物として府兵制が創設されるのであるから、府兵制における「鮮卑民族の影響」は決して単純なすがたで存在するのではない。むしろ鮮卑の兵制が変質したことへの反撥を媒介として具現していることに注目すべきである。たとえば、西魏六柱国の府兵統領体制は、決して鮮卑兵制の本来的なあり方をストレートに受け継ぐものではない。すなわち純粋な部族制に裏打ちされたものではなく、きわめて擬制的な性格の強いものであったことは、よく知られているとおりである。いわば鮮卑的兵制の復興という理念がそこに強烈にはたらいているのであって、かの周礼主義的復古の理念と密接にからみあっているのも、そのために他ならない。

こうした擬制的性格と相符節するように、西魏府兵制の基礎には、かなりの比重を占める郷兵集団があった。これら郷兵集団の出現もまた、鮮卑兵制の解体という事態によって媒介されたものである。たとえば、夏州の宇文貴は、六鎮の反乱民によって夏州城が包囲されると、郷民を率いて官側の防衛軍に加わった。隴西の李賢・李遠兄弟もまた、郷兵を組織して、北鎮暴動に呼応する勅勒族の反乱を防いだ。西魏府兵制の創設当時、この宇文貴と李遠がいずれも十二大将軍の地位にあったことは、府兵と郷兵との密接な関係を物語るに足るものであるが、要するに、北魏内乱初期の郷兵には、反乱に対する抵抗・自衛のために結成されたものがあったことが知られる。その他、郷兵結集の契機には、蕭宝夤（反乱討伐のため関西に派遣され、のち反逆）への防戦、爾朱氏（北鎮反乱民を平定して北魏朝政に干渉、河陰で朝士を大量に虐殺）に対する抵抗などが挙げられ、政権が東西両魏に分裂すると、その各々を支持して、郷人部隊の結集と行動が展開する。

こうした具体的状況によれば、郷兵集団の発生が、北鎮反乱を第一衝撃としていることは明らかである。要するに、鮮卑兵制の隳壊とそこから来る階級矛盾の暴発が、郷兵集団発生の根本動機であって、郷兵制に対する「鮮卑民族の影響」は、このようにかなり屈折した形をとっていることが確認される。とすれば、「中国的な中世国家としての隋・唐帝国は、末期的症状の古代的中国王朝から新しい生命を吸収することによって復活したものと見ることができる」という波多野教授の提言には、なお細部にわたる注釈を必要とするであろう。すなわち、隋唐帝国の成立は、漢民族にとって復活であったばかりでなく、鮮卑系民族にとっても自己再生の結果であった。というより、後者の自己再生が強いバネとなって、前者の復興が可能になったというべきであろう。

このことは、さらに以下の問題を提起する。こうした経緯がわれわれに与える印象は、隋唐帝国の成立に至る歴史過程のもつ内省的性格である。これまでわたくしが用いてきた「復興」「復古」「復活」「自己再生」などの語によっても示唆されるように、北族は自己本来のすがたに立ち返ろうとする運動を展開するが、それに触発された漢人社会もまた、それ自体として自らの本然に復帰しようとする傾向がなかったであろうか。つまり、北族と漢族の両社会は、それぞれの本来性へと遡行しつつ、それによって互いに結びあうということがなかったであろうか。こうした予測に立って、漢族郷兵集団の内面をうかがってみよう。

郷兵集団の基本軸をなすのは郷帥と郷兵との関係であるが、さらにそれは望族と郷党との関係として一般化しうる。西魏大統九年三月、洛陽北郊の邙山において大敗を喫した宇文泰は、「広く関隴の豪右を募って軍旅を増す」という方途によって、国軍の再建を図った。すなわち、西魏政権の側から積極的に郷兵結集を図るのであるが、その実例は、武功の蘇椿、馮翊の郭彦、京兆の韋瑱などに見られる。

〔大統〕十四年、当州に郷帥を置く。郷望にして衆心に允当するに非ざる自《よ》りは、焉《これ》に預るを得ず。乃ち駅して椿を追い、郷兵を領せしむ。（『周書』巻二三蘇椿伝）

大統十二年、初めて当州（雍州）の首望に選ばれ、郷兵を統領し、帥都督・持節平東将軍に除せらる。（同前巻三七郭彦伝）

望族を以て、兼ねて郷兵を領せしめ、帥都督を加えらる。（同前巻三九韋瑱伝）

これらによれば、西魏政権は各地の望族を選んで、これに帥都督などの軍職を授け、郷兵を統領させたのであって、郷帥の資格は望族たることにあったことが明らかである。このことはおのずからにして郷兵の地位を規定することになる。すなわち郷帥は郷兵によって景仰される人格の持主であり、郷帥と郷兵とは、きわめて色濃い人格的な信頼関係において結ばれている。財産関係はこの結合の直接的契機ではない。換言すれば、郷兵は郷帥の家産に内包されているのでなく、その外辺に位置しているわけである。趙郡の李場のように、家産を傾けて招募した勇士を賑恤したというふうに、郷兵結集に財産関係がからんでいる場合も見られるが（『魏書』五三本伝）、この場合でもそれが賑恤という形をとっているところに、むしろ郷兵が家産制の外辺に位置する存在であったことが証明されるのである。このようにして、郷帥と郷兵との関係は、財産の所有による隷属関係ではありえず、相互に自立した者同士の関係である。

この意味においては、郷兵は本来自由民を出自とするものである。郷兵が自由民兵制たる府兵制の一前提をなすことの意味がここに見出されるであろう。問題はかかる自由民兵制成立の基盤が、「鮮卑民族の影響」のみによるものか、あるいは漢族社会自体の中にも存在していたという風に見るべきかにあるであろう。望族による郷兵統領というシステムは、明らかに六朝貴族制の支配構造を原像とするものである。旧稿においてしばしばくりかえしてきたように、六朝貴族制は、名望家とその郷党社会との人格主義的相互関係から出発した[8]。それは自由民同士の関係であり、貴族の家産内部に各種の隷属民を包容していたとしても、そのこと自体は貴族制存立の第一条件ではない。むしろ貴族制は、かかる物的契機を超えることによって成立するのである。

ところで、郷帥と郷兵との関係は、この望族と郷党との関係、すなわち貴族制の本来的関係に一般化しうるのであるが、しかしそう規定するには、多少の注釈が必要である。それは、なぜこの時期にとくに郷兵集団の活動が顕在化したかという疑問と関わりあう。先述のように、郷兵集団は反乱情勢に対する土着望族の自衛運動として結集されるのであるが、その目的は大づかみに言って、貴族制擁護の戦いにあったといえるであろう。なぜなら、貴族制擁護の総体的権力であった北魏国軍は、いまやその兵士自体の反抗によって解体せしめられたから、個々の貴族は自力で事態に対処しなければならなくなったのである。かくして、在地における各貴族間の力関係も、かなり流動的となる。ことに北魏国家が各軍閥勢力に分裂すると、それへの帰属問題をめぐって郷里社会内部に動揺が起る例がいくつか見られる。上洛郡の雄豪泉企の場合はその一例である。蕭宝夤が反旗をひるがえすと、企は郷兵を率いてこれを防いだが、泉氏の一族および同郷の豪族杜氏が蕭氏に呼応したので、一族・同郷内部に抗争状態を生んだ。この両派はやがてそれぞれ西魏側と東魏側について、上洛地方のヘゲモニーを争ったのである。泉企の子仲遵は、のち西魏の洛州刺史となり、大統十五年頃に儀同三司として郷兵を率い、開府儀同三司楊忠に従って対梁作戦に赴いているから、これによると、上洛地方は結局西魏政権の支持の下、泉企側のヘゲモニーに帰したようである（『周書』巻四四本伝）。

上例のように、望族による郷兵集団の結集という行為は、かれらのその土地におけるヘゲモニー確立の効果と密接に関連している。さきに挙げた西魏政権による郷兵組織の諸例も、そのことを示唆するものである。たとえば、郭彦は雍州の「首望」に選ばれ、それによって帥都督として郷兵を統領したのであって、これを逆に言えば、帥都督などの軍職を与えられて郷兵を統領することは、かれのその地方における望族たる地位が政府によって認定されることを意味するのである。

以上のことは、郷兵結集という事象のもつ二つの側面を表わすものであろう。郷帥と郷兵との関係は、六朝貴族制の根底である望族と郷党との一般的関係をふまえていると同時に、各望族間のヘゲモニー争いの激化という、おそらく当時に特有な事情に規定されている。後者についてさらにいえば、門閥主義のもつ身分的閉鎖性が北魏帝国の解体を通じて打破されていき、そこに一種の身分制の水平化傾向が顕在化したことと相対応するであろう。このような情況のもとで、郷帥と郷兵との関係は、その人格主義的な性格を一層きびしいものにするであろう。郷兵を率領する京兆出身の王悦が、郷党に対して不遜の態度をとって人びとに疾まれ、その子の康が父の旧望をたのんで部下の軍人を辱しめたため、軍人の告訴を受けて父子ともども配流の処分に遭ったという事例（『周書』巻三三本伝）は、このことを示唆するものである。ここには、望族と郷人との伝統的間柄だけでは保ちがたい関係、すなわち郷帥個人の人格性がとくに意識されるような関係がある。貴族制が門閥主義から賢才主義へと向う当時の趨向に符節するものが、郷帥と郷兵との間を貫ぬいているわけである。郷兵の地位をこのような歴史性においてとらえるならば、その自由民的性格はここにいよいよ顕在化していると見なければならないであろう。

以上述べ来ったところによって、郷兵（ひいては府兵）の自由民兵的性格が、漢族社会そのものの構造に大きく負うていることが明らかになったとおもう。北族を主体とする北鎮民衆の反乱が衝撃的な契機となっていることは疑えないとしても、それによってよびさまされたのは、漢族社会内部の本来的関係であった(9)。それでは、漢族特有とされる尚文卑武の気風は、ここではどう関わってくるのであろうか。これをつぎに考えたい。

五　尚文卑武について

波多野教授によれば、中国では、「三国以後兵の社会的地位が低下し、ときたま遊牧民族王朝の影響によって一時的にその地位が向上することがあっても、まもなくまた低下して清に至ったのである。従って武官の社会的地位も低く、文化階級の文官に駆使される地位にあった」という。これによると、「鮮卑民族の影響」を受けた自由民兵制としての府兵制は、中国固有の尚文卑武の伝統からすると、例外的な兵制に属するとみなされているようである。たしかに、府兵制時代においては、武人が尊重される傾向があった。たとえば、西魏の六柱国体制を見ると、覇相宇文泰を第一人者とするこのピラミッド型の軍事組織は、決して単なる軍隊ではない。各柱国がそれぞれ周礼六官の長官を兼ねているように、行政にも深くかかわっている。すなわち、西魏・北周政権は一種の軍政府であった。そこでの地位の高い将軍たちは、互いに通婚を重ねて、一大軍閥を形成した。周・隋・唐三朝の主権者がいずれもこの系統に出自していることは、ここに新らたなる門閥を生んだことを意味する。新門閥の特徴は、旧門閥の文化主義に対して、その武断主義にある。そしてその基礎が府兵制にあることはいうまでもなく、この意味において、府兵制時代には尚武の傾向を生じたといっても過言ではないであろう。ただ問題は、このような新傾向を生んだ事情がどこにあるのか、またその性格はいかなるものであるかを究明することにある。以下これらの点について検討したい。

西魏＝北周軍事政権の系譜をさかのぼれば、それは当然拓跋国家に至るであろう。拓跋国家において、鮮卑の兵制はいかなる機能を果していたかといえば、それは諸部族の血縁的結合を基礎とした兵制であり、国家はそれを軸として形成・存立した。すなわち、当時の分裂しがちな華北社会は、鮮卑の部族的結束を軸として統一されたのであり、要するに、その兵制は、国家統一の中核をなしてきたのであった(10)。

このような意味において、北魏帝国もまた、軍事国家的性格を濃厚に帯びていた。しかし、孝文帝以後におけるその門閥制国家への転換は、いわば「武」から「文」への移行を示すものであった。そのように移行することによって、国家はその統一の中軸を腐蝕させて崩壊した。かくしてこれに代るべき国家は、政治統一の環としての軍隊の再建を必然とした。西魏＝北周の擬制的鮮卑軍制は、その明確なすがたである。再び渾沌に陥った当時の華北社会は、これによって、やがてひとつの政権に結びつけられるのである。

しかしながら、この新軍制の鮮卑的形式はあくまでその擬制であって、この軍制を成立せしめる団結の原理は、決して血縁そのものではない。その鮮卑系将領の多くが武川鎮出身で、武川鎮軍閥の称をとるゆえんでもあるように、かれらは北鎮反乱に深く触れた人びとである。かれらが北魏中央の門閥主義には否定的な感情を抱いていたであろうことは、宇文泰の賢才主義による政治方針から見ても容易に想像できる。(11)

また、郷兵集団の根底を流れるものが門閥主義否定の理念であったことは、前述したとおりである。その統領者の多くは漢人望族であったが、かれらは時代の趨向を見るに敏で、門閥主義の身分的閉鎖性を超え、いわば「開かれた貴族制」の側に身をおこうとした。そうした郷帥を支持する郷人・郷兵は、かれらと結ぶことによって、授官のチャンスさえ得た。内乱中の北魏朝廷が布告したように、こうした民衆の応募の動機は、軍功による授官にあったとも考えられる。

こう考えると、府兵軍団の将・兵いずれも門閥主義の身分的閉鎖性の打破を志向しており、そのような志向は、当時の社会の革新的側面を代表していたと見られる。要するに、西魏＝北周の府兵軍団は、門閥貴族制の閉鎖主義に対する否定の志向、すなわちそれとの闘争の意識によって支えられていた。というよりも、府兵制はこの闘争の体形であった。新旧貴族制の激烈な闘争が、政権を「武」の方向に収斂せしめたのである。

門閥主義がもたらす民衆疎外に対し、この新貴族主義の理念は、一種の機会均等主義をとることによって、民衆をその体制内に包容しようとした。このようなエトスが軍事的結集の内的契機となり、ひいてはそれが国家形成の中核となった。その意味において、民衆即栄光ある戦士という鮮卑の兵制を継承するところがある。しかしながら、文官尊重の中国社会内部にあって、政治体制が著しく「武」に傾斜しえた背景には、さらにもうひとつの事情がひそんでいることを考えねばならない。それは、文官第一主義の中国的伝統の枠内において、当時軍事機構の自立性がいくらか増大してきた事実である。拓跋国家が鮮卑の兵制によって中原を支配すると、その兵士は漢人農民とは区別された位置を占め、そこに一種の兵民分離の状態を生じた。北魏末に兵戸として賤視を受けるようになったのも、そうしたことが前提になるのであるが、しかし兵民分離は北魏に始まったことではない。すでにそれは後漢に跡を発し、魏晋時代には兵戸制の定着を見て、これが江南各王朝にも行なわれたことは、つとに先学によって明らかにされたところである。魏晋・南朝と五胡・北朝における兵民分離の実態はかなり趣きを異にするものがあるが、しかし総体として見るならば、いずれも後漢以来のこの時代傾向を表現していると考えて差し支えないであろう。

さて、この兵民分離の傾向は、さまざまな形で軍事機構の自立性を増大せしめる。周知のとおり、漢代においては、全丁男に兵役の義務があり、かかる兵士を日常的に掌握するものは郡守―郡尉であって、行政機関たる郡がそのまま兵を領していたわけである。ここに行政府と軍府とは未分化状態にあったといえる。しかしながら、六朝時代に入ると、双方に一定の分化状態を生ずる。州郡長官は、一方では行政官であると同時に、また各種の将軍号を兼ねて、在地の軍営を統領するのが通常であった。州刺史の下には、行政官たる州官と軍府の幕僚たる府官の二系統が並存して、おのおのの職掌に任じた。こうした職掌の分化は、いうまでもなく、兵民分離の実態と対応するものであるが、要するに、軍府の行政府からの独立傾向が、この時代の大勢であったといえる。

とすれば、この時代傾向は、府兵制時代に入ってから、どのようなあり方をとるのであろうか。完成された唐の府兵制についてみると、全丁男は兵役負担の可能性があったが、しかし実際上府兵として義務づけられるのは、令制の規定に「毎三丁取一丁」とあるように、その選択された部分にすぎなかった。[12] したがって兵役を中心としてみれば、人民は兵役負担者と非兵役負担者とに二分され、ここに前代の兵民分離の残映がある。領兵機構もこれに対応して作られており、衛府―折衝府は、尚書省―州県の行政系統から独立して存在する。この二つの系統の末端に位するものはいずれも農戸であって、兵役負担者はそのなかの特定の人丁が簡抜されるにすぎないから、一面で兵民一致ないし兵農一致の説を生ずるゆえんであるが、しかし職掌として一応の分化がある点は、漢代と事情を異にするであろう。

因みに言えば、六朝の兵戸も必ずしも農業生産から完全に離脱していたわけではないから、六朝・隋唐の兵民分離は、職掌上の分業といった性格が濃厚である。軍事労働の農業生産からの決定的な分離は、唐代傭兵以後に生ずるものとおもわれる。

以上大観したところによって、六朝・隋唐期の軍事の特徴が、行政府からの軍府の独立ということにあることが明らかである。とすれば、西魏＝北周国家の武断的傾向も、このような時代の性格を独特な形で表現したものと見ることができる。そこには鮮卑の古制への復古の理念が強烈にはたらいているが、その尚武の政治体制はそれのみによるものではない。胡族の華北制覇以前、すでに中国内部に顕著となりつつあった兵民分離の趨勢が、それの大きな前提をなしていることは否定できないのではなかろうか。

ただ、西魏＝北周の軍事国家が、この趨勢を無前提に引きついだものでないことも、付言しておかねばならない。すなわち、北魏国家が孝文帝以後文官主義の国家へと変質したことは、「文」と「武」の調和を失する結果となった。内乱に崛起した郷兵の統率者たちは、官僚貴族社会が本来そなえている「武」的側面を顕在化せしめて、危機におちいった社会を救ったのであった。郷帥たちにほとんど例外なく見出される文武両兼的人となりは、社会の平衡をとり戻す主体的契機であったといえるであろう(13)。その「武」は、「文」すなわち郷党モラルによって結集され、その「文」は、結集された「武」によって守護された。望族の郷党に対するこのような均衡を保った把握が、社会秩序再建の礎石となったのである。

以上のように見てくると、府兵制形成期における軍事重視の傾向は、ただに「鮮卑民族の影響」に負うのみならず、漢族社会そのものの平衡を維持しようとする志向にも基づいていることが分る。したがってそこでは、中国独特の尚文卑武の気風が払拭されたわけではない。「武」の高揚といっても、そこに支配階級としての武士階級が形成されたのではなく、文官に対する武官の地位の向上という意味において解しなければならない。府兵制の形成は、文官系統に対する武官系統の発達を示すが、それはやがて武挙の設置に見られるように、武官独自の選挙法を生むことになる。唐・五代の藩鎮にしても、このことに変りはない。軍事色の甚だしいこの政治体制も、結局は官僚制に基礎を置く軍政であったから、それがはげしい社会の新陳代謝を媒介したのちは、宋朝の文治主義に席をゆずることになったのである。(14)

このように考えてくると、府兵制は、尚文卑武の中国的伝統から見て、必ずしも例外的形態とはいえないようにおもわれる。しかしながら、中国では何故にこのような一貫性を現わすのであろうか。この問題を解くためには、社会の全機能のなかで軍事の果す役割を考えてみる必要があるであろう。たとえば、遊牧系諸民族において、軍事の重要さは絶大である。戦闘はその遊牧的生活の管理機能そのものであると言ってよい。そこでは軍事と政治とはほとんど同義語であり、部落の首長はそのまま軍司令官である。このように、政治の中に占める軍事の比重の大きい社会では、政治家は将軍であり、治者階級は武人階級である。この二つの面が一種独特の高められたすがたで結びついたものが、いわゆる封建社会であろう。そこでの政治権力の掌握者は、訓練された武人である。このような社会において「武」の価値が高いのは必然であろう。

さて、中国社会を遊牧社会や封建的社会との比較でとらえてみると、全政治機能のなかにおける「武」の比重は必ずしも大きくない。殷周期にすでにそうであったかという疑問はここでは保留しておくことにして、少なくとも秦漢以後の官僚制国家において、軍人即政治家といった支配層のあり方は次第に稀薄になり、周知のごとく文官政治への傾斜を強めていく。ここでは政治権力は、「文」的機能の発現を目ざして行使されてゆくのである。

では「文」とは何かという問題を生ずるが、その精確な定義は問わないとして、「武」との比較でいえば、「武」が暴力によって服従を強制するのに対して、「文」とは、理念的・徳化的な支配の実現を意図するものであろう。「武」の極致は、対象を自己の家産的世界に組み入れるための強制であり、封建的武士階級はその地点に形成される。これに対し、「文」はその支配対象が家産的世界の外側に位置することを前提として発揮される文化的強制力である。広範な自営農民の存在を支配的とする中国国家の管理機能が、かかる「文」的作用を重視するのは当然であり、文官政治の基礎はそこにあったと考えられる。

しかしまた、「文」と「武」の関係は、決して二者択一的なものではない。「文」はそのうちに「武」を含むものである。封建武士がその洗練された「武」のなかに「文」を含むのと対蹠的に、中国文官政治は、軍事機能を不可欠の条件として内包している。なぜなら、それなくしてはこの政治の正当性を現実に示すことができないからである。しかし、「武」は政権存立の必要条件ではあっても、決してその理想的実現形態ではない。「窮兵極武」は為政者のとくに避くべき下策であり、徳治こそ国家の理想でなければならない。このように、「武」は全政治機能の一部分にすぎないが、「文」こそはその全体をおおう完成形態である。おそらくこのような「文」と「武」との構造が、尚文卑武の気風の背景をなすものであろう。そしてこのような構造の拠って立つゆえんを求めれば、政治権力がその支配対象を自らの家産制支配のなかに包摂しつくすことができないという中国社会の特質に帰着するであろう。支配階級のあり方も、したがってこのような政治の特質と構造とに規定される。すなわち、武人は政治的支配層として完全に自立した形姿を表わすことができず、全般的文官第一主義のなかに内包されて、武官として自らを発現する。府兵制時代はそれの発達した時期であったが、それが一個の官僚制であったという限りにおいては、他の時代と基本的な相違を見なかったといえるのである。

六　結　語

以上、波多野教授によって指摘された府兵制の二つの特徴――自由民兵制と尚武の傾向――についてそれぞれ検討し、その歴史的内容を観察してきた。その結果によれば、そこには当然北方民族の関わりがうかがわれるが、それと共に、漢族社会史展開の文脈のなかで把えうる内在的諸契機が奥深く働いていたのであった。とすれば、そのことは、近代史とのアナロジーにおいて、どのような意義を提供するのであろうか。そこにはおよそ一千年以上に及ぶ時間の距りがあり、その間隙を埋める作業を欠いては、単なる論理の遊戯におわるおそれが大きいのであるが、しかし永い文官主義の伝統のなかに生きて成育をやめなかった「武」の世界は、ウェスタン・インパクトを契機として、近代革命史の舞台に躍り出たのではなかったであろうか。知識人と農民の近代的軍隊への結集に、伝統的時代における中国的な「武」のあり方が何らかの前提となっていないであろうか。

波多野教授によれば、中国近代軍の成立は、ナショナリズムの支持によって始めてなしとげられたのであった。近代中国におけるナショナリズムの育成が一面外的契機によるものであることは疑いないとしても、伝統的時代以来の人びとの連帯意識がそこに何らかの素地をなしてはいないであろうか。おもうに、ナショナリズムとは、国民間の階級や身分の関係を超えた民族的連帯の自覚された感情である。もし中国の歴史をそうした階級制・身分制超克の歴史としてとらえるならば、そのひとこまとしてわれわれは当然にも六朝後期における門閥貴族制否定の潮流を挙げなければならないのであるが、それを結節点とする士大夫と民衆との、また胡漢各種族間の連帯は、府兵制という「武」的契機を主軸として、かの隋唐統一帝国の原像を形づくったのであった。

冒頭にも述べたとおり、小論は、波多野教授の論考に寄せて所懐を記したものにすぎず、顧みて熟さぬ点も多々感じられる。ただ、中国における中世と近代との文脈的なつながりを考えてみたいという平生の気持の一端が、波多野教授の論考を機縁としてここに果されたことを喜びとするものである。

註

（1）菊池英夫「中国軍制史研究の基本的視点――封建制研究への一つのアプローチ――」（『歴史評論』二五〇、一九七一年）。

（2）このような問題はつとに波多野教授が「アヘン戦争における対英強硬論の意味するもの」（『講座近代アジア思想史1』弘文堂、一九六〇年所収）などの論文で触れられたところである。

（3）このようなアナロジカルな方法は、波多野論文のつぎのような叙述にも看取される。「民国軍閥に帝国主義の後援があったことは、藩鎮に遊牧民族の援助があったことに相応する」。

（4）府兵制の起源については、鮮卑説を唱えた陳寅恪・岑仲勉氏らの見解があり、また胡漢の兵制からこれを綜合した唐長孺氏らの説があって、理解が対立しているが、いずれも制度の来源に力点が置かれているので、ここに論ずる問題とはやや視角を異にしている。

（5）浜口重国「西魏の二十四軍と儀同府」（『秦漢隋唐史の研究』上巻、東京大学出版会、一九六六年）参照。

（6）「建徳二年、改軍士為侍官、募百姓充之、除其県籍、是後夏人半為兵矣」（『隋書』二四食貨志）。

（7）以下郷兵に関する叙述については、拙著『隋唐帝国形成史論』（筑摩書房、一九七一年）第Ⅲ編第一章北朝後期の郷兵集団、を参照されたい。

（8）拙稿「北朝貴族の生活倫理」（『中国中世史研究』東海大学出版会、一九七〇年）・「均田制の理念と大土地所有」（『東洋史研究』二五―四、一九六七年）などを参照されたい。

（9）浜口重国「魏晋南朝の兵戸制度の研究」（前掲書所収）によれば、南朝兵戸制は、北魏瓦解に先立つ宋中期頃から潰滅的状態になり、その後は募兵制がこれにとって代ったという。この事実は自由民兵制への方向がむしろ南朝側において早く兆していたことを示唆している。

(10) 前掲拙著、第Ⅱ編第一章北魏の統一過程とその構造、参照。

(11) 前掲拙著、第Ⅱ編第二章北魏官界における門閥主義と賢才主義、参照。

(12) 波多野論文には、「兵役をすべての自由民の義務とした府兵制を創設し、かねて低下していた兵の社会的地位を回復させたのは、鮮卑民族の影響によるものであった」（傍点引用者）と述べるが、その内容は本文のように理解すべきである。

(13) 前掲拙著、第Ⅲ編第一章北朝後期の郷兵集団および第四章周末・隋初の政界と新旧貴族、参照。

(14) 唐宋の変革が結局官僚制を克服して封建制へと成熟しきれなかったとする堀敏一氏の見解、たとえば氏のつぎのような要約的叙述に注目したい。もっとも堀氏のように、官僚制的軍制を先封建的なものとしてとらえるべきかどうかはなお議論の余地があるが。「結局このような多数の『衆』が存在しており、そのなかから『衆を聚める』というやり方が、この時代の集団構成の一般的な方式なのであって、封建的諸関係の未熟と相まって、上記のような私兵的徒党による政権をつくりあげ、宋代の集権的官僚制への道を開いたものと思われる」（「唐末の変革と農民層の分解」『歴史評論』八八、一九五七年）。

六朝貴族における学問の意味

一

六朝貴族を当時の支配階級として成り立たせていたものは何であったか。荘園制ないし大土地所有制をもってその必須の条件とみなすわけにゆかないことは、すでに多くの人びとによって指摘されている。すなわち、かれらは、土地貴族というよりも、官僚貴族・教養貴族というにふさわしい存在であったという。(1) 六朝貴族の支配階級としての姿態を言い表わせば、それはおそらくそうであろう。しかしながら、かれらが官僚貴族であったというのは、本来の性格として皇帝権の手足にすぎなかったことを意味するのかどうか。また、かれらを教養貴族という概念で表現するばあい、その現実社会との関わりは果してどのようなものであったか。このような疑問はまだ十分に解決されていない。要するに、六朝貴族の階級的基礎をどうとらえるかという問題は、依然として多くの疑点にみたされているのである。

いやそれだけではない。このような課題の重要性そのものが、まだあまり自覚されていない現状にある。上述の課題は、これをさらに一般化するならば、生産手段の所有関係を直接的契機としない階級関係がどのような仕方で存在するかという問題に他ならない。とすれば、それは中国史の特異な社会構造を解き明かすのに、ひとつの有効なカギを提供することになるはずである。近年、そのような課題に向けて発表したわたくしの研究(2)に対する諸家の論評は、しかしながら、わたくしを失望させるものでしかなかった。それらの人びとは、あまりに自己の史観に固執しすぎて、中国史の解明がいかに自由で柔軟な人間的思考を必須としているか——換言すれば、戦後の中国史研究がそのような思考を欠如したため、いかにむざんな失敗におわったか——を自覚することがすくないように感じられる。

それはともかくとして、わたくしが前稿で述べたところの大凡の趣旨は、つぎの如くである。財貨や権勢といった世俗的欲望に対する士大夫の自己抑制のモラルが、家族・宗族・郷党、さらには士大夫仲間というような人びとの共同体的結合を実現させる。そしてこのようなモラルの対象世界からはねかえってくる人格評価、すなわち郷論が、かれに社会の指導者としての資格を付与するのである。六朝貴族の階級的地位は、このような郷論によって基礎づけられているのであり、それこそが王朝権力をも超えるその自立的なステイタスの根底である。

ヨーロッパ史をモデルとする発展史観になじんだ人びとにとっては、以上のような発想は相当に奇異なものに感じられるかも知れないが、儒家的理念を思想的中核とする中国独特の文人官僚社会を、その実体について直視し、その論理構造を明らかにしようとするならば、何らかこのような精神と社会の交渉点を追求してゆかざるをえないのである。小論もまた、前稿を承けて、このような視点による考究を試みるものである。

二

前稿で述べたように、六朝貴族の階級的基礎は、物質的手段が直接に機能するところに成立するものでなく、それが精神的世界に転化せしめられた地点に存在した。かかる精神的世界とは、貴族個人の享有する世界ではなく、そのモラルの対象とする社会——豪族・宗族・郷党あるいは士大夫間の交際社会など——との間に結ばれる現実の人間関係であった。ここに、貴族階級を支配層として支える社会的実体がある。六朝貴族を支配階級として自立せしめるものはかかる社会的実体であり、決して単なる観念の世界ではない。しかしまた、かかる社会的実体はア・プリオリに存在するのでなく、貴族の精神的なはたらきかけによって始めて実現する底のものである。はたらきかける者とはたらきかけられる者との対蹠的な位置関係がそこにあり、それの綜合世界が貴族制社会の自立的構造を形づくっていると考えてよいであろう。貴族階級は、このような世界を形づくることによって王朝権力から自立的たりうるが、このような世界の内部においても、主体的な存在である。貴族の対象世界に対する精神的なはたらきかけは、単に世論のよい評価を得るためだけではない。そのような、いわばためにする意識が全くはたらいていないとは決して断言できないし、むしろそうした点について過度な潔癖さに陥ることのないのが中国人の現実感覚である。しかし、精神的世界とは、本来自らのうちに存在すべきものであり、六朝貴族の精神世界もまた、かれら自身の内面に、それ自体として深奥なすがたで存在したように感じられる。六朝貴族の階級的自立性という問題を考えるとすれば、このような内面世界にまで立ち入らなければ、徹底性を欠くことになるであろう。

六朝貴族の精神的な生き方は、単に自己抑制的というだけでは律し切れないものがある。たとえば、かれらが自己の栄達の道について拒否の態度をとるとき、かれらは、そうした世俗の世界を超えた異次元の世界に生きることを決意していた。いくつかの例を挙げよう。博陵出身の崔伯謙の族弟崔暹は、東魏朝、高澄の片腕として活躍した権臣であるが、伯謙は慶弔の際以外は一切暹のところに出かけてこれに取り入ることをせず、「雅道」の世界に生きることに満足した（以雅道自居）という（『北史』巻三二本伝）。ここにいう「雅道」とは、世俗を超えた、「道の世界」ともいうべきものであろう。すなわち、崔伯謙が権勢者にとり入って栄進する途を自ら閉ざしたのは、単にそれをいさぎよしとしなかったからだけでなく、それを超える生き方（雅道自居）をおのれの生き方としていたためである。

同様なことが、北魏末の盧義僖についても言えるであろう。この范陽出身の名士は、多年散官の位置にすえおかれたが、それを一向心にとめず恬然たる態度を変えなかった。実権者に会って昇進のことを要請してみてはと勧める者があったが、かれは、「既に先王の道を学びたれば、先王の志を行うを貴しとす。何ぞ能く苟も富貴を求めんや」といって、取り合わなかった（『北史』巻三〇本伝）。かれについては、さらにつぎのような逸話がある。霊太后の寵臣李神軌からその女を嫁にと望まれたが、断って他家へ嫁せしめた。その華燭の夜、太后は勅使をつかわし権力をもって婚儀の中止を命じた。しかし義僖は泰然自若として動ずる色がなかったという。もしかれがいかなる方法によってでも富貴を求めようとするのであれば、かかる権勢者との通婚がもっとも近道であろう。当時（北魏末期）の風潮は、むしろそのようなものであった。にもかかわらず、かれは、「苟も富貴を求むる」ことを拒み、「先王の志」の実践を自己の生き方の第一義としたのである。

以上の二例が物語るように、心ある貴族にとっては、官界での栄達は、自分にとって第一義的な生き方ではなかった。その方向を自ら拒んだのは、単なる清廉からではなく、それを支える世界が一方に存在し、その世界に生きることを第一義としたからであった。その世界とは、崔氏にあっては「雅道」であり、盧氏にあっては「先王の道」であった。これを通じて言えば、「道の世界」とよぶことが可能であろう。かれらはそこに依拠しそこに生きることこそが第一義であるような、このような精神世界をもち、それあるがゆえに、世俗の世界に心をとられることから自由でありえたとおもわれるのである。

いまかりに「道の世界」と名づけた、この精神世界の内容は、それではどのようなものであったか。ここでもういちど盧義僖の言葉に立ちかえると、かれは富貴そのものを否定しているのではない。「苟も富貴を求むる」こと、すなわち権勢者に追随してそのおかげで富貴となることを、いさぎよしとしないのである。かれにあっては、富貴の地位とは、「先王の道を学び、先王の志を行なう」その結果であるべきであって、この原則を外した富貴の希求は、恥ずべきことであったとおもわれる。

このような発想においては、学問とその実践というすがたにおける人間の内面のいとなみこそがかれの地位を決すべきであって、その他の外面のいかなる要素も、地位決定の第一義的契機ではありえないということになるであろう。貴族の政治的地位がこのようなものでなければならないという考え方は、決して盧氏に限ったことではない。北斉に仕えた李孝貞の一門は、その従姉が文宣帝の皇后であったほか、帝室と幾重にも通婚関係を結んでいたが、孝貞兄弟はいずれも、「文学を以て自達し、外戚の家たることを恥じ」たという（『北史』巻三三本伝）。また、『魏書』の撰者として知られる魏収と清河の名族崔㥄との間に、つぎのような興味ふかいやりとりがある。この二人はかねてから仲が悪かったが、収が梁に使して徐州を通過したとき、徐州刺史であった㥄は刺史の鹵簿を仰々しくくり出してこれを迎え、人をやって言わせた。「儀衛の多きを怪しむ勿れ、稽古の力なり」。すると収はこれに答えて曰く、「崔徐州に白せ。建義の勲ならん。何の稽古か之れ有らん」と。日頃門地を誇っていた㥄は、この言葉を聞いて大いに腹を立てたという（『北斉書』巻二三崔㥄伝）。

㥄は高歓の挙兵の際その幕下に参画し、その功により東魏朝に地位を得た人であり、魏収はそのことをあばき立てて、徐州刺史の地位が決して「稽古の力」すなわちその身に修めた学問のおかげなどではなく、[3]「建義の勲」つまり一時的な軍閥勢力への依附によるものであることを嘲ったのである。

さて、以上の二例が示すように、当時の貴族層は、その政治的地位が権力者への依存によってではなしに、文学・学問というような、その身に具わった文化的能力（教養）によってかち得たものであることをほこりとした。魏収や崔㥄がかなり世俗的な人物であったこととは別に、右のような考え方が当時の貴族一般の通念であったと解せられるのである。

それは、前述した盧義僖や崔伯謙が、「苟も富貴を求むる」ことを排して「道の世界」に生きんとしたことと、ある種の脈絡を示している。すなわち、人間の社会的地位はその内面世界に基礎づけられたものでなければならないという理念が、いずれにも共通して存在しているようである。しかも、この内面世界を知識として表現するものが学問であることも、問わずして明らかであろう。要するに、六朝貴族を自立的階級たらしめるものは、その修める学問にあったと考えても、過言ではないであろう。これは先述した教養貴族という規定を裏づけるものであるが、それでは、その学問が貴族の内面世界の知識的表現として、どのような意味を有したか、その一端を左に見たいとおもう。

三

顔之推はかの『家訓』勉学篇のなかで、つぎのように述べている。「父兄はいつまでも頼りになるとは限らない。故郷の一族だって、国家の制度だって、常に保証になってくれるとは言えたものでない[4]。一旦さすらいの身となれば、誰しも援護してくれる人が必ずあるというわけのものではなかろう。おのずから自分で自分の生活を守る他《ほか》はないことになるのだ。諺にも、『山と積んだ身代より、つまらぬ芸が身の助け』といっているではないか。ところで芸の中でも習い易くてしかも貴重なのは、読書術に及ぶものはない。云々」（宇都宮清吉氏訳[5]）。梁から北周へ、さらに北斉へ、北斉からまた周・隋へと、流寓の艱苦をなめた顔氏のきびしい体験のふるいにかけられた学問観が、ここにうかがわれる。士大夫が士大夫として生きてゆくための最後のたよりを求めれば、それは一族でもなければ郷党でもなく、おのが身に修めた学問だというのである。顔之推のこの学問観は、門閥貴族が急速な衰落におちこんでゆく当時の政治傾向――かれの流寓生活はまさしくその結果である[6]――の表現でもあり、それゆえに、吉川忠夫氏が説くように、賢才主義の理念につながる一面がある。[7] しかしまた、貴族制の始源そのものが、これをつきつめてみれば宗族でもなければ郷党でもなく、士大夫の修める学問にあったのではないか。そのことは今後の考究にまつこととして、右の顔氏の教誨は生活手段としての読書の効用をのべたものであるが、それでは、読書あるいは学問の真の目的はどこにあるのだろうか。これをさらに顔氏の言葉に聞いてみよう。

「夫れ読書学問する所以は、本より心を開き目を明らかにし、行いに利あらんと欲する耳」（宇都宮氏訳――そもそも人が読書し学開する目的は何にあるのか。言うまでもなく、思想を啓発し事物を見る目を定かにし、人間行為をより効果的ならしめるのが本旨である）。

これが、顔之推の考える学問の根本目的である。すなわち、知の開発（開心明目）によって人びとをよく実践（行）へ赴かしめるもの、それが学問・読書の意義なのであり、顔氏はこの一節のすこしあとのところで、

「世人の書を読む者は、但だ能く之を言うも、之を行う能わず」（宇都宮氏訳――世間では、読書する者はとかく口だけ達者になって実行の伴わない人が多い）

と述べて、読書が実践につながるべきことを強調している。この場合、実践とはいかなる実践であるのか。顔之推は先引の読書・学問の根本目的に関する一条にひきつづいて、つぎのようにいう。

「未だ親を養うを知らざる者は、其の古人の意に先んじ顔を承け、声を恰げ気を下し、劬労を憚らず、以て甘腝を致せしを観て、惕然として慙懼し、起ちて之を行わんと欲する也」（宇都宮氏訳――古人は「両親の表情を見て、そのかくれた気持を宥め、諫めるにしても、ひかえ目におだやかに話しかけ、骨身を惜しまずサービスを捧げて、生活に御満足を得ていただくように」との教えを忠実に守った。読書と学問とは、このような古人の努力の事実を教える。だから親に孝養を尽くすことなど、全然知らなかった者も、そんな無知をぞっとするほど恥ずかしく感ずるようになり、これではならじと決然起《た》って、その教え

に従おうと考えるに至らしめるのである）。

宇都宮氏の懇切な和訳によって文意は明瞭であるが、要するに、親に孝養をつくすことの貴さを知らなかった者が、古人の孝養の事蹟を知り、自らを反省し、かくて自らも孝を実践しようと決意するに至る。読書・学問とは、そのように人びとを導くものだというのである。

読書・学問はまた同じように、人びとを忠節の行為にみちびくものである。

「未だ君に事うるを知らざる者は、その古人の職を守りては侵す無く、危きを見ては命を授け、誠（一本、箴に作る）諫を忘れず、以て社稷を利せしを観て、惻然として自ら念い、之を効さんと思欲せんと欲する也」。

つぎに説かれるのは、恭倹の徳へのいざないである。

「素より驕奢なる者は、其の古人の恭倹用を節し、卑以て自ら牧し（謙虚さを以て自らを養い）、礼を教の本とし、敬こそ身の基なりとせしを観て、瞿然として自失し、容を斂め志を抑えん（宇都宮氏訳――すっかり態度を改めて我がままも抑制しなければいけない）と欲する也」。

つぎに、

「素より鄙吝なる者は、其の古人の義を責び財を軽んじ、私を少らし欲を寡うし、盈を忌み満を悪み、窮せるを賙わし匱しきを卹いしを観て、赧然として悔い恥じ、積みて能く散ぜんと欲する也」。

右は、財貨に恬淡たる態度、すなわち貴義軽財・止足・救済などに関して述べられたものである。つぎに、

「素より暴悍なる者は、其の古人の小心にして己れを黜け、歯弊れて舌は存し、垢れを含み疾を蔵し（宇都宮氏訳――固い歯はぼろぼろになるが、軟い舌はいつまでも健在であるというアレゴリー、山林とかスケールの大きい存在は、多少の毒虫とか汚行の臣とかがあっても、静かにそれを蔵してやり、平然として容れてやるものだという教訓）、賢を尊び衆を容れしを

観て、茶然として沮喪し、衣に勝えざるが若からんと欲する也」。

この一条の趣旨は寛容について説いたものと概括できよう。最後に、勇気に関する立言がある。「素より怯懦なる者は、其の古人の生に達し命に委せ（自己の運命を男らしく甘受し）、彊毅正直にして、言を立つれば必ず信、福を求めて回ならざりしを観て、勃然として奮励し、恐懾す可からざらんと欲する也」。

もとより読書・学問の目的は、以上の各条に限定されるものではない。「まだまだ、他に幾らもあろう。ありとあらゆる人間行為に対し、読書学問が持つ意味は、すべて以上に述べたと同じである」（宇都宮氏訳）。「元来学問なるものは、それで明らかになったとおりを実行すれば、何事でも必ず成立させることができるはずである」（同上）。ところが、先述のとおり、世の読書人には、口だけは達者だが実行の伴わない者が多く、忠孝・仁義のほまれなど聞いたこともない。そのうえ、裁判や民政をやらせればちゃんとすじの通ったことはやれず、建築や農作の初歩的知識さえない。こんなことでは軍人や俗吏に馬鹿にされるのも当然ではないか！

吉川氏も指摘するように、顔之推は学問を有閑事とのみみる考え方を排し、実務的な領域をもふまえた学問観を提示するのであるが[8]、そのことは、勉学篇中のこの一節にも明確に表明されている。しかしかれが、読書・学問の目的を述べるに当って、以上のように、孝養・忠節・恭倹・軽財（止足・救済などを含む）・寛容・勇気などの諸徳を挙示していることは、かれがその目的の第一義を道徳の認識と実践に置いていることを物語っている。要するに、人が読書・学問する第一義は、これらの諸徳を古人の事蹟のなかに学び、自己もそのような道を踏んでゆこうと決意し実践することにある、というわけである。

しかしながら、かれ自身が慨歎しているように、この認識と実践、すなわち知と行の間は、必ずしもなだらかに接続するものではない。知のみあって行に及ばぬという事態は、もっとも普通の現象である。知のそのような自己目的化を克服して、学問本来の意義が貫徹されるためには、知と行とはどう結ばるべきであろうか。孝養に例をとって、このことを考えよう。未だ孝養を知らざる者は、読書によって古人の事蹟を知り、かくて自らも孝養につとめることを決意・実践するのであるが、文章構成上この知と行の二者を結ぶものは、「惕然として慙懼し」という、かなりはげしい表現の一句である。すなわち、知は、読書をする者の内面に、悔悟・慚愧・悲傷・恐懼などの心情を伴なった回心をひき起し、それが行への決意を噴出せしめるのである。

このような文章構造は、他の各条についてもほとんど共通している。(9) 忠節の条における「惻然自念」、恭倹の条における「懼然自失」、軽財の条における「赧然悔恥」、寛容の条における「茶然沮喪」という風に、類型を同じくする文章表現のなかに、相似た心情をあらわす言葉が組み入れられて、知と行のつなぎ目をなしている。ただ、最後の勇気に関する部分で「勃然奮励」と述べているのが、前掲の否定的心情を伴なった言葉とやや趣きを異にするが、これとても、知から行への展開を推進する心情の表現たることに変りはない。

さて、このように、知は一種の回心を媒介として行へ転移するのであるが、かかる回心を生むものは、そもそも何であろうか。言いかえれば、右の類語によって表わされるような悔悟・慚愧・悲傷・恐懼などの否定的心情は、何にもとづいて生起するのであろうか。それはいうまでもなく、古人の徳行によって自己の非徳が照らし出された結果に他ならないが、この徳と非徳の対照をさらに掘り下げてみるならば、そこに人間のあり方に関する根本的相違が見出されるのである。ここでも、まず孝養を例として考えてみよう。

孝養の行いを成り立たせる人間精神とは、そもそもどのようなものであろうか。古人の事蹟にそれを見るならば、孝養とは、両親の表情のなかにかくれた気持を察し、両親の非を諌めるにしてもひかえ目におだやかに物を言い、そして骨身を惜しまずその幸多き生活のために献身することである。端的にいえば、子たる者が己れを虚しくして親に仕えることであろう。これを虚己の精神とよぶならば、古人がこの精神の具有者であったのに対し、「未だ孝養を知らざる」自己とは、結局この精神に立ちえない自己であり、これまで親と子の関わりのなかで自我の主張者としてしか存在することのできなかった自己なのである。それは古人の清高の人格に対して、何というおのれの卑小なすがたであろう！こうした認識、こうした自覚が、かれをして「惕然として慙懼」せしめるものであるにちがいない。要するに、古人の虚己の精神に照らし出された自己の人生の汚濁が自覚され、そのような回心をテコとして、実践への決意を生むのではないであろうか。

同じことが、他の徳目についても言えるであろう。忠節とは、臣僚が己れを虚しくして君主と国家に奉仕することにより始めて成り立つ。道徳とは本来虚己の精神に支えられて成立するものであるが、中国ではとくに、このような精神の尊重される傾向が著しいようにおもわれる。恭倹の徳なるものは、この傾向の完き表現であろう。そしてそれの財産所有における表れが、軽財であり止足であり救済であろう。このような徳性に磨かれざる以前、人は「驕奢」であり「鄙吝」である。それはまことに自己愛に囚われた、人間の醜悪にして卑小なるすがたではなかろうか。

またこれを人間関係の中に置いてとらえるならば、「暴悍なる者」と称せられる野鄙なる人間像となるであろう。かれが古人の寛容の精神に触れたとき、「苶然として沮喪し、衣にも勝えざるが若き」打ちしおれたさまを呈するのも、おのれの人間的品格の低さに想到した結果と言わねばならない。そして最後の勇気の条についていえば、おのが生の命運を達観し、毅然として生き、約束を重んじ、まっしぐらに進んでゆく古人の雄々しい生き方は、懦夫をしてその自愛の心をかなぐり捨てて奮起せしむるに足るものなのである。

顔之推の言わんとするところは、およそ右の如くであるようにおもわれる。すなわち、読書・学問とは、人をしてその回心をひき起し、それによって徳義の実践に立たしめるところのもの、心をそこへいざなってゆくところのものなのである。そしてその回心とは、古人の事蹟に照らし出された、自己愛の囚虜となったおのれの醜き姿の自覚に他ならない。とすれば、顔之推における学問とは、一種宗教的意味を併せもつところのものではなかったであろうか。いやそれは顔氏のみに限らないであろう。さきに見た盧義僖の言葉――「既に先王の道を学びたれば、先王の志を行うを異とす。何ぞ能く苟も富貴を求めんや」――においても、学問は直接実践につながり、それによって「苟求富貴」なる利己の世界を超えようとする。わたくしはすでにそれを「道の世界」とよんだ。それは一種超越的世界であるが、それを支え正当化するものとしての知識体系が、つまりは学問なのである。それは、典範の学であると同時に、「先王の道」を伝え踏んだ「古人」の足跡を示すことにおいて歴史学なのであり、つまり、抽象化された単なる形而上学ではない。

四

以上の考察によって、前稿で論じた趣旨にまたいくらかを附け加えることができたかとおもう。前稿では、貴族の自己超克の精神がその日常倫理となって対象世界にはたらきかけ、対象世界の共同体的結合の精神的なかなめをなしたことを述べた。そしていま明らかとなったのは、この自己超克の精神なるものが、学問によって培われたということであり、別の表現をすれば、当時の士大夫的学問はかかる人間教育をめざすところの知識体系であったということである。こうして、六朝貴族の自己超克的倫理行為は、本来的には、単なる世評の獲得のためにコンヴェンショナルになされるのでなく、経学を中心とする永く厚味のある学問の伝統を背景に負っているといわねばならない。その学問こそは、中国社会における共同体倫理の実現に向けて営まれ集積されてきたものであるが、この学問と社会の媒介者たるものが、つまり六朝期の貴族であったのである。

六朝貴族は、おおむね、顔氏を始めとして、学問の家柄というにふさわしい。北朝に例をとれば、崔・盧・李・鄭のいわゆる四姓においても、それぞれ碩儒と評されるすぐれた学者を輩出した。いまその一々の名を挙げるいとまはないが、趙郡の李子雄の伝に、「家世並びに営業を以て自通す。子雄のみ独り騎射を習う。其の兄子旦之を譲めて曰く、文を棄て武を尚ぶは、士大夫の素業に非ず。云々」（『北史』巻三三）とあるように、学問こそは士大夫にとって不可欠の素養であるばかりでなく、代々それによって立身すべき家業でもあったのである。貴族にとって、学問とは、その存在理由であったといっても、必ずしも過言ではないであろう。なぜなら、社会の主宰者たるその資格の源泉はかれらの人格にあり、その人格を培うものは、実に学問であったからである。

六朝貴族が教養貴族であったということの基本的意義は、かくて明らかであろう。かれらの社会的地位は、生産手段の私的所有によって直接に規定されたものではない。個々の所有者たちによって構成される社会の総括的な主催者たる点に、その地位の根拠がある。この主宰はいわば知的・道徳的主宰であり、そこに学問が民衆支配の不可欠の機能として登場するゆえんがある。

当時の学問のこのような意味をなお十分に明らかにするためには、学問の内容に立ち入って考察する必要があるが、小論ではまだそれだけの準備をもたない。ただし一言述べておくならば、かかる学問の究極はもとより道徳的規範にあり、したがって経学がその中心部分を占めるものであるが、先掲『顔氏家訓』勉学篇の一節からもうかがわれるように、裁判・民政から建築・農作に至る実学的知識をも含むものであろう。また、北朝貴族人士の諸伝を通覧すれば、かれらにおける学問なるものは、陰陽・術数・天文・律暦・医方・卜相・風角など、必ずしもオーソドックスではないが生活科学ともいうべき諸分野を含んでいる。又、他方に、玄学・仏教学・文学などの形而上学と表現学とがある。

さらに、譜学などを含む史学の発達がある。このように、経学を頂点とするその学問の裾野はきわめて広大であり、又、形而上的なるものと形而下的なるものとが、さまざまの仕方で混在して、ひとつの厖然たる体系を成していたとおもわれる。それは、六朝貴族の超越性の知的根拠でもあると同時にまた、かれらの対象世界に対する実践性のそれでもあったのである。(10)

さて、このような学問に拠って立つ教養貴族制が、なにゆえに門閥制へ結果していったのかという問題を避けることができないであろう。なぜなら、学問とは、人間の後天的形成に属する分野だからである。この点に関するわたくしの見解はまだ十分に熟していないが、右に見たように、当時の知識体系が単なる客観的知識として存在せず、すぐれて人格的・超越的なものとして具現したことと、何らか関係があるであろう。すなわち、そのような学問の体得にはそれに見合う人間の資質が不可欠であるとされ、そこに門閥主義的身分制が導入されてゆくのではないであろうか。

しかしそれはおのずからにして一個の矛盾である。学問の属性たる後天的性格は、修得者の「資質」すなわち先天性と衝突し、これを否定してゆく必然性をもつ。門閥主義に対抗する賢才主義的理念の登場は、この意味において不可避的な結果であり、(11)教養貴族制がついに科挙制を生むのも、当然の帰結といわねばならない。武人・俗吏にまで嘲笑されるに至った門閥子弟の無学ぶりを慨歎する顔之推のかの痛切なことばは、六朝貴族制にとって学問がいかに根本的な意味を有していたかを、いわば逆説的に示唆しているようにおもわれる。

註

(1) 拙稿「六朝貴族制社会の史的性格と律令体制への展開」(『社会経済史学』三一―一〜五、一九六六年)参照。

(2) 「北朝貴族の生活倫理」(『中国中世史研究』東海大学出版会、一九七〇年)。

（3）「稽古之力」という語は、『後漢書』桓栄伝に、儒者の桓栄が太子少傅を授けられたときのこととして、つぎのように見える。

「栄大いに諸生を会し、其の車馬印綬を陳ねて曰く、今日蒙る所稽古の力也。勉めざる可けん哉と」。

（4）ここまでの原文は、「父兄不可常依、郷国不可常保」である。「郷国」とは、「郷里と国家」ではなく、「郷里」乃至「国許」の意に解すべきであろう。瑣末なことではあるが、当時の貴族の存立基盤か何にあったかを暗示する文章なので、とくに記しておきたい。

（5）平凡社刊『中国古典文学大系』九、一九六九年。

（6）川勝義雄「南朝貴族制の没落に関する一考察」（『東洋史研究』二〇―四）。拙著『隋唐帝国形成史論』（筑摩書房、一九七一年）第Ⅲ編、参照。

（7）吉川忠夫「顔之推小論」（『東洋史研究』二〇―四、一九六二年）。

（8）同右。

（9）各条の文章に共通なパターンはつぎの如くである。――者、欲其観占人之――、□然□□、□□□□也。読み下しにくい文章であるが、「読書・学問は、――なる者に、かくかくのことを志向せしめる（欲）」というような構成であろう。

（10）このような超越と実践の構造的連関については、拙稿「蘇綽六条詔書について」（『名古屋大学文学部研究論集』四四、一九六七年）を参照のこと。

（11）前掲拙著第Ⅱ編第二章参照。

六朝・隋唐社会の史的性格より見た「東アジア世界」問題

一　はじめに

私はこれまで六朝・隋唐時代を中国史上ひとつのまとまった時期と考え、これを「中世」時代とよんできた。また、この「中世」時代の基層構造として、豪族層によって指導される共同体的社会関係（豪族共同体）を想定してきた。一般に中国史の展開は共同体的社会関係の発展史とよぶにふさわしいものであり、この時代における豪族共同体を、父老層によって指導される秦漢の郷里共同体の質的発展のすがたと考えるのである。

もっとも、隋唐時代においては、豪族共同体はかならずしも露わな形ではあらわれない。そのため、隋唐帝国権力を上のような基層構造から自立したパワーとしてみる見方もあるのであるが、私はやはり豪族共同体の普遍化の所産――それには当然変質が伴なうが――として、隋唐国家を考えたい。ただこの最後の点についての私の研究はまだ十分具体化していない。

それはともかく、以上のような見地で当該時代を捕捉してみるとき、いわゆる「東アジア世界」の問題（「東アジア文化圏」「世界帝国」の問題も当然密接にかかわる）は、いかに理解すべきであろうか。菊池英夫氏が総括して下さったように、この問題については先学の幾多の研究があり、多岐にわたる論点が提起されている。それらに対する私自身の検討はまだ始まったばかりであるが、以上のような視点から私見の一端を述べてみたいとおもう。

二　二つの世界帝国――漢と唐――

世界帝国とは何かという、定義の問題から出発することはあまり生産的でないと考えるので、むしろ実体から入りたい。

政治的社会の発展という観点からみて、漢帝国は中国史上第一のピークであり唐帝国は第二のピークである。両帝国ともに、社会の分散的ないし分裂的状態から中国本部の統一に進み、さらに西域・満鮮・蒙古・越南など周辺地域を支配下に収める。ここから非漢族系諸種族（以下胡族と総称）とのさまざまな政治関係が生まれる。

このような政治史のパターンは宋以後の各王朝にも共通するかも知れないが、少なくとも漢と唐とはきわめて類似した構造を生んでいる。すなわち、国家はひとり漢族の国家ではなく、周辺胡族がその傘下に収められ、ある種の政治的統一世界がそこに現出している。

しかしながら、この二つの「世界帝国」はまったく質を同じくするであろうか。漢的「世界帝国」においては、胡族社会は郡県制の統制を受けているが、その社会自体は郡県制の外側に位置している。つまり漢族社会と胡族社会とは、いわば二元的に、帝国のなかに包摂されているわけである（例、朝鮮四郡・南匈奴）。

これに対して、唐朝ではどうか。羈縻州に代表されているように、胡族社会はそれぞれ様々の自立性を保持しつつ、州県制に編成されている。その首長たちは、爵位と同時に都督・刺史などの官位を併せ授けられている。つまり、在地の首長であると同時に中国王朝の官人でもあるという二重の性格を帯びているのである。

この二重性は、唐代の羈縻州だけに限らないように思われる。いわゆる冊封関係の歴史を概観すると、前漢期の冊封においては、滇王とか高句驪王などのように専らその本国の王・侯・君・長号を授与するが、後漢以後になると、これに加えて郡太守・都尉などの官職を授けることが行われ、南北朝以降は、将軍号・都督・刺史などを加えることが普通となる。そしてこれに伴って五等爵制による爵位を与えること、内官に対する官爵授与と大差がない。(例、使持節散騎常侍都督営平二州諸軍事征東大将軍楽浪郡公高麗王。この例の楽浪郡公までの官爵が新しくつけ加わるのである)。

以上のような冊封内容の変化からも分るように、漢代において互いに外在的な関係にあった胡漢両世界は、六朝以後胡族社会それ自身の二重性として内面化する。

漢～唐のこうした変化は、この間における中国内部の政治過程と対応している。五胡諸国家は漢的「世界帝国」のいわば裏がえし(胡族中心の胡漢二重体制)であるが、それは胡族が中国文明世界のなかで支配層の一部を形成した最初のステップである。とすればその第二歩は北魏道武帝の部落解散であり、第三歩は孝文帝の漢化政策であり、第四歩は西魏関隴集団の形成であろう。このようなプロセスが示すものは、胡族支配層の中国官人化の道である。と同時に、そこには、かれらの胡族社会の首長としての立場が何らかふまえられている。(例、西魏の擬制的部落連合)。これらいわゆる内臣における首長制と官僚制の二重性は、塞外地方においては、より明確なすがたをとる。それが当時の羈縻＝冊封体制であろう。

三　中国官人化の意味

皇帝権による首長制の承認というだけに止まらず、中国官人化の傾向が顕在化することの意味は、どこに求められるべきであろうか。これを中国王朝の胡族に対する支配の強化と見ることも、あるいは可能であろう。しかし、胡族社会における政治的自立性の高まりがむしろこうした胡漢の新たな関係を生んだと解せられる。

この点に関していうと、首長制と官僚制との二重化した関係は、かならずしも胡族社会特有のものではない。漢族社会内部の豪族共同体もまた同じである。その共同体の首長的位置にある豪族層は、政権と結びついた官人であるかもしくはその有資格者である。しかもそれを保証している九品官人法では、共同体の世論（郷論）の支持を前提としている。つまり首長制と官僚制とは不可分に結びついているわけである。

豪族共同体と官爵とのより直接的な結びつきは、いわゆる地方官の本籍地任用に見られる。六朝官僚が単なる皇帝の家産官僚に止まらず、名望家としての自立性に立つ貴族階級でもあるのは、このような事情にもとづくのである。

要するに、中央官であれ地方官であれ、官職と地域共同体とは直接間接に結びついて官僚貴族制を形成する。あえていえば、当時の九品官制は、一種の爵制的意味を帯びているのである。

こう見てくると、外臣に対する官爵授与（その官職の多くはいわゆる方任である）の意味も、いくらか理解できるのではないか。もとよりそれは皇帝との間に結ばれた君臣関係を意味するのであるが、その関係を一方より見れば、内臣における天子と貴族との関係の拡延とも見ることができる。少なくとも外臣に対して貴族制的官爵が授与されるとき、そのような意味をもってくることは否定できないであろう。

四　「文化圏」の問題

もし以上のように考えて大過ないとすれば、中国皇帝を頂点とする内外の官僚体系は、塞外にまで拡大された貴族社会である。それはまた、中国貴族文化が周辺へ波動してゆくためのネット・ワークでもある。つまり、胡族社会の首長やその周辺の支配層が中国的貴族たろうとする志向を通じて、中国文化の伝播が果される。

ここで問題になるのは、中国社会と周辺胡族社会の発展段階の差異である。日本における律令制継受に見られるように、両世界は共通の文化内容をもつと同時に、受容する側におけるかなりの変形がある。「文化圏」説が成立するためには、発展段階のちがいがあるにもかかわらず、双方が共通の文化様式で結ばれるその必然性を確明しなければならない。

ところで、受容する側は、上述のように一種の自立的志向に立って、先進文化を受け入れる。その自立的志向とは、氏族共同体ないしその諸連合からさらに進んで、最初の統一国家を形成しようとするところに根ざしている。しかしながら、そうした政治的動向そのものが、「世界帝国」を場として生起したものである。

まず第一に、漢的「世界帝国」による中国古代文化の波及が胡族社会を文明に向って自覚させる。しかし、その自覚が国家形成へ結実するためには、漢的「世界帝国」の衰弱・後退が第二の条件とならなければならない。漢の対外発展が限界に達したその時点において周辺胡族の国家形成が実現することは、史上疑いを容れないところである。

一方、漢的「世界帝国」のかかる後退は、漢族社会内部の衰弱と表裏関係にある。郷里共同体の解体が帝国の基礎を動揺させるのであるが、それはまた中世的豪族共同体の生成過程でもある。

つまり中国における「中世」世界の出現と周辺世界における「古代」国家の形成とは、同じ歴史の糸で結ばれているわけである。それぞれを切り離してとらえれば発展段階の相違があるが、その相違こそむしろ両世界を同時代的に結びつけているのである。あえていえば、漢と唐との間に劃期を見ることによって、初めて「東アジア世界」「東アジア文化圏」などの成立根拠が明らかとなるのではないか。

発展段階を異にする二つの世界を同時代的に結びつけるのは、単に「場」的な問題だけではない。両世界に共通する社会関係として、共同体の問題があると思われる。「東アジア世界」の「連帯」という問題を考えるとすれば、最も表層的には貴族層（首長的官人層）があり、その背後に共同体民衆が想定されるであろう。

五　附　論

郷里共同体と豪族共同体の結合原理は、きわめて割切っていえば、前者は血縁主義であり後者はそれを一歩超えた人格主義である。このちがいは、漢族の胡族に対する関係にもある種の相違をもたらすのではないか。血縁主義はどちらかといえば種族的排他性を生むが、人格主義は原則として種族問題を超えた、より普遍的立場に立つからである。人格主義が門閥主義的閉鎖性を生み出すと、胡族に対する排他性をもたらすが、その弊は人格主義の建前から打破される。

東アジア世界形成期の史的構造――冊封体制を中心として――

一　問題の所在――東アジア世界への視座

戦後、中国史の時代区分問題に一石を投じたのは、周知の通り、故前田直典氏の「東アジアに於ける古代の終末」（鈴木俊・西嶋定生編『中国史の時代区分』東京大学出版会、一九五七年。前田直典『元朝史の研究』東京大学出版会、一九七三年、所収）であった。前田氏のこの論考は、唐代までを中国における古代とする時代区分説の先声をなすものであるが、そうした氏の提唱において特徴的なのは、中国史の時代区分問題を東アジア史という場で論じた点にあるであろう。すなわち、中国・朝鮮・日本という三つの地域における歴史発展の並行性という点に依拠して、東アジア総体としての古代の終末期を、十世紀から十二、三世紀に至る時期に設定したのである。氏が中国における古代の下限を十世紀（唐末）に置いたのも、このような巨視的な観点からであった。

敗戦直後の一九四八年に提起された前田氏の所説は、今日の学問水準からすればもとより粗放にすぎて、研究の直接の基礎とはなしがたいものである。しかしその趣旨は、当時の学界に大きな反響をよんだばかりでなく、現在なお引き継がれている面もないではない。西嶋定生氏によれば、前田提案には二つの要点があったという[1]。すなわち、（一）東アジアの歴史は一体であって、その諸民族はそれぞれ独自の歴史発展をなしたものでなく、その相互間にはそれぞれ関連性が存在する、云々。（二）それゆえ中国史における古代の終末は唐末・五代、即ち十世紀前後の時期に設定すべきであって、それ以前の中国社会は古代社会として理解すべきである。

さらに西嶋氏によれば、この二つの要点は提案としては斬新であったが、いずれも問題内容として十分深められないままに前田氏の死後に残されたのであった。しかし、その後における学界情況をたどってみると、（二）の説は、大いに視点を変えてではあるが依然として有力な時代区分説として、今日に及んでいる。また、（一）についても、「東アジア世界」論として一九六〇年代より積極的に展開されてきており、中国史学の分野のみならず、日本史学、朝鮮史学の分野にも大きな影響を与えるに至っている。

ところで、前田氏の提案には、右の二点の他に、さらに取り上げて検討すべき重要な問題が含まれているように思われる。それは（一）と（二）とが、互いにどう関連しあうかという問題である。

ひとつの民族社会はそれ自身の歴史的発展の道すじをたどる。それを質の異なる幾つかの段階に区切ることによって、全過程として理解しようとする方法が、時代区分法であろう。しかしまた、ひとつの民族社会は、孤立して営まれるのでなく、他の民族社会との交渉や共存の場をもつ。そうした、いわば共時的な場を無視しては、当該社会の歴史像を正確にとらえることは不可能であろう。

このような二つの視点をどうからみ合わせるかが、歴史理解と歴史叙述にとって不可欠の課題であるが、前田氏ははやくそうした試みを行なったものと言える。

それは、敗戦を契機とする歴史学への反省にもとづいていた。すなわち、第一に、閉鎖的な国家観を打破して、民族史をひろく国際的な場でとらえること、第二に、世界史の基本法則の貫徹過程として、民族史をとらえること、この二つの課題を関連的に果そうとしたのであった。では、両者を結び合せる契機は、どこに見出されたのであろうか。

西嶋氏は、前田氏の提案が、当時の日本史研究の新展開に刺激されたものであったと述べている。[2] その日本史研究の新展開とは、周知のように、戦後の民主化という実践的意識のもとで、日本社会の発展をいかに法則的に把握するかという志向に支えられたものであった。たとえば、石母田正氏の『中世的世界の形成』（初版、伊藤書店、一九四六年）は、天皇制国家の基礎をなす古代奴隷制が中世領主制によっていかに克服されたかを実証すべく著述されたものであった。このシェーマからすれば、班田制の本質は、奴隷制的土地法として理解されることになる。

前田氏が自説の根拠としている渡部義通氏の班田制＝奴隷制論は、まさに右のような日本史学の動向を主導するものであった。もし班田制をそのように理解することができるとすれば、それこそは、世界史の基本法則が日本社会を貫徹したことの指標である。と同時に、班田制は中国の均田制に範を取った土地法であり、高麗の公田制も含めて、中国と朝鮮と日本が歴史的な場を共にした、その産物である。まことに班田制こそは、さきの（一）、（二）の課題を同時にになっているわけであり、その歴史性の理解をカギとして、中国・朝鮮における古代を劃定しようとしたのである。

そのさい、すでに戦前より中国史の体系化を試みていた京都学派の学説は、均田制の時代を中世と理解しているため、右の構想にとって大きな障害となるであろう。前田氏が右の論文のなかで、京都学派に属する二、三の学者の所論に強い批判を加えたのも、如上の意図からすれば、当然の結果であった。もし京都学派の主張する如くであれば、「日本や朝鮮の古代はシナの中世の文化を受け入れたことになるが、……それは正しいであろうか」[3]というのが、氏の投げかけた疑問であった。

前田説の欠点についてはその後西嶋氏や堀敏一氏らによっていろいろと指摘されているが[4]、問題の要点は、右の京都学派批判の当否にあるであろう。氏の批判の対象となった宮崎市定氏による反論はそこに焦点が合わされており[5]、その内容においても本稿の趣旨と共通する所が多いが、ここではできるだけ前田氏の論理構成に即して、問題を検討してみたいと思う。

たとい京都学派の立場に立たないとしても、前田氏の論の進め方に一抹の不安が感じられるのは、同一文化圏に属していることからただちに社会の発展段階の同質性をみちびき出すことが妥当であるかどうかという点である。氏は、「相接した古くからの文明地区である日本とシナと朝鮮」において、その歴史発展には並行性があるはずだ、という。しかしそのような「文明地区」の形成に、中国、朝鮮、日本それぞれの歴史発展はどのように関わっているのであろうか。たとえば、日本における「文明地区」の形成に、中国社会の歴史的な質はどう関わるのであろうか。つまり中国・朝鮮・日本が相接した「文明地区」にあること自体が歴史の所産なのであるが、前田氏はそのことを捨象して、三国がそれぞれ文明社会であるという前提から出発したのである。

中国社会の世界史的発展なしに、日本の未開から文明への離陸が果してあり得たであろうか。そうした疑問さえ十分成立するにもかかわらず、前田氏は、「文明地区」としての日本を前提し、同じく「文明地区」としての中国・朝鮮との歴史発展の同時並行性を説くのである。

あえて臆測をたくましうするならば、それは、日本の歴史に対する〝民族主義〟的観念の産物ではなかったであろうか。さきに述べたように、氏は、閉鎖的歴史学の理念を打破し、中国・朝鮮・日本の各民族史を東アジア世界へ向けて解放しようと意図した。またその並行的発展の道すじを、当時世界史の基本法則とよばれる普遍的法則で捕捉しようとした。しかしそのようにして綜括された東アジア史の根底には、依然として民族国家としての日本がア・プリオリに介在している。したがって、東アジア史とは、所詮各民族国家が相互に関係しあって、同し歴史の道をほぼ同じ時期に歩むということの確認にすぎなかったのである。

先述の通り、前田氏の没後、「東アジア世界」論が活潑に展開されてきた。ことに日本史の分野では、中国・朝鮮の影響なしには日本の歴史は語れない、ということが通念となりつつあるようである。しかしそのさい、前田氏の論に見られるような〝民族主義〟的な観念が完全に払拭されているかどうか、なお不安がないわけではない[6]。そうした場合、「東アジア世界」は、決してひとつの「世界」ではあり得ず、単なる文化交流の場、国際関係の場でしかなくなるであろう。

もしそこにひとつの「世界」を想定するならば、諸民族をして同時存在せしめる普遍的原理を見出さねばならないであろう。東アジアにおいてそのような原理とはいかなるものであったか、また、そうした原理はいかなる歴史の所産であったか。問題をこのように立てたとき、始めて、東アジア諸民族それぞれの歴史的発展とその相互連関の構造とが、内的に結びついてくるであろう。前田氏の提唱をつきつめてゆくと、このような課題に帰着するのである。

二　漢代冊封体制の特質

東アジア諸民族間の構造的連関を明らかにするという課題のもとで、鮮明な全体像を呈示したのが、西嶋氏の冊封体制論である。氏によれば、六―八世紀の中国を中心とする東アジア諸国の相互関係は、冊封という官爵授与の形式において中国王朝と周辺諸国との間に結ばれた君臣秩序を軸として展開した。また、この冊封関係は、中国より周辺に向う文物流伝の場でもあったという[7]。

当時の東アジアの国際的関係が、果して西嶋氏のいうように冊封体制のみによって規定されていたかどうか、異論がないわけではない[8]。しかし、周辺諸民族の国家形成やそれら国家の相互関係の場の形成にさいして、中国王朝との冊封関係が重要な役割を果したことは、誰しも否定しえないところであろう。

ところで、そのような意義をもつ冊封体制は、中国王朝内部の政治構造とどう関わるのであろうか。冊封体制の形成について、西嶋氏はつぎのように述べている。それは、「中国王朝の歴史においてこの時代（六―八世紀を指す――引用者）にはじめて出現したものではない。それはすでにいわゆる周代封建制の基本的理念であり、秦漢時代においても国内における爵制的秩序体制の整備とともに登場してくる外臣の制度がそれにあたる」(9)。そしてこの外臣の例として、漢初における南越・閩越・東越・滇・濊などを挙げ、また武帝征服以前の衛氏朝鮮を挙げている。外臣（外藩ともいう）とされたこれらの諸国は、その国内においては独自の法をもち、漢王朝の法は及ぶことがないが、漢の皇帝の徳化と礼とは普及する。そして「この外臣の性格はまさしく六―八世紀の高句麗・百済・新羅・渤海の中国王朝に対する性格に共通する」(10)ものであると。

右の引用中、「国内における爵制的秩序体制の整備とともに云々」とは、外臣が内臣と共に爵制秩序体系中に位置づけられていたことを意味する。具体的に言えば、外臣の王位を授けられた者は内臣の列侯相当の待遇を与えられたことが栗原朋信氏の研究(11)によって明らかにされたが、西嶋氏もこの事実をふまえているわけである。

それでは、内臣と外臣とを共に含みこむこの爵制的秩序体制は、中国社会の史的発展とどう関わるものであろうか。西嶋氏によって精力的に追求された秦漢帝国の構造的特質の問題は、まさにこの問題に他ならなかった。氏は、爵制的秩序体制こそ、秦漢帝国の権力支配の主軸をなすと考えた。秦漢の二十等爵、なかんずく民爵授与の実態と意味を掘り下げ、そこに皇帝と人民の個別人身的支配関係が機能していることを見出したのである。

秦漢時代の人民の地位は、士と民の身分が出身姓族によって厳格に区別されていた殷周時代に比べて飛躍的に向上し、授爵の対象にすらなったが、しかし授爵は、皇帝の人民に対する直接的支配の契機でもあった。恩恵と支配というこの一見逆説的な関係を通して貫徹される専制権力が、すなわち秦漢帝国である。

したがって、西嶋氏によれば、官僚階級に与えられる諸侯王以下のいわゆる官爵も、殷周以来の封建的爵制の伝統をふまえてはいるが、決して単なるその継承ではない。その本質には専制支配下における君臣関係を内包するのであって、諸侯王・列侯でさえも皇帝権によって強力に統御される存在であったという。(12)

秦漢の爵制をこのように理解するとき、それはまさに殷周の氏族制的社会の解体の上に構築された古代統一帝国の象徴であった。とすれば、この爵制の拡延である外臣の制度も、古代統一帝国が四囲に向って支配を拡大してゆくすがたとして理解できるであろう。つまり、漢代における外臣の設置は、中国社会の一定の歴史的発展の所産であったと考えなければならない。その具体的様相を、漢代の諸例に即してとらえてみたい。

たとえば、趙佗の創建にかかる南越国は、もと秦の始皇帝の置いた諸郡が秦末の内乱を機に覆滅した結果成立したものである。漢は趙氏に王号を授けたが、のち武帝によって滅ぼされ、現地には再び郡県制が施行されたのであった。一方、衛氏朝鮮は、秦の置いた遼東郡の域外に成立した。漢は最初この地方を燕王国に統属させたが、燕王が匈奴に逃亡したのを契機に衛満によって朝鮮国が創建され、漢より王位を認められたのであった。すなわち、衛氏朝鮮は郡県制の外辺に外藩として存立したが、これも武帝時代に滅ぼされ、その地に郡県が置かれたのである。

以上の二例からすると、いずれも中国王朝の施行する郡県制の領域外に自立国家として存在し、漢王朝はこれに王位を認めて外藩たらしめたのである。しかしまた、漢王朝の勢力が強大化するのにともなってその自立性はおびやかされ、ついには滅ぼされて郡県化されることになる。たしかに西嶋氏がいうように、(13)この郡県化の過程は、漢王朝による外臣制度そのものの否定ではない。郡県制は中国王朝が周辺に向ってその支配を無限に拡大してゆこうとする態勢であるが、であるがゆえに、そこには必然的に限界（いわゆる徼外）を生ずる。ここに郡県制と外臣制との共存の根拠がある。その共存関係は、後者が前者を補完する関係とも言いかえることができるであろう。

しかしまた、郡県制支配の限界線は、中国王朝の消長によりたえず移動するものである。さきの南越の例は、とくにこのことをよく示している。中国内地における郡国制が皇帝権の強化に比例して前漢一代の間に大いに内実を変更したように、辺境地方における郡県と外藩との共存関係も、時代と共に推移する。漢帝国が対外拡張へ向っていた時期において、郡県制と従来の外藩との力の均衡が破れ、後者の滅亡という事態を見るのも、またひとつの必然であったと考えなければならない。これは郡県制と外藩制との相互排除的一面を示すものであろう。

補完的といい相互排除的というも、つまりは現実的関係の楯の両面にすぎない。通じて言えることは、両者の関係が外在的であるということであろう。外藩たることを認められた周辺民族の政治勢力は、民族的自立集団であると同時に、建前として中国国家の一部をなすわけであるが、中国王朝はまだ当該民族に対して十分に包摂的ではない。漢王朝が周辺民族に対して包摂的な世界となるのは、むしろ武帝以後であるようにおもわれる。すなわち、匈奴と漢の力関係が後者の優位に傾いて以来、漢王朝は周辺諸民族をその直接支配の下に置く傾向が増大した。後漢の南匈奴の例がもっとも端的に示すように、被征服諸民族はその部族生活を維持しつつ中国側の出先機関（南匈奴のばあいは幷州刺史を兼ねる使匈奴中郎将）のきびしい統制を受ける。(14) 中国内地に周辺民族の国家が建立されるという、のちの五胡十六国時代の種子がここにまかれるわけであるが、そうした武帝以後の帝国の構造、とくに後漢のそれに至って、中国王朝はようやく世界帝国的様相を帯びるようにおもわれる。(15)

言うまでもなく、漢初に成立した外藩の制度によって中国王朝と周辺民族との関係が、制度として客観化されたことの意義は大きい。それが六―八世紀の冊封体制の始源をなしたという西嶋氏の創見は高く評価されなければならない。そのことを前提とした上で、ここではやや微視的に、漢代における中国王朝と周辺民族との冊封関係の歴史的性格について、今少し立ち入りたいとおもう。(16)

さて、この時期の冊封関係が外在的であるのは、どのような社会の実体によるものであろうか。この段階において中国王朝が外臣に与える爵位は、王位だけではなく、その他に侯・君・長などがあった。[17] 高句麗王が王莽によって下句麗侯と降格・改称され、後漢が成立するや再び王位に復せしめられたように、王と侯とは上位と下位の関係にあったことが分る。[18] また、君と長も同様の関係にあり、[19] 王・侯・君・長と連称されるところから見ると、外臣に対する授爵の体系は、最初そのようなものであったかとおもわれる。

さらに、同一民族の支配的メンバーがその勢力に応じて右の各級の爵位を授与されることが珍しくない。また、君・長は邑君・邑長ともよばれ、邑名を賜与されることもまれではない。こうした点から推測すると、この時期における授爵の態様は、当該民族の部族制を反映しているようにおもわれる。すなわち、部族連合や有力部族の首長クラスに王・侯を、それを構成する大小の部（邑）落の長に君・長を、というようなあり方が想像できるのである。もちろん一部落の長が単独に漢王朝に遣使朝貢して、爵位を獲得する場合もあったであろう。

授爵の対象となる社会が多く部族制を構成原理としていたとすれば、中国王朝の直接支配の体制である郡県制とは歴史的段階を異にするわけである。郡県制は部族制集団の解体——三族制家族の成立という現実に対応するものである。部族制社会の特徴は支配権力の多元性にあるが、郡県制にもとづく帝国は、一元的権力の支配体制である。両社会の歴史的段階の相違は、このように権力の多元性と一元性の相違として現れる。

中国王朝が郡県制を基本として拡張運動を展開してゆくとき、周辺民族の自立した勢力と対立関係に立つのは必然のなりゆきであろう。この対立の妥協形式がつまりは外臣の制度であり、その妥協関係が破れたとき、現地の郡県化を通じて周辺民族は一元支配のなかに編成されるのである。

漢代において、中国王朝と外藩とが比較的に外在的な関係に立つのは、以上のような双方の社会の差異が背景にあったと考えられる。双方の政治的関係がかもし出す世界は、たしかに東アジア世界の端緒形態ではあるが、諸民族を多元的に含む、ひろがりのある世界としては、まだ成熟しきっていないように感じられる。東アジア世界とよぶにふさわしい世界の開花を見るには、なお歴史の深化を要するのではなかろうか。それを次節に考えたいとおもう。

三　六朝社会と冊封関係

漢帝国と外藩との外在的な関係は、冊封の内容を比較的単純なものにしたようである。すなわち、皇帝は外臣に対して、その民族（部落）の首長たることを認定する王・侯・君・長の称号を授与するにすぎない。

しかし後漢時代に入ると、冊封内容にある変化を生じてくることに注目される。たとえば、西域の例であるが、建武五年（後二九）、河西大将軍竇融は、諸国を率いて匈奴討伐に功績があった莎車王康に、建功懐徳王・西域大都尉を授け、五十五国がこれに帰属したという[20]。康の死後弟の賢が立ち、葱嶺以東の諸国をことごとく服属させたので、漢と西域との交渉が再び開けたが、賢はその勢いをかって建武十七年（四一）西域都護を要求した。漢は一旦これに西域都護の印綬を与えたが、敦煌太守裴遵の、「夷狄は仮すに大権を以てす可からず」という上言によりこれを取り返し、その代りに漢大将軍の印綬を与えたので、賢はこれを恨んだ。また西南夷についても、邛都夷の長貴は王莽の乱に自立して邛穀王・領太守事を称したが、光武帝は邛穀王に封じ、ついで越嶲太守の印綬を授けた[21]。越嶲郡は武帝の西南夷討伐以来設置されていたものである。さらに安帝の永寧元年（一二〇）には、撣国王雍由調が遣使朝貢し、漢はこれに漢大都尉と王の印綬を与えている[22]。

目を東方に転ずると、建武二十五年（四九）、遼東太守祭肜は鮮卑族の大都護偏何らを招降して匈奴・烏桓などの侵入を防がせたが、[23]この大都護の地位もあるいは漢王朝の授与にかかるものであろう。また。安帝から順帝に至る間には、帰順した烏桓族の大人戎未廆を都尉に任じ、[24]ついで鮮卑討伐の功により率衆王に封じている。[25]

以上の実例からすれば、後漢時代に入ると、周辺諸民族の首長や有力者に王・侯・君・長などの外臣の爵位のみならず、それに加えて内臣の官職が与えられる傾向を生じたことが分る。[26]そして、その官職にはとくに都尉・都護など軍事的任務を帯びるものが多いことに注目したい。それは、被授与者が漢王朝の出先機関と協力して、周辺民族の討伐に力をつくしていることと密接にかかわるものである。かれらは今や単なる出身民族の首長ではなく、漢王朝の世界帝国維持政策にまきこまれた辺境の軍事集団でもあったのである。

本稿でとくに対象とする朝鮮・日本についていうならば、おそらく距離の遠さのためであろう、まだそうした二重性のもとには置かれていない。高句麗王はまだ単なる高句麗王であり、邪馬台国も曹魏の時代まで親魏倭王にすぎなかった。[27]しかし四世紀、五胡十六国時代に入ると、事情が変ってくる。高句麗王は前燕の慕容皝によって、征東大将軍・営州刺史・楽浪公の官爵が与えられる。従来の高句麗王の王位もこれに加わるのである。さらに五世紀初頭には、高句麗王高璉は東晋に遣使朝貢して、使持節・都督営州諸軍事・征東将軍・高句麗王・楽浪公に冊封されるのである。

つづいて劉裕が宋王朝を建てると、つぎのような詔を下している。「使持節・都督営州諸軍事・征東将軍・高句麗王・楽浪公璉、使持節・督百済諸軍事・鎮東将軍・百済王映、並びに義を海外に執り、遠きより貢職を修む。惟《ここ》に新たに始めを告ぐるに、宜しく国体を荷うべし。璉は征東大将軍たる可し。映は鎮東大将軍たる可し。持節・都督・王・公は故の如し[28]」。ここに、高句麗のみならず百済王に対しても同時に冊封を行なっているが、倭国王讃が遣使朝貢して官爵を除授されたのも殆ど同じ時期であり、いわゆる倭の五王の時代がここに始まる。

高句麗等は五胡・北魏とも冊封関係を結ぶが、それは、西嶋氏も言うように、楽浪・帯方諸郡設置時代と異なる新しい情勢の展開を意味した[29]。その変化を物語るのが、冊封の内容であろう。右の詔文に見られるように、高句麗王に例をとれば、「高句麗王」という本国王[30]の他に、「使持節・都督営州諸軍事・征東大将軍・楽浪公」の官爵が与えられている。これらは漢代の冊封形式にあらたにつけ加わった部分であり、しかも内臣に与えられる官爵と変りがない。後漢初頃から開始した冊封の新傾向が、ここにこのような形で展開を見たと考えてもよいであろう。しかしそこには、時代のどういう意味がかくされているのであろうか。

当時冊封された官爵の内容をみると、一定のパターンがある。右の宋初の詔文の表現法をかりれば、「持節」・「都督」・「将軍」・「王」・「公」である。高句麗王にはその後散騎常侍が加官され、劉宋大明七年（四六三）にはさらに開府儀同三司が加えられているが、基本的なパターンは東晋に始まるといってよいであろう。また、北朝より授けられた官爵も、北魏太武帝時代のそれは、都督遼海諸軍事・征東将軍・領護東夷中郎将・遼東郡開国公・高句麗王であり[31]、このパターンはその後も基本においては変更がない。南北のこの二つのパターンを比較してみると、後者に領護東夷中郎将（時には領護東夷校尉）という、本来漢人官僚の職務であるべきものが加わっているだけで、大局的には変りがないと言えるであろう。また、百済・倭国などの場合「公」を欠くことがあるが、「持節」・「都督」・「将軍」・「王」は共通している。

当時の中国王朝と外藩との冊封関係とは、このような官爵の授受を軸として保たれた関係である。外藩から遣使朝貢したさいや中国の王朝交替のさいなどには、外藩懐柔のため多く昇進の手続きがとられるが、それは「将軍」号を進級させることによってあらわされる。外藩の方からより高い官爵を請求した例もまれではない。坂元義種氏によって明らかにされたように[32]、高句麗・百済・倭に対する南朝の待遇には一定のランクがあったが、それも「将軍」号によって示される。また、外藩の王が死んで新王が立つと、父王よりいくらか等級を下げた「将軍」号から出発したようである。要するに、当時の冊封関係の微妙な変動は、内臣にも共通に与えられる「持節」・「都督」・「将軍」・「公」などの官爵を通じて引き起される。ここに漢代の冊封関係と様相を異にしている点が予想されるのであるが、以下「持節」等々の官爵がになう歴史的性格を通じて、この問題をさぐって見たい。

右の「持節」・「都督」・「将軍」・「公」という一連の官爵は、当時中国各地に中央政府から派遣された州鎮の長官に与えられたものと、ほとんど軌を一にする。ここではその挙例を省くが、当時の正史をひもとけば、その例は至る所に見られるはずである。ところで、これら一連の官爵のうち、「持節」（あるいは「使持節」・「仮節」）は、天子の使臣に与えられる権限を示すものであり、州鎮長官としての職務の実質をあらわすのは、「都督」である。「都督某州諸軍事」という職務は魏文帝の黄初三年（二二二）に始まるが、通常当該州（数州を兼ねるときはその中心となる州）の刺史を兼任する。[33]というより、「都督」とは州刺史が管内乃至隣州の軍事権を中央から委ねられたものである。

西晋の武帝は天下一統後「都督」制を廃止して集権の実を挙げようと計ったが、八王の乱以後はかえって普及し、数州の諸軍事を兼ねることが一般化した。これら州鎮の長官は民政機構（州官）をもつと同時に軍府（府官）を開くわけであるが、その軍府の規模は、兼帯する「将軍」号のランクと相応ずるものであった。

形式から言えば、州鎮長官は皇帝の使臣として地方の行政と治安維持に差遣されたものであった。しかし、このような地方支配機構のなかに、おのずと中央分離的な傾向がはらまれてゆくのを否定することができない。要地の州鎮長官の擁する州官と府官の数を合計すれば厖大な規模となった。もちろんその下には軍隊が掌握されている。州官・府官の幹部たる長史・司馬のもとには各種の参軍があったが、そのなかには名族の子弟が好んで就任するポストも多く、一方武人の参軍も少なくなかった。後者は現地の土豪出身者である場合が多く、州鎮長官がかれらに推されて反中央的行動に出る例もまれではない。南朝の政権交代はそのような行動によって引き起されたといってよい。[34]

先述のように、都督制度の出発点は州刺史が軍事権を掌握したところにあるが、それはまた州制そのものの変質を前提としている。刺史は本来郡県の監察官として中央から派遣されるものであったが、後漢末、地方行政機関に転化し、郡県の上位を占めるようになった。その事情は狩野直禎氏の研究に詳しいが[35]、要するに、後漢末の内乱を収拾するため中央政府は名士を州牧として各州に派遣したが、現地の豪族層の力に牽引されて地方政府化したのであった。

以上のように、六朝州鎮体制は後漢末・三国時代における各地の中央分離の傾向を背景として形成されたものであり、この傾向を生んだ社会的原因として豪族層の成長があった。中央集権の貫徹と拡大を特徴としてきた漢帝国の政治方向からすれば、歴史は明らかにその流れを変えたのである。郡県制という行政の形式そのものには変更がないとしても、その内実においては、豪族層による地方権力把握の場に変質していた。その端的なあらわれが、六朝における地方官の本籍地任用の盛行であろう。郡守・県令、あるいは場合によっては刺史すらも、在地の豪族をもって充てることが珍しくなかった[36]。漢代の本籍地回避の制からすれば、これは大きな情勢変化と言わなければならない。

豪族勢力の伸長、郡県制の変質という事態は、爵制にも重大な影響を及ぼした。魏晋以降の爵制を特色づけるのは、五等爵制（王・公・侯・伯・子・男）の復活である。五等爵制はいうまでもなく周代に行われたとされる封建的爵制である。秦漢の二十等爵制はその制度を継承しつつも、皇帝の一元的支配に対応してあらたに構築されたものであった[37]。漢制では二十等爵の上に諸侯王の制度をつみ重ねて帝室・功臣を分封し、いわゆる郡国制を構成したが、皇帝権強化と共に諸侯王の勢威は縮小に向かったのであった。

したがって、曹魏が五等爵制を復活して宗室を封建したことは[38]、周から漢に至るヴェクトルから一歩外にふみ出したことを意味するであろう。西晋の建国の直前、咸熙元年（二六四）には、五等爵は異姓の臣下をも対象とすることになる[39]。宮崎市定氏によれば、これは豪族階級の地位を安堵して魏晋革命による動揺を防ごうとする意図によるものであった[40]。要するに、五等爵制の復活は、九品官人法の新設とは又別の形式において、国家体制のなかに豪族階級を包摂するものであった。こうした意味をもった西晋の爵制は、以後歴代の王朝に継承されて唐代に至るのである。

さらに注目すべきことは、西晋以後の爵制が郡県制を基盤として設定されている点であろう。西晋武帝時代に整備された爵制は、国王・国公・国侯・国伯・国子・国男・郡公・県公・郡侯・県侯・県伯・県子・県男・郷亭侯・関内侯のおよそ十五等であるが[41]、国王より国男までは主として宗室を対象とし、郡公以下が臣下に与えられる爵位である。この場合、国は大・中・小三等に分れるが、いずれも所定の郡名をもって充てる（たとえば大国は平原・汝南・瑯邪・扶風・斉の六郡である）[42]。したがって郷亭侯・関内侯のいわゆる散侯を除いて、国王から県男まではいずれも当時の郡県の名称を負って封邑を食んでいるわけである。このことは、本来中央集権支配の行政区分として行われてきた郡県に、封国のイメージが重なりあって来ていることを暗示している。魏晋以後の貴族官僚は多くこのような爵名をもち、これを子孫に伝えたのであった。

以上、魏晋以後の州鎮長官の官爵が内包する歴史的意味について概観したが、そこには共通して当時の分権的傾向が反映している。さらにその背後には、各地域における豪族階級の強固な存在が看取されるのである。それは中国王朝の中央集権政治の展開という点からすれば一種の退行現象であるが、中国社会内部における自立的社会勢力の成長ということから言えば、明らかに歴史の新段階を示すものであった。魏晋以後の歴代王朝は、その政策にさまざまの差異はあるが、基本的にはこうした歴史の現実をみとめ、これに対応した政治体制をとらざるを得なかったのである。

さてこのように見てくると、周辺諸民族の首長に対しても「持節」・「都督」・「将軍」・「公」などの官爵を授与したことの意味は、おのずからにして明らかであろう。すなわち、中国国内の分権化傾向が生んだ政治体制は、周辺諸民族をもこれを当該地方の州鎮長官として待遇し、それによって中国王朝の藩屏たらしめる方途をひらいたのである。

ことに、中国内地が複数の政権に分裂していた時期には、各政権は競って周辺民族を傘下に引き入れようとし、周辺諸民族の側でも、中国内部のこうした情況を利用して高位の官職を獲得し、自らの権威を高めようとしたのであった。加えて、四世紀以後における中国内地の政情は、華夷の別という観念に大きな修正を迫るものであった。胡族と漢族の両社会をふたつながら王朝のなかに包容しようとしたのが、五胡・北朝の諸政権の政治方針であった。きわめて巨視的に言えば、四世紀より七世紀に至る中国史の過程は、種族の区別を越えた新たな世界帝国の形成期である。[43]このようないわばコスモポリタンな時代風潮のなかで外臣が内臣の官爵を帯びても、決して奇異ではないであろう。言ってみれば外臣の内臣化である。

周辺民族の首長が一面では当該民族の首長であると同時に中国王朝の官人でもあるという二重性は、漢代の外臣の二重性よりもはるかに深まっている。漢代のそれは、首長としての地位を中国王朝が承認するという二重性にとどまっていたが、この時代になると、外臣でもあり同時に内臣でもあるという二重性に発展している。それをもっともよく表現するのが、爵位の二重性であろう。高句麗王などには「王」と「公」が与えられているが、「本国王」を示す「王」のほかに、異姓の臣下に与えられる「公」すなわち郡公が併授されているわけである。朝鮮各国の場合、「公」は多く遼東郡公・楽浪郡公・帯方郡公であるが、これらの諸郡は本来満鮮地方における郡県制支配の最前線であった。しかし、楽浪・帯方二郡は四世紀初頭になって高句麗等によって覆滅され、遼東郡も鮮卑慕容部に占領される。北魏内乱後は遼東郡も高句麗の支配下に入るのである。高句麗王などがこのような郡の名称を冠する郡公を授けられたのは、西嶋氏の言うように郡県の封国化を意味するであろう。[44]しかしそれは、これら周辺地域だけの傾向ではない。さきに見たとおり、中国内地においても郡県制の退行現象があり、それが魏晋以降の新爵制を生んだのであった。そして各地方に本拠をもつ豪族階級はこの新爵制によって王朝と結びつき、貴族の資格を獲得したのである。とすれば、外臣の一部が「公」を与えられたのは、単なる羈縻政策からではなく、中国内外に共通する当時の時代傾向——郡県制の変質、中央政権の対極をなす自立勢力の成長——を基盤とするものであろう。

一般的に言って外臣の内臣化傾向の底部には、このような時代性が横たわっていると考えられる。その時代性とは中国社会のみのそれではない。東アジアの周辺社会をも含めて共通な時代性でなければならない。それは、第一節に述べた、東アジア諸民族を同時存在せしめる普遍原理という問題にどこか触れるところがある。次節ではそうした点をめぐって若干の考察を行い、小文の結びとしたい。

四　結　び——東アジア世界の基底

前節で述べた趣旨を端的に言い表わすならば、中国における中央集権政治の後退が、周辺諸民族の国家形成に大きな役割を果したということである。中国社会は、四世紀にわたる集権体制をいわば自ら否定することによって、周辺諸民族の国家を包摂することができたのである。それは一見パラドキシカルな関係であるが、東アジアにひとつの「世界」が確立するのは、このような構造的連関によってではなかろうか。その点を少しく考えてみたい。

六朝時代の中国社会が分裂的であるのに対し、そのとき周辺諸民族の国家は統一への道をたどっていた。一はすでに古代統一帝国の崩壊を経験しているが、一はようやく最初の国家統一の事業に着手したところであった。前田氏のような並行発展説から見れば不条理におもわれるこの構造連関を貫ぬく一本の糸は何に求めらるべきであろうか。

六朝の分裂時代といっても、それは単にアナーキーな社会ではない。各地域の民衆は、豪族を指導者とする共同体的集団に組織されている。さらに言えば、このような人的結合関係の成立こそが統一帝国を分裂にみちびいた要因であり、したがって来たるべき新たな統一の原基体でもあった。

この豪族共同体の基本的構成は依然として自営農民であったとおもわれる。しかしかれら相互の結合原理は必ずしも血縁主義に依存するものではない。異姓の各家族を結ぶのに、普遍宗教（道教・仏教）や儒家的実践倫理が大きな役割を果した。そして豪族層はこうした共同体結合の人格的シンボルであったばかりでなく、官僚組織を通じて各集団の統合につとめた。六朝の貴族政治とは正にこのようなものであり、その統合の強化されてゆく帰結が隋唐の律令制的統一である。[45]

このように、六朝の分裂時代の基底には、社会の新たな共同体的再編があり、統一権力への志向も内在させていた。その共同体から国家へというプロセスは、前近代の各民族に共通な道筋であるが、しかし六朝諸国家の場合、それは必ずしもエスノセントリックではない。民族ないし民族文化の原理を超えた、より普遍的な理念が支配している。それはつまり貴族主義である。[46]くりかえして述べるが、それこそ漢代の礼教国家を分裂にみちびき、六朝・隋唐の国家理念をなすものであった。

中国王朝の周辺民族に対する包摂性は、ここに根拠をもつとおもわれる。すなわち、中国史が漢帝国を超克しえて、より高次な段階にふみこんだが故にこそ、周辺民族を共通な政治体制のなかにまきこむことが可能になったのである。言いかえれば、周辺民族の首長ないしその側近の支配層を、官僚貴族化することができたのである。[47]

一方、このことは、周辺民族の国家的統一を促進させることになったとおもわれる。そこでも共同体から国家へという図式をたどっていたのであるが、それは当然支配層の官僚化を必然ならしめる。六朝の身分制的官僚制は、その恰好のモデルとなったのである。要するに、共同体から国家へ、という歴史のプロセスは、さまざまの発展段階において生起するものであり、同時に前近代の共同体的諸関係が自らを普遍化し合理化してゆく運動過程として、歴史を超えて共通な一面をもつ。東アジア世界は、この二つの側面が重なり合うことによって成立したと言えないであろうか。

註

（1）西嶋定生『中国古代帝国の形成と構造』東京大学出版会、一九六一年、序章　中国古代社会の構造的特質に関する問題点、一七〜一九頁。

（2）同右。

（3）『中国史の時代区分』三五二頁。

（4）西嶋氏は「前田氏の所説は、その提案に斬新性があるのであって、第一、第二の提案を通じて、何故に東アジアの歴史は相互連関的性格をもつものであるかということ、および唐以前の中国社会は如何なる性格の奴隷制社会であるかという問題は、依然として充分分析されず残されたままであった」（前掲書一八頁）と述べ、堀氏はつぎのように論じている。「しかしそこで強調されているのは、今度は（従来の停滞性論に対して——引用者）中国でも朝鮮でも日本でもどこでも発展法則が原則的につらぬいているという点であった。だから中国・朝鮮・日本諸民族社会の関連性といえば、発展の時間的な早さのあいだに関連があるとか、発展段階の現われ方に時間的な関係があるとかいう指摘にすぎなかった。基本法則が諸民族・諸地域の歴史的条件のなかであらわれてくる特殊性というようなものはあまり問題とならず、特殊のように見えるものはとかく発展段階の差異に帰しかねなかった……。たとい諸民族・諸地域の発展に時間的な関連性があるとしても、その背後にどのような具体的な構造連関があるかはあきらかにされなかった」（「東アジアの歴史像をどう構成するか——前近代の場合——」『歴史学研究』二七六、一九六三年、六四頁）。もっとも、堀氏がここで対象としているのは前田氏だけでなく、当時の石母田正氏や松本善海氏の見解なども含むのであるが、要するに西嶋・堀両氏の批判が共通して指摘するところは、前田氏らが世界史の基本法則という普遍的観点に立つあまりに、諸民族の特殊性や諸民族間の関連の実態が明らかにされなかったという点である。この指摘はおそらく正しく、鬼頭清明氏も堀氏の批判に賛同している（『日本古代国家の形成と東アジア』校倉書房、一九七六年、第一部　日本古代国家をめぐる国際的条件、四〇〜四一頁）。ただ、これらの指摘にはなおあき足りないものが感じられる。というのは、必ずしも前田氏の論理に即した議論でないようにおもわれるからである。たとえば前田氏自身、東アジア諸民族間の密接なかかわりを前提として立論しているのであって、それが具体的でなく、また論理化されていないうらみはあるとしても、その点の指摘だけでは前田説の本質に直接ふれたことにはならないのではないか。本文に述べるように、前田氏は「東アジアの歴史は一体である」（前掲西嶋氏の要約）という理念に立ちつつも、中国・朝鮮・日本をそれぞれ独立した「文明地区」とみる所から出発している。そのチグハグさが氏の所説を浅薄にしているとおもう。

（5）「東洋史の上の日本」『アジア史論考下巻』朝日新聞社、一九七六年、四八四〜五三六頁。たとえばつぎのような文章に注意。「だから日本古代史を研究して、そこに一つの法則を発見し、これを更に他の地域に応用しようなどいう計画は先ず成立たないと見る方が無難である、云々」（四九七頁）。「われわれはここでもう一度、中国社会と日本のそれとの間の関連を振りかえって見よう。日本の社会発達はその出発点ともいうべき青銅器の受容が一千年ほども遅れていたため、この遅れを取戻すことが容易でなく、その結果、両者の進み方を比較すると、その間に非常に大きな食違いがおきている。それはあたかも円形運動場において長距離レースをする時、一周に近い遅れが生じたようなものである。そこで先に日本はその古代の完成時期に中国の律令を取入れたが、実はこの頃の中国は既にとっくに古代を通りすぎ、中世の盛時を終って中世的な貴族政治が没落しかけた時であった。言わば同じ円周を並行して走りながら、日本は一まわり遅れて走っていたわけである」（五〇八頁）。

（6）上田正昭『倭国の世界』（講談社現代新書、一九七六年）序章「海・山のあいだ」に著者のつぎのような反省がある。「歴史における内因を過小評価することはできないが、内なる歴史の顔ばかりに眼を奪われるわけにはゆかない。われらは、ややもすると、この島国内部における歴史の発展相のみにおいて、歴史をとらえがちであった。あしき島国史観におちいりがちであった。『国史』『国史』と申す輩になりがちであった」（七頁）。前田氏も戦後このような自覚に立って問題を提起したのではあったが、結果としては、世界史的な場から各民族史をとらえるのでなく、逆に日本古代国家の確固たる存在を自明の前提として東アジア世界を解釈しようとしたのである。

（7）「六―八世紀の東アジア」（『岩波講座日本歴史（旧版）古代2』岩波書店、一九六二年）。

（8）たとえば鬼頭前掲書、四四頁。

（9）註（7）論文、二七七頁。

（10）同右。

（11）「文献にあらわれたる秦漢璽印の研究」（『秦漢史の研究』吉川弘文館、一九六〇年、所収）。

（12）西嶋前掲書。

（13）『中国の歴史2秦漢帝国』（講談社、一九七七年）、第四章　武帝時代の外征と内政、一八二～一九一頁。

（14）内田吟風『匈奴史研究』（創元社、一九五三年）、南匈奴に関する研究、二七～三〇頁、拙著『隋唐帝国形成史論』（筑摩書房、一九七一年）、第一編第一章　南匈奴の自立およびその国家、三〇～四一頁。

（15）前註拙著、三〇～四一頁、拙著『世界帝国の形成』（講談社現代新書、一九七七年）、第三章　胡漢二つの世界、一〇三～一一三頁。

（16）西嶋氏は東アジア世界の歴史的諸段階を四期に分け、その第一期として秦漢―隋唐の時代を充てている（西嶋編『東洋史入門』有斐閣、一九六七年、Ⅱ　東アジア世界の形成と展開、一三～一四頁）。これに対し、本稿は、秦漢と六朝・隋唐の間に区分が可能であり、また必要ではないかという提案である。

（17）後漢光武帝の建武年間、武都の氏族が公孫述より離反して来降してきたが、馬援の上奏によって「其の侯・王・君・長（『後漢書』列伝七六白馬氏伝は、王侯君長に作る）を復し、印綬を賜う」とある（『後漢書』列伝一四馬援伝）。これは後述の高句麗の例と同様、王莽によって降爵されていたのを前漢の地位に戻したもののようである。註（18）参照。また、建武二十五年には、烏桓の大人郝旦ら九千余人（『後漢書』列伝八〇烏桓伝は九百二十二人に作る）が衆をひきいて来降、「其の渠帥を封じて侯王（『後漢書』烏桓伝は侯王君長に作る）となす者八十余人」とある（『三国志』巻三〇、烏丸伝注引『魏書』)。

(18)『後漢書』列伝七五高句麗伝。なお『漢書』巻九九王莽伝中によれば、王莽は四囲に使者をつかわして、周辺民族の首長に策命を行なっている。そのさい従来の王位を改めて侯に降爵している。高句麗の降格もおそらくこの時のことであろう。ただし下句麗と改称せしめたのは高句麗侯騶を殺害したのちのことである。また、後漢書建武三十年、鮮卑大人於仇賁・満頭らが部族をひきいて漢に内属を乞うたので、朝廷は於仇賁を封じて王となし、満頭を侯とした（『後漢書』列伝八〇鮮卑伝）。満頭はおそらく於仇賁に次ぐ実力者で、直属の部族組織をもっていたのであろう。

(19) 後漢安帝の永初二年、青衣道（四川）の夷の邑長令田が三十一万口の部落をひきいて内属してきたので、安帝は「令田の爵号を増して奉通邑君と為し」たとある（『後漢書』列伝七五西南夷伝）。また、魏の景初年間、明帝は帯方・楽浪の両太守を派遣して二郡を平定すると共に、「諸韓国の臣智に邑君の印綬を加賜し、其次には邑長を与う」とある（『三国志』巻三〇東夷伝、韓）。ちなみに臣智とは、同伝によれば馬韓五十余国（部落国家）の国王たる「長帥」のうち大なる首長の呼称であり、その次は邑借とよばれた（『三国志』巻三〇東夷伝）。おそらく邑長は邑借たちに与えられたのであろう。なお註(25)参照。

(20)『後漢書』列伝七八西域伝、莎車国。

(21)『後漢書』列伝七六西南夷伝、邛都夷。

(22) 同右、哀牢夷条。

(23)『後漢書』列伝一〇祭遵伝。

(24)『三国志』巻三〇烏丸伝注引『魏書』。なお『後漢書』烏桓伝には戎朱廆に作り、また親漢都尉を授けられたとある。

(25) 王・侯・君・長に率衆など美称を冠することが前漢時代から行われた。たとえば宣帝の神爵二年（前六〇）、趙充国が先零羌を討ったとき、これに協力して漢に降った部酋にそれぞれ爵位を与えたが、帥（率）衆王、帥衆侯・帥衆君・言兵侯・言兵君・献牛君の名称が知られる（『漢書』巻六九趙充国伝）。『後漢書』志二八百官五には、「四夷、国王・率衆王・帰義侯・邑君・邑長、皆《みな》丞有り、郡県に比《なぞら》う」とある。これらの問題については他日を期したい。

(26) この事実については、井上秀雄『古代朝鮮』(日本放送出版協会、一九七二年)Ⅲ　三国の興亡(1)八三～八四頁、にも指摘されている。
(27) ただ卑弥呼が使節としてつかわした難升米に率善中郎将を、牛利に率善校尉を授けているのは(『三国志』巻三〇東夷伝)、内臣としての待遇である。大庭脩「漢の中郎将・校尉と魏の率善中郎将・率善校尉」(『史泉』四二、一九七一年)、参照。
(28) 『宋書』巻九七夷蛮伝、高句麗。
(29) 前掲「六―八世紀の東アジア」二三四～二四五頁。
(30) 南斉建元元年(四七九)加羅国王が遣使朝貢したとき、高帝は「輔国将軍・本国王を授く可し」と詔している(『南斉書』巻五八蛮伝、加羅国)。
(31) 『魏書』巻一〇〇高句麗伝。
(32) 「古代東アジアの国際関係――和親・冊封・使節よりみたる――」(上)『ヒストリア』四九、一九六七年。
(33) 『宋書』巻三九、百官志上。和田清編著『支那官制発達史影印版』(汲古書院、一九七三年)、第三章　魏晋及び南朝時代九八～一〇〇頁。宮崎市定『九品官人法の研究　科挙前史』(東洋史研究会、一九五六年)、第三章　南朝における流品の発達、二一七～二三三頁。
(34) そもそも東晋王朝じたいが安東将軍・都督揚州諸軍事であった司馬睿(元帝)の軍府を核心として成立したのである(宮崎前掲書一八三頁)。そして斉・梁・陳いずれも要地に配された都督によって興されたものである。それらの都督府の参軍に在地豪族が任用され、革命行動を推進したことについては、川勝義雄「劉宋政権の成立と寒門武人――貴族制との関連において――」(『東方学報』京都　三六、一九六四年)、安田二郎「南朝の皇帝と貴族と豪族・土豪層」(中国中世史研究会編『中国中世史研究　六朝隋唐の社会と文化』東海大学出版会、一九七〇年)所収、同「蕭道成の革命軍団――淮陰時代を中心に――」(『愛知県立大学文学部論集』二一、一九七〇年)等を参照。
(35) 「後漢末地方豪族の動向――地方分権化と豪族――」(前掲『中国中世史研究』)。
(36) 越智重明「南朝に於ける地方官の本籍地任用に就いて」(『愛媛大学歴史学紀要Ⅰ』一九五三年)、小尾孟夫「南朝における地方支配と豪族――地方長官の本籍地任用問題について――」(『東方学』四二、一九七一年)、窪添慶文「魏晋南北朝における地方官の本籍地任用について」(『史学雑誌』八三―一・二、一九七四年)、参照。

(37) 前掲西嶋『中国古代帝国の形成と構造』。

(38) 曹魏の爵制については、守屋美都雄「曹魏爵制に関する二三の考察」『東洋史研究』二〇―四、一九六二年。

(39) 前掲守屋論文、五九頁、前掲宮崎『九品官人法の研究』第一編 緒論 漢より唐へ、一四～一五頁。

(40) 前掲宮崎『九品官人法の研究』緒論 漢より唐へ、一四～一五頁、第二編第二章 魏晋の九品官人法、一七一～一七二頁。

(41) 『通典』巻一九 職官一 封爵の条。

(42) 『晋書』巻二四 職官志。

(43) 拙著『世界帝国の形成』(講談社現代新書、一九七七年)、第六章 隋唐文化の世界、二〇六～二二一頁、参照。

(44) 前掲西嶋論文、二三七頁。ただ、西嶋氏はこの封国化の意味を「中国王朝側からみれば、郡県が封国に転化したにすぎず」、周辺民族は郡県支配をくつがえしながらも、依然として封爵を受けて中国王朝の秩序体制に参加したことになる、と解釈するが、筆者としてはこの転化を中国内外における社会変革の一面であると理解したい。

(45) 以上の見解については、拙著『中国中世社会と共同体』(国書刊行会、一九七六年)、とくに第一部第二章 中国における中世、参照。

(46) 前掲拙著『隋唐帝国形成史論』は五胡・北朝史を素材としてこの構想を述べたものである。

(47) 前掲坂元論文、一三～一五頁。

〔附記〕

隋唐統一以後の中国王朝と周辺諸民族との関係については、紙数の都合で論ずることができなかったが、稿を改めて考察する予定である。

六朝時代における都市と農村の対立的関係について

——山東貴族の居住地問題からの接近——

一 はじめに

六朝時代の都市と農村の関係については、これまで実り多い考察が積み重ねられてきた。その第一に数えたいとおもうのは、宮川尚志氏の「六朝時代の村について」なる論考である。(1) 村という名称の聚落の存在については、すでに加藤繁氏なども、唐宋時代の史料を引いて言及しているが、(2) 宮川氏のこの研究は、都市と農村の分化という視点から、村の起源、地理的分布、およびその実態を追求したものとして、大きく評価されるのである。このことは学界周知の事実であるから紹介の必要はないとおもわれるが、行論の都合上、その要点を記しておきたい。

まず、唐の戸令に、里正の職掌を記したのち、「在邑居者為坊……在田野者為村」とあるが、宮川氏は、唐代の聚落が、都会と田舎でこのように異なる名称でよばれていることを、「都市と農村との分化の制度上の反映」と推測し、そこからさらに、「村」の起源が中央政権より離れた、辺鄙な地方に求められるのではないかと想像する。このような想定に基づいて史料を博捜した結果、「村」は六朝時代に普遍的な村落称呼となっていたこと、そしてその起源は、漢代の郷聚や時には県城が魏晋の戦乱によって破壊されたあとに営まれた罹災人民の自然聚落であったこと、さらにまた人里離れた土地に広く分布したこと、それらの「村」は多く自衛組織をもち、また道仏二教の信仰の場でもあったこと、などが結論されている。

宮川氏のこの研究は、従来とかく制度史研究の枠内にとどまりがちであった聚落問題を、漢から六朝への時代変化の一環としてとらえた点に、大きな意義をもつであろう。

この観点をさらに一歩すすめて、聚落史による中国史の時代区分を試みたのが、宮崎市定氏である。宮崎氏が中国都市国家論の提唱者であることはつとに知られているが、氏はまた、中国古代社会の基本構造である都市国家がいかにして崩壊し、中世的聚落体系へ移行してゆくかという問題についても、深い関心を寄せてきた。その考察の結果は、「中国における聚落形体の変遷について――邑・国と郷・亭と村とに対する考察――」を始めとする幾つかの論考の中にうかがい得る。(3) それらによれば、都市国家の本質は、都市民が一面農民である点に求められる。しかし漢帝国の崩壊過程に、農民は、さまざまの契機によって、都市を離れ、山野に新たな聚落を形成する。その臨時的なるものが、那波利貞氏によって解明された、かの「塢」であり、その恒久的なるものが、「村」である。

「村」成立の契機として宮崎氏が重視するのは、屯田制である。このことは、「村」の字が元来屯に起源することにも示唆されているが、要するに、国家が流民を無主の地に集めて農業労働に専従させた屯田の制度は、従来の都市を離脱した聚落の形成を推進したというわけである。

国家的大土地経営である屯田が「村」の形成に力あったとすれば、民間の豪族による大土地経営もまた、同じ役割を果したであろう。宮崎氏は、江南の豪族の荘園経営が、依附する人民を擁して、「屯」、すなわち「村」を形成したとされる。

それでは、このように、農村が古代都市から析出されて誕生してゆく過程に、都市はどのようなすがたを呈するのであろうか。宮崎氏は、この問題についても、幾つかの論文で述べているが、専論したものとしては、「六朝時代華北の都市」が挙げられるであろう。その論旨を要約すると、かつて農業都市的一面を有していた古代の都市は、後漢から六朝にかけての時期に、政治都市としての性質を濃厚にし、地方衙門も整備充実する。これを財政的に支えるために、商工業都市としての性格を深める。つまり農業面からいうと、生産都市から消費都市へ変化するのである。又、五胡統治の時代になると、重要都市には、遊牧系の軍士が配置されるので、旧住民は都市を出てゆく傾向がある。異民族政権の交替は、しばしば都市住民の入れかえをもたらすが、それによって、軍事都市としての性格を強める。

このようにして、政治都市としての性格が強まると、都市の規模は必然的に大きくなり、一方、軍事都市的側面の増大は、都市の堅固さを要求する。この二つの必要性を同時にみたそうとすれば、城郭二重式の都市形態とならざるを得ない。この点もまた、当時の都市の特色である。

以上のような農村と都市の理解から、宮崎氏は、つぎのように言う。「行政官庁の治所となって比較的大きな人口を擁する城郭都市と、そこから離れて田野に散在する村落との対立する六朝社会は、それ以前の漢代には見られなかった新現象である」。本節の冒頭に述べた宮川氏の予測——都市と農村の分化という問題が、宮崎氏の洞察と分析によって、ここにはっきりと解明されたと言っても過言ではないであろう。

さらに言うならば、宮崎氏の右の発言には、都市と農村の単なる分化にとどまらず、対立という表現が用いられている。対立とは、両者が分化してそれぞれ自立性を保ったままで互いに関係しあっている状態である。この対立した、異質な聚落を同時に含む世界こそ、当時の歴史の段階を示すものであろう。

六朝時代における都市と農村の分化・対立という問題は、筆者自身にとっても、つとに関心の持たれる事柄であった。一九五八年に筆者が発表した「北魏末の内乱と城民」という論考のなかでも、つぎのように述べている。(4)「かつて宮川尚志氏は、六朝時代に『村』という名称の農村が出現したことを明らかにした。宮崎市定氏はこの発見を一歩進めて、それを古代都市から分離した、新らしい中世的農村だとした。こう見れば、六朝時代とは、都市と農村の分化と対立が第一歩をふみ出した時期だといえるかもしれない。このことは聚落発展史上の意義に止まらず、社会の支配体制の問題にも関連するであろう。すなわち、六朝時代の都市とは、農村への対立者として、すぐれて政治的・軍事的な機能を帯びるものであり、城民とはそうした機能をになわせられた民衆の歴史的存在形態ではないであろうか。」

この一節で言及している宮崎氏の研究は、前記の「中国における聚落形体の変遷について」であるが、拙論の構想は、氏が「六朝時代華北の都市」で述べられたところにも合致している。私自身の研究は、政治史からのアプローチであるが、その結果が諸家の聚落研究の語るところと整合する点があることを知ったのであった。いま、宮崎氏の「六朝時代華北の都市」によって一、二旧稿を補なうならば、城民とは、主として城・郭二重構造における城の部分に属する軍人およびその家族と考えてよいであろう。[5] また、旧稿では、上掲のように、当時の都市の性格を、政治的、軍事的の二面に限定したが、城民の中にはある種の商工業者をも含んでいたようにおもわれる。[6] これはさらに、宮崎氏のいう商工業都市としての一面を示すものであろう。

それでは、都市と農村の対立的関係は、どういうすがたで現われてくるのであろうか。旧稿では、この点について、つぎの事例を挙げた。

前廃帝時、崔祖螭・張僧皓起逆、攻東陽、旬日之間、衆十余万。刺史東萊王貴平欲令〔崔〕光伯出城慰労、兄光韶曰、城民陵縦、為日已久、人人恨之、其気甚盛、古人有言、衆怒如水火焉、以此観之、今日非可慰諭止也、貴平彊之……貴平逼之、不得已、光伯遂出城数里、城民以光伯兄弟群情所繫、慮人劫留、防衛者衆、外人疑其欲戦、未及暁諭、為飛矢所中、卒。(『魏書』巻六六崔亮伝)

これは北魏末、前廃帝（五三一～五三二）のとき起った事変であるが、「土民」崔・張の率いる十余万の衆が、青州の治所である東陽城を包囲したのである。刺史元貴平は、反乱勢力側に声望のある崔光伯に命じ、城外に出てかれらの説得に当らせた。このとき城民側は、崔光伯が相手方に抑留されるのをおそれてかれを護衛して行ったので、反乱側ではてっきり城側が打って出たものと思いこんでこれを攻撃した。そのため光伯は矢に当って死ぬという悲劇に終ったのであった。

この事変について、青州刺史元貴平の伝には、つぎのように見える。

前廃帝時、以本官行青州事、属土民崔祖螭作逆、賊徒甚盛、囲逼東陽一百余日、貴平率城民固守、又令将士開門交戦、大軍救至、遂擒祖螭等、斬之。（『魏書』巻一九下安定王休伝）

この二つの記事から、刺史―城民対「土民」という対立関係をみちびき出すことが可能であろう。そしてこの「土民」の蜂起は城民の陵縦に抗して引き起されたものであり、そのことから青州東陽城が地域民と立場を異にする都市権力によって支配されていたこと、刺史―城民という一方の立場がそれであったことなどを推定できるのである。

それでは、その対極にある十余万の反乱勢力は、どのような場から起ったものであろうか。私は前稿において、そこに農村の世界を想定し、そこから当時における都市と農村の対立の構図をえがいたのであった。しかし、いまかえりみれば、それを農村という言葉で規定できるかどうか、まだ十分に証明し得たとは言いがたい。本稿では、この反省に立って、まず崔・張の指導する反乱勢力の実態を考察してみたい。また、次には、それを手がかりとして、華北地方全体について、都市・農村の対立構造をとらえてゆきたいとおもう。

二 「土民」崔・張の出自

青州を包囲した十余万の反乱民は都市民であったか、あるいは村落民であったか。このことを明示する史料を見出すことはできない。しかしかれらを率いた崔祖螭あるいは張僧皓のような指導者の実像をとらえることによって、この「土民」の世界は、幾分明らかになるのではなかろうか。

この二人については、ともに正史に伝がある。崔祖螭は、『魏書』巻二四崔玄伯伝および『北史』巻四四崔道固伝に附伝され、張僧皓は、『魏書』巻七六、『北史』巻四五の張烈伝に附伝されている。まず崔祖螭について述べると、祖螭は名族清河崔氏に属する。その祖先は慕容燕に仕えたが、後燕が亡びると、その一族慕容徳の南徙――その結果、南燕が建設されるわけであるが――にしたがって、青州に移った。その後裔に崔道固なる者があり、劉宋の晋安王子勛の反乱に加担し、その後また北魏献文帝の山東征服に抵抗したため平斉戸とされて、北方の平城附近に徙された。このことはよく知られた史実である。道固の甥にあたる僧淵もこの時捕えられて、薄骨律鎮にやられている。しかし孝文帝の太和初年には帰還を許され、朝廷に仕えた。その官職の中には、青州中正、南青州刺史など、郷里と関連の深い職務が数えられる。

ところで僧淵は妻房氏との間に二子をもうけ、その後また平原の杜氏を娶っている。僧淵が北鎮に徙されたとき、かれはこの杜氏を伴ってゆき、四子をもうけた。許されて帰還したのちも、杜氏および四子と青州に住んだ。この四子の一人が祖螭である。この頃、北魏宗室の元羅（元叉の弟）が青州刺史となり、四海の名士が元羅の賓客としてこの地に遊んだといわれる。武勇にすぐれた崔祖螭は、この元羅のもとで兼統軍を板授され、海賊の討伐に当った。張僧皓と共に反乱を起し、青州城を囲んだのは、そののちのことである。

張僧皓もまた清河東武城の人であり、崔氏の同郷と称しうるが、青州に住みつくようになった契機も、曾祖の張恂が同じく南燕慕容徳と共に南徙したことによる。その曾孫の張烈のころ、青州には崔徽伯、房徽叔があり、徽仙を字とする張烈と共に、これを三徽と称した。この烈の弟が僧皓である。僧皓は学問があり、諫議大夫、国子博士、散騎侍郎などに徴されたがいずれも就かず、世間から徴君と称された。

以上の簡単な経歴から分るように、崔祖螭も張僧皓も、ともに青州管内に居住する望族であった。しかし両家がこの地方に移ってきたのは、南燕慕容徳の時代である。徳は前燕の君主慕容皝の末子であるが、北魏の道武帝が後燕の首都中山を攻略すると、鄴に拠り、鄴からさらに黄河を渡って滑台に移った。しかしなおも北魏軍の追撃を受けて滑台を占領されたので、道を東方に転じ、広固（青州）に入って、ようやく帝位に即いた[7]（四〇〇年）。崔氏も張氏も、この逃避行にしたがって南遷したのである。両氏の本貫である清河郡東武城県は冀州に属し、今日の河北省清河県あたりであるから、黄河以北から以南へ移ったわけであり、このことを諸史書は、「南渡」ということばで表現している。慕容政権と親密な関係を保ってきた両氏は、拓跋部の電撃的な河北進出を避けて、本貫を離れたのである。

同様なことが、崔・張両氏のほか、房氏についても言える。両氏と本貫を同じくする清河東武城の房諶は、燕に仕え、慕容徳に随って山東地方に移った。ここでさきの崔僧淵の前妻が房氏であったことを想起すると、郷里を同じくする崔・房二氏が、南徙ごも、通婚関係を保っていたのである[8]。青州移住ののち、劉裕が南燕を滅ぼすと宋に仕え、北魏が山東制覇を企てると、房法寿・房崇吉らが、これに抵抗する行動に出ている[9]。これらも、崔・張二氏と共通するところである。おもうに、永嘉の乱では華北にふみとどまったかれらも、北魏の華北進出に対しては南遷僑住をよぎなくされたのであり、これを河北地方における漢族南徙の第二波とみることができるかも知れない。

さて、青州移住ごのかれらの生活は、どのようなものであったであろうか。ことに、かれらの住みついたのは、どのような場所であったのであろうか。孝文帝以後三代にわたって北魏に仕えた大官、清河の崔光もまた、祖父の代に慕容徳に従って南渡したのであるが、その後の情況について、つぎのように記される。

東清河・鄃人也。祖曠、従慕容徳南度河、居青州之時水。慕容氏滅、仕劉義隆為楽陵太守。（『魏書』巻六七崔光伝）

『北史』巻四四崔光伝も、祖曠から楽陵太守まではほぼ同文であるが、そのあとに次のように附加している。

於河南立冀州、置郡県、即為東清河・鄃人。県分易、更為南平原貝丘人也。

中華書局標点本『北史』崔光伝の校勘記によれば、右の一節の「県分易」以下は北斉天保七年の改革を記したものであり、しかも南平原郡は東平原郡の誤りであるという。よってこの部分を除いて両書を総合すると、崔氏は青州の時水に居り、しかもその行政区画は、斉州・東清河郡・鄃県であったことになる。これは一見矛盾するようであるが、南燕が亡びて三斉地方（今日の山東省の中部および東北部）が劉宋の支配下にはいったとき、宋朝（実際は東晋極末）はつぎのような措置をとった。

冀州刺史。江左立南冀州、後省。義熙中更立、治青州、又省、文帝元嘉九年、又分青州、立歴城、割土置郡県、領郡九、県五十、戸三万八千七十六、口一十八万一千一、去京都陸二千四百。（『宋書』巻三六州郡志二）

すなわち、江南の僑州である南冀州とは別に、三斉地方に冀州を置き、その州治を青州に置いたのである。このときは冀州はまだ独立した州境をもっていなかったが、宋の文帝の元嘉九年に、青州の西部を割いて郡県を置き、歴城に州治を設けたのである。その後北魏が三斉地方を獲得すると、冀州を斉州に改めた。

斉州治歴城、劉義隆置冀州、皇興三年更名。（『魏書』巻一〇六中地形志中）

この冀州ないし斉州は、いわば僑州であるが、その所管の郡名をみると、劉宋治下では広川、平原、清河、楽陵、魏、河間、頓丘、高陽、勃海の九郡である。これらの郡名が西晋時代にはすべて黄河以北の郡県名であったことに注意しなければならない。さらに、『宋書』巻三六州郡志に見える清河郡管下の県名を挙げると、清河、武城、繹幕、貝丘、零、鄃、安次の七県であるが、そのうち、安次を除く六県が、西晋時代の清河国内の県名と一致する。ちなみに安次は、西晋代には幽州燕国の一県であった。このように、崔曠の一族が属した冀州・東清河郡・鄃県は、かつて河北で行われた行政区名を冠した僑州・郡・県であり、冀州管下の郡・県もまた同様であった。河北より流入した僑民たちは、これまで本郷において所属していた州・郡・県の組織をそのまま三斉地方にもちこみ、以上のような僑居生活を営んでいたと推定されるのである。

それでは、崔氏の徙住した鄃僑県はどのような場所であったのであろうか。楊守敬『歴代輿地沿革図』「南宋州郡図」では、これを淄水の上流に位置づけている。楊守敬の図を多く参照したであろう譚其驤主編『中国歴史地図集・東晋十六国・南北朝時期』においても、「北魏兗青斉徐等州」の頁に、鄃県を淄水上流の地点に比定している。さきに挙げたように、崔光の祖父曠は、青州之時水に住んだとあり、『新唐書』巻七二下宰相世系表二下には、

〔崔〕怡生宋楽陵太守曠、随慕容徳度河、居斉郡烏水、号烏水房。

とある。顧祖禹『読史方輿紀要』巻三一山東二新城県の条には、烏水は益都県に源を発し、臨淄県を経て新城県に至る河川で、時水・耏水ともいう、と説明している。つまり時水は烏水と同じ河川で、泰山山系に源を発して北流する河川の一つである。淄水もまたほとんどこれと並行して流れ、同じく小清河に流入するのであるから、楊守敬・譚其驤の作図は、ほぼ正確とみてよいであろう。要するに、南遷してきた清河崔氏は、この河川の比較的上流地域に地をトして、新しい定住生活を開始したのである。

同様な考察を張氏について加えてみると、張烈の曾祖恂は、斉郡臨淄県に居住したという。斉郡は青州所管の郡で

あって、必ずしも僑郡ではない。しかし冀州が独自の州域をもたない段階では、居住地を示す場合に、寄治している州郡の名称を挙げることも、当然あり得る。張氏が僑民としてどの僑郡・県に所属したかは、明らかでない。

房氏についてみると、南渡した房湛は、「遂為東清河繹幕人焉」とある。繹幕は前に見たとおり、冀僑州・清河僑郡管下の僑県である。繹幕僑県は、どこに置かれたか。『魏書』地形志には、繹幕県の条に、「有隴水」と注している。楊守敬『歴代輿地沿革図』「北魏地形図」では、隴水は、これも泰山山系の博山に源を発して北流し小清河に注ぐ。そして繹幕県は、東清河郡の治所盤陽城よりも上流の地点に比定されている。譚其驤の地図も、ほぼ同じ構想に立っている。[10] これら地理学者たちの推定が正しいとすれば、僑県としての繹幕は、従来郡県の治所であった都市から離れた地点に存在したようである。

ところで、この房氏の末裔に隋の房彦謙がある。唐貞観時代の宰相房玄齢の父として知られる人であるが、『隋書』巻六六本伝に、つぎのように見える。

房彦謙字孝沖、本清河人也、七世祖諶仕燕太尉掾、随慕容氏遷于斉、子孫因家焉、世為著姓。

一方、「唐故徐州都督徐州五州諸軍事徐州刺史臨淄定公房公碑銘幷序」には、つぎのように記している。

公諱彦謙、字孝沖、清河人也、七世祖諶、燕太尉掾、随慕容氏南度、寓於斉土、宋元嘉中、分斉郡之西部、置東冀州東清河郡繹幕県、仍為此郡県人、至於簡侯、又於東広川郡別立武強県、令子孫居之。[11]

ここに簡侯とあるのは、碑文によれば彦謙の高祖房法寿である。すなわち、法寿は東清河郡繹幕県から広川郡武強県に移ったのである。武強は繹幕と同じ隴水流域であるが、やや下流に属する。武強も、もともと河北にある地名である。

この繹幕なり武強なりにおける房氏の居住地がどのような地域であったかを示唆するつぎのような史料がある。北魏の将慕容白曜が三斉地方に進撃してきたとき、房崇吉はこれを升城で防いだが支え切れず、ここを脱出して、「遂に旧村に東帰」したとある。(12) 崇吉の従兄の房法寿の伝には、このことを、「旧宅に奔還」したと記している。この「旧宅」のある「旧村」が繹幕であったか武強であったか、判定のつきにくい問題であるが、少なくとも、その「旧宅」が田野にあったことは確かであろう。ちなみに、武強で過したであろう房彦謙の『隋書』巻六六本伝には、つぎのように伝えている。

彦謙居家、毎子姪定省、常為講説督勉之、亹亹不倦、家有旧業、資産素殷、又前後居官、所得俸禄、皆以周恤郿親友、家無余財、車服器用、務存素倹、自少及長、一言一行、未嘗渉私、雖致屢空、怡然自得、従容独笑。

この一節からすれば、武強における房家もまた、郷村に所在したように感じられる。

ところで、南燕建立の際、河を渡って三斉地方に住みついたのは、崔・張・房三氏だけではない。

劉休賓字処幹、本平原人、祖昶、従慕容徳度河、家于北海之都昌県、父奉伯、劉裕時北海太守。（『魏書』巻四三劉休賓伝）

とある。

劉氏の本貫である平原は、今日の徳州市南方で、清河の繹幕、鄃などとも近い地点にある。この劉休賓も慕容白曜軍に抵抗し、ついに降伏して平斉戸とされた人物であるが、その妻は崔邪利の女であった。崔邪利は清河崔氏の一人で、はじめ宋に仕えたが太武帝時代に北魏に帰順した。北魏が青州を占領すると、その子懐順は父を青州に葬ったとあるから、崔邪利一族もまた、南燕と共に三斉地方に移住したのであった。懐順の弟は北魏の青州主簿をつとめたが、刺史陸龍成のとき謀叛を企て、城北の高柳村に人びとを結集して州城を攻めたという。この蜂起は失敗におわったけれども、北魏末の崔・張の反乱をおもわせるものがある。劉氏はこの崔氏の女と通婚していた。崔邪利のもう一人の女は張氏の妻となったというから、崔・張・房、さらに劉が幾重にも、婚姻を通じていたことが知られるのである。

この劉休賓の従兄劉懐珍は、『南斉書』巻二七に伝がある。懐珍も宋に仕え、北魏の三斉征服には休賓を救援しようとしたが間に合わなかった。以後ひきつづき宋に仕え、また斉の興立に力をつくした。こうしてこの一統は、再び郷里を追われる結果となるが、懐珍の族弟劉善明もまた、同じ運命をたどるのである。その伝には、かれの三斉時代における生活を、やや具体的に述べる。

父懐民、宋世為斉北海二郡太守、元嘉末、青州饑荒、人相食、善明家有積粟、躬食饘粥、開倉以救郷里、多獲全済、百姓呼其家田為続命田。(『南斉書』巻二八本伝)

すなわち、劉氏もまた僑民の境遇にありながら、半世紀ばかりの間に富室となり、郷里の名望家として声名を保っていたのである。その第二の郷里もまた劉休賓と同じく北海郡であったことは後述するが、それがどのような環境であったかは明らかでない(13)。

以上の他、慕容氏に従って河北から南徙してきたものに、遼東の李氏がある。

李元護、遼東襄平人、……〔李〕沈孫根、慕容宝中書監、根子後智等、随慕容徳南渡河、居青州、数世無名位、三斉豪門多軽之。(『魏書』巻七一李元護伝)

北魏が三斉地方を平定すると、李元護は父に従って江南に亡命し南斉に仕えたが、のち北魏に帰順して、斉州刺史に任命された。その時期のこととして、つぎのように記されている。

元護為斉州、経拝旧墓、巡省故宅、饗賜村老、莫不欣暢、及将亡、謂左右曰、吾嘗以方伯簿伍至青州、士女属目、若喪過東陽、不可不好設儀衛、哭泣尽哀、令観者改容也、家人遵其誡。(同右)

ここに「饗賜村老」とあるからには、李氏の故居は村落内にあったと見るべきである。李氏は「三斉豪門」からは軽んぜられていたが、李元護の政治的地位によるものであろうか、その子会は、清河房氏をめとっている。

以上、南燕と共に三斉地方に移住した清河の崔・張・房、平原の劉、遼東の李の各氏について考察した。それらの居住地についてみると、大体において行政機関の所在地たる都市から離れた場所に定住し、そのいくつかは「村」と称せられた明証がある。そしてこれらの各氏は、かつて河北にあった時期の延長としてであろう、互いに通婚を重ねたことが注目される。また、崔・張・房・劉などは、僑住地においても名望家としての地位を保ち、郷民の救済などに心がけていたことが指摘できる。このように見てくると、北魏末、土民崔祖螭・張僧皓の率いた十余万の民は、これら僑住の名家によって日常的な影響を受けていた村落民であったと推定してあやまりないであろう。とすれば、これを都市と農村の対立を反映する事件と理解した旧稿の趣旨は、大過ないものと信ずることができるのである。

ただ、この崔・張両氏が、五胡十六国以来、黄河を南渡してきた僑民であったことについては、旧稿発表時には思い及ばなかった。それでは、かれらが田野に居住していたことは、僑民たるかれらの特殊事情によるものであったのであろうか。他の山東貴族については、一体どうであろうか。この点を次節で考察したい。

三　山東貴族の村居生活

北魏の河北進出のさい、本郷にふみとどまった貴族たちも少なくない。ただ、そのなかでも、本来慕容燕に仕えていたものの一部は、一時避難を試みている。たとえば、道武帝に仕えて北魏王朝の国制確立に貢献した崔宏（玄伯）は清河崔氏の出身であるが、道武帝が後燕を攻めたとき、高陽内史の任務を放棄して、東方の海岸地方に逃げている。崔宏はかつて前秦に仕え、苻堅が亡びたときも、「斉魯之間」に避難しているから（『魏書』巻二四本伝）、勃海湾から三斉地方への脱出を企てたものであろう。しかし運わるく北魏軍にとらわれて、道武帝に仕え、その知遇を受けることになるのである。(14)

范陽盧氏でも、盧溥が郷里の人びとを率いて海浜に拠り、幽州刺史を称したが、これも北魏軍に鎮圧された。盧氏一族が北魏に仕えるのは、盧玄が第三代太武帝に招聘された時以後のようである。しかしこの一族は南遷することもなく、郷里范陽に止まったらしい。

趙郡李氏についてみると、その本郷が三斉地方に比較的近いので、一部南徙した可能性がないではないが、しかし後燕に仕えた李系は、道武帝の時期、郷里平棘県の県令をつとめている。そしてその子孫は、太武帝に仕えた李順を始めとして、代々北魏の大官をつとめた。同じことが、博陵崔氏、いわゆる博崔についてもいえるであろう。概して言えば、河北北部の貴族層は北魏治下にはいり、その本郷にとどまっていた。こうした名族各氏の居住地は、どのような環境の下にあったのであろうか。

勃海郡蓨県の著姓高氏も、青州管内に勃海僑郡蓨僑県が設けられているので、一部内徙した可能性がある。しかし、有名な大官高允の例にみられるように、大部分は郷里にふみとどまったようである。北魏末の動乱にさいし、郷人部曲を率いて活躍した高乾兄弟も、この高允の一族である。高乾兄弟の家について、つぎのような話が伝えられている。

〔高〕昂（乾の弟）字敖曹、其母張氏始生一男二歳、令婢為湯、将浴之、婢置而去、養猿繫解、以児投鼎中、爛而死、張使積薪於村外、縛婢及猿焚殺之、揚其灰於漳水、然後哭之。（『北史』巻三一高允伝）

ここに「始生一男」とあるのは、おそらく高乾兄弟がまだ生れない前のことであろう。かれらの父、張氏の夫にあたる高翼は、北魏末、北鎮民葛栄の乱をさけて郷里勃海郡の人びとを率い、三斉地方に徙居した。高乾兄弟が爾朱氏に抗して挙兵したのも、この三斉地方においてであるが、右の話の中では、婢と猿をともに焚殺してその灰を漳水に投じたとあるから、このことは高翼の南遷以前に、河北における高氏の本郷で行われたものにちがいない。そして、婢と猿を「村外」で焚殺したのは、その住居が「村内」にあったことを示唆するのである。

さらに、『北史』には高乾兄弟自身にまつわる話として、つぎのようなエピソードが載せられている。

少与兄乾数為劫掠、郷閭畏之、無敢違忤。兄乾求博陵崔聖念女為婚、崔氏不許。昂与兄往劫之、置女村外、謂兄曰、何不行礼。於是野合而帰。

これが三斉地方に移る以前か以後かは判定しがたいが、博陵崔氏の女にかかわる話であることからすれば、河北でのことと考えるのが妥当であろう。とすれば、女を「村外」につれ出したとあるのは、崔聖念の家が「村内」にあったことを示している。

以上の二つの記事は、勃海高氏、博陵崔氏がいずれも村落内に居住していた例として解釈することができる。同じく山東貴族の村居の例は、趙郡李氏にも見られる。

李徳饒、趙郡栢人人也、……性至孝、父母寝疾、輒終日不食、十旬不解衣、及丁憂、水漿不入口五日、哀慟嘔血数升、……後甘露降於庭樹、有鳩巣其廬、納言楊達巡省河北、詣其廬、弔慰之、因改所居村名孝敬村、里為和順里。（『隋書』巻七二孝義・李徳饒伝）

李徳饒の居住地が「村」と「里」の二つの名称をもっているのは、前掲した唐令中の里・坊・村の規定を想起させるが、要するに李徳饒は、「村」に居住していたのである。

趙郡李氏の一族が田野に住んでいたことに関して、つぎの一節が注目される。

〔李〕悦祖弟顕甫、豪俠知名、集諸李数千家於殷州西山、開李魚川方五六十里居之、顕甫為其宗主。（『北史』巻三三李霊伝）

李魚川の所在は詳らかでないが、殷州西山の地名からすれば、殷州西方を流れる川であろう。殷州は、北魏末、孝昌二年に、定・相二州の一部を分割して新置した州で、治所は広阿である。広阿は今日の河北省隆堯県附近、当時存在した大陸陂の北岸に位置する。この地勢からみると、太行山脈に源を発して東流し、大陸陂に注ぐ諸川の一つであったと推定される。李顕甫はこの川の流域を開拓したのであるが、その領域は方五六十華里、そしてその開拓には数千の李姓の家が、顕甫を宗主として協同したのであった。

顕甫の子元忠は、高歓の挙兵に呼応して東魏政権の樹立に功を立てた人であるが、それよりさき北魏に仕え、母の喪にあって位を去り、李魚川に帰っている。かれは医術を修めて郷人を治療し、また凶年時に契券を焚いたりして、郷里の尊敬をあつめた。葛栄の乱には、「宗党」を率い、保塁を作って自衛した。葛栄もこの保塁に手こずり、「中山からここまで来たのに、趙李に負けてばかりだ。これでは大事はおぼつかない」といって全力を挙げて攻撃したので、ついに陥落したのであった。

このような李元忠の事蹟によってみれば、趙郡李氏の一族は、李魚川開拓以来、ずっとこの地に聚居していたようにおもわれる。さきの李徳饒は、顕甫―元忠の家系の遠縁にあたるので、その孝敬村も李魚川一帯にあった可能性があろう。

范陽盧氏の居住地については、博崔・趙李ほど明確でない。北魏末の人盧景裕は、拒（巨）馬河に隠棲した（『魏書』巻八四儒林・本伝）。拒馬河は盧氏の本県である涿県の県治を離れた地点を流れているので、景裕の住居は都市から距ったところにあったと推測される。しかしかれは妻子を伴わず、一老婢に食事を作らせたとあるので、これは純然たる隠棲であり、これをもって一般化するわけにはゆかない。同じ頃の人盧叔虎は、(15) 一時梁朝に奔ったが、のち本県に帰り、その家室を陂に臨んだところに築いて（築室臨陂）、優游自適の生活を送った。これもやや隠逸的傾向が感じられるが、しかしその生活実態について、つぎのように記される。

叔武在郷時、有粟千石、毎至春夏、郷人無食者、令自載取、至秋任其償、都不計校、然而歳歳常得倍余、既在朝通貴、自以年老、児子又多、遂営一大屋、曰歌於斯、哭於斯、魏収曾来詣之、訪以洛京旧事、不待食而起、云難為子費、叔武留之、良久食至、但有粟飧葵菜、木椀盛之、片脯而已。所将僕従亦尽設食、一与此同。（『北斉書』巻四二盧叔武伝）

右の文中、「歌於斯、哭於斯」とあるのは、かつて晋の趙武が立派な邸宅を作ったとき、武が晋の大夫に向って、「ここで祭りの歌をうたい、ここで喪礼の悲しみの声を挙げ、賓客・一族を集めて宴をもよおし、寿命を全うするのだ」といった故事（『礼記』檀弓）にもとづいている。叔虎も宏壮な屋敷を建てて、多くの子孫と共に住み、ここで平和な生涯を終えることを期したのである。前文にあるように、そこには大きな穀倉があって、郷民の困窮を救い、後世の義倉の役割を果していた。一方、その家計はきわめて質素で、当時の名望家によく見られる倹約な家庭経済の一例を示している。

このように見てくると、盧叔虎の優游自適の生活は、家族・宗族・郷党から離れたものでなく、むしろこうした血縁・地縁関係の下でのそれであったのである。

叔虎の「築室臨陂」から連想されるのが、かれの従叔盧文偉の事蹟である。文偉は本州たる幽州の平北府長流参軍のとき、刺史裴延儁を説得して古の督亢陂を修復せしめ、一万余頃の土地の灌漑に成功した（『北斉書』巻二二盧文偉伝）。この水利工事について、『魏書』巻六九裴延儁伝には、つぎのように述べる。

〔裴延儁〕転平北将軍幽州刺史、范陽郡有旧督亢渠、径五十里、漁陽燕郡有故戻陵諸堰、広袤三十里、皆廃毀多時、莫能修復、時水旱不調、民多飢餒、延儁謂疏通旧跡、勢必可成、乃表求営造、遂躬自履行、相度水形、随力分督、未幾而就、漑田百万余畝、為利十倍、百姓至今頼之。

これによれば、幽州刺史裴延儁の水利事業は、范陽郡のみならず、漁陽郡・燕郡にも及ぶ大規模なものであったことが分る。ちなみに戻陵は、㶟水（桑乾河）が恒山から東南に流れて燕郡に至った地点にある。(16)漁陽郡は、燕郡より離れているので、直接戻陵堰とはかかわりがないとおもわれるが、これも燕山山脈に源を発する諸河(17)を利用したものであろう。ともかく、燕山山脈や太行山脈から流出する諸河川を利用した灌漑事業が行われ、その土地の名族たちが実地にこれを指導したとみられるのであって、范陽郡においては盧氏がその役割を果したのであった。その点において、趙郡李氏の李魚川開拓と、どこか軌を一にするところがあるであろう。

こうみてくると、さきの盧叔虎の「築室臨陂」も、このようにして開設された農業用水としての陂のほとりに家室を営んだのではなかったであろうか。そしてそこは、生産上有利な場所であったと同時に、平和な家庭生活に適した環境であったであろう。酈道元が自分の郷里について記したつぎの一節は、こうした想像に対して一層明確なイメージを与えてくれる。

余六世祖楽浪府君、自涿之先賢郷、爰宅其陰、西帯巨川（巨馬水）、東翼茲水、枝流津過、纏絡墟圃、匪直田漁之贍可懐、信為遊神之勝処也、其水東南流、又名之為酈亭溝。（『水経注』巻一二巨馬水条）

これはさきの督亢陂よりやや上流にあたる所である。酈氏はかつて涿郡からこの地に移り住んだのであったが、その地は拒馬水と酈亭溝水にはさまれ、その間を支流が縦横に通じて土地をうるおし、村落と田園にまとわりつくように流れていた。狩猟や漁撈の幸のゆたかな場所であるばかりでなく、また心を天地の間に遊ばせる名勝でもあった。この酈亭溝水なるものも、かつて土地の人びとによって開かれた水路であろう。当時名望家たちの居処は、このように生産の地であり、かつまた、隠棲地としての意味をもつような場所でもあった。

このような居住地を当時の聚落名でよぶとするならば、それは「村」であったのであろう。范陽盧氏については未だ検出しえないが、博陵崔氏、趙郡李氏、勃海高氏などについては、その居住地が「村」であったことをすでに述べた。崔・盧・李と共に山東四姓の一として数えられる滎陽の鄭氏についても、つぎのような例がある。

〔鄭〕連山、性厳暴、撾撻僮僕、酷過人理、父子一時為奴所害、断首投馬槽下、乗馬北逝（『北史』作「逃」）、其第二子思明、驍勇善騎射、被髪率村義、馳騎追之。（『魏書』巻五六鄭羲伝）

連山は、北魏中期の大官鄭羲の兄である。その子思明が村義を率いて父の仇を討ったということから、鄭家が「村」内にあったことが分るであろう。

ところで、山東貴族の居住空間としての「村」は、どのような規模・構造を具えていたのであろうか。『魏書』巻五七高祐伝に、

出為持節輔国将軍西兗州刺史、仮東光侯、鎮滑台、祐以郡国雖有太学、県党宜有黌序、乃県立講学、党立教学、村立小学。又令一家之中、自立一碓、五家之外、共造一井、以供行客、不聴婦人寄舂取水、又設禁賊之方、令五五相保、若盗発則連其坐。

とある。高祐伝によれば、右の施策は孝文帝親政中のことと思われるので、文明太后臨朝時代に創設された李沖の三長制はすでに行われていた頃のことである。三長制では、五家を一隣とし、五隣一里、五里一党と積み上げてゆくが、高祐の施策も、党―村―五家の三級制によっている。すなわち、ここでは、「村」は「里」と同じ位置におかれている。ここからみると、「村」は地縁社会の重層的な三段階のうち、中間段階であったことが分る。戸数からいえば、「里」は三長制で二十五戸を標準とし、唐制で百戸を目安としているから、「村」も、一応の基準としては、数十戸から百戸ぐらいまでの規模を想定してよいかも知れない。しかし実際には大小さまざまであり、「里」との関係で

いえば、一村が数里から成るものがあり、数村が集まって一里となるような小規模なものもあった。しかし、これを貴族階級の居住地としての村に限定して考えた場合、「村」内の戸口はかなり大きいものとなる。隋代の賑恤家として知られる趙郡の李士謙について、つぎの一節がある。

李氏宗党豪盛、毎至春秋二社、必高会極歓、無不沈酔諠乱、嘗集士謙所、盛饌盈前、而先為設黍、謂群従曰、孔子称黍為五穀之長、荀卿亦云、食先黍稷、古人所尚、容可違乎。少長粛然不敢弛惰、退而相謂曰、既見君子、方覚吾徒之不徳也、士謙聞而自責曰、何乃為人所疎、頓至於此。（『隋書』巻七七隠逸・李士謙伝）

これによれば、李氏一族が共同で春秋の社祭を行なっていたわけであり、血縁結合がそのまま地縁関係をなしていたことを知るのである。

趙郡李氏の系譜をたどってゆくと、右のことを側面からうかがい知ることができる。趙郡李氏の家系については、『北史』巻三三に略述され、また『新唐書』巻七二上宰相世系表二上にも、相似た文章がある。この二つの記事を総合すると、西晋の司農丞・治書侍御史であった李楷のとき、趙郡平棘の南に徙居した。楷には輯・晃・芬（『新唐書』は芬に作る）・勁・叡の五子があった。そのうち輯の子孫は柏仁に住んだが、この系統は衰微した。晃の子孫も輯の系統と共に南徙したので、輯・晃の二つの系統を南祖とよんだ。これに対し、芬・勁は、その子孫が巷西に住んだので西祖とよばれ、叡はその子孫が巷東に住んだので東祖とよばれた。先述した李顕甫や李士謙は、この東祖の後裔である。李顕甫らの開いた李魚川は、平棘から南へ数十キロも離れた土地であるらしいので、この系統ものちには平棘の南からさらに南方へ移ったのかも知れない。それはともかくとして、西祖と東祖の二つの系統は、巷すなわち村道を隔てて東西に分れ住んでいたのである。

ちなみに、范陽盧氏について見ると、似たような居住状況がある。晋の侍中・中書監盧諶の五子に、勗・凝・融・

偃・徴があり、勗は巷南に住んだので南祖と号し、偃は巷北に住んで北祖と号したという（『新唐書』巻七三上宰相世系表三上）。さらに清河崔氏でも、崔殷の七子のうち長子双を東祖といい、次子邯を西祖といい、第三子寓を南祖または中祖と称するが、これも、同一地域内での居住位置によるものであろう（『新唐書』巻七二下宰相世系表二下）[18]。『北史』巻三三に、

〔李〕勗兄弟居巷東、盛兄弟居巷西、世人指其所居、因以為目、蓋自此也。

とあるように、趙李では、勗兄弟（叡の子）、盛兄弟（勁の子）が東西に分れ住んだ頃から、その位置によって家門を系統づけるようになるが、崔・盧二氏についても、同じ事情がみられるのである。

さて以上のように、一族が巷を中心に、東西あるいは南北に分れ住んだとすれば、当時の名族はこのような仕方で同一地域に聚居し、数代ののちには、かなりの数の戸口に発展していたと考えられる。有名な宋孝王の『関東風俗伝』（『通典』巻三食貨三郷党所引）に、

至若瀛冀諸劉、清河張宋、幷州王氏、濮陽侯族、諸如此輩、一宗近将万室、煙火連接、比屋而居　云々。

とあるが、山東四姓全体について、同じことがいえるであろう。

四　郷村の統合と都市生活

本稿のはじめに、六朝時代における都市と農村の分化・対立という問題をかかげた。そして、このような命題が成立するかどうかを、まずは北魏末三斉地方における「土民」崔祖螭・張僧皓らの反乱の中に検証しようと試みた。その結果、崔・張ともに五胡十六国時代に南遷してきた僑民であり、本来は河北の名族であった。かれらは僑民同士通

婚を重ねつつ、都市から離れた地点に定住生活を送っていた。こうした名族の率いる十余万の反乱勢力が、やはり農村居住者を結集したものであったことは容易に想像がつく。

一方、河北にふみとどまったその他のいわゆる山東貴族もまた、その居住地は田野であった。前節で崔・盧・李・鄭などの各氏について検討したが、それらは、太行山脈などの高地に源を発して河北平原に流れこむ諸河川を利用して、田園生活を営んでいた。「村」とよばれるその聚落は、一族の聚居によってなりたっていた。

都市と農村の関係を論ずるのに、以上のように貴族階級の居住地を問題としたのは、つぎに述べるような理由からである。すなわち、都市から農村への力の流れは比較的容易に理解できる。なぜなら、中央政府の地方支配は、州・郡・県の治所たる都市を拠点として実現されるからである。しかし、農村は単に一方的に都市の統制を受けるだけであろうか。農村じたいに独自の力が存在して、それが逆に都市を拘束するということがなかったであろうか。そうした疑問からすれば、貴族階級が農村を居住地としていたという事実は、重要な意味をもつことになるはずである。一定の意志が農村から都市へ伝達されるとき、農村居住者である貴族階級が、それを媒介するのではなかろうか。その推測をさらに進めると、農村が都市に対して自立し対立するためには、個々の孤立しがちな農村がたがいに連合する必要があろう。そしてその連合の紐帯となったのが、貴族階級ではなかったであろうか。

これらの予測を、史実に即して考えてみよう。

以本将軍除兗州刺史、兗土旧多劫盗、崇乃村置一楼、楼懸一鼓、盗発之処、双槌乱撃、四面諸村始聞者、撾鼓一通、次復聞者、以二為節、次復聞者、以三為節、各撃数千槌、諸村聞鼓、皆守要路……諸州置楼懸鼓、自崇始也。

(『魏書』巻六六李崇伝)

撃鼓によって急を知らせあい、治安を守るしくみであるが、これは兗州刺史の発案であって、必ずしも諸村が自発的に協議して行なったものではない。しかしこのように、州全体の治安体制は、村と村を結ぶネットワークによって保証されるのである。

北魏末、劉霊助が、爾朱氏の孝荘帝弑逆に抗して幽州に兵を挙げたときの作戦も、村と村の連合を考えるための材料となりうる。

於時河西人紇豆陵歩藩挙兵逼晋陽、爾朱兆頻戦不利、故霊助唱言、爾朱自然当滅、不須我兵、由是幽瀛滄冀之民悉従之、従之者悉挙火為号、不挙火者、諸村共屠之。（『魏書』巻九一術芸・劉霊助伝）

これは挙火をもって、村々の共同意志のしるしとしたものである。劉霊助は陰陽占卜を善くし、これによって爾朱栄の信任を得、郷里の幽州刺史に任ぜられた人物である。しかし爾朱氏の勢力が衰えると見てとるや、これに対して兵を挙げた。このように多分にカリスマ的なところのある人物であるが、かれの挙兵の背後には、河陰の変以来爾朱氏に反感をもつ山東貴族たちの支持があった。すなわち、先述の勃海の高乾兄弟は、孝荘帝の訃報を聞くや、冀州を襲って、刺史元仲宗をとらえ、同郷の名族封隆之を行冀州事に推戴した。このとき北方の劉霊助と連携を保ち、その統制を受けている（『北斉書』巻二一高乾伝）。このことからすれば、劉霊助伝中の「由是幽瀛滄冀之民悉従之」の一句は、あながち誇張ではないのである。

幽州管内では、これも先述した范陽の盧文偉が、劉霊助と提携した。霊助は幽州から進撃して南方の瀛州を攻略し、さらにその西隣の定州へと兵を進めたが、そのとき盧文偉に幽州の州政を委ねている。盧文偉は督亢陂の修復に力をつくして耕地一万余頃を造成し、郷里の農業振興に功績があったが、かれ自らも農業経営につとめて富家となった。河北が動乱状態におちいると、かれは自家の稲穀を范陽城内に貯え、凶年には賑恤を行なって郷民を救済した。北鎮民韓楼が薊城に拠って再叛すると、文偉は郷閭を率いて范陽を守った。その功により范陽太守に任命されている。劉霊助が挙火作戦によって、諸村を反爾朱同盟に引き入れていった背後には、このような盧文偉の郷里における影響力が大きな働きをなしていたであろう。このことはまた、勃海の高・封各氏についても予測されることであり、一般的にいえば、諸村連合は、現地の名族たちによって指導されたと考えてよいであろう。

ただここに考慮すべきは、つぎのような問題であろう。山東四姓のような天下の名族といえども、その住居地は、これまで述べてきたように、それぞれの「村」であった。その限定された地域の居住者が、どのようにして多くの村落を一つの意志に結びつけ、州・郡のレベルにまで迫ってゆくことができるのであろうか。一般論としていうならば、貴族階級の具える政治的、経済的、文化的な影響力がこれを可能にするのであろうが、その影響力の伝達という点で、貴族階級相互の連繫も無視できないようにおもわれる。たとえば、勃海の高乾兄弟が挙兵したとき、李希光、劉叔宗、劉孟和らの士族がこれに呼応している。李希光は高氏の郷里勃海蓨県の人で、父は北魏の長広太守をつとめた。劉叔宗は勃海郡に隣接する楽陵郡平昌の人であるから、いわゆる平原劉氏とも関わりがあるかも知れない。叔宗の兄海宝はこの土地の豪侠で、郷里の人びとを率いて滄州を襲い、高氏に呼応した。叔宗は秀才に挙げられ、滄州治中であった。劉孟和は浮陽・饒安の人。浮陽郡は滄州の州治の所在地であるが、冀州・勃海郡と隣接している。幽州の劉霊助が挙兵すると、劉孟和も衆を聚めて高氏兄弟に同盟した（『北斉書』巻二高乾伝）[19]。

以上の情況をみると、冀州や滄州では、勃海高氏をいわば盟主として、諸士族が挙兵したのであり、その士族たちはそれぞれの郷里に影響をもつものであったと考えられる。この構造をやや図式的に説明するならば、天下に知られた名族の下に、各地の中小貴族ともいうべき層が結集したのであり、このような層を通じて、ひとつの意志が諸村に伝達されてゆくのではなかろうか。換言すれば、広範な地域に散在する各村落は、大小の貴族を結節点として、ネットワークを形成していたと考えられないであろうか[20]。

さて、同一地域内の「村」をいくつかまとめると、それは三長制でいうところの「党」である。「党」は、地方行政の末端である県と直接する単位である。このようにして「村」の統合は、必然的に州・郡・県の地方行政システムと関わるわけであるが、その統合力はまた、地方行政力に転化する。六朝時代の地方名族が、州・郡・県の属官に辟召されることがほとんど常例になっており、あるいは刺史・守・令の長官の任命を受ける例さえ枚挙にいとまがない。しかしこうしたいわゆる本籍地任用は、中国官制史上からみれば、例外に属する。ここにも、当時における都市と農村の分化・対立の反映をみることができるが、しかしまた、その分化・対立する二つの世界は、地方名族の当該地方に対する影響力と社会統合力を通じて、一種の妥協関係を作り出すのである。こうして名族層は往々にして地方官僚として勤務することになる。その影響力が更に大きい場合には、中央官僚として出仕する。

史書に数多く見られる貴族階級の官僚生活の事例に接すると、それがあたかもかれらの本来的な生活形態であったように感じられるのであるが、かれらが元来農村居住者であったことは、これまでに見てきたとおりである。勿論、その出仕期間中、かれらは、中央・地方の行政機関の所在地たる都市に、住居をもっている。(21)（官宅か私宅かはここでは区別しないでおく）。しかしその場合でも、本拠はやはり郷村であったようである。このことは、前掲の盧叔虎、李元忠などの帰郷の例からうかがわれるが、劉善明伝の次の一節は、この事情を一層よく物語っている。

泰始初、徐州刺史薛安都反、青州刺史沈文秀応之、時州治東陽城、善明家在郭内、不能自抜。（『南斉書』巻二八劉善明伝）

そこで善明は、当時北海太守の任にあったおじの劉懐恭とひそかにしめし合わせて「門宗部曲」三千人を集め、関を斬って北海郡に逃げたのである。前述のとおり北海郡は平原劉氏の僑住地であって、善明は郷里へのがれたのであった。そして東陽城の郭内にあった居宅は、代々青州の官属をつとめた劉氏一族が東陽城内に構えたものであり、年四十を越えて青州治中に辟召された善明も、ここに起居していたと想像されるのである。[22] ちなみに劉氏の僑住地たる北海郡の都昌は、東陽城から四、五十キロの地点にあったようである。

さて、貴族の官界生活は、その居住地を郷村と城市の双方にまたがらせることになる。ことに中央官界での生活が長びくと、郷里にある時間も、おのずと短くなるであろう。北魏第二代明元帝以来孝文帝まで五帝に仕えて九十八歳で亡くなった勃海の高允も、長い首都生活をよぎなくされた。その弟燮も文才があり、太武帝の徴召を受けたが、そのつど病気を口実に応じなかった。かれは、生涯自由な郷里生活をつらぬいたのであった。

恒譏笑允屈折久宦、栖泊京邑、常従容於家、州辟主簿、卒。(『魏書』巻四八高允伝)

周知のごとく、楊衒之の『洛陽伽藍記』には、北魏大官たちの洛陽における邸宅を数多く紹介している。平城には、高允の居宅も、そのようにして存在したのであろう。その「京邑」の邸宅と、勃海郡の郷村における家居と、この二つの対立する居住空間を、兄弟の間で住み分けていたのである。

五　余　論

六朝時代における都市と農村の分化・対立という冒頭に提示した問題は、多少の推論を交えながらも、以上でその大体を論じおわった。この問題を考察するテコとしてとり上げたのは、山東貴族の本来的居住地が郷村であったことの証明である。この証明の当否については、読者の判定に委ねることにしたいが、本稿ではなお検討の及ばなかった幾つかの事柄がある。たとえば、貴族階級の居住状況は本稿で論じたごとくであるとして、それでは、一般農民はそこにどう関わっていたかという重要な問題が残されている。また、三長制など統一体制の強化は、こうした郷村の状況にどういう影響をもたらすのかという問題があるであろう。これらについては、今後考究してゆきたいとおもう。

この終章において読者の注意を喚起しておきたいのは、つぎの点である。山東貴族の本来的居住地を郷村として認定したことは、いわゆる豪族共同体のイメージを、一層具体的にすることに役立つようにおもう。この共同体の主要な構成要素は、宗族と郷党である。この研究では、豪族（貴族）とその宗族の聚居状態について、多少なりとも描写することができた。これに対して郷党がどのようにからんでくるかが問題であるが、血縁関係と地縁関係とは、互いにかなり入り組んだ形で、地域社会の実体を構成するとおもわれる。

貴族階級の本来的居住地を郷村と認定できるとすれば、これは豪族共同体の理念問題を考える上で、大きな示唆となるであろう。貴族階級と一般農民とが郷村という同一次元の世界で生活していたことが、共存の思想と関わりあっているとおもわれるのである。事実に即していうならば、これまで郷村居住者として名を挙げてきた人びとの多くが、地域の名望家として、郷民の信望をかち得た人たちである。すなわち、房彦謙、劉善明、李元忠、李士謙、盧文偉らがそれである。かれらの生活態度には、軽財好施とでもいうべき豪放さの反面、自己の生活を止足、謙退、節倹、質実などの徳で律してゆこうとするゆき方がある。これらはまさしく農村指導者的思想ともいうべきものであり、かれらの郷村生活を前提として考えるならば、それらの思想の必然性がよく理解されるのである。

とはいえ、かれらは決して貧困なのではなく、むしろ巨大な富を有していた。その富は蓄積した穀物の量で計られている。盧叔虎の場合、宏壮な家屋を営んでいるが、一般的にいって、かれらの住居は規模の大きなものであったであろう。そこでは、各々の家風にもとづいた礼儀が行われた。先述した隋の孝子李徳饒の従祖父にあたる李公緒は、賛皇山に入って隠士となった人であるが、『趙李家儀』十巻を著わしている（『隋書』巻三三経籍志二史部）。同じく隋の李士謙は、さきに見たように、社の祭礼を自家でとり行なっている。郷村生活とはいっても、そこは、学的根拠にもとづき、長い伝統によってつちかわれた堂々たる礼の世界でもあったのである。

註

（1）『六朝史研究　政治社会篇』（学術振興会、一九五六年）所収。
（2）加藤繁「唐宋時代の荘園の組織並に其の聚落としての発達に就きて」『支那経済史考証（上）』（東洋文庫、一九五二年）所収。
（3）氏の中国聚落史に関する一連の論考は、『宮崎市定アジア史論考　中巻　古代中世編』（朝日新聞社、一九七六年）に収める。
（4）『隋唐帝国形成史論』（筑摩書房、一九七一年）、一九七頁。
（5）史書には、城民の他に、郭民・郭人の語も見える。『魏書』巻三七司馬悦伝、同巻五八楊侃伝。
（6）旧稿に挙げた『北斉書』巻二五徐遠伝の一節（前掲書一九六頁）は、商工民をも含めて城民とよんでいるようにおもわれる。このことは旧稿でも指摘している。
（7）慕容徳が鄴から滑台に移動したとき、戸四万を率いている（『魏書』巻九五徒何慕容廆伝、『晋書』巻一二七慕容徳載記）。
（8）崔道固の従孫にあたる崔亮の母も房氏である（『魏書』巻六六崔亮伝）。
（9）『魏書』巻四三各本伝をみよ。
（10）ただし譚図は隴水を瀧水と記す。瀧水の方が正しいとされる。
（11）この碑文はまま残欠があるが、ここでは曹楙堅『章邱金石録』の録文に拠った。
（12）『魏書』巻四三本伝。
（13）『魏書』巻四三房崇吉伝には、「〔房士達〕孝昌中、其郷人劉蒼生・劉鈞・房須等作乱、攻陥郡県、頻敗州軍、時士達父憂在家、刺史元欣欲逼其為将、士達以礼固辞云々」とある。これは元欣が斉州刺史であった時のことであるが、房士達の郷人に、房氏のほか二人の劉氏が挙げられている。この劉氏もおそらく平原劉氏であろう。

(14) 北魏の河北進出当時、山東貴族のなかには、これに違和感をもつ者が少なくなかったようにおもわれる。清河の崔逞や勃海の封懿が、道武帝に対する態度が傲慢であるという理由で殺されたり、免官されたりしているのは(いずれも『魏書』巻三二本伝に見える)、そのあらわれであろう。ちなみに両者とも慕容氏に仕え、逞は『燕記』を著わし、懿は道武帝から「慕容旧事」を質問されている。

(15) 盧氏は『北斉書』巻四二には叔武に作り、『北史』巻三〇は叔彪に作る。本名叔虎であるものの避諱であろう。

(16) 『魏書地形志』巻一〇六上地形志上幽州燕郡の条に、薊県に戻陵陂のあることを記す。

(17) 戻陵陂と督亢陂の修復については、佐久間吉也『魏晋南北朝水利史研究』(開明書院、一九八〇年)第八章北魏の水利灌漑の条にも記述がある。なお、魏晋時代には燕山山脈から南流する鮑丘水に渠を造り、灌漑と漕運に利用している。このことについては、黄耀能『中国古代農業水利史研究――中国経済史研究之一――』(台北、六国出版社、一九七八年)附論「水経注時代所出現的中国古代渠陂分佈及其所代表意義」を参照。また、後漢時代には、漁陽太守張堪が狐奴県に稲田八千余頃を開いているが(『後漢書』列伝二一)、『水経注』巻一四はこれを沽水の条に引いている。沽水の利用によるものであろう。

(18) 清河崔氏でも、慕容部に従って南渡した崔曠の系統(つまり烏水房)を南祖とよぶことがあるが、この南祖とは別である。

(19) 高氏とその同盟者については、拙稿「北朝後期の郷兵集団」、前掲『隋唐帝国形成史論』所収、参照。

(20) 勿論各貴族の間にも利害の対立する場合があり、このネットワークの形成がスムーズに行われるとは限らない。たとえば、劉霊助を盟主とする反爾朱氏戦線が結成されたとき、勃海の刁整は爾朱氏側につき、劉海宝を襲殺している。

(21) 崔祖螭・張僧皓の反乱のさい東陽城内にあった崔光韶は、かつて中央官をつとめたが、そのときのこととして次のような逸事が伝えられている。「始光韶在都、同里人王蔓於夜遇盗、害其二子、孝荘詔黄門高道穆令加検捕、一坊之内、家別捜索、至光韶宅、綾絹銭布、匱篋充積、議者譏其矯嗇、其家資産、皆光伯所営、光伯亡、悉焚其契云々」(『魏書』巻六六崔亮伝)。光伯は反乱側に誤殺された光韶の弟である。

(22) 劉善明の曾祖にあたる劉懐は、宋の青州治中であった(『南斉書』巻二七劉懐珍伝)。また善明の伯父劉彌之もこのとき奇計によって東陽城を脱出しているので、その一門の邸が東陽城内にあったのである。

〔附記〕

脱稿ののち、第一、二節の記述が、唐長孺氏「北魏的青斉士民」（『魏晋南北朝史論拾遺』中華書局、一九八三年）と、素材ならびに論旨において重なる点があることに気がついた。また、唐氏の卓論によってつけ加えるべき点も少なくないので、読者が氏の大作を併せ読まれることを希望する。

自営農民と国家との共同体的関係——北魏の農業政策を素材として——

一　序　言

戦後、中国各時代の史的性格を、大土地私有内部の生産様式から規定してゆく試みがなされたが、それらは必ずしも成功したとは言いがたい結果におわった。その理由をたずねてみると、中国社会には早くから大土地私有の発生を見たけれども、そのほかに広汎な自営農民が存在しており、場合によってはむしろこの方が支配的である。少なくとも、大土地私有内部の生産様式から、この大海のごとき自営農民社会の性格規定を行うことは適切でない。

学界のなかにこのような自覚が生れた結果、さまざまの模索が行われることになる。自営農民社会それ自身がどのような原理で組織統合されていたか、またそれと大土地私有との関係はどうであったかというような問題に立ち向い、あるいは、国家権力と自営農民との関係が社会の基本的関係であるとして、その原理の究明につとめる、等々(1)。

私自身も、多年こうした課題にかかわって、折にふれて自分の所見を発表してきた。中国古代・中世社会を共同体論的観点からとらえることを提唱したのも、自営農民社会をそれ自身の統合原理において理解しなければならないと考えたからである。しかし一方、私はまた国家と自営農民との関係についても、考察を試みたことがある。それは、北魏がその被征服民を強制的に移住せしめて支配した、いわゆる徙民について論じたもので、次節で詳述するように、被征服民を北魏王朝という「国家共同体」の成員に編成しようとしたのが、こうした政策であると考えたのである(2)。

ところで、そこでは国家を疑似共同体ともよんでいる。私がその考察で共同体という言葉を使ったのは、一般に国家と自営農民との関係を単なる収奪と被収奪という敵対的な関係として考えてしまいがちな、いわば機械論的階級観に満足できなかったからである。六朝期の豪族と自営農民の共存する世界を豪族共同体とよんだのも同じ考えからであるが、その意図は決して階級関係を否定するものではない。階級関係を自明のことと考えて事終れりとするのでなく、そこに生きる人間主体のあり方に基本を置いて、階級関係を含むその時代の構造の質を解き明かしてゆきたいとおもうのである。

そう考えるならば、国家と自営農民との関係は、収奪者と被収奪者という暴力的、外在的関係として理解してしまう前に、それをしも成り立たせるような、両者の共存の場において、根元的にとらえなければならないであろう。それを国家共同体の語でよんだのである。

しかし、その国家共同体の内容については、解明を将来に期して、まだ十分に掘り下げるところがなかった。本稿ではこの懸案を幾分なりとも果したいと考える。

さらに、方法の問題としてあらかじめ述べておくならば、国家と自営農民とは、決して次元を同じくする存在ではない。国家は一個の普遍的世界であるが、自営農民の方は自家労力を用いて少額の所有地を耕種し、それによって自己を再生産する、小さく個別化された生の世界である。この異質な二つの世界がたがいに結びつく、その結びつき方を考究しようとおもうのである。

二　徙民政策と計口受田に関する研究動向

上述した問題を考える素材を、主として華北統一期における北魏の農業政策に求めたいとおもう。周知のごとく四世紀末に建国した北魏は、五世紀の半ばちかく五胡諸国家の征服を達成して、華北の統一を実現した。五世紀末の洛陽遷都は、華北統一を完成して、さらに中国全土を統一する気運の上に敢行されたのであった。しかしそれはやがて起る内乱のために挫折して、中国再統一の事業は六世紀末まで持ち越されるのであるが、ただ、均田制・郷里制など隋唐統一帝国の基底をなした制度の多くは、この北魏の華北統一期に形成されたのであった。その意味から言って、北魏国家こそは隋唐統一帝国の前駆をなすものと考えてよいであろう。

国家の中央集権が強化されればされるほど、国家と自営農民の関係は直接的になるが、隋唐期を六朝時代から分つ特徴の一つは、そこにあるであろう。そして、両者の直接的関係を保証するのが如上の諸制度であるが、北魏の華北統一過程においても、自営農民体制の確立に力がつくされ、それの帰結として、均田制、三長制、租庸調制などが生れたのである。したがって、北魏のそうした努力は、国家―自営農民関係の初元を形づくるものとみなしてよいであろう。その形成過程のなかに、ことの本質が露わに表現されているのではないかというのが、私の予測である。

ところで、北魏国家において、国家と自営農民との直接的関係が形づくられてゆく過程は、五胡諸国家の征服に伴なう、いわゆる徙民政策から始まる。徙民の一部に対して施された計口受田は、自営農民の創設を意図するものであると、私は考えるのである。しかし、徙民政策と計口受田については、これまで少なからぬ説が提出されてきた。そこでまずその大づかみな回顧を行なったのち、自説に及ぶことにしたい。

戦後、社会経済史への関心が高まると、計口受田も均田制の先駆的位置を占めるものとして、大いに注目されるようになり、その流れは今日まで絶えることがない。では、その計口受田をどう性格づけるかであるが、それが徙民政策の一環として行なわれたことから、徙民政策そのものの性格と関連して論ぜられる傾向にあったのは、当然のことであった。比較的早い時期の研究には、ある共通性が感じられる。それは征服王朝論的解釈であって、征服者たる北魏が被征服民を奴隷にも近い状態で農業生産に投充し、それを経済的基礎として、国家権力の確立を計ったのが、計口受田であるとする。したがって、その経営は国家の直接経営によるものであって、しばしば曹魏の屯田制に比定され、計口受田民を奴隷と解釈しないまでも、州郡の編戸とは区別さるべき、低い身分的地位にあったという見方も生れる。(3)

このような考え方から、北魏の征服戦争を奴隷獲得戦争とする説さえ生れたのであるが、(4)しかし史料の上から徙民の身分の低さを証明することはできない。さらに、徙民を新民という言葉でよんでいる例もあり、少なくとも形式上は編戸と同等であったように推測される。(5)さらに徙民の集団だけで郡県を編成せしめられた例も一、二存在するのである。(6)とすれば、徙民政策の意図は、被征服民に対する強い身体的拘束によって行なわれる国家の直営地経営にあったのではないようである。徙民政策にはむしろ政治的意図、つまり敵対する勢力に対する征服行為の延長として、その勢力を解体し、北魏権力の統治下に置くという目的に主眼があったのではないか。じつはこうした見解は、私自身がかつて提出したところであるが、近年大体において賛同を得ているように感じられるのである。(7)

そのような徙民政策の理解から、計口受田の意義はどのようにとらえ得るであろうか。さきに言及した、私の国家共同体論がここにかかわってくる。旧稿のなかから関係の箇所をぬき出すと、「徙民政策の第一の目的は、反拓跋勢力の徹底的な否定にあったのであって、かれらをとくに京畿一帯に移住せしめているのは、かれらを旧政権のもとから拓跋政権のもとへ転移させるための強制手段に他ならないとおもう。こうして、かれらは自己の郷里を喪失させられ、あらたな政権のもとに投充されるが、この移住を可能ならしめる措置として、『計口授田』が実施されたと見ることができないであろうか。徙民が国家権力によってどの程度の収奪を受けたかは、まだ明らかにされていない。おそらく相当に苛酷な境涯におかれたことは予想できる。しかし問題の本質は、かれらの受けた処遇の苛酷さそのものにはない。かれらが征服される以前に構成していた部族的あるいは郷村的共同体は、本来的には、自生的、孤立的性格を具えていたと想像されるが、それが徙民政策によって変質させられ、北魏王朝という統一権力に直結させられた点に意義がある。このようにして、各共同体の成員は、旧来の自由民的形式を保持しながら、拓跋部を中核とする国家権力に編入されたのである。これをいいかえれば、かれらは、拓跋部を中核とする拡大した共同体の成員に転化したとも見ることができる」（前掲「北魏研究の方法と課題」）。

右の引用の最後の部分「拓跋部を中核とする拡大した共同体」が、つまり国家共同体である。計口受田は、被征服民がこの国家共同体の一員となるための措置であるというのが、右の文章の趣旨である。

以下に述べるように、今日の私の考えも、この十五年以上もまえの見解と、大局においては変りがないが、ただ、この文章では、計口受田民がどういう仕方で国家共同体の成員に転化してゆくかは述べられていない。言いかえれば、共同体の成員たる計口受田民と共同体の総体である国家との有機的な関係は、全く明らかにされていないのである。そこで、以下この問題に焦点をしぼって、計口受田の意味をさぐってゆきたいとおもう。

とはいうものの、多くの徙民の事例のなかで、計口受田が実施された例は、次節にかかげるA・B二件にすぎない。そこで、徙民政策が必ず計口受田を伴ったとは言えず、その点から計口受田の国家財政上の意義を過大評価できないという見解も存在する。(8) これは考慮すべき意見ではあるが、ここではさしあたって、その問題にかかわることを避け、計口受田そのものの意義を究明することにつとめたい。

三　発令状況から見た計口受田

A〔天興元年正月〕辛酉、車駕発自中山、至于望都堯山、徙山東六州民吏及徒何高麗雑夷三十六万百工伎巧十万余口以充京師、（中略）二月、車駕自中山幸繁時宮、更選屯衛、詔給内徙新民耕牛、計口受田。（『魏書』巻二太祖紀）

B〔永興五年七月〕奚斤等破越勤倍泥部落於跋那山西、獲馬五万匹牛二十万頭、徙二万余家於大寧、計口受田、（中略）八月癸卯、車駕還宮、癸丑、奚斤等班師、甲寅、帝臨白登、観降民数軍実、（中略）辛未、賜征還将士牛馬奴婢、各有差、置新民於大寧川、給農器、計口受田。（『魏書』巻三太宗紀）

ところで、この二つの計口受田は、どういう経過のもとに打ち出されたのであろうか。そこから施策の意味を推測してみたい。

まずA例であるが、皇始二年（三九七）十月、後燕の首都中山を占領した道武帝は、引き続き南進して鄴を取ったが、そこから再び中山に戻り、北還の途についた。帰還に先き立って、役卒一万人を動員して、望都（現河北省唐県附近）から五台山系に向う五百里の「直道」を開鑿した。[9] 天興元年（三九八）二月、恐らく開通したばかりの道を経て、途中繁時宮に駐留した。A例の計口受田の詔は、この折に発せられたものである。

このときの模様を今少し詳しく見てゆくと、京師に遷徙を命ぜられた旧後燕系徙民の厖大な集団は、道武帝と共に移動していたらしく、『魏書』巻二四崔玄伯伝によれば、恒嶺[10]の山頂に登って、親しく「新民を撫慰」した。たまたま崔玄伯が老母を扶けて登山してくるのに遇い、牛・米を賜ったほか、徙民の歩行困難な者には車・牛を給したという。玄伯はかつて後燕の高官をつとめたが、中山平定後は道武帝の信任を受けて制度の創立に寄与した人であるから、かれのお蔭で他の徙民までが恩恵を蒙ったわけである。しかし、右の経過を全体として見るとき、道武帝の旧後燕系徙民に対する処遇は、ことさらに苛酷なものであったようには思われない。むしろ、旧敵国人に対して寛大な態度を示そうとしたことが感じ取れる。(11)そして右の恒嶺における「撫慰」ののち繁時宮に到着し、ここで「給耕牛、計口受田」の詔を発したのであった。

このような経過をたどってゆくと、強制移住の厳刻さは否定すべくもないとしても、計口受田の措置そのものは、かれらを隷属性の強い身分に置くための条件ではなかったようにおもわれる。かえって徙民が自立的に生を図ってゆく条件が与えられたものと解する方が、妥当ではないであろうか。このとき、計口受田の対象とされた徙民が「内徙の新民」とよばれているのは、その詔勅文にそういう表現が用いられたのであろうか。ともかく、一時捕虜の身となったかれらに対し、北魏皇帝はこれを意のままに処置することが可能であるにもかかわらず、かれらは京師周辺に生存手段を与えられ、北魏の民として生きることを許容されたのである。(12)

以上A例について理解しえたことは、つぎの明元帝時代のB例においても、ほぼ適用できるのではなかろうか。『魏書』本紀によれば、対象となった越勤部は、すでに道武帝の天興五年（四〇二）十二月に万余家をもって内属し、五原の北にいたものである。これが明元帝の永興五年（四一三）に討伐の対象となったのは、『魏書』巻一〇三高車伝に、五原から西方の跋那山西に転牧したとあり、(13)つまり北魏に離叛したのであろう。

非業の死に斃れた道武帝のあとを承けた明元帝の治世は、拓跋国家の建て直しの時期であった。(14)帝は即位するや、前代不遇であった臣下の名誉回復を実行し、地方政治の綱紀粛正と民政安定に意を用いると共に、胡族の離叛を阻止することにつとめたのであった。そのために国軍の陣容を整え、帝みずから毎年のように四方に巡幸して、国威を示した。永興五年にも、正月早々白登山で大々的な閲兵を行なったが、四月には、その部隊編成のまま西巡することが決定された。閲兵式において前軍司令官をつとめた左丞相の奚斤が、その前軍をひきいて先行することを命ぜられ、越勤部討伐に出発した。七月、奚斤は越勤倍泥部[15]を跋那山西に破り、馬五万匹、牛二十万頭を鹵獲した。また捕虜にした二万余家は大寧[16]に移住せしめて計口受田することとなった。一方、奚斤より遅れて出発した明元帝は、雲中から西行して五原に至り、そこからまた山西の定襄へ引き返して、八月、平城に還幸している。この月奚斤らも凱旋してきたので、帝は白登山において「降民を観、軍実を数え」、つまり降伏民と戦利品の視察を行っている。その後数日経って帰還将士に牛馬・奴婢を分賜すると共に、新民を大寧川に置き、農器を給して計口受田することとしたのである。

従来指摘されているように、Bの史料には、大寧地方に計口受田することが、七月と八月の二度にわたって記されているが、いずれも越勤部に対する処遇を述べたもので、異なる事実を記したものではない。しかし単なる史料の重出として見すごせない事情があるように感じられる。七月の記事では「徙二万余家於大寧、計口受田」とあって、二万余家が遷徙と受田の対象になることが決定されているが、八月の記事では、もはや遷徙とその家族数については何ら言及せず、その代りに、「新民」を大寧に「置く」ことが述べられている。この相違を一つの過程として見てゆくと、奚斤の軍に監督された越勤部の降民二万余家は、七月の方針通り東方に向って移動し、八月、白登山において帝の査閲を受ける。かくてかれら捕虜に「新民」としての処遇が最終的に決定され、農器を給するなどの具体的措置を伴なって、受田地である大寧への定住が命ぜられたのである。

ここでA例を振りかえってみると、「詔内徙新民耕牛、計口受田」とあって、このときの詔文中に「新民」の語を用いた可能性があることを、さきに予測した。このことからさらに類推すれば、B例の八月の記事もまた、本来詔文の一部を残しているとも考えられる。それはともかくとして、敵視や賤視のニュアンスの全くそなわっていない「新民」の語が、このように二つの計口受田例にひとしく用いられていることは、計口受田という措置の処遇上の性格に、ある示唆を与える。少なくともそれは、被征服民の身体をはなはだしく拘束し虐使する支配方式とは、相容れないもののように感じられる。[17] むしろ、計口受田の両記事は、いずれも被征服民をあらたに北魏帝国の民に加える手続きと密接にかかわっている。すなわち、道武・明元両帝は、山上において親しくかれらを謁見し、そのあと下詔して、かれらが新しく北魏帝国の民として生存してゆく条件を与えたと見られるのである。

四　計口受田民と国家経済

さて、このようにして受田定住せしめられた新民のその後の生活形態については、つまびらかでない。しかし、計口受田という措置から考えれば、家口数に応じて田土が給され、家族労働を基本とした、自己の計算にもとづく農業経営が行われたと見ても、大過はないであろう。[18] すなわち、その形式上から見れば、従来から北魏治下にあった編戸たる自営農民——その数は道武・明元二帝時代は国家を十分に支えるほど多くはなかったであろうが——とさして変らぬ状況にあったと考えられる。また、計口受田民に対して、特別の財政的負担が課せられたという証拠も存在しない。[19] 実際生活のあり方から言えば、その生産物の大半は、かれら自身の自家消費に充てられたのではなかろうか。

それでは、計口受田という措置は、徙民政策という政治目的が大前提になっているとしても、経済的には単に新民の生存を保証するというだけの施策でしかなかったのであろうか。しかしそう断定してしまうことが躊躇されるのは、さきのA例と同一の事実を述べた記事が、『魏書』巻一一〇食貨志に載せられているからである。

A′ 既定中山、分徙吏民及徒何種、人工伎巧十万余家以充京都、各給耕牛、計口授田。

Aとの字句の異同は、ここでは問題ではないであろう。要するに、計口受田が北魏の国家経済に重要なかかわりをもつものとされている点を注目すべきである。とはいうものの、この記事のなかから、国家がこの施策によっていかなる経済的利益を引き出そうとしたかを、直接に読みとることはむずかしい。一体、『魏書』の撰者は、この記事にどのような国家経済上の意義を与えようとしたのであろうか。

食貨志の本文の冒頭には、「太祖定中原、接喪乱之弊、兵革並起、民廃農業、方事雖殷、然経略之先、以食為本」とあり、つづいて東平公拓跋儀の屯田経営の実体が述べられる。さらに続いて、道武帝が匈奴の劉衛辰を滅して莫大な馬・牛・羊を鹵獲したのでようやく財政にゆとりができたという記事を載せる。そしてそのあとに、A′の記事が来るのである。

さらに道武帝時代のこととして、畿内の四方四維に八部帥を置いて農耕を勧課せしめ、その収入の多寡によって殿最としたこと（後述）、道武帝が籍田の儀を行なって勧農の意を示したこと、が述べられる。こうした文脈をたどってゆくと、当時における農業生産の極度の低下、そしてそれに対して北魏王朝がさまざまの努力を払ってゆく状況が、浮び上ってくるのである。おそらく記事A′も、このような当時の農業事情と決して無縁でなく、北魏の農業生産に対する関心の強さを表現したものと理解できるであろう。

このような北魏の農業重視政策という観点から再びA・B二例を見てゆくと、計口受田の意味がさらに明確になってくる。たとえばA例では、漢族の「吏民」だけでなく、慕容部を始め各種の非漢族及び「百工伎巧」とよばれる広義の技術者まで、ひとしく受田の対象となっている。慕容燕では、慕容部などの非漢族はおそらくまだ多分に部族制を残していて、国軍の重要部分を構成していたと見られ[20]、また、宮廷や軍営には、営戸その他、州郡の編戸と区別される非農業人口を擁していた[21]。「百工伎巧」は後者の一部とおもわれる。慕容燕はそうした非農業人口の食糧問題に苦しんだが[22]、北魏はこれらを捕虜とするや、漢族ともども一挙に農民化する政策に出たわけである。また、B例の越勤部もおそらく本来遊牧を生業とするものであろうが、これもまた農業に従事せしめることにしたのであり、いずれにしても、計口受田は、これら征服民を明確に農民化するという政策であったのである。すなわち、国家経済的見地から言って、官、学、軍、農、牧、商、工などに分類しうる各分野のうちで、これを農の分野に位置づけたものと理解されるのである。

北魏の統一過程における各徙民は、その時の必要によって右の諸分野のそれぞれに配置されたことが知られているが、計口受田民もまた、その一例にすぎない[23]。それはいうまでもなく国家の強制による配置であり、その強制力は、征服—遷徙—配置という順序にしたがって行使される。各徙民は諸分野のいずれかに属せしめられることによって、国家の分業体制の一翼をになうのである。

しかしながら、何度もくりかえし述べるが、計口受田民の場合は、州郡の編戸と異なる身分におとされたり、あるいは身体的拘束を強く受けたり、あるいはまた、屯田民に見られるごとき苛酷な収取率の下にあった、というような形跡はない。むしろかれらの農民化は、自営農民化とよんでも差しつかえないほどの自立的経営を委ねられたものであったと想像される。ただ、その自立性が、国家の強制によって実現され、保証されているところには、ある種の矛盾が感じられる。この強制と自立という矛盾しあう二面を同時にもつことは一般に王朝治下における自営農民の特質であるが、その特質を初元的に体現しているのが、計口受田民であるようにおもわれるのである。

ところで、北魏国家が計口受田という施策によって被征服民を農民化した目的は、これまで考察してきたように、農業生産の振興を期するためであった。しかし、その自立的農民を創出したあと、国家はどのようにしてこの目的を遂行してゆくのであろうか。ここで想起されるのが、先述した食貨志記載の京畿内外における勧農政策である。

天興初、制定京邑、東至代郡、西及善無、南極陰館、北尽参合、為畿内之田、其外四方四維置八部帥以監之、勧課農耕、量校収入、以為殿最。

この箇条は、同じ年に置かれた八部大夫との関連の問題など理解の容易でないところであるが[24]、ともかくも、平城を中心として広がる地域の農業生産の増大を意図した政策である。ここで八部帥に任務とされる「勧課農耕」の一句が注意を引く。勧課の語から感得されるように、これは主としてこの地域の自営農民の生産を督励したものと解される。もちろん、その成果が監督官たる八部帥の殿最を決定するのであるから、実際問題として農民に苛酷な強制が加えられることも決して少なくなかったとおもわれるが、しかしその建前はあくまで農民の自営を前提とした勧課ではなかったであろうか。

この勧課政策の対象となった農民の実体については明らかでない。八部帥の制度が八国制と重なり合うとすれば、あるいは拓跋部と共に南下して平城附近にあった遊牧系諸部族員に農業を勧奨したということが考えられるのであるが、地理的位置から見て、旧後燕系の計口受田民も何らか対象とされたのではなかろうか。

要するに、自営農民が国家体制の一部分として位置づけられ、その生産機能を発揮することが要求されるとき、国家権力のかれらに対する強制力は、直接人身的なそれとして及ぶのでなく、勧課という言葉で表わされるような、農業生産の指導・監督の形態をとることが分かる。逆の言い方をすれば、強制力がこうした形態をとるのは、その対象が自営農民だからであろう。それはまさに、強制と自立の両面をふまえた、国家の農民に対する働きかけである。それが勧課の具体的方式のなかにどう反映されているかを、次節において考えたいとおもう。

五　「勧課農耕」の具体方式

前節で計口受田のA例を論じて、それが旧後燕系の農民・非農民を全体として農民化する政策であったことを述べた。時代はかなり下るが、太和十一年（四八七）に上呈された韓麒麟の時務策も——征服と徙民には関らないが——A例と同じ趣旨を含んでいることが注目される。

この年、京師一帯は深刻な饑饉に見舞われた。政府は住民が他地方で就食することを許し、また穀倉を開いて賑恤したが、それでもなお多くの餓死者を出したという。韓麒麟は、こうした事態の原因を、太平が長く続いて奢侈の風が甚しく、その結果商工業の繁栄に比して農業の衰退を招いたことに求めている。そこでかれは、奢侈を禁じ、礼制を守らしめると共に、次のような農業振興策を提案する。

制天下男女、計口受田、宰司四時巡行、台使歳一按検、勤相勧課、厳加賞罰、数年之中、必有盈贍、雖遇災凶、免於流亡矣。

さらにまた、民衆から徴収する租調のうち、絹布を減じてその代りに租穀を増やし、これを官に貯えて荒年に備えよ、と要請する（『魏書』巻六〇韓麒麟伝）。

『魏書』巻七高祖紀上によれば、均田の詔が発布されたのが太和九年十月であるから、それとこの韓麒麟の計口受田の提案とがどういう関係に立つか問題になるところであるが、ここでは問わないことにしたい。要するに、計口受田が農業振興の方策として明確に打ち出され、それと中央・地方の官吏の勧課が義務づけられている点が重要である。

簡単に言ってしまえば、計口受田とは「勧課農耕」の具体的方式に他ならない。すなわち、各家族の労働能力に見合った給田を行なうことにより、そこにおける耕種をノルマ化することであろう。そしてこのような発想における勧農政策が、第三代太武帝から第六代孝文帝に至る間に頻々と実行されたことは、従来諸家によってしばしば説かれているところである。

まず太武帝時代に、「畿内の民」を対象に行なった、牛力と人力の換工による墾田政策が注目される。それは、一丁あたり田二十二畝の牛耕を課し、牛なき家は人力七畝分の除草労働と交換に、有牛の家から牛力を借用するものである。そのさい、「各おの家別《ごと》の口数、勧種する所の頃畝を列《つら》ねて、明らかに簿目を立て、種うる所の者は地首に於て姓名を標題せしめて、以て播殖の功を弁ず」るとあるように、家口数と墾田面積との関係を記帳して一目瞭然ならしめ、さらに、その成績が耕種の現場においても明らかになるような方法を講じたのであった（『魏書』巻四下世祖紀下）。同じような方式は、太和元年（四七七）三月丙午の詔においても見られる（『魏書』巻七上高祖紀上）。これも人力と牛力の換工によって、「一夫の制は治田四十畝、中男は二十畝」と規定し、「在所に勅して田農を督課せしめ」たのであるが、これも労働能力に応じて耕作面積のノルマを定めたものである。この一夫の治田四十畝が、約十年後に施行される均田制における露田の給田額と一致することは、従来指摘されているとおりである。(25)

右の太武帝・孝文帝両朝における勧農令が、計口受田の名称に値するものであったかどうかは、必ずしも明らかでない。なぜなら、いずれも文面は耕種の実行に重点が置かれていて、給田を命じた事項が見られないからである。しかし、これらが「有司」「在所」に下令して各農家の家口数に応じたノルマを達成させようとするものである以上、その土地所有額が基準面積に達しない農家には、「有司」「在所」の責任において給田が行なわれたのではないかと想像される。ことに太武帝時代の施策のあとに、その結果として「墾田大いに増闢を為す」と記されているところからすれば、そうした予測もあながち不可能ではなく、これらの施策には一部計口受田を伴なったのではないかとおもわれる。少なくとも、韓麒麟の上表における計口受田の精神に合致するものと考えなければならないであろう。

さらに、さきのA・B二例における計口受田が韓麒麟のいう計口受田と同じ意味をもって実施されたものであったかどうかという問題がある。これまで考察してきたところによれば、それはまず徙民に土地その他を給して家族毎に農民化する政策であった。それは一面において自営農民化であるが、一面において国家体制の一環であることによって必然的に「勧課農耕」の対象となり、そこに管理者たる行政官の強制力が加わるのである。

計口受田民のそのような二重性から計口受田の意味を釈いてみるならば、「計口」とは当該家族がもつ労働能力を計量するということでなければならない。この労働能力はかれらの家族生活によって再生産され、また、その家族の再生産機能でもある。いわば第一次的には、かれら自身のものなのである。しかし、その労働能力を十全に発揮せしめるものとして、これに国家管理が加わるわけである。

時代はやや下るが、そうした関係を管理する側から理念として述べたのが、西魏六条詔書の第三条、「尽地利」であろう。これについてはかつて紹介したことがあるが[26]、ここでまた右の問題に関連して大要を述べると、民の教化は衣食足って始めて可能なのであり、その衣食を足らすには、地利を尽すにある。そして地利を尽すには、正しい勧課（勧課有方）に基づかねばならない。その指導の任に当るのが、牧守令長に他ならない。というのは、民というものは道理にくらい存在であり、自分から知能をはたらかせるものではない。指導をまって始めてその能力を発揮するものだからである（民者冥也、智不自周、必待勧教、然後尽其力）。

それでは、その指導はいかにあるべきであろうか。州・郡・県の各行政機関は、一年の初めには必ず管内の民に命じて、農具を操ることのできる者は老いも若きもことごとく田圃に出て、時宜を外さず土起しをするようにしなければならない。その他、種まき、苗の手入れ、麦の取り入れ、蚕の上簇など次から次へとやってくる農事を、老若男女力をあわせ火のついたようなあわただしさで完遂してゆくようにしなければならない。もし怠ける者があれば郷里の正長がその名前を郡・県に届け、守令はこれを罰してみんなのいましめにする。先王の戒にも、「一夫耕さざれば天下必ずその饑えを受くる者あり、一婦織らざれば天下必ずその寒えを受くる者あり」とあるが、春の耕土、夏の播種、秋の収穫と、それぞれの時期の指導をおろそかにして民が農事を怠るようなことがあれば、それこそ民の生命を絶ち、これを死に追いやることになるのである。

また、労力が少ない家、家畜力をもたない家は、余裕のある家と融通しあってどちらもうまくゆくよう指導せよ（単劣之戸及無牛之家、勧令有無相通、使得兼済）。農閑期や雨天の日は、桑や果樹の栽培、蔬菜作り、畜産にも心がけて生活の資に充てるよう教えよ。しかしこうした指導もあまり細かすぎると民は煩わしくおもうし、あまり大雑把すぎると怠けてしまうものである。担当者は時宜に通じ、適切な指導を行なってこそ、立派な行政官と言うことができるのである。

周知のごとく、六条詔書は、西魏政府が百官に習誦させ、とくに守令にはこれをマスターすることを要求した行政心得であるが、この「尽地利」の条も、勧農の理念と方法とが簡潔な文章のなかに噛んでふくめるように述べられている。それは長い年月の間に実行されてきた経験を集約したものであったのであろう。この文章で対象としているのは、明らかに州（牧）・郡（守）・県（令長）・郷（正）・里（長）の行政体系のもとに置かれた編戸の農民である。その大部分は均田法の適用を受ける自営農民であろうが、牧守令長の勧課とは、要するにかれら農民をしてその労働能力を発揮させるための指導――反面から言えば強制――に他ならないのである。

この指導＝強制の具体的な方式として、牛力・人力の相互融通が計られていることも注目に値するであろう。さきに見たように、牛力と人力の換工は、北魏時代より政府の勧課政策の重要な一環であった。それが西魏のみならず北斉河清令（『隋書』食貨志）においても見られるのは、北朝全期を通じて華北一帯に行なわれたことを示唆するものであろう。それは当時における華北の農法と密接に関連しているらしく、その意味で近年諸家の関心を集めている。ことに古賀登氏はこうした牛耕法を中心とする換工が近隣の農民を共同体的に編成する紐帯となり、これが三長制・均田制などの創設にも大きく影響したと述べた。氏はこれを犂共同体とよぶが、(27)堀敏一氏もまたこうした換工が当時共同体規制として行なわれていたものであり、国家がこれを利用して上述の勧農政策を行なったとする。その点の当否は次節で検討することにして、ここでは、牛力・人力の換工方式が自営農民に対する勧課政策の重要な一環であったことを指摘しておきたい。

さて、これまで述べてきたことを要約すれば、計口受田とは、自営農民に対する国家の勧課政策から来た一種のノルマ制度であり、またそれは時に人牛力換工などの方式を伴なって推進されたのであった。このような原則からすれば、均田制もまたその枠組みのなかでとらえることができる。均田制の創設は大土地所有を抑制して自営農民の小経営を保護する意図に立つが、私がかつて考察したところによれば、それは士大夫的な農本主義の理念に貫かれたものであり、奢侈的な大土地所有の不生産性に対して、小農民的な経営形態の普及を計るものであった。そしてその方式としては、家族内の耕種能力とその経営規模とを一致させようとするものであった。還受という点でそれ以前の北魏の農業政策と異なるところがあるけれども、その基本においては大差はないようにおもわれる。そして、還受そのものもむしろ、経営規模と家内耕種能力との一致を永続的に保証してゆくための措置として理解できるのである。『魏書』巻七上高祖紀上に載せる太和九年の詔勅によれば、このとき中央より使者を派遣し、地方の牧守と協同して制度の実施に当らしめるのであるが、詔文がその目的の究極を、「農桑を勧課し、富民の本を興す」と述べているのは、決してゆえないことではないであろう。

六　国家共同体について

以上のようにして、国家が自営農民の農業生産に介入する仕方は、勧課の語で表されるような指導＝強制であった。自営農民は自己の占有地で小経営的に自己と家族を再生産しつつも、国家の管理体制の下に置かれていた。言いかえれば、自営農民はその経営において完結性をもちつつも、国家体制の一部分として政治権力によってとらえられていた。そうだとすれば、自営農民のこの二面性を軸として構成される世界は、どのようなものであったか。

ここで、前節に保留しておいた牛力・人力の換工方式について考えてみたい。古賀氏はこの換工を農民の共同体結合の重要な契機とし、また堀氏は、すでに共同体規制として存在していたものを政府が利用したものであると解した。私もこうしたやり方が当時の民間に行われていたのであろうと想像する。しかしもしこれを農村の共同体的結合とかかわらせて考えるのであれば、その共同性の内実について、さらに立ち入った考察を必要とするのではなかろうか。

たとえば、太武帝朝では二十二畝の牛耕作業と七畝の人力除草作業の交換を命じたが（老小の場合は七畝と二畝でおおむね同じ比率となる）、これは双方の労働量が等価であるという前提に立つものであろう。このような換工が民間で行われていたとすれば、それは政府主導の場合に比べて一層等価関係が意識されていたであろう。とすれば、換工それ自体は必ずしも共同体的とは言えないであろう。もしここに何らか共同体的関係を見ようとするならば、このような労働交換を必要と考え、これを組織的に実行してゆく人びとの意志のなかに見出されねばならないであろう。そうした意志が当時の郷村のなかに自律的に存在したかどうかは明らかでない。しかし、国家が行政機構を通じてこうした方式を推進し、むしろ強制している事実[28]は、その必要性を最も強く感ずる意志が国家自身であったことをおもわせる。では、その必要性は何に根ざしていたのであろうか。

ここで再びさきの西魏六条詔書「尽地利」の項について見ると、春耕、夏種、秋収の三時の指導を怠って農民の業を廃せしめる者は、民の命を絶ち、かれらを死に追いやることである、と言っている。またその一節には、「一夫耕さざれば、天下必ずその饑えを受くる者あり云々」の語を引いている。つまり、行政官が勧課の任務を怠ることからくる最も危惧すべき問題は、じつに饑饉に他ならない。饑饉はまことに個人の努力を越えた、社会的、普遍的災厄なのである。しかもそれを防ぐ道は、個々人が自己に与えられた農耕の任務を勤勉に果すことである。「一夫耕さざれば云々」の語は、個々人の農業労働が、自己とその家族の再生産のためのものであるのみならず、社会全体の再生産にもかかわっていることを説いたものと理解することができよう。

六条詔書のこの条を読むかぎりでは、国家の農民に対する収奪の意志は、表面には出ていない。それよりも、そこにえがかれているのは、官の農民に対する指導の適切さこそが民の饑寒のおそれをなくする方途であるという一種の政治倫理であり、したがって国家は社会の経済的な充足と安定を保証すべき責任の所在として主張されている。

太和年間における韓麒麟の時務策や李安世の均田制の提案にあっても、この理念構造には変りがないように感じられる。韓麒麟の計口受田策は、その年の大饑饉の惨状から提案された対策であり、その勧農政策によって生み出された剰余生産物を官倉に備蓄せよというのが、提案の趣旨である。李安世の上言も、饑饉による農民の流亡がその動機の一つであり（時民困飢流散云々）、この方は均田制を施行することによって各農家がゆたかになることを期待している（愚謂、今雖桑井難復、宜更均量、審其径術、令分藝有準、力業相称、細民獲資生之利、豪右靡余地之盈、則無私之沢、乃播均於兆庶、如阜如山、可有積於比戸矣）。

北魏は建国以来ほとんど連年凶荒に苦しみ、明元帝時代には鄴への遷都を企てたくらいであるが[29]、そうした事情から考えても、「勧課農耕」の第一の目的が凶年対策にあったことは疑いを容れない。すなわち、国家が自営農民の経営に干渉してノルマをさだめ、さらに牛力・人力の換工を命じて履行を強制しえたのは、じつにそれが饑饉対策という正当な理由をもっていたからではなかろうか。つまり饑饉の克服という社会の絶対的要請が、人びとをして個々の経営の私有性や閉鎖的性格をこえて生産の協同におもむくことを可能にしたのではなかろうか。そして、それを推したのは国家であり、ここに国家は、小経営を開かれた共同世界へ媒介したのである。

わたくしがかつて国家共同体という言葉で捕捉しようとしたものは、今から考えると、このような世界であったようにおもう。国家共同体のもとにおいて、自営農民の存在は、自己とその家族の再生産に終始するものではなくなる。かれは、国家を構成するすべての人びととの再生産に対して、欠くべからざる役割をになっている。そしてかれが、国家権力によって農民として規定されているのも、一にこの役割をになうためである。

しかし、自営農民がその役割を果す仕方は、決して一様ではない。さきの韓麒麟の提案のように、官がのちの義倉のように備蓄米を租粟のうちに含めて収納するという方法は、その一つにすぎない。あるいは租粟全体が非農業人口の生を養う手段でもある。しかしこのような徴収という方法によらないとしても、農民自身の家に余剰米が蓄えられるということ自体が、社会全体に寄与することになる。なぜなら、天下の富の総量がその社会の全人口を養うだけの量に達しているかどうかが第一義的に重要であって、その分配の方法は、その次の問題だからである。じっさい租税として徴収されるルートによらないとしても、農家の余剰生産物は、交換関係を通して他者の手に移ることが、当時においてもあったようである(30)。

ともかくも、かれが自身の生のためにするその労働は、同時に他者の生存のためのものでもある。このようなあり方において自営農民は、個体的存在であると同時に社会的存在である。自営農民は農業生産物の生産者としてこの二つの側面を一身にになうのであるが、しかしそれは国家体制を媒介として始めて実現されるのである。

ところで、わたくしは年来、六朝社会が共同体的構造において成立していることを主張し、それを豪族共同体とよんできた。それでは、右の国家共同体とこの豪族共同体とは、どのような関係に立つのであろうか。この二つの体制の関連を実体的に明らかにするには、なお稿を改めて詳論しなければならない。しかしここできわめて大まかに述べるならば、歴史の推移としては、国家の統一性が強まるにつれて、豪族共同体から国家共同体へというプロセスをたどるのであろう。しかしこの二つの共同体には、たがいに共通する性格もある。まず両者がともに基盤とするのは、自営農民社会である。そして豪族と国家とはいずれも自営農民社会を維持することにつとめるが、そこでの指導理念は質樸主義である。両者が共通して排除しようと意志するものは、奢侈の風潮であり、末作に趨ることであり、営利本位の大土地経営である。なぜなら、広汎な自営農民の耕織による其本的生活資料の生産こそが、社会全体の再生産を健全に保つ道だからである。さらにまた、北魏の各時代にこのような農本主義的提案を行なったのが、士大夫的理念に貫かれた漢人官僚たちであったことも、両者のつながりを考える一助となるであろう。(31)

七　結　語

最初に述べたように、本稿の意図は、中国社会の基本的関係ともいうべき国家と自営農民との関係を、人間存在の場から照射することにあった。一般に人間存在とは、すぐれて個体的であると同時にまた、個体性を越えた社会的存在でもあるが、北魏時代の自営農民においても、そうした二面性が、その自家経営のなかに対象化されていると言って差し支えないであろう。また、人間の倫理は、このような人間存在の本質を自覚し、それを自己の生き方として選ぶことに発するのであろう。しかし、当時の農民がそうした自己の本質の自覚者であったかと言えば、おそらくはそうは言えないであろう。かれらの倫理的自覚を日常的にうながす役割をつとめていたのは、豪族層であった。また、かれらが自己の労働によって他者の生をも養うその仕方は、国家の勧課——指導と強制——によるものであって、それに媒介されて始めてかれは、自他にかかわることになるのである。いうまでもなく自己と共に他者の生を労働によって養うという倫理的行為の実践者は、かれ自身である。しかしその倫理的行為が、豪族階級や国家という外的な意志によって指導・強制されるところに一種の疎外現象があり、そこに当時の歴史性がある。端的に言ってしまえば、人間の基本的存在が他者によって実現せしめられるという倒錯した関係である。国家と自営農民の関係はたしかに階級的関係であるが、従来の学説がしばしば陥ってきたように、それを機械論的な収奪関係に還元するのは、人間の歴史の解釈としてあまりに単純化しているように感じられる。史料の語るところを虚心に受容してゆくならば、かえって人間の生の深い矛盾に気付かされるのである。

註

（1）以上の研究動向については、拙著『中国中世社会と共同体』（国書刊行会、一九七六年）の各章を参照されたい。

（2）「北魏研究の方法と課題」（『名古屋大学文学部研究論集』三三）。そのなかで国家を擬似共同体とよんでいるのは決して誤植ではなくあえて「擬」字を用いたのであるが、やはり言葉として熟しないところがあるので、本稿では「疑」字に改めた。また、国家共同体の語に「」を付したのも、この共同体が二次的ないし疑似的なものであるという考えにもとづく。しかし本文で説くように、当時の国家はやはり一種の共同体にちがいないとおもうので、本稿では「」を除くことにした。

（3）このような説の代表的なものを挙げると、河地重造「北魏王朝の成立とその性格について——徙民政策の展開から均田制へ——」（『東洋史研究』一二—五、一九五三年）、田村実造「均田法の系譜——均田法と計口受田制との関係——」（『史林』四五―六、一九六二年)、西村元佑『中国経済史研究　均田制度篇』(東洋史研究会、一九六八年)第二篇第一章　北魏の均田制度、などがある。
(4) 前掲河地論文。
(5) こうした見解はとくに中国人学者の説に特徴的である。李亜農・韓国磐・唐長孺ら諸氏の見解に言及した註(2)所掲拙稿を参照のこと。
(6) 註(1)所掲拙著二六一頁、参照。
(7) 堀敏一『均田制の研究』(岩波書店、一九七五年)第一篇第三章、關尾史郎「南涼政権(三九七~四一四)と徙民政策」(『史学雑誌』八九―一、一九八〇年)、を参照。
(8) 古賀昭岑「北魏における徙民と計口受田について」(『九州大学東洋史論集』一、一九七三年)。
(9) この「直道」開鑿については、前田正名『平城の歴史地理学的研究』(風間書房、一九七九年)二二六~二二九頁、参照。
(10) 前田前掲書によれば、この恒嶺とは河北省西境の五廻嶺であろうという。
(11) こうした寛大な態度の背景には、後燕征服直後における残存勢力の頻々たる抵抗、後燕征服が拓跋政権にとって中原における最初の勝利であったこと、などの理由が挙げられる。
(12) この年平城の造営が完成し、北魏は「六州二十二郡守宰・豪傑・吏民二千家」を京師に移しているが(『魏書』巻二太祖紀)、これはさきの徙民集団のなかから、漢族系の指導層をさらに首都に移して何らか政権強化を図ったのであろうか。ちなみに、後燕に仕えていた漢人貴族は、崔玄伯の例に見られるように、引きつづき登用されたようである。拙著『隋唐帝国形成史論』(筑摩書房、一九七一年)二〇三頁、参照。
(13) 姚薇元『北朝胡姓考』(北京、一九五八年)によれば、跋那山は現今の陝西省楡林県東北という。
(14) 前掲拙著『隋唐帝国形成史論』一三〇頁、参照。
(15) この「倍泥」の意味は私には明らかでない。
(16) 唐長孺氏は大寧の位置を灅水(桑乾河)の支流于延水のほとり、今の河北省延慶県境としている(『魏晋南北朝史論叢』

生活・読書・新知三聯書店、一九五五年、二二三頁）。なお堀氏前掲書一〇三頁、参照。

（17）新民の語は、太武帝朝、東部高車を征服して漠南に移した際にも使われている。「（神䴥二年）冬十月、振旅凱旋于京師、告於宗廟、列置新民於漠南、東至濡源、西曁五原陰山、竟三千里、詔司徒平陽王長孫翰尚書令劉潔左僕射安原侍中古弼鎮撫之」（『魏書』巻四上世祖紀上）。『魏書』巻一〇三高車伝によれば、漠南に遷されたあとの状況が次のように述べられている。「高車諸部望軍而降者数十万落、獲馬牛羊亦百万、皆徙置漠南千里之地、乗高車、逐水草、畜牧蕃息、数年之後、漸知粒食、歳致献貢、由是国家馬及牛羊遂至于賤、氈皮委積」。すなわち高車の場合は、漠南に定住せしめて従来通り遊牧を生業とし、その畜産を国家に貢納させていた。これはおそらく部落生活をそのまま継続していて、遊牧民としての自立性を保持していたとおもわれる。しかし、これを管理監督する北魏側の将吏の収奪を受けて、トラブルを生むことになる。「勅勒（高車）新民、以将吏侵奪、咸出怨言、期牛馬飽草、当赴漠北」。そこで管理の責任者である劉潔と安原の策により、これらのうち三万余落を河西に分徙しようとしたが、新民たちは、「自分たちを河西に包囲して殺す計画だ」として、西方に逃走を企てるのである（『魏書』巻二八劉潔伝）。この経緯からしても、新民たる高車降民の自立度が察せられるようにおもう。

（18）船川豊氏は、計口受田の語義を、「徙民に対してそれぞれ一定額の土地をわりつける」（田村氏）とか「人口数に応じて田土をあたえられた」（堀氏）と解釈することは根拠がないとし、『資治通鑑』巻八〇、晋紀二、泰始十年の「家貧、（躬耕）計口而田、度身而蚕」の一節から、計口の口とは「人口や人数のことでなく農民の生活費のことであると思う」と述べている。また「徙民の段階では非常にわずかの田土しか与えることができなかったという意味であると思う」とも言っている（「中国古代における土地所有の性格──北魏均田法の規定をめぐって──」『法制史研究』二四、一九七五年）。私には氏の論旨が今ひとつつかめないのであるが、右の『資治通鑑』の一節は、『三国志』巻一一、魏書、王脩伝注引『王隠晋書』もしくは『晋書』孝友伝に載せられた王褒の伝記より引いたものである。王褒は父の儀が府主であった司馬昭に罪なくして殺されたので、晋朝には仕えないことを心に誓い、父の墓側に廬を結んで処士の生涯を送った人である。「計口而田、度身而蚕」とは、現政権にコミットすることを固く拒否するかれが、その家族生活の維持に必要な最低限の資料を得ることで満足したことを述べたものであり、いわばその苛烈な自立精神を描出したものである。とすれば、ここにいう「計口」とは、家族が必要とするだけの食糧の量を計るということであり、船川氏のいう「生活費」に当るかも知れないが、しかしそこから「非常にわずかの田土」という意味は生じにくい。また、「計口」がつねに「生活費」を意味するとは限らない。『隋書』巻三五経籍志四仏経の項に、「開皇元年、高祖普詔天下、任聴出家、仍令計口出銭、営造経像」とあり、この場合の「計口」は、人頭割をいうのであろう。要するに、これらを通じていえることは、「計口」とは、物の量を人間一人当りを単位として積算してゆく方法であるが、その一人当りが、一人当りの消費量を意味するか、あるいは一人当りの労働能力を意味するのか、あるいはまた単なる人口を意味するのか等々は、その場合によって異なるとおもわれる。計口受田の場合、右のどれに当るかは詳かでないが、一応は一人当りの労働能力と考えた方がよいのではないか。そして、労働能力のとぼしい老小の家などでは、それなりの配慮がなされたと想像される。

(19)　堀氏前掲書一一二～一一三頁にある註（13）参照。
(20)　前掲拙著『隋唐帝国形成史論』七九～八六頁、参照。
(21)　同右八八～九九頁、参照。
(22)　同右八八～九九頁、参照。
(23)　同右、第Ⅲ編第三章、及び古賀氏前掲論文、参照。
(24)　同右拙著一二八～一二九頁註（10）、参照。
(25)　田村氏前掲論文、堀氏前掲書一一七頁。
(26)　前掲拙著『中国中世社会と共同体』第Ⅲ部第二章。
(27)　「均田法と犂共同体」（『早稲田大学大学院文学研究科紀要』一七、一九七一年）。
(28)　孝文帝の延興三年（四七三）二月癸丑の詔には、「牧守令長、勤率百姓、無令失時、同部之内、貧富相通、家有兼牛、通借無者、若不従詔、一門之内、終身不仕、守宰不督察、免所居官」（『魏書』巻七上高祖紀上）とあって、罰則規定すら設けている。
(29)　『魏書』巻三五崔浩伝、同巻一一〇食貨志。

(30) たとえば、太和十二年における李彪の上言の中に、常平倉設置の提案があるが、それは農民への糴糶を前提としている。「臣以為宜析州郡常調九分之二、京都度支歳用之余、各立官司、年豊糴積於倉、時倹則加私之二、糶之於人、如此、民必力田以買官絹、又務貯財以取官粟、年登則常積、歳凶則直給」(『魏書』巻六二李彪伝)。なお、『魏書』巻一一〇食貨志にも、「有司上言」として同様の趣旨を述べる。

(31) 前掲拙著『中国中世社会と共同体』第Ⅲ部第三章、『隋唐帝国形成史論』第Ⅱ編第二章、参照。

後記

本稿は、多年学恩を蒙っている波多野善大博士の古稀を慶賀するために草したものである。博士が年来ますます御壮健に研鑽を続けておられることに深いよろこびを禁じ得ないのであるが、その円熟した学問の成果を、ほとんど毎年、場合によっては年に二篇という頻度で世に送っておられるその旺盛な研究心は、われわれ後生にとって、はかり知れない鞭撻であり激励である。しかも、学界周知のように、博士近年の御研究は、中国近代史の政治・経済を客観主義的にとらえる方法を一歩超えて、その政治・経済を推進して行った指導的人物の内面世界を、性格心理学的に解明してゆくという、きわめて独創的、野心的、そしてまた生気に満ちた一連の作品群である。私ははじめ、この新しい企図の意義を紹介し、あわせて私自身の省察を述べた一文を草したいと考え、かなりの精力をついやしてみたが、中国近代史に不案内な点が障碍となったばかりでなく、問題自身の困難さにつき当って、ついに断念してしまったのであった。その問題の困難さとは、結局歴史と個人の関係をどう考えるかということに帰着するが、それを解きほぐしてゆくのに必要な自分の知識と分析力の不足を思い知ったのである。博士の方法は、個人のパースナリティを、家書・日記など私生活をよく伝える文書を通じて明らかにし、そこから当人の歴史への関わりの個性的なあり方を論じてゆかれる。その手法は円熟した学問ならではの感を与えるものである。しかも、そのパースナリティの理解方法は、偉人・凡人という能力の区別を超えた、普遍的な人間学的方法である。博士は、そうした地点から歴史的人物の内面を解明し、そこに発する、社会への働きかけの動機と様態を規定してゆかれるのである。歴史的人物を政治的ないし道徳的価値基準で外側から評価したり、あるいは歴史必然論によってその人格を無視してしまったりする従来の傾向に対して、これはたしかに新しい人間学的方法と言わなければならない。ところで博士のいわゆるパースナリティとは、個人の意欲が社会的制約によって規制を受け、それによって変容し現実化する個的行動様式を意味するもののようである。いわば、個人と社会との妥協の産物である。私がつき当って自己の能力の不足を感じたのは、この点であった。このような博士の見地からすれば、個人と社会とは違和関係にあることが前提となるが、そうした対立面と同時に、個人には本来社会と同質な一面があるのではないか。たとえば、曾国藩と李鴻章とは、博士が見事に描出されたように対照的な性格の持主であるが、しかしそれと同時にいずれも共通して洋務運動期の洋務派官僚ではなかったであろうか。そこに個人の個体性を越えた、同時代人としての共通性、同一の社会に根ざす人間の共有する時代的志向があるのではなかろうか。しかしながら、こうした問題を歴史の具体性とからみ合わせて論ずることは、まことに困難である。私はやむなく博士の諸篇に即して考えることを放棄し、そうした問題を自分の手なれた領域で考え続けたいとおもった。その結果が本稿である。博士の提起された、個人と歴史とのシャープな関わりの問題には大きな距離があるが、現在の自分にとっては止むを得ないことである。青年時代から一方ならぬ教導を賜った博士の頌寿記念として我ながら意に満たぬものであるが、伏して博士の御寛恕を乞いたいと思う。博士ならびに令夫人の御日常にますます清福多からんことを心から祈念申し上げる次第である。一九八〇年三月二十六日識。

後漢末・魏晋時代の遼西と遼東——時代の転換と辺境社会——

一　内藤湖南における「過渡期」の概念

中国社会の歴史的展開を考えるとき、そこに無視することのできない地理的特色がある。それは中国史の主要舞台が、古代から近代まで、その位置を変えなかったということである。すなわち、統一権力の首都は、今日でいう中国本部の範囲内に置かれ、それを中心として支配が周辺に及ぶのを常とした。中国史がこのような空間的なすがたを現わすのは、いうまでもなく、大河川によって拓かれた広大な平野と、これを孤立的に取り囲む山岳・砂漠・海洋という地形のためである。

このように中国史の舞台は、面積としては広大であるが、一面閉鎖性をそなえている。こうした地理的環境のもとで、歴史がダイナミックに展開するとき、中央—周辺という構造軸が大きな役割を果すであろう。内藤湖南は、このことに着眼して、その時代区分説を樹立した。周知の通り、湖南の『支那上古史』の「緒言」において、中国史の地理的舞台について語り、またその歴史の発展の自生的性質を強調した上で、中国史の具体的な時代区分に及んでいる。その時代区分のモチーフは、「中国文化の外部的発展」（以下この方向を〔A〕とよぶ）と、「それによって自覚した周辺種族勢力の中国内部への進出」（以下この方向を〔B〕とよぶ）という、〔A〕〔B〕二つの方向の相互作用に置かれている。具体的に言えば、中国史の第Ⅰ期、開闢から後漢の中頃までの「上古」は、中国文化が中国本部に充実し、それがさらに外部にあふれ出た時代であり、いわば〔A〕の方向が強く発揮された時代であった。これに対し、第Ⅱ期、五胡十六国から唐の中世までの「中世」は、歴史が〔B〕の方向へ大きく傾いた時代であった。要するに、〔A〕から〔B〕への方向転換は、中国史上の一大画期を形づくるのである。

それでは、〔A〕と〔B〕の、あい異なる方向の転換は、どのようなすがたで進行するのであろうか。〔A〕がただちに〔B〕に変るということはありえないであろう。〔A〕の極限が自らにして〔B〕の方向を生んでくるような、そうした経過でなければ、この時代の転換は成立しないであろう。そこで湖南は、〔A〕〔B〕二つの方向の中間に、「過渡期」を置いた。その説明によれば、後漢の後半から西晋までの時期が、「上古」から「中世」への過渡期であり、「この間は支那文化の外部発展がしばらく停止した時代と謂ってよい[1]」。

ただ、この「過渡期」の内容については、湖南は何も述べていない。『支那上古史』第十章のなかに「王莽の蛮夷統御の失敗と蛮夷の自覚」という一節があり、後漢あたりから周辺民族のなかに自民族の開闢説が生まれてきたことを指摘して、民族の自覚の発生を指摘しているが、「過渡期」そのものを全体として取り上げたものではない。

湖南の「過渡期」の概念がいささか不明確であることを問題として取り上げ、そこから自己の中国中世論を展開したのが、宇都宮清吉「東洋中世史の領域」である[2]。宇都宮は必ずしも湖南の時代区分説の枠組みに反対しているわけではなく、各時代をすぐれて個性あるものとして観照する立場（宇都宮のいう時代格）から、時代の連鎖を単に「過渡期」という推移を現わす概念でとらえてよいかどうかに、疑問を呈したものである。宇都宮は、この「過渡期」の内面に、外民族の自覚の形成とその中国文化に対する寄与、また中国文化の内的深化等々の契機を重視すべきではないかと提言する。要するに宇都宮が湖南の時代区分説に求めたものは、その図式に、なお一層内在的な論理を与える必要があるということであろう。

この宇都宮の論考が導火線となって、戦後の時代区分論争が活発に展開されるのであるが、この「過渡期」の問題について論じたものは、ほとんどないように思われる。本稿が抱く関心は、「過渡期」の時代的構造を、実体としてどのように理解するかということである。〔A〕の方向が屈折して〔B〕の方向に切り替ってゆくまでの「過渡期」を、ポジティヴな視点で観察するとすれば、そこにどのような歴史の実相が見えてくるであろうか。それを特定の地域に即して考えてみたい。その特定の地域としては、中国文化が周辺種族とあい接する辺境地方――遼西と遼東を取り上げてみたいとおもう。

二　遼西・遼東における「過渡期」

本節の主題にはいる前に、遼西・遼東地方における「第一過渡期」をどう設定するかについて、一言しておきたい。この地方における〔A〕の方向がどのように展開し、〔B〕の方向がどのように顕在化していったかには、最近に至るまでの出土文物の検討が必要であるが、本稿ではこれを省略して、政治権力の消長の問題に限りたい。中国本部の政治権力が遼東地方にまで及んだのは、戦国末、燕の昭王の時代と言われる。かれは造陽（上谷）から襄平（遼東）に至る長城を築き、それに沿って上谷・漁陽・右北平・遼西・遼東の諸郡を置いた。東胡との緊張関係の下で、東北方面へ版図を拡大して行った結果である。これは中原国家が東北方面へ勢力を拡大した第一の画期である。

つぎの画期は前漢の武帝の時であるが、東北方面に視野を限ると、玄菟郡の設置がさし当って問題となる。しかし玄菟郡の所在地については諸説があって一定しない。しかも武帝以後は、高句麗の勃興によって何度か西遷をよぎなくされ、後漢の中期には、遼東郡の一部を割いて玄菟郡としたようであり、その治所は今日の瀋陽または撫順に比定される。この玄菟郡の沿革は、東北地方における〔A〕の伸張とその限界をよく示している。そこから言えば、前後一世紀の時期が、〔A〕の頂点を示すものであろう。

ところで〔B〕の方向は、どのような現れ方をするのであろうか。匈奴勢力の後退に比例して、この地方では烏桓・鮮卑両族の活動が急速に活発化する。大体の傾向を言えば、まず烏桓族が武帝以後、漢との関係を深め、後漢時代には、護烏桓校尉の統制の下に在って、北匈奴の討伐に参加することが多かった。こうして烏桓族はしだいに塞内に南住する傾向を生む。遼東属国の設置は、この傾向に対応するものである。後にも説くように、烏桓族の一部は、漢より給与を与えられて傭兵化してゆく趣きがある。勿論、後漢王朝に対して反乱を企てることも一再ならずあり、ことに後漢末の動乱期には、遼西・遼東・右北平三郡の烏桓が各大人に率いられて反乱を起した。これが後述するように、河北における群雄の死闘に大きく関わってくる。この烏桓族の動向に一応のピリオドを打ったのが、建安十二年（二〇七）における曹操の親征である。かれは、烏桓族の単于蹋頓と決戦してこれに壊滅的打撃を与えた。降伏した烏桓族は、長城内に移されて編戸として取扱われ、壮丁は騎兵隊として曹操軍に編入された。

烏桓族に代って遼西・遼東地方へ南進してきたのが、鮮卑族である。鮮卑族はまず北匈奴の故地を襲って塞外に覇を唱えたが、さまざまの経緯ののち、その勢力は塞内に浸透してくる。鮮卑族も最初は烏桓族と同様に、中国王朝の傭兵としてはたらき、その代償として歳賜を得、大人層は単于の称号を授けられていたが、それはまだ周辺種族の位置を脱するものではない。鮮卑族がこの地方において、真に支配者としてのヘゲモニーを樹立するのは、西晋末年における慕容廆の活動であろう。なぜならこのとき平州刺史・東夷校尉崔毖の権力は地に堕ち、これを駆逐した慕容廆が東晋政権から平州刺史の任命を受けることになったからである。ちなみにこのとき平州は、昌黎・遼東・玄菟・楽浪・帯方の諸郡を含み、治所は遼東郡襄平県である。その後慕容部が遼西に進出し、さらに河北に侵入して前燕国を樹立する経過はよく知られているが、この過程で、遼西・遼東地方における「過渡期」の時代は終るのである。

三　公孫瓚の興起をめぐって

遼西・遼東地方における〔A〕と〔B〕の交替が、後漢末～西晋の間を「過渡期」として行われたことが明らかになったが、この「過渡期」は、どのような仕方で、この二つの方向の交替を媒介したのであろうか。

当時この辺境地域が直面していた現実は、烏桓・鮮卑さらに高句麗・扶余といった周辺種族の勢力の強大化であった。中原王朝の外部的発展の動きは、ここに当然停滞せざるを得ない。しかし如上の諸種族が何の抵抗もなしに、塞内に入りこんで、郡県を占拠したわけではない。そうした「過渡期」を象徴するのが、以下に述べる公孫氏の二つの勢力である。まずここでは、遼西の公孫氏から検討してみたい。

後漢末の一時期、遼西から河北北部にかけて勢力を張ったのは、公孫瓚である。瓚は遼西郡令支県の出身、すなわち土着の人である。その家は世々二千石とあるから、(3) 土地の名家であろう。しかし瓚は賤出のため、郡の門下書佐という小吏からスタートする。容貌にすぐれ、行政の処理にも長じていて、時の太守某に愛され、その女をめとった。太守はまた范陽の盧植に就いて経学を学ばせた。その結果であろうか、孝廉に挙げられて郎となり、遼東属国長史に任命される。(4) この経歴は、漢代の地方豪族が郷挙里選制を通じて立身してゆくコースを、かれも踏んで行ったことを思わせる。

しかし、この任命は、当時深刻化していたこの地方の種族問題に当らしめるためのものであったであろう。やがてかれは、烏桓大人丘力居と戦って河北一帯で奮闘し、敵中に勇名をとどろかせた。瓚は烏桓族の突騎を率いていたようであるが、侵寇をくりかえす烏桓に対しては敵意を燃やし、これを撃滅することを自己の使命とした。かれと対照的であったのが、当時幽州牧として赴任した劉虞である。虞は漢室の疎族であるが、かつて幽州刺史として人望があったので、黄巾と烏桓の双方に悩む幽州部に再び派遣されたのである。これは後漢朝廷が名望ある重臣を全国各地に配置した、かの州牧制の一つのケースであった。公孫瓚と劉虞は部下と上司の関係にあるが、烏桓族に対する両者の意見は、正反対であった。なぜなら、劉虞は懐柔を以て対策としたからである。それには莫大な財物を要するので、かれはその捻出につとめた。こうした事勿れ政策は、かれの名士型の人となりと無関係ではないように思われる。これに対して、公孫瓚は、岡崎文夫もいうように、英雄型の人物であった(5)。かれは郷里の士人で自分より評判の高い者は必ず法によって殺した。また、いつも衣冠の士は富貴になるのが当然だと考え、人の恩恵をありがたがらないと言ってこれを抑え、「商販庸児」を寵愛したという。これはかれがのちに遼西から河北北部にかけての地方を掌握した頃のことであるが、ともかくも、曹操に代表される当時の新しい人間類型を示している。

劉虞は自分の統制に従わない公孫瓚に対して、攻撃を企てた。属官たちは、決定的な罪を犯しているわけでもない瓚はむしろ利用すべきだといって諫めたが、劉虞はきかず、これを攻め却って敗れて殺された。たまたま虞の部下に公孫紀なる者があり、瓚と内通したことが注目される。またこの時、劉虞は居庸へ奔って烏桓・鮮卑の援助を求めようとしたという(6)。

後漢王朝がその統一政治の最後の方策として取った州牧制は、兗州における曹操の拠りどころとなり、益州においては劉備に乗っ取られ、揚州牧の権力も孫氏によって実質を握られる。つまり州牧制は英雄たちによって換骨奪胎されて、つぎの三国時代へのステップとなるのであるが、幽州においても、辺境に崛起した英雄公孫瓚によってその権力が奪われるのである。つまり幽州部における第一歩は、かれによって踏み出されたと言ってよいであろう。そしてそのエネルギーは、烏桓族との正面からの戦いの意志に発するものであった。

公孫瓚の前に立ち現われた次の敵手は、袁紹であった。袁紹は、董卓によって長安に連れ去られた献帝を見限って、劉虞を即位させようとした人物であるが、劉虞亡きあとは、冀州牧を領して、河北南半に勢力を張った。かくて黄巾を討って大勝を拍した公孫瓚の勢力と衝突する形勢となり、その結果、瓚は紹に敗れた。紹も名士型の人物で、この結果からすれば英雄型が名士型に敗れたことになるが、袁紹側には烏桓・鮮卑両族の強力な支援があったことを無視しえない。すなわち、故劉虞の恩を受けた諸部族が、虞の子劉和を援け、これが袁紹を助けたのである。また、袁紹自体も、匈奴の冒頓単于に比せられた烏桓の大酋長蹋頓の援助を得て公孫瓚を破ったのである。これに報いるため袁紹は、矯制して蹋頓ら三大人に単于の称号を授けている。これより先、公孫瓚は上疏して袁紹の罪状を十箇条にわたって挙げているが、その五番目の罪として、紹がほしいままに冀州を奪い、金玉を刻んで印璽を作り、また下令する文章を詔書と称しているのは天子になる野心を抱くものだ、と告発している。大きな軍隊をもたない袁紹が河北におけるヘゲモニーを確立しようとすれば烏桓族の援助を借りなければならず、そこに天子にひとしい権威を必要としたのも、けだし当然であろう。

袁紹が曹操に亡ぼされると、その子の煕と尚は、遼西の蹋頓の許に亡命した。そのとき「幽冀の吏人、烏桓に奔る者十万余戸」（『後漢書』烏桓鮮卑列伝）とある。中国内地の政情の変化によって漢族の亡命者や流民が、むしろ周辺種族によって保護される例の一つである。西晋末の慕容廆や拓跋猗盧の建国には、こうした要素が大きな役割を果たしているが、(7) 烏桓族においても、これに近い情況が生れつつあったのではないか。袁紹が敗れた建安五年（二〇〇）から曹操の遼西遠征が敢行された建安十二年（二〇七）までの約七年間、遼西地方がどういう情況にあったかは詳かでない。しかし公孫瓚が亡びたため、この地方における漢人支配は、大きく後退したのではなかったであろうか。いわばのちの西晋末におけるような状態が一時生れたと考えても、不当ではあるまい。

しかし曹操が遠征して蹋頓以下多数の酋長を亡ぼすと、遼西には再び漢族の支配が復活する。袁尚と袁熙は、遼東の公孫康のもとに亡命したが、公孫康は二人を殺して、曹操に対してよしみを通じた。烏桓族の勢力がこの敗戦を契機に大きく衰えて行ったことは、前述したとおりである。

四　遼東の公孫政権

後漢末から魏末まで凡そ五十年、三世代にわたって遼東を支配したのが、もう一つの公孫氏である。(8) この家系と公孫瓚の家との関係は全く不明である。この公孫氏は、遼東郡襄平県を本貫とするが、そのなかに公孫延という者があり、官憲の追求を避けて玄菟郡に寄居した。その子の度は玄菟郡の吏となったが、時の太守公孫琙に愛された。琙は度に学問をさせてやり、又妻をめとってやった。のち有道に挙げられ、尚書郎を経て冀州刺史となったが免職された。時に董卓のもとに同郡出身の徐栄があり、その推薦によって遼東太守となった。本籍地回避の原則を逸脱した任命であるが、辺境が土着の者の手に委ねられるようになった政治情況が推測される。

遼東太守となった公孫度は、これまで自分を冷遇してきた属国（都尉？）の公孫昭を殺し、郡中の名豪大姓百余家を、法の名によって誅滅した。以上の出身の経過やこうした地元豪族に対する措置は、先述の公孫瓚の場合と非常によく似ている。あるいは両者の伝記に記述の混同があるかとも疑われるが、しかし、後漢末の動乱の中で、辺境地方に土着の力が生れ、それが各豪族を強く統制してゆかなければならなかった事情は、遼西・遼東共に同じであったと思われる。

遼東郡の使命は、元来、東の高句麗、西の烏桓の侵寇から、中国の版図を守ることであった。公孫度はその使命を果しつつ、海を越えて山東の諸県を掌握して営州を置いた。またかれ自身は、遼東侯・平州牧を自称したが、漢に対しては忠誠を表わし、一応曹操政権の勢力下にあった。これを嗣いだ子の康も、曹操に攻められて亡命してきた袁尚らを斬ってその首を曹操に送った。康のあと弟の恭が嗣いだが、康の子淵に位を奪われる。

遼東の公孫政権にとって大きな課題は、いかにして自立性を維持してゆくか、ということであった。そのために公孫淵は、孫呉とも結んで、魏と呉の対立を利用した。呉の方でも遼東との交易を望んだ。魏は幽州刺史毌丘倹を遣わして武力で入朝を要求したが、倹は敗退し、淵はついに自立して燕王を称した。翌年、司馬懿が遠征して襄平を陥れ、公孫政権の領する遼東・帯方・楽浪・玄菟の諸郡がすべて魏の版図に入り、つづいて西晋に受けつがれる。

結　語

後漢末から西晋の滅亡に至る一世紀余の遼西・遼東は、いかなる「過渡期」の様相を示すのであろうか。以上略述したところによって明らかなように、〔A〕がただちに〔B〕に転換するものではなかった。その間に、漢人王朝の内部における諸勢力の分立、相互の葛藤がある。それらの諸勢力の一つに、遼東の土着の力が生み出した公孫両勢力があった。それらは、いわば〔A〕の方向が伸びなやみ、一方で、周辺種族の侵寇を食い止めなければならないという情況のもとで成立したものであった。そのようにして誕生した勢力は、自立性を強めることによって、後漢王朝の中央集権支配を打ち破り、自らも群雄混戦のなかに参入してゆく。

周辺諸種族の中国社会への浸透は、この群雄の戦いを通じて深化してゆくことが確認される。公孫瓚は烏桓兵の部隊を突騎として従えていた。これは一種の傭兵部隊である。劉虞や袁紹は、烏桓族に対して財物を贈り、単于位を与え、あるいは女を嫁せしめるというような懐柔策によって、かれらを味方につけようとした。このように胡漢の関係が深まると、胡族が政治的亡命者などを保護する役割を果すようになる。これは、周辺種族が中国の支配者となってゆく第一歩と言えるであろう。(9)

しかし曹操の遼西征服と司馬懿の遼東征服とは、群雄分立に終止符を打ち、周辺種族の擡頭を抑えたように見える。魏末から西晋滅亡に至る期間をどうとらえるかについてなお検討が必要であるが、本稿では、つぎの事柄を指摘して、後日の考察に供えておきたい。それは、烏桓族が衰退してゆく過程に、鮮卑族の発展があったと想定されることである。曹操の遼西遠征は、はじめ渤海湾の海岸部に近いところを経由しようとするが、降雨と烏桓族の防禦に阻まれて路線を変更し、北方山岳地帯を通って白狼山に蹋頓を破った。このルートは、内田吟風も予測しているように、遠征軍と鮮卑族との関係の深さを暗示している。(10)

曹操は、鮮卑族の大人たちに王号を贈っているが、公孫淵も鮮卑単于璽を与えて自分の味方にしている。一方司馬懿が公孫淵を討ったとき、慕容廆の曾祖に当る莫護跋は、従軍して戦功を立て、率義王の位を得ている。その子木延は、毌丘倹の高句麗遠征に参加して功あり、大都督を加号され、その子渉帰も鮮卑単于に拝せられている。こうして廆に至るわけであるが、要するに、魏晋政権の伸長の過程に、鮮卑族が大きな役割を果し、それが鮮卑族自体の政治的地位を高めて行ったとおもわれるのである。

これまで述べてきたことのくり返しになるが、中国王朝と周辺種族との緊張関係が高まるとき、その影響を直接に受けるのは、辺境地方である。辺境地方では、このカタルシスに対処するためにさまざまな自立の方向を摸索する。しかしその動きはかえって中国王朝の統一政治を解体させる一因となる。国内に複数の政治集団が発生し、互いに覇権を争いあうが、周辺種族はこの国内矛盾に乗じて一層の勢力伸長をはかるのである。周辺種族が中国王朝のなかに食い入ってゆく仕方にも、傭兵、歳賜、冊封、受官等々さまざまの形がある。とくに重視すべきは、内乱によって生み出された亡命・流亡の漢人との間に保護・依存の関係が形成されることである。これは周辺種族がその内部に漢人社会を抱えこむことを意味し、ここに周辺種族が中国社会に政治的ヘゲモニーを確立してゆく第一歩が踏み出されるのである。

後漢末・魏晋時代の遼西・遼東の動向から、ほぼ以上のことが明らかとなるのであるが、他の辺境地域についてもそれぞれの経過を考察することによって、この転換期の動態とその転換の論理をとらえてゆく必要があるであろう。

註

（1）湖南はこの時期の過渡期を第一過渡期とし、唐末～五代の時期にもう一つの過渡期を設定して第二過渡期とよんでいるが、本稿では、第一過渡期のみを考察の対象とする。

（2）『東光』二（一九四七年）。のち『漢代社会経済史研究』（弘文堂、一九五五年）に収載。

（3）『後漢書』列伝六三本伝。ただし『三国志』巻八の本伝には、「家世二千石」の語はない。ちなみに本稿では、この二つの本伝を綜合して叙述する。

（4）遼東属国長史は、『続漢書』百官志五の王先謙集解に載せる李祖楙の説では、属国の丞のことであるという。

（5）『魏晋南北朝通史』一八～二〇頁。

（6）袁宏『後漢紀』による。

（7）拙著『隋唐帝国形成史論』（筑摩書房、一九七一年）七〇頁以下および拙稿「初期拓跋国家における王権」（『史林』四六―四、一九六三年）、参照。

（8）以下の公孫氏三代については、西嶋定生「親魏倭王冊封に至る東アジアの情勢——公孫氏政権の興亡を中心として——」（『中国古代国家と東アジア世界』東京大学出版会、一九八三年、所収）にも詳述されている。また古くは、池内宏「公孫氏の帯方郡設置と曹魏の楽浪帯方二郡」（『満鮮史研究』上世一、祖国社、一九五一年、所収）がある。西嶋論文は、倭国を含む当時の東アジアの国際関係のなかで公孫氏政権を論じたものである。

（9）袁紹は家人の女を自分の娘として、烏桓族の大人層に嫁せしめるというような、和蕃公主の降嫁政策に似た方策を取っている。

（10）内田吟風「烏桓鮮卑の源流と初期社会構成」（『北アジア史研究　鮮卑柔然突厥篇』同朋舎、一九七五年）。

六朝時代の宗族——近世宗族との比較において——

一　序　言

近世の宗族制については、戦前から幾多の研究がなされてきたが、近年になり、ますます大きな関心を集めている。この近年の傾向は、戦後、宋代以後の社会の基本構造が佃戸制を指標として考察されてきたのに対し、これを地域社会のあり方からとらえてゆこうとする志向に根ざしている。この方法上の変化は、大きく言えば、中国の歴史的発展に対する観点の転換を意味している。(1)

しかしながら、この近世宗族社会がいかなる歴史的特質を担うものであるかという点になると、必ずしも明瞭ではない。近世宗族の実態究明がますます精緻に赴いてゆくのに対して、これを中国社会史の全過程のなかにどう位置づけるかという問題は、まだかなり不分明に感じられる。その理由を考えてみると、近世以前の地方社会に関する研究の乏しさから来ているように思われる。とくに、私たちが中世とよんでいる六朝・隋唐時代の地方社会の研究は、これまでさまざまに試られてはきたが、近世宗族社会との比較を可能にするような成果に乏しいのが実情である。私自身、多年六朝地方社会における名望家支配について考察を行なって来たにもかかわらず、それが近世宗族社会にどう関わるのかという問題にまで考察が及んでいないことを反省せざるを得ないのである。

この反省の気持は、最近、「『共同体』論と六朝郷里社会——中村圭爾氏の疑念に答える——」（『東洋史苑』五四、一九九九年）なる一文を草することによって、ますます深まった。

この文章は中村氏の「共同体」論に対する誤解を正すために書いたものであるが、しかし、氏の誤解を招いた原因の一半は自分自身にもあるのではないかと考えるようになった。

私がかねてから豪族共同体という言葉で把握してきた六朝貴族の名望家支配は、具体的に言えば、宗族と郷党を対象とするものである。そのことについてはこれまで何度も言及しておりながら、その宗族や郷党についての内容的分析を怠ってきたのである。そのため「共同体」論が一種の抽象的方法論としてしか理解されなかったのではなかろうか。

この反省を一層強めることになったのが、内藤湖南の郷団自治論である。周知の通り、湖南の『支那論』・『新支那論』では、共和制中国の基礎となるべき力として、郷団自治を維持してきた民衆の自治能力を重視している。その自治能力は、君主独裁政治下における地方行政が、民衆の生活と遊離しているところに生れたものである。これを湖南は、政治と社会組織の遊離という風に述べている。一方、君主独裁政治以前貴族政治においては、政治と社会組織とは一体化している。その一体化がエリート層たる貴族階級によって媒介されていることはいうまでもない。近代中国はこの一体化が民衆の側から進められてゆくところに実現する、と湖南は考えたのである。湖南のこの構想を、私はこれも最近「内藤湖南と中国基層社会」（『史林』八三巻二号）と題して紹介した。この構想によれば、湖南は、郷団（郷党宗族とも言っている）を共通項として、貴族政治の時代、君主独裁政治の時代、そして共和政治の時代という、過去から将来にわたる中国史の全過程を貫通してとらえていたのである。これまで述べてきた私の関心から言えば、六朝豪族共同体社会と近世宗族社会とは、政治と地方組織の一致および分離として、あざやかに特徴づけられている。すでに先学によってこれほど明確な構図が示されているのに、そのみごとな果実を手にすることができなかった自分の不明を恥ぢざるを得ないのである。

このようなもろもろの反省に迫られて、私は近世宗族社会と六朝名望家社会との関係の考察に着手しなければならなくなった。本稿はその初歩的作業にすぎないが、近世地域社会への関心を喚起して学界に一石を投じた森正夫教授の退官を記念するに際して、あえて拙文を寄せる次第である。

二　近世と六朝の比較の視点

六朝の史籍には、しばしば宗族あるいはそれの類語たる宗党、宗親などの語が見られる。そしてその多くは、地方名望家である豪族・貴族との関連において現われるものである。

このことは、宗族が地方名望家の社会的存在に大きく関わっていることを暗示している。また、しばしば宗族と連称される社会組織に、郷党（郷親、郷閭など）がある。宗族は父系の親族組織であり、郷党は同郷人の結合形式であるから、原理上から言えば両者には血縁と地縁の相違があるが(2)、実際上は重なりあうことが少なくないであろう。宗族が拡大すれば、必然的にそれが地域を全面的に占有することになるからである(3)。しかし本稿ではこの二つの人的結合のうち、とくに宗族を取り上げ、その歴史的なあり方を考察することにしたい。そして、その考察の視点は、近世宗族との比較に置きたいと思う。私は近世宗族の研究においては門外漢であるが、幸い多くの貴重な業績が存在するので、それらに依拠することができる(4)。

さて、近世の宗族は、どのような歴史的特質をもつのであろうか。これについては諸書に言及があるが、最近井上徹氏の労作『中国の宗族と国家の礼制』（研文出版、二〇〇〇年）が刊行されたので、先ずそれによって大要を考えてみたい。同書には「宗法主義の視点からの分析」という副題が付けられているが、ここからも示唆されるように、氏によれば、近世宗族の特色は、宗法主義にある。氏はまた、その宗法主義を、宗法復活論ともよんでいる。つまり上古周代の宗法を復活したのが近世の宗族制であるが、それを成立運用するためには「一連の装置」が必要である。それは、共有地（義田・祭田など）、祠堂（宗祠）、族譜などであり、宗族はこれらを基礎に祖先を祀り、一族をまとめ、また族人の生活を安定ならしめるのである。このようにして系統づけられる宗法の原理として、宋代には大宗主義と小宗主義の二つの意見があったが、結局小宗主義に落着く。すなわち、四代前の高祖を共通の祖先とする男系の親族集団が、定められた方式によって統制されるのである。もっとも宗族には小宗の範囲を越えて組織を拡大してゆく傾向があるが、基本は小宗によって秩序づけられたと考えてよいであろう。

井上氏はさらに同書において、近世宗族の意義を、その研究の歴史から説き起こし、それに立って自己の見解を展開してゆくのであるが、その紹介は本稿の目的ではないので、省略に従いたい。ここでは、以上に述べた氏の近世宗族理解が先人の説を十分に咀嚼した上で表明された、依拠するに足るものであることを指摘するに止めたい。

宗族史研究は、近年中国大陸や台湾においても活発に行われているが、馮爾康等著『中国宗族社会』（浙江人民出版社、一九九四年。以下馮書と略称）もその一つであり、上古殷周から近現代に至るまでの宗族史を通観した好著である。その全体の内容についてはすでに小林義廣氏の紹介があるので参照していただきたいが（『東海史学』三〇号）、同書の第三章「宋元科挙制下宗族制度的発展」では、第一節「重建宗族制度的主張」の項で宋学の建設者張載・程頤・朱熹らの意見が概述されたのち、祠堂（第二節）、族田（第三節）、族譜（第四節）について論述される。この祠堂・族田・族譜の三者は、さきの井上氏の整理に完全に一致している。近世宗族制が、この三事をもって宗族史上の再出発をとげて行ったと考えることは、何人にも異論のないところであろう。それでは、これらの点において、前代までの宗族はどうであったか。近世宗族と六朝宗族の比較の視点を、そこにしぼってゆきたいとおもう。

その具体的な問題は次節に詳論することとして、一般的に言って近世の宗族が前代のそれとはかなり異ったものであるという認識が、内外の学者によって提起されていることを指摘しておきたい。まず清水盛光氏は、漢魏以後の宗族は自然発生的なもので、古代の宗族組織に比して無組織、無秩序であり、宋代になって再び宗族結合の維持・強化が図られるようになったとした(5)。また、牧野巽氏は、司馬光の『司馬氏書儀』と朱熹の『文公家礼』を比較して、そこに大家族主義と宗法主義の違いを見る。牧野氏によれば、前者は近世以前の大家族生活の反映で、冠婚の儀礼も家長が主宰し、宗子を前提とする宗法主義とは別種の組織形態を示すとする(6)。これらと類似した見解は、中国の研究者の中にも見られる。張研氏は、漢唐間の士族（貴族）制度は宗族制度とみなされず、一種の家族制度にすぎないと述べている(7)。これに対し、前掲の馮書にあっては、このような論断には至っていない。秦漢～隋唐の宗族社会を専論するのは、第二章「中古士族制与宗族」であるが、ここにははっきりと宗族の語を打ち出して、貴族制社会の分析を行なっている。ただ、その前後の時期、殷周および宋元以降に比べて、宗族の制度的枠組みが、叙述の上で何となくおぼろ気な感じを与えるのを払拭することができない。それはあるいは、この時代の宗族のあり方を反映しているのかも知れない。このように、内外のいくつかの研究を通してみると、中世時代の宗族結合には、制度の整備と言う点で、どこかネガティヴなものがあるのは確かなようにおもわれる。しかしそれにもかかわらず、宗族の語は当時の文献に頻出するのであり、とすれば、この時期の宗族とは一体いかなる親族結合であったかという問題がいよいよ切実なものになってくる。次節では、これを制度面から、とくに六朝時代に時期を限って検討することにしたい。

三　祭祖・族人救済・修譜

本節では、六朝の宗族のあり方を考察する方途として、井上氏の提示する近世宗族の三つの指標、共有地（義田・祭田）、族譜、祠堂のそれぞれについて検討したい。ただ行論の都合上、これを、祭祖、族人救済、修譜という風に読みかえ、この順序にしたがって考えてゆきたいとおもう。

（1）祭　祖

宗族は共通の祖先をもつ親族の組織であり、近世宗族では祠堂を設けて祖先を祭ったが、六朝ではどうであったか。後漢後期の人崔寔の『四民月令』（テキストは渡部武『四民月令』平凡社東洋文庫版による）には、年中行事として、祖禰を祭る儀式を記している。それによると、正月と十二月に「進酒降神」の儀式を行ない、二月、五月、八月、十一月には太社を祀る日および夏至・初伏・冬至などの日に、季節の収穫物を供える。また、二月、八月、十二月には、それらの神事の日のあとに、祀家すなわち墓祭を行なう。『四民月令』は一家の年中行事の基準を示したもので、これをそのまま当時の実情とみなすことはできないであろうが、これによって大体のことをうかがうことは許されるであろう。

まず、墓祭からいうと、漢代、民間では墓前に祖先を祭ることが盛行した。馮書によれば、それは周代以来の廟制の崩壊に伴なって生れたもので、最初庶民に始まり、やがて官吏・天子にまで広がった。墓祭では、宗族・姻戚などを集めて宴会を開き、親睦・団結をはかることが行われ、『四民月令』でも、十二月の墓祭のあと、「宗族・婚姻・賓旅」を招いて親睦を図るとある。それ以外の月の墓祭は、ただ供物をそなえるだけである。甘懐真『唐代家廟礼制研究』（台湾商務印書館、一九九一年、以下甘書と略称）にも同趣旨のことを述べ、墓前に祠堂の建てられたこと（墓廟）を記している（同書一二頁以下）。

ところで、『四民月令』に見える墓祭以外の祭事は、どのような場所で行われたのであろうか。前述のように祖禰を祭る儀式で「進酒降神」を行なう正月と十二月が最も重要であるとおもわれるが、そのうち正月には、元旦に、家長が妻子を率いてこれを行なう。「進酒降神」がおわると、「家室尊卑、無小無大、以次列坐先祖之前、子婦孫曾、各上椒酒于其家長、称觴挙寿、欣欣如也」と、家長を中心に一家の祝賀に移るのである。この状況から察すると、この儀式は家内で行われたもののようで、その他の月の墓祭以外の行事も同様であったとおもわれる。しかし当時家廟はまだ普及していなかったようで、恐らく一家の庁堂がその場所であったのであろう。(8) 甘書も引いている西晋盧湛の「祭法」には、「凡祭法、有廟者置之於座、未遑立廟、祭於庁事可也」（『太平御覧』巻一八五居処部・庁事）とある。庁事は庁堂ともいい、客室・客堂とも称せられるものである。庁堂は一家の公共空間であり、それに対し家族内の各夫婦の居室は房とよばれる。(9)

甘書によれば、この庁堂祭祖は、その後南北朝を経て唐代にまで及んでいる。隋唐時代には五品官以上は家廟を立てることが許されたが、貞観時代の侍中王珪は、「通貴漸久、而不営私廟、四時烝嘗、猶祭於寝」というかどで弾劾を受けた（『通典』巻四八礼典、諸侯大夫士宗廟）。庁堂祭祖をかりに寝祭とよぶならば、『四民月令』の祭祖行事にも、墓祭と寝祭の二形式があったことになるが、この両者はどういう関係に立つのであろうか。

一見して明らかなことは、寝祭が家庭内の行事であるのに対し、墓祭には、宗族・姻戚・賓客を含む集会を伴なっている。これに参加する宗族・姻戚、あるいは時に賓客も、同一地域に居住し、その祖先も同一墓域に葬られていることが多いであろうから、これらの各家族がそれぞれの墓祭を行なったのち、合同の宴会となるということも想像される。このように、墓祭は寝祭に比べて、より広い集団のひろがりの情景が感じられるが、しかしここでも祭祖の主体は家族にあって、宗族を主体とするものではないように感じられる。(10)

この推測が正しいとすれば、後漢から六朝にかけて、祭祖の主体は、同居家族あるいはこれに準ずる家族であったと思われる。甘氏は、『四民月令』に祖禰を祀るとあるのを引き、後漢から唐代までは、祖父と父の二代を祭るのが一般的であったと推測している。寝祭が家族を主体とする点から言えば、祭祀対象が二代に限られることは当然のことであろう。ただもし、累世同居の場合になると、祭祀の対象はさらに世代を遡ることになろう。

さて、この寝祭と墓祭の二形式が後漢以後どのような推移をたどったのか、詳細は不明である。馮書は墓祭より寝祭（廟祭）へという推移を考えているようであるが、確証されたものではない。漢代に見られた宗族・姻戚等を会する墓祭の賑やかさを示す史料は、六朝時代にはなかなか見出しがたい。その代わりに、両親を埋葬した墓域に庵を構えて住むという孝子や隠士の挿話が目につく。(11) 墓祭そのものは、もちろん続けられたようである。(12)

要するに、六朝時代における民間の祭祖活動は、『四民月令』に例を見るような同居家族の家長によって執行されるもので、宗法による祭祖、つまり宗族の長たる宗子によって主宰される儀式を確認することは困難である。

（2）　族人救済

近世宗族制において、義田が族人救済に大きな役割をはたしたことは、いうまでもない。それでは、六朝時代にも、このような宗族共有田が存在したかといえば、その答えは否定に傾かざるを得ない。しかしながら、族人救済という行為そのものは、この時代にも存在した。このことを、もう一度、『四民月令』の記事を通じて考えてみよう。

『四民月令』の族人救済に関する記事は、三月と九月と十月の三箇所にある。三月は、穀物の端境期に賑恤するもので、「務先九族、自親者始、云々」とある。九月は寒気の到来に際し、「九族孤寡老病不能自存者」を存問する。十月には、五穀が実り、家々に蓄積ができた段階で、同宗に「貧窶久喪不堪葬者」があると、宗人を糾合して拠出させる。その方法については、「以親疎貧富為差、正心平斂、毋或踰越、務先自竭、以率不随」とある。

馮書はこれを総合して二つの形式に整理する。その一つは、宗族の長あるいは族内の勢力ある家が宗人各家に拠出を呼びかけるやり方であり（十月）、いま一つは、宗族の長や富裕な者あるいは官僚の地位にある宗人が、自己の財産を宗族に分施するやり方である（三月、九月）。そのうち、前者の方式の事例はあまり多くないという。

馮書の論述で注目すべきは、次の発言である。漢〜六朝のこうした族人救済は、先秦時代の大宗制による宗族方式とは異なり、北宋以後の義田制とも異なる。この前後二つの宗族族産制度のあいだの過渡的形式である。先秦時代の大宗制では、封邑制により族人の生活は自然に保証されており、近世の宗族制においても、またその物質的基礎を制度としてそなえている。しかしその中間の秦漢〜隋唐時代には、その保証はない。族人救済はもっぱら同族内部の自発的救済行為にかかっている。そしてその救済行為は、高い道徳心の表れというよりは、当時、宗族組織が回復・発展してきたその社会の要求に適応したものというべきもので、宗族の凝集力を強め、宗族組織を再建・安定させるのに、大そう重要な役割を果たした。また、こうした行為によって郷党内に名声を挙げることになり、本人が仕官し、また社会的地位を高めるのに必要な効果をもたらしたと論じている。

以上の論旨は、本稿の趣意にも関わる所が大きく、後節で再論する予定であるが、ともかくも、この時期の族人救済は、宗族内の有志の自発的行為によるものであって、宗族共有の財産で保証されていたわけではなかった。管見によれば、当時の族人救済には、およそ二種類の事例がある。その一つは俸禄・賜与、その他の私産（その中には当然私有地からの収穫物も含まれる）を同族に散施する行為であり、いま一つは、兄弟、従兄弟などの遺族を引きとって、養うことである。[13]いずれも行為者の道義心に発するものであり、それをその私産が支えている。近世の宗族制においても、例えば范氏義荘などの設立の時期には、設立者の道義心と私産とが出発点になっているわけであるが、それは族内の救済規定および族田という形で制度化され客観化されて、運用が持続されてゆく。こう見てくると、近世宗族制とそれ以前の宗族結合の間には、共通する面と同時に、明確な差異がある。[14]

なお、六朝時代の宗族内活動には族人救済に限らず、教育・紛争調停・治安・農事・施療などさまざまな業務を含むのであるが、これらも、特定の指導者の自発的指導によって遂行されることを付記しておきたい。

（3）修譜

族譜の作成という点で、近世とそれ以前とは、どういう関係にたつのであろうか。

近世における修譜運動は、北宋代、蘇洵・欧陽脩らに始まるというのが通説である。彼らは、唐宋間の社会変動の中で脈絡を見失った家族を再び系統づけることによって、自己証明を実現しようとした。それを図表にあらわしたのが、近世族譜の出発点である。以来、族譜編纂は、宋・元・明・清と時代を追って発展し、修撰方式や記述内容も精細さを増した。

その展開の状況については、馮書や多賀秋五郎『中国宗譜の研究　上巻』（日本学術振興会　一九八一年）などに詳述されている。

多賀氏は現存する族譜を精査して、その記載内容をつぎの十三項目に整理し、それぞれ解説を加えている（同書十二頁以下）。①序文　②凡例　③目録　④世系・世表　⑤源流・宗派　⑥誥勅・像賛　⑦別伝・墓誌　⑧祠堂記・祠規

⑨家規・宗約　⑩家訓・家範　⑪義田記・義荘記　⑫墓記・墓図　⑬芸文・著作。このうち、当該宗族の基本組織を示すものは、④である。世系はいわば系図であり、世表は成員の行実（字号、学歴、官歴、生卒年、年齢、葬地、配偶者など）を載せるもので、小宗制の原則に従って作成される。多賀氏によれば、世系の方に行実を書き加えて世表を省いた族譜もあるという。⑤は当該宗族の族的位置付けを示したものであり、⑥、⑦、⑬は、成員個人の業績を顕彰し、それによって宗族全体の社会的地位を高めるものである。宗族全体の運営に関するものとしては、⑧、⑨、⑩、⑪、⑫が挙げられる。これらとさきの④を併せたものが、近世族譜の根幹と言うべきものであろう。さきに近世宗族制の基本機能として祭祖、族人救済、修譜の三つを挙げたが、前二者はこの修譜の中にその運営方法が文字化され、規定化されているわけである。

さて、六朝時代にも、修譜事業は盛んに行われた。すなわち、家系を重んずる貴族階級の間で系譜が作られ、そのために譜学が発達したほどである。『通志』巻二五氏族略に、「官有簿状、家有譜系、官之選挙、必由於簿状、家之婚姻、必由於譜系」とあり、貴族各人の記録に、官私二系統があったという。簿状は、個人の姓名、家族関係のほか、中正官による品状の査定結果、官歴などを記載していたとおもわれるが、その簿状の作成には、各家より提出された譜系を参考にしていたようで、『通志』にはまたいう、「凡百官族姓之有家状者、則上之官、為考定詳実、蔵于秘閣、副在左戸。若私書有濫、則糾之以官籍、官籍不及、則稽之以私書」と。[15]実例に徴してみても、北魏の孝文帝は姓族分定の実施に当って、北魏系各家にその系譜を提出させているが、[16]漢人貴族についても、何らか同様な措置がとられていたと推測される。とすれば、当然家譜の正確さが問われるわけであり、南朝でも、選挙に当って譜籍の真偽を調べたとされる。[17]

このように、官の簿状と私家の譜系とは密接に関係していた。このことは、六朝家譜の性格に大きくかかわってくる。すなわち、家譜は私家において作られた記録であるが、半ば官文書的一面を具えている。それは、近世の族譜が官とは全く無関係であったのと、大きく異なる。[18] さらに、その作成の目的もまた、近世の族譜が宗族内部の結集のためのものであるのに対して、これは、当該家族の社会的地位（仕官と婚姻）を表示するためのものであった。このことを、六朝家譜の体裁上からさらに考えてみよう。

六朝家譜がどのような文書であったかその実体はなかなか知りがたいものがあるが、当時の書籍中にその書名や内容の一部が伝えられているので、大体のことはうかがい知ることができる。多賀氏の書には、『隋書』経籍志その他に著録された唐以前の家譜の部数と巻数の合計を挙げ、また諸書に引用された各譜の譜名、巻数、撰者、出典を網羅して列記している。そのうち六朝家譜を最も多く引用しているのは、『世説新語』劉孝標注である。劉注には、「某氏譜曰」という書き出しで、本文に登場する人物の出自、名字、父祖兄弟、姻戚関係、官爵などを記している。本人の個性について述べている場合も見られるが、それはまれであり、その文章も短い。この氏譜なるものが官の簿状であるか私家の譜系であるかは決め難いが、西晋の摯虞に始まる家譜の総集を利用したものかも知れない。しかし何らか当時の家譜を反映していることは疑いないであろう。とすれば、当時の家譜は、その家の系譜、各人の名字・官歴および姻戚関係を記した、比較的簡単なものであったと推測される。南宋初の汪藻の作成した『世説人名譜』一巻は、琅邪王氏以下三十六族の系譜を載せるが、それは十世前後におよぶ系図（表）と、世代毎に各人の名字・官職を記した表の注（牒）とから成っている。[19] その世代は陳・隋に及び、また婚姻関係の記載もないので、当時の家譜そのままでないのは明らかであるが、周一良「『新唐書宰相世系表』引得序」では、宋代以前の家譜はおよそこのような体裁ではなかったかと推定している。[20]

巻数の方から考えてみると、『隋書』経籍志に著録された各氏の家譜は、『謝氏譜』の十巻を除き、いずれも一、二巻にすぎない。これは近世族譜の巻数に比べて著しく少ないが、恐らく多賀氏の分類による④世系・世表の部分に相当し、その他の項目はこれを欠いていることを示すものではなかろうか。

それでは、近世族譜において、④世系・世表と共に重要な要素を成す⑨宗規・宗約、⑩家訓・家範の類は、六朝ではどうであったか。六朝時代に、家儀や門法を家毎に定めていた例は少なくないが、それが宗族全体を律するものとして作られたとは言いがたい。あくまでそれは、貴族の家の儀礼を規定するものであった。また、家訓・家範については、これも、顔之推の『顔氏家訓』や王僧虔の『誡子書』のように、特定の家父が必要を感じて子姪に訓誡を垂れたものであって、近世宗族のように族譜に録して永く父祖の子孫に対する教訓として規範化したものとは、大きな開きがある。

以上検討したところを総合してみると、六朝家譜は、婚と官の両面において、その家格を対社会的に表明するものであって、その体裁が表譜のみにとどまっているのも、そのことと関係している。近世族譜が宗族内部の団結を目的として修撰され、それ故にさまざまな規約・道徳、あるいは生活保証方式、一門の栄誉と歴史等を多彩に輯録したのとは、かなりの隔たりがある。この差異は、六朝時代の宗族をとらえるための一つの手がかりになるであろう。

四　六朝の家と宗族

以上、近世宗族制の方から六朝社会を照らし出してみると、そこから六朝宗族の姿は必ずしもポジティブな形では浮び上ってこない。むしろ家の活動の方が眼につく。このことをどう理解したらよいであろうか。

魏の夏侯玄が太傅司馬懿の諮問に答えた言葉の一節に、「夫孝行著於家門、豈不忠恪於在官乎。仁恕称於九族、豈不達於為政乎。義断行於郷党、豈不堪於事任乎。三者之類、取於中正、雖不処其官名、斯任官可知矣」（『三国志』巻九本伝）とある。家門において孝行、九族において仁恕、郷党において義断であるという中正官の評価は、任官の資格を十分に示しているというのである。この発言は一人の士人が、日常三つの社会集団に属し、それらと道徳的に関わりあっていることを明確に示している。実際史伝に記された個々の事例に就いてみても、この構図ははっきりと確認することができる。

右にいう九族は本来高祖を共通の祖先とする小宗集団であるが、ここでは大まかに宗族と言い換えてもよいであろう。宗族と郷党との観念上の差異については前述したが、右の夏侯玄の言葉によれば、家門と宗族の間にも、はっきりとした区別があることになる。具体的な事例を挙げると、後漢末、主君劉虞の仇を討つために山中に立て籠った田疇がのち曹操に帰順した時のこととして、その「家属及宗人三百余家」をひきいて、鄴に遷り住み、曹操から賜与された車馬・穀帛はすべて「宗族・知旧」に散施したという（『三国志』巻一一本伝）。ここでは、家族と宗族が区別して記述されているが、とくに、宗族が財産分与の対象となっていることに注目したい。さきにも見たように、禄賜・資産を九族に散施する例は、当時の史書に頻見して枚挙にいとまないが、要するに、家は宗族の一部でありながら、家長の指導性を通して宗族にはたらきかける行為体である。

家の規模について、これを形式的に画定することはできない。孤貧の少年が宗族の援助を辞退して幼い弟妹を養育したという例もあり、また、「尊卑百口」と称せられるような大家族の例もあり、どちらも決して珍しいことではない。しかし、その基本は、これまでの家族史研究において三族制家族とよばれた比較的単純な家族関係であった。先述のように累世同居もまた三族制家族の複合形態であった。そのため累世同居家族はたえず複数の三族制家族に分裂する契機をはらんでいる。その契機は必ずしも兄弟の不和のみではない。飢饉・戦乱などによって、やむを得ない場合が存在した。したがってその分裂のあとも、各家の間に親和関係が保たれることは、当然あり得る。[21] 北斉朝の宰相であった楊愔の父の世代は、四世同居で有名であるが、北魏末の内乱で殺された者も多く、楊愔自身もさまざまな苦難に遭った。彼がのち東魏＝北斉に仕えたとき、その一族の状況はつぎのようであった。「家門遇禍、唯有二弟一妹及兄孫女数人、撫養孤幼、慈旨温顔、威出人表、重義軽財、前後賜与、多散之親族、群従弟姪十数人、並待而挙火」(『北斉書』巻三四本伝)。すなわち、その家族は、弟妹および兄の子孫のみであり、従兄弟の系統はこれと生計を異にしていたことが分かる。そして彼の散施の対象となった「群従弟姪」はまた次のように、「九族」とも表現されているのである。「自居大位、門絶私交、軽貨財、重仁義、前後賞賜、積塁巨万、散之九族、架篋之中、唯有書数千巻」(同前)。

このように、家と宗族とは、観念の上ではっきりした区別がある。それは、救済という点でいえば、救済する母体と救済される対象との相違である。戦乱時などの行動でいえば、統率する母体と統率される対象ということになるであろう。その母体の中心はいうまでもなく道義心あり指導力ある家長である。ただ、親族組織の上で、家と宗族の間に固定的・制度的な一線を引くことはできない。家はその情況に応じて拡大したり収縮したりするからである。

さらに、宗族自体も、たとえば、大宗制、小宗制などの礼制によって厳格に体系づけられていたということはできないであろう。喪服制は比較的厳密に守られていたとおもわれ、五服の範囲は小宗に一致するわけであるが、その他万般の宗族関係がそれによって律せられていたとは考えられない。宗族の語の用法から言えば、前述したように、それは数百家、数千家を含むことがある。北魏時代、趙郡の名族李顕甫は、「諸李数千家」を殷州の西山に集め、李魚川を開拓してそこに居住した。そして顕甫はその宗主となったという(『北史』巻三三)。その子の元忠は、北魏末の内乱に際して、「宗党を率いて壘を作り自保」した。のちに彼は高歓と同盟して爾朱氏と戦い、東魏の高官となるのであるが、彼の率いた「宗党」が李魚川に聚居する「諸李数千家」であったことは確かであろう。ここに父の顕甫が彼らの宗主となったと言っても、それは宗法における宗子というようなものではなく、「諸李数千家」のリーダーを意味するものであろう。そのリーダーシップは、どこから来ているのであろうか。

『北史』巻三三諸李の列伝および『新唐書』巻七二上宰相世系表二上によれば、趙郡の李氏は、西晋の李楷に輯・晃・芬（『新唐書』は芬に作る）・勁・叡の五子があり、輯（『新唐書』は輯と晃）の子孫は南徙して南祖と称せられ、芬と勁の子孫は巷西に住んだため西祖、叡の子孫は巷東に住んで東祖と称せられた。房分して居住地を異にしたのであるが、このうち、輯の後裔は「子孫甚だ微なり」という。そして最も繁栄したのは東祖の系統であったことが、『北史』の附伝状況から容易に想像がつく。さきの李顕甫—元忠も、この系統に属する家であった。[22]

李元忠と同時代の人で慈善家として知られる李士謙も東祖の後裔であるが、その伝にも、「李氏宗党豪盛」と見える（『隋書』巻七七隠逸伝、『北史』巻三三本伝）。元忠と士謙とは五代前の李頤（叡の孫）を共通の祖とするが、いずれも歴代高官を輩出し、また家産に富む点でも共通している。これらのことから推測すれば、政界における地位の高さやあるいは富裕な資産をもつ彼らの家が宗族を指導し、その繁栄をもたらしたものと考えられるのである。

さらに考察を進めれば、家と宗族とは、相互依存の関係に立つといえないであろうか。すなわち、家が宗族を指導し、これを救済するその宗族の努力は、宗族内部より、さらには郷党から評価を受けて郷論を形成し、任官者を生み出す結果となる。こうした家の地位の向上はまた宗族の繁栄に還流してゆくのである。こうして、宗族中の一単位でありながら、政治・経済・文化の各方面において、一等ぬきん出た力をもつ家を形成する。六朝家譜は、こうした家々の系統図ではなかったであろうか。

五　結　語

上古周代の宗法による宗族結合が厳密な宗子制によって運営されていたとすれば、社会組織と血縁組織とは完全に一致することになる。そこにおいて祭祖がすべての中心となることは当然であり、その意味でこの時期の宗族結合の契機を、神霊への帰依に求めても、あやまってはいないであろう。一方、近世の宗族制は、井上氏のいうように「宗法復活論」の立場に立つが、本質において周代のそれとは全く異なる。そこでの宗族結合はきわめて人為的、意図的であって、その人為性・意図性を表現するのが族譜の作成である。すなわち、宗族内で定めた制度によって、その結束を保証しようとするものである。

六朝の宗族は、上古・近世のいずれとも異なる。その結合の中心となるのは、一族中の卓越した家の指導性、とりわけ、その家の家長たるべき人物の、道義心にもとづく指導性であった。つまり家を背景とする個人の人格が、宗族結合の結節点となったのである。

こうしてみると、上古の神霊、中世の人格、近世の制度といった各時代の特色が析出されてくる。ただし、近世の制度も決して没人格な制度ではない。試みに多賀氏『宗譜の研究　資料篇』（東洋文庫、一九六〇年）に掲げられた宗族資料中、宗族の族人教化に関する資料（家訓家範等）および宗族の族人統制に関する資料（家規宗約等）を通観すると、それらは殆ど例外なく、父母兄弟に対する孝悌と宗人に対する和睦を、各人の遵守すべき道徳として規定している。その実践方法をさだめたものが、同じく多賀書に載せる祭法祠規であり義荘規であるといってよいであろう。かつて六朝時代に名望家の自発性に発していたものが、近世になってこのように宗族内の各人がひとしく守るべき規範として一般化され文章化されたものということができる。

私はこれまで六朝名望家の宗族・郷党に対する道徳的な心態と行為が、それらの結集を可能にしたと考え、それを豪族共同体という言葉でよんできた。そしてそれは、共同体成立の契機として精神面を重視しすぎるという批判をよび起こすことになり、七〇年代から九〇年代に至るまで、そうした批判は消えることはなかった。しかし本稿で検討したところによれば、六朝の豪族共同体と近世の宗族共同体とは、道徳によって結ばれた共同体社会という点で、明確な共通性をもっている。豪族共同体の精神が、その名望家支配の形式を超えて一般化し制度化されたところに、近世宗族共同体の位置をとらえても大過ないであろう。もし私の豪族共同体論を精神性の重視のゆえに疑問視するとすれば、近世宗族制の存在そのものを疑うことにならざるを得ないとおもうのであるが、いかがであろうか。

最後に一言したいのは、つぎの点である。宗族にせよ郷党にせよ、それぞれの血統から分化して成立した私家の集合であるが、その集合体をより緊密に結合せしめるものは、その中の特別の私家である名望家である。しかし名望家がその私利を超克して宗族・郷党を結集するとき、彼はすでに単なる私人ではない。私利を超克し得るというその精神性において世俗のレベルを越えた境位に達しているわけであり、また、その人格に発する行為において、国家社会の指導者たる資格をもつ。このように理念化されたエリート集団がつまり貴族階級である。貴族はその個人においてもその所属する家においても、一面私的存在であると同時に公的存在である。彼の中で公と私とが表裏一体のものとなっていることは、すでに家譜の考察においてこれを見たが、貴族政治を政治と社会組織の一致とする内藤湖南の説も、この公私関係から理解できるようにおもうのである。

註

（1）井上徹『中国の宗族と国家の礼制』（研文出版、二〇〇〇年）序章、参照。

（2）宗族と郷党が明確に区別して意識されていた証例は多いが、ここでは、「真、少与宗人曹遵・郷人朱讃、並事太祖」（『三国志』九曹真伝）一例を挙げておく。

（3）後節に掲げる趙郡の李顕甫の例がそれである。

（4）常建華「二十世紀的中国宗族研究」（『歴史研究』一九九九—五）は、今世紀中国の宗族研究の状況を詳述している。

（5）『支那家族の構造』（岩波書店、一九四二年）二一四頁。

（6）『近世中国宗族研究』『牧野巽著作集』三、お茶の水書房、一九八〇年）第二、「司馬氏書儀の大家族主義と文公家礼の宗法主義」。

（7）張研『清代族田与基層社会結構』（中国人民大学出版社、一九九一年）一八六〜一八七頁。

（8）但し、官爵の等級によって立廟する、甘氏のいわゆる封建宗廟の制度は存在した。しかし政治身分と家系上の位置とは必ずしも一致しないので、そこでも完全な宗法主義を貫ぬくことはできない。甘氏はこの問題をも論じているが、一般士大夫の家では、家内の庁堂を祭祖の場所としたという。本稿も近世の民間祭祖との比較を目的としているので、ここでも一般士大夫・庶民の祭祖方式を問題にするのである。

（9）拙稿「北朝貴族の生活倫理」（中国中世史研究会編『中国中世史研究』東海大学出版会、一九七〇年、所収、のち拙著『中国中世社会と共同体』国書刊行会、一九七六年に収録）参照。

（10）馮書は、墓祭の最も重要な特徴は、宗子の主祭権を反映せず、大宗小宗の別なく宗族活動をより広汎なものにしたことにあると述べているが（九九頁）、墓祭が家中心であって始めてこのことは可能になる。

（11）「（桓）秘於是廃棄、遂居於墓所、放志田園、好遊山水」（『晋書』巻七四桓彝伝）を一例として挙げておく。

（12）（劉）暾妻前卒、先陪陵葬、子更正初婚、家法、婦当拝墓、携賓客親属数十乗、載酒食而行（『晋書』巻四五劉毅伝）。これは祭祖の例とはいえないかも知れないが、一家で墓前に宴を催したものであろう。

（13）その二種の救済例を一つずつ挙げておく。「及山濤薨、以（魏）舒領司徒、有頃即真、舒有威重徳望、録賜散之九族、家無余財」（『晋書』巻四一本伝）。「（庾袞）撫諸孤以慈、奉諸寡以仁、事加於厚、而教之義方、使長者体其行、幼者忘其孤、云々」。（『晋書』巻八八孝友・本伝）

（14）ただし、私産がつねに人びとの救済に機能するとき、その私産に対して人びとの間に特別の親しい感情が生まれることがある。次例はそれを示している。「元嘉末、青州飢荒、人相食、善明家有積粟、躬食饘粥、開倉以救郷里、多獲全済、百姓呼其家田爲続命田」。（『南斉書』巻二八劉善明伝）

（15）これは六朝隋唐の史籍に見える諸記事を総合したものである。

（16）「凡此定姓族者、皆具列由来、直擬姓族以呈聞、朕当決姓族之首末、其此諸状、皆須問宗族、列疑明同、然後勾其旧籍、審其官宦、有実則奏、不得軽信其言、虚長僥偽、云々」。（『魏書』巻一一三官氏志）

（17）「于時有司選挙、必稽譜籍、而考其真偽」。（『新唐書』巻一九九儒学・柳沖伝）

（18）丁鋼『近世中国経済与宗教教育』（上海教育出版社、一九九六年）一七八～一七九頁、参照。

（19）前田尊経閣本『世説新語』に附載する。

（20）哈仏燕京学社引得目録一六。『周一良集』（遼寧教育出版社、一九九八年）第五巻に収録。なお、トルファン・アスターナ五〇号墓より、「某氏族譜」と命名された文書断片が八片発見され、同一一三号墓からも「高昌某氏残譜」なるもの一片が発見されているが、これらも各人の名字、官職、妻を記し、これを系図でつないだ簡単なものである（唐長孺主編『吐魯番出土文書』壹、文物出版社、一九九二年）。なお、この方面の最近の研究として、徐揚傑「魏晋至唐代的中古譜牒略論」（『家族制度与前期封建社会』、湖北人民出版社、一九九九年、所収）があるので参照されたい。（小林義廣氏の教示による）

（21）「三世同居、門有礼譲、於後頻値飢年、家始分析、挺与弟振推譲田宅旧資、惟守墓田而已、家徒壁立、兄弟怡然、手不釈巻」（『魏書』巻五七崔挺伝）。また、挺と振の没後も、挺兄弟は同居し、彼らは振の未亡人を中心に従弟たちとも友愛関係を続けたという。

（22）『新唐書』巻五八芸文志二譜牒類に、『趙郡東祖李氏家譜』二巻を著録する。

六朝貴族における人格と身体

中国の歴代王朝における官吏任用手続の一階梯として、銓選の制度がある。銓選とは、吏部が任官の有資格者に対して最終的な銓衡を行ない、合格者に特定の官職を充てる制度である。唐制では、六品以下の官の任用について、科挙及第者や官吏経験者などを対象に、まず身・言・書・判の四つの方面から判定を行なう。さらに徳・才・労の三点を勘案して、吏部側が具体的な官職を本人に提示し、双方合意の上で任官を決定する。

ここで取り上げたいのは、身・言・書・判の銓試制度である。この制度については、『大唐六典』尚書吏部第二に規定されているが、『通典』巻一五、選挙典、歴代制下には、その内容を、身：取其体貌豊偉、言：取其詞論辯正、書：取其楷法遒美、判：取其文理優長、と説明している。判は行政上の問題に対する判決文であり、白居易の「百道判」がその問題と解答の例文を示したものとして有名である。

銓試の順序としては、まず書・判を試し、次いで身・言を観察する。そのうちどちらかと言えば、書・判が重視され、身と言は特別な障害がなければ余り問題にはならなかったといわれる(1)。また、「体貌豊偉」、「詞論辯正」とは、象徴的な基準を示すに過ぎないものだったともいう(2)。しかし唐代の銓選で、身・言というような身体的条件が挙げられていたことの意味は、一考に値する。というのは宋代の制度では、書・判、とくに判が重視されたが、身・言・書・判をセットにした選考方法は恒常的なものではなくなり、最後には廃止されてゆくからである。

それでは、唐代以前はどうであろうか。制度としては必ずしも明らかでないが、吏部が身体的条件を考慮に入れて銓衡を行なった実例として、次のような挿話がある。

〔楊愔〕典選二十余年、奨擢人倫、以為己任。然取士多以言貌、時致謗言、以為愔之用人、似貧士市瓜、取其大者。愔聞、不以為意。（『北斉書』巻三四本伝、意作「不屑焉」）（『北史』巻四一楊播伝）

ここにいう「其大者」とは、楊愔が言貌を以て士を取ったとあるので、体格の大きな者を任用したと考えざるを得ない。一方、楊愔の取士は、「失於浮華」と言われている。浮華とは質実の気風を喪なって、文華を誇る貴族層の謂である。これらを綜合して考えると、「其大者」とは、実際上貴族層ではなかっただろうか。北斉時代は、門閥主義に対する批判の強まった時期であり、楊愔が官吏としての適格性よりも、門閥貴族らしい容姿・言語に重きを置いたので、当時の人たちはこれを「貧士市瓜」と謗ったのである。(3)

やがて隋代に至って九品官人法が廃止され、科挙時代が始まる。ここに於て家格に拘らず官吏としての資格を重んずるのが原則となったが、その中にあっても、「貴族らしさ」を要求する傾向が完全に払拭されたとは言えないであろう。その一端が「体貌豊偉」なる基準に表れていると考えられる。

このように考えてくると、身・言というような身体的条件が、六朝貴族の社会的・政治的地位と深く結びついていたのではないか、という予想が可能である。この予想の下に、六朝正史の列伝（その多くは貴族出身者の伝記）をひもとくと、そこに伝主の身体に関する記述がおびただしく見出される。それらを類別して挙げてみると、①身長、②腰囲、③膂力、④容貌、⑤動作、⑥言語などに分類できる。

①の圧倒的多数は身長七尺以上におよぶ身長の記述だが、少数ながら常人より背の低い例もある。②は、腰回りの大きさで、「腰帯十囲」というような表現で表わされる。③は、筋力の強さであって、武芸に工みであること等と共に、武人の伝記中にしばしば見られる。④は、「美姿貌」「美容貌」など多種の表現が見られる。その一方で、「醜」

「陋」など醜さの例も少なくない。「短醜」「短陋」などは、身長・容貌の双方を合わせた表現であろうか。さらに、容貌については、「容貌魁偉」やこれに類する種々の評語がある。この場合、「偉」という語が多く現われることに注目したい。「偉容儀」、「偉容貌」は、「美」の代りに「偉」が用いられている。その反対の例には、「姿貌不偉」がある。「質貌豊美」（質は体の意）といわれる梁の宗室蕭正表は、身長が七尺九寸あり、これは正に唐制の「身・体貌豊偉」の具体例である。要するに、唐代においても、六朝貴族に多く見られる偉丈夫の体形が理想とされたことが分かるのである。

このような堂々たる体格・容貌のほか、さらに細部に亘る記述を求めると、極めて多いのが「美鬚髯」（鬚はあごひげ、髯はほおひげ）やその類語である。鬚髯の立派なことは容姿の中でも重要なことで、これにまつわる色々な逸話が残されている。次に、「眉目疎朗」つまり眉目がすっきりと秀でていること、目そのものについて漆黒の点の如きものが好まれたらしい。

⑤は、「挙動」「動止」「進止」「挙止」などとよばれる立居振舞いである。それらに対しては、「挙動舒遅」「挙措舒緩」のように動作がゆったりとしていること、「進止都雅」「容止閑雅」のように優雅であること、また、「挙止必循礼度」、「容止枢機、動遵礼度」（枢機は言行の意）とあるように、作法にかなっていることが評価された。

⑥の言語に関しては、「善談論」やこれに類する表現が用いられ、その中には「善言笑」というような表現もある。談論は論理と学識を以て聴者を説服する話術で、その最も緊張した場は清談であるが、士大夫の間では、日常の会話の中でも、風流の精神が貫ぬかれなければならない。古典の故事をふまえた文雅なる表現、機智や諧謔にあふれた応答などが評価されるのである。その他、相手の父の諱を避けるなどの礼法上の心づかい、双声・畳韻等を駆使した修辞なども、「善談論」のなかに含まれるであろう。その一方で、史伝中には吃音や訥弁の例も、時に見られる。

六朝正史の列伝中に見える、こうした身体上の記述は、当時の時代現象として何を意味するであろうか。この点に触れた研究は、さほど多くはないが、若干存在している。その幾つかを紹介すると、森三樹三郎は「野性を失った南朝の貴族は、その貴族的な洗練においては魏晋貴族に優るものがあった。音辞・容儀の尊重は、すでに魏晋時代にも見られる現象であるが、南朝に入って一層著しくなった」と述べて、貴族社会が言貌・進止に強い関心を持つようになったことを、貴族社会の洗練の結果であるとしている。(4)

矢野主税も「状の研究」において、この問題を取り上げている。矢野によれば、六朝の各正史の列伝には、伝の冒頭に当該人物に対する評語が記されることが多いが、これらの評語は、九品官人法における「状」に材料を取っていることが多いという。「状」とは、中正官が郷論に基づいて作成して中央政府に提出する対象人物の内申書である。西晋以降、容姿・技芸までもが「状」の中に書きこまれることとなるが、それは「西晋以降の状が政治的色彩を甚だ薄くし、単なる人物評論に惰しつつあったことを意味する」と述べている。(5)換言すれば、容姿・技芸の尊重は、貴族社会が安定して政治的活力を必要としなくなった結果だというわけである。

葭森健介はこれに対して異なる見解を提示する。「当時の人物評価の性格を考える際に、単なる官僚政治の観点からでなく、当時の人間に対する価値観をふまえて分析してゆく必要がある(6)」。

最近の閻愛民の論考では、六朝貴族の身体的表現について、正面から論じている。それによれば、その身体的表現は、士族（即ち本稿でいう貴族）が自らを庶族と区別する重要な標志であり、それは家族の文化的背景のちがいに由来するという。士族は、衣服、儀容、気度、言語、飲食につねに心を配り、そうでなければ士族とみなされなかった。そこで史家もまた、名門の士族に対して、「風儀秀整」とか「美風姿」などと形容し、寒庶出身の官僚については、「庸俚」、「鄙陋如此」などと記述することが多いとする。(7)

名族が「美容姿」で、寒門・寒人が「鄙陋」であったとは必ずしも言い難いが、さきに挙げた楊愔の典選記事からも、そのような傾向があったことは否定できない。では、六朝貴族におけるこれらの身体的優越性は、社会的、政治的に、どのような役割を発揮したのであろうか。

正史列伝に見えるこれら貴族の身体に関する記述についてまず注目されるのは、それが他者によって賞賛される事柄であった点である。例えば、「容止可悦」「進退可観」などの慣用句が、それをよく示している。これらの言葉には、当該人物の容止・進退を目のあたりにしてこれを語る同時代人の存在が前提となっている。これらの人びともまた、その多くは同じ貴族階級に属する人士であろう。つまり、優れた身体的特徴は、貴族同士の間で、賞賛・憧憬の的となったのであった。このような一般的場景を想定した上で、種々の具体例を観察してみたい。

容姿の美しい貴公子は、とかく権力者、就中皇族（皇后・公主を含む）の愛幸の対象となり、通婚にまで進展することが珍しくない。軍閥や胡族出身の帝室と漢人貴族との通婚関係は、前者が後者の女を后妃として迎え入れるだけでなく、前者の女子が貴族の男子と婚姻することによっても、形成された。北魏後半期に実権を掌握した文明太后・霊太后なども、「美容貌」の朝臣を愛幸して、これらが女主たちの恩倖となった。また、風采が立派だという理由で、皇帝・皇太子の侍従官に任用された例もある。北魏ではすでに、什翼犍の時代に、「諸部大人及豪族良家子弟儀貌端厳、機辯才幹者」の中から「左右近侍之職」を選んでいるが（『魏書』巻一一三官氏志）、これはいずれの時代にも通用する方式であろう。

以上は、権力者と貴族との個人的関係の例であるが、「美容止」の人は、朝士の間でも、大いに注目されて憧憬の的となった。一例を挙げれば南朝の褚淵について、「淵美貌、善容止、俯仰進退、咸有風則。毎朝会、百僚遠国〔使〕莫不延首目送之。宋明帝嘗歎曰、「褚淵能遅行緩歩、便持此得宰相矣。」（『南斉書』巻二三本伝）とある。

また北魏でも、漢人名族の崔光が宗室の元顕和に対して、「元参軍風流清秀、容止閑雅、乃宰相之器」と言って賞めたという。百官を統率する宰相の条件として、風貌、容止などの都雅なる人となりが挙げられていることに注目したい。貴族階級内部にはたらく影響力・指導力として、このような身体的表現が大きな意味を持っていたのである。

上述の『魏書』官氏志の一節に、「機辯才幹者」とあるように、辯論もまた官界における昇進の契機となった。見事な「占対」（応答）は、学識と機智を必要とするが、君主の顧問として重視される条件であった。北周時代、こうした才能によって宣納上士に昇遷した幾つかの実例がある。

このような能力は、外交関係において特に必要であった。南北両朝間に交換される使節として派遣される者、またこれに応接の役に当る者すべて、そのような才能のある人物を選りすぐって、これに充てた。双方の間に交わされる問答は一国の威信に関わるものであったから、緊張にみちたやりとりが行なわれるのが常であった。相手国で選ばれた人物の学識・機智、それに容姿、動作の一つ一つが注意深く観察され、評価された。相手国にどういう人物が居るかあらかじめ情報を得ておくことに努めていたと想像されるが、かねてからその国での名声を聞いていた人物を眼前にして応酬の火花を散らすことになるのである。

外交関係のこのような場は、いわば国内における談論が、対外的に拡大したものとも言える。談論の根元は、貴族同士が、一種の遊戯性を帯びて交わす所の私的な営みである。そうした交遊の場での巧みな話術は、「聴者忘疲」とか、「聴者皆忘飢疲」と言われるように、貴族たちに高尚な喜びを提供するものであった。それは一個のサロン（salon、沙龍、清談倶楽部）であるが、このサロンの場は、交友関係から朝廷、さらに国際関係にまで広がって、それぞれ大きな役割を果たしたのである。

以上論述してきたことによって、私たちは次のことを知り得る。六朝貴族における各種の身体的表現は、閻愛民氏のいうように、貴族としての地位を顕示するものであったが、それは士庶の区別に作用しただけでなく、貴族階級内部における人際関係を生み出すものでもあった。つまり、すぐれた身体的表現は、貴族たちの間で、小さからぬ威望としてはたらいた。

しかし、ここで断っておかねばならないのは、そうした身体的表現が人びとの中に力をもち得るのは、単に体軀の大、容貌の美、動作の雅、言語の巧といった、表面の現象だけではない。それら外形に意を用いるようになったのは、とくに六朝後期、貴族の頽廃化してゆく時期に多く見られる現象で、[8]本来的には、これらの外見とともに高い精神性を認め、その身体性（physicality）と精神性（spirituality）とが一つに融合して作り出した高貴な人格を理想としていたようにおもわれる。たとえば、北朝の柳謇之について与えられた「身長七尺五寸、儀容甚偉、風神爽亮、進止可観」という評語（これに類する事例は極めて多い）は、このことをよく物語っている。

もし不幸にして、身貌短陋に生れついた者でも、それだけで人の価値が定るものではないというのが、当時の観念であった。北朝の邢邈に対する評語、「貌雖陋短、頗有風気」が（こういう事例は尠くない）、それを示している。ちなみに邢邈の息子の祖勑も、「貌寝、有風尚」といわれているが、身体と精神に家系の影響があることをうかがわせる。

しかし、身体の美しさと精神の高さとが完全な形で結びついた姿が理想であり、それが人びとを魅きつけたことは否定できない。その常人離れした見事な人物の姿を、六朝人はしばしば玉人と形容して賞歎した。[9]玉人とまで行かなくても、高貴なる精神が秀麗なる身体に宿った、その卓越した人格が、朝野の人際関係を指導したことは、疑い得ないであろう。

しかしたとえ玉人と仰がれても、その資質は神権に由来するものではなく、伝統的な家族生活における人間の努力によって洗練された結果である。一般的に言えば、六朝貴族の権威は、神から与えられたものでなく、人の努力によって築かれたものである。その権威が身体性を伴なって表現されているところに、むしろこのことの証明があるであろう。

そしてこれまでしばしば述べて来たように、この権威は同時代人の評価によって成り立ち、また記述されている。評価する方もされる方も同一社会に属しており、この意味において六朝貴族社会を、一種のサロン社会と見なし得る。この時代においては、宗族・郷党・交友関係のみならず朝廷さらには敵国との外交の場に至るまでサロン的である。このサロン社会は、一面で貴族各氏の家門の連合体（association）でもある。そこで得られた観察や情報が構成員の評価を作り上げる。郷論清議といわれるものも、こうした場で作られてくるのであろう。九品官人法は、これを土台に組み立てたものである[10]。

唐代銓選制度における身・言は、六朝時代のサロン的人物評価が痕跡として残ったものではないだろうか。しかしそれもやがて制度の中から消えてゆく。この時、官僚社会もサロン的性質を失ない、君主独裁政治の実行機関たる性格を濃厚にする。たとい士人間にサロン風の交わりが生れ、相互の人物批評や学問評価が行われたとしても、それは純然たる私的な営みに過ぎなかったのである。

註

（1）王勳成『唐代銓選与文学』（中華書局、二〇〇一年）第五章　銓選、参照。
（2）同上。
（3）拙著『増補隋唐帝国形成史論』（筑摩書房、一九九八年）第Ⅲ編　第二章　北斉政治史と漢人貴族、参照。
（4）森三樹三郎『六朝士大夫の精神』（同朋舎、一九八六年）第一章　六朝士大夫の性格とその歴史的環境。

（5）矢野主税「状の研究」（『史学雑誌』七六―一、一九六七年）。
（6）葭森健介「『山公啓事』の研究――西晋初期の吏部選用――」（『中国貴族制社会の研究』京都大学人文科学研究所、一九八七年）
（7）閻愛民「魏晋南北朝時期的世家大族」（周積明・宋徳金主編『中国社会史論　下巻』湖北教育出版社、二〇〇〇年）第五章。
（8）『顔氏家訓』勉学篇の有名な一節、「梁朝全盛之時、貴遊子弟、多無学術……無不熏衣剃面、傅粉施朱、……従容出入、望若神仙」が、外見のみを飾り、精神の空洞化した貴族階級の情況をよく描写している。
（9）『世説新語』容止篇。
（10）川勝義雄はこのサロン社会の全体構造を、郷論環節の重層構造と名づけた。彼によれば、郷または県程度の規模の場で形成される郷論を第一次郷論とよび、郡程度に広がった場を第二次郷論とよび、ここから選出された士が中央に進出するとき、ここに第三次郷論の場が形成されるという。
第三次郷論の場とは、つまりは、中央貴族の社交界であって、『世説新語』を構成する多くの挿話は、貴族間の人物批評を基本的要素としていると論じた（『六朝貴族制社会の研究』（岩波書店、一九八二年）第一部　第三章　魏・西晋の貴族層と郷論）。

〔附記〕
六朝貴族の身体に関する研究は、絵画・塑像・彫刻などの造型作品からも追求すべきであるが、本研究ではそれに言及できなかった。今後文献資料と造型作品との双方から接近して互いに補ない合いながら研究することが必要であろう。

六朝貴族の家政について

一　序　言

六朝時代の国政は、漢代に引き続き皇帝を頂点とする官僚政治であったが、しかしその官僚集団の上層部は、門閥貴族によって占められていた。この門閥貴族を政治権力に結びつけるものは、その所有する土地等々の資産にあったのではない。彼らは多くの場合大土地所有者であり資産家であったと思われるが、しかしそのことが彼らの政治的地位を直接に決定したわけではない。彼らの階級的基礎としてまず考えられるのは、その家門の具有する独特の力である。その力がどのような内容のものであったかは極めて重要な問題であるが、本稿は直接その解明を意図するものではない。その家門がいかにして政治権力に結びついてゆくかを、家門の維持活動、すなわち家政の面から考察してみたいと思うのである。

しかしながら、このような課題を設定する時、次のような問題が行手に立ちはだかる。一般的に言って、人類の家族集団には、外部に対して自らを閉ざすプライベートな一面がある。後述するように、六朝貴族の家族生活も例外ではない。とすれば、彼らの家門は、いかにして彼らを公権力たる王朝の官人たらしめる条件となり得るのであろうか。そうしたことを考えると、彼らの家族生活に、私的閉鎖的な一面があると同時に、公的開放的な一面があり、それが貴族の家門を国家権力に結びつける回路となるのではないかという予測が成り立つ。筆者はこれまで、六朝貴族の家族生活に公的な一面が見られることについて、幾つかの論考で言及してきたが、それらを総合し、またこれに新たな知見を加えて、この問題を専論してみたい(1)。

二　六朝貴族の家族生活における公と私

六朝貴族は、自分たちの営む家族生活について、どのような理念をもっていたのであろうか。私たちはこの時代に盛んに作られた家訓の類から、その一斑をうかがい知ることができる。如上の公と私の問題に関連させて言うと、六朝家訓の代表的著作とされる『顔氏家訓』の「兄弟第三」に、次のような一節がある。

娣姒者多争之地也。使骨肉居之、亦不若各帰四海、感霜露而相思、佇日月之相望也。況以行路之人、処多争之地、能無間者鮮矣。所以然者、以其当公務而執私情、処重責而懐薄義也。若能恕己而行、換子而撫、則此患不生矣。

兄弟の妻たちというものは、とかく家庭内のいざこざのもとである。血を分けた間柄でも、同じ家に居るよりも、遠く離れてお互いをなつかしんでいる方がましだと思われるのに、ましてや他人同士が鼻をつき合わせているのだから、争いの起らないのはまれなのだ。しかしどうしてそうなるかを考えてみると、「公務に当って私情に執われ、重責に処して薄義を懐う」からである。もし兄弟たちが相手に寛容に振舞い、兄弟の子でも我が子のようにいつくしむようであれば、こんな問題は起らないのだ(2)。

一文の大意は、およそこのようであろう。この中で、「公務」と「私情」を対比的に用いている点が注目される。「私情」とは、兄弟たちがそれぞれ自分の妻子の側に傾く感情をいうのであろう。とすれば、それに対する「公務」

とは、国家・社会の運営にたずさわる公共の業務を指すのではなく、家族生活を全体として維持してゆくための仕事をいうのであろう。換言すれば、それは家政上の仕事である。それが「公務」と表現されていることに注意したい。因みに言えば、この「公務」の語は、つぎには「重責」という言葉に置き代えられ、それは「薄義」と相対している。「重責」とは家政の重大な責務を意味し、「薄義」とは妻子への些細な義務感のことであると解せられる。要するに、顔之推にとって、家政は「公務」であり「重責」であると認識されていたのである。

この公と私の理念構造は、一家全体（以下に例示するように六朝貴族の家は兄弟同居の複合家族が珍らしくなかった）と、その部分をなす夫婦関係との対比の上に組み立てられているが、それは顔之推個人に特有な考えではなかった。『魏書』巻五七崔挺伝に、

（崔挺子）孝芬兄弟、孝義慈厚、弟孝演・孝政先亡、孝芬等哭泣哀慟、絶内、蔬食、容貌損瘠、見者傷之。孝暐等奉孝芬尽恭順之礼、坐食進退、孝芬不命則不敢也。鶏鳴而起、且参顔色、一銭尺帛、不入私房、吉凶有須、聚対分給。諸婦亦相親愛、有無共之。始挺兄弟同居、孝芬叔振既亡之後、孝芬等奉承叔母李氏、若事所生、旦夕温清、出入啓覲、家事巨細、一以諮決。毎兄弟出行、有獲財物、尺寸以上、皆内李氏之庫、四時分賚、李自裁之、如此者二十余歳。撫従弟宣伯・子朗、如同気焉。

とある。崔挺・孝芬父子は博陵郡の名族で、北魏後期に大官をつとめた。この一門は三世同居（『北史』巻三二挺伝は「五代同居」に作る）であったが、挺兄弟のとき凶年のために家を分けた。しかし挺の子孝芬ら兄弟は同居し、一旦分家した挺の弟振の遺族もこれに加わった。上文に述べる李氏は、振の未亡人で、遺児たちと共に孝芬兄弟に身を寄せたのであった。

さて、この崔氏一族の同居生活では、顔之推が至難のわざとした兄弟やその妻たちの親睦が兄の孝芬を中心によく

保たれ、従弟たちでさえ兄弟同然に愛されたという。経済生活も家全体で管理された。家族の財物は、家事一切を取りしきる李氏の庫に保管され、吉凶の際出費を必要とするときは、家族で集まって相談した。ここに、「一銭尺帛も、私房に入れず」とあって、各夫婦の起居の空間を「私房」という言葉で表現していることに注目したい。すなわち、一家の中でそれぞれのカップルの居間を形づくる各房は、家全体から見れば、私的空間として観念されていたのである。これを上述した『顔氏家訓』の「公務」・「私情」の語に重ね合わせて考えると、当時の貴族の大家族生活の中で、家と房とは公私の関係でとらえられていたことが明らかとなる。[3]

この公私の構造によって考えるならば、北魏末期の弘農楊氏の大家族生活のあり方も、かなりよく理解できるように思われる。『魏書』巻五八楊播伝に、次のように述べる。

播家世純厚、並敦義譲、昆季相事、有如父子。播剛毅。椿・津恭謙、与人言、自称名字。兄弟旦則聚於庁堂、終日相対、未曽入内。有一美味、不集不食。庁堂間、往往幃幔隔障、為寝息之所、時就休偃、還共談笑。

楊播の家も累世同居の家として知られ、「一家之内、男女百口、緦服同爨、庭無間言」（播伝）といわれるが、上文にあるように、播・椿・津の兄弟は、朝から終日庁堂で一緒に過したのであった。庁堂は一家の客間であり家族の集合する場所でもあるが、祖霊をここに祀ることも多かった。[4] いわば一家の公共空間である。これに対立する語を上文中に求めるならば、それは「未曽入内」の「内」であろう。[5]「内」はいうまでもなく内房である。兄弟の一人椿が官界を去って帰郷するとき、彼は子孫に向って訓戒を垂れているが、その中で次のように語っている。

又吾兄弟、若在家、必同盤而食、若有近行、不至、必待其還、亦有過中不食、忍飢相待。吾兄弟八人、今存者有三、是故不忍別食也。又願畢吾兄弟世、不異居異財、汝等眼見、非為虚仮。如聞汝等兄弟、時有別斎独食者、此又不如吾等一世也（同右）。

ここでは、椿兄弟がつねに一緒に食事を摂ったことを述べ、その「同盤而食」と次の世代の「別斎独食」とが対比的に語られている。「別斎」とは内房の一室であろうか。このように、楊家の大家族生活では、公・私の語では表現されていないが、ここでも家と房が公私の関係でとらえられていることが明らかである。

三　家門の規律

六朝貴族にとって、家全体が私情を超えた公的世界と認識されていたとすれば、そこには、この世界の規律が必要となったはずである。顔之推は、

夫有人民而後有夫婦、有夫婦而後有父子、有父子而後有兄弟。一家之親、此三而已矣。自茲以往、至於九族、皆本於三親焉。故於人倫為重者也。不可不篤（兄弟第三）。

と述べて、夫婦、父子、兄弟の三つの関係が一家の基本だとし、この三つの関係（三親）をしっかり保つことが重要だと説いている。ではそれは、具体的にどのように規律されたのであろうか。

六朝貴族の家の家長は、家族員の教育・訓導の任に当った。いわゆる家教である。家教は自分の子だけでなく、兄弟の子にも及ぶことがあり、すでに成人した弟たちに及ぶことさえある。父のいない家では、母がこれに当ることもあった。例えば『北史』巻三八裴佗伝に、

（裴）譲之字士礼、年十六喪父、殆不勝哀。其母辛氏泣撫之曰、棄我滅性、得為孝子乎。由是自勉。辛氏高明婦人（婦人『北斉書』巻三五裴譲之伝作婦則）、又閑礼度、夫喪、諸子多幼弱、広延師友、或自教授、内外親属有吉凶、礼制多取則焉。

とある。裴讓之は河東・聞喜の名門に生れ、東魏に仕えた人であるが、その母辛氏は夫亡きあと、子どもたちのために師友を招いたばかりでなく、自らも学問を教えた。これは恐らく経書などを教えたのであろう。次の夏侯氏の例では、はっきりと経書と記している。

（皇甫和）母夏侯氏、才明有礼則、親授以経書。及長、深沈有雅量、尤明礼儀、宗親吉凶、多相諮訪（『北斉書』巻三五皇甫和伝）。

これらの記録は、貴族の妻たちが、亡き夫に代って子供に学問を授けた例として興味深いものがあるが[6]、貴族各家における家庭教育は学問の伝授だけでなく、日常の作法についても、厳しいしつけが行われた。『顔氏家訓』序致第一には、

吾家風教、素為整密。昔在齠齓、便蒙誘誨、毎従両兄、暁夕温凊、規行矩歩、安辞定色、鏘鏘翼翼、若朝厳君焉。賜以優言、問所好尚、励短引長、莫不懇篤。

とある。顔之推が幼い頃から家のしつけをされていたことを述べたものである。彼はいつも二人の兄について朝夕両親への挨拶を行なった。その折には、畏まって歩き、言葉をととのえ顔を引きしめ、おずおずとして厳めしい君主の前に出たようであった。父母はやさしい言葉で何が好きかと訊いて下さり、親切に導いて頂いたものだ。

このとき幼い顔之推が父母に対面する際の様子を、「厳君に朝するが若し」と表現している。この言葉は当時の慣用句で、同様な事例が諸書に見られる[7]。親と子のこのような厳格な作法は、父亡きあとの母子の間にも行われることがあった。『魏書』巻七一裴叔業伝に、

（裴）植母、夏侯道遷之姉也。性甚剛峻、於諸子皆如厳君。長成之後、非衣帕不見。小有罪過、必束帯伏閤、経五三日乃引見之、督以厳訓。

とある。ここに帕とあるのは、絹製の帽子で、略帽ではあるが儀式に用いるものである。ここでは、裴植の母夏侯氏が家長の役割をつとめていたのであろう。前引の崔孝芬の同居生活でも、弟たちは長兄の孝芬に礼を尽くし、また叔母李氏に対しても朝晩の挨拶を欠かさなかった。弘農楊氏の家でも同じであった。

椿・津年過六十、並登台鼎、而津嘗旦暮参問、子姪羅列階下、椿不命坐、津不敢坐（『魏書』楊播伝）。

長兄楊播の死後家長となった椿に対して、弟津以下子姪に至るまで、日常の礼儀を実行したのである。親子・兄弟間の教育には、往々にして厳しいものがあった。さきに挙げた夏侯氏の例がそうであるが(8)、顔之推は、それもやむを得ないことであるといっている。

凡人不能教子女者、亦非欲陥其罪悪、但重於訶怒傷其顔色、不忍楚撻惨其肌膚耳。当以疾病為諭、安得不用湯薬鍼艾救之哉。又宜思勤督訓者、可願苛虐於骨肉乎。誠不得已也（『顔氏家訓』教子第二）。

そもそも子女を教育できないのは、彼らを罪悪に陥れたいと望むからではなく、叱りつけて気嫌をそこねるのを避け、鞭で叩いて肌を痛めるに忍びないからだ。病気にたとえると、湯薬・鍼灸を使わずにどうしてこれが癒せようか。きちんと教育しようとする者が、骨肉を虐待したいと思うはずもない。きびしいしつけもやむをえないことなのだ。

彼はまたいう。

父子之厳、不可以狎、骨肉之愛、不可以簡。簡則慈孝不接、狎則怠慢生焉（向上）。

と。父子の間柄は、狎れあいであってはならぬ。押れ合えば人倫はルーズになってしまう。骨肉の愛情は、おざなりであってはならぬ。おざなりであれば、父の子への慈、子の父への孝は結び合わないのだ(9)。慈も孝も、父子間の倫理である。自然の愛を倫理にまで高めるのは、礼であろう。不狎の関係もまた同じである。

（甄）琛少敏悟、閨門之内、兄弟戯狎、不以礼法自居（『北史』巻四〇甄琛伝）。

ここにいう「兄弟戯狎」とは、兄弟間の不和関係とは反対に、むしろ仲のよい間柄から生れたものであろう。しかし、兄と弟のけじめのない甄家のありさまに、史家は、これを礼法を守らぬ生活態度だと、端的だがきわめてきびしい論調で指弾している。その家門に礼が行われていたかどうかは、史家にとって重大な問題であるばかりでなく、当時の貴族社会一般に共通な価値観念であった。それを示す事例を左に掲げよう。

（李）敷兄弟敦崇孝義、家門有礼、至於居喪法度・吉凶書記、皆合典則、為北州所称美（『魏書』巻三六李順伝）。

（辛少雍）性仁厚、有礼儀。門内之法、為時所重。（中略）少雍妻王氏、有徳義、与其従子懐仁兄弟同居、懐仁等事之甚謹、閨門礼譲、人無比焉。士大夫以此称美（『魏書』巻四五辛紹伝）。

この両伝にいう所の「家門有礼」、「閨門礼譲」の語こそ、家族関係が礼によって規律されていたことを、端的に物語っている。しかも両伝に共通するところは、いずれもその家風が士大夫社会において大いに称揚されている点である。

ところで、この両伝の記事には、もう一つの共通点がある。それは、家門における礼儀が規範化されて、「居喪の法度、吉凶の書記」が作られ、あるいは「門内之法」が定められていたことである。そしてそれらは門外の人びとにも、家礼の模範とされていた。前者李敷伝の「居喪の法度、吉凶の書記」は、冠婚喪祭の儀礼を家礼として定めていたことが明らかであるが、後者辛伝の「門内之法」の内容は不明である。しかし前出の『北史』裴佗伝によれば、その母辛氏が「礼度」に通じていたことを記した上で、「内外の親属、吉凶有れば、礼制多く焉に則を取る」とある。これはひとつの想像に過ぎないが、辛氏の「礼度」に関する知識は、実家の辛氏一族に伝わる「門内之法」によって培われたものではなかっただろうか。

それはともかくとして、このように各家で制定された儀礼は、右の二例にも見られるように、他家にも影響を与え、互いに参照されて整備されて行ったと想像される。『北斉書』巻三六邢邵伝によれば、

邵率情簡素、内行修謹、兄弟親姻之間、称為雍睦。博覧墳籍、無不通暁、晩年尤以五経章句為意、窮其指要。吉凶礼儀、公私諮稟、質疑去惑、為世指南。毎公卿会議、事関典故、邵援筆立成、証引該洽、帝命朝章、取定俄頃。

とある。

この記事で注目されるのは、「吉凶の礼儀、公私諮稟し、疑を質し惑を去り、世の指南と為る」とある点である。これは邢邵の礼学が、私家のみならず政府筋からも諮問されたことを述べている。宮中の礼式を定めたのは多く礼学に詳しい貴族であるが、つぎの崔瞻もまたその一人であった。

(瞻)専在東宮、調護講読、及進退礼度、皆帰委焉。太子納妃斛律氏、勅瞻与鴻臚崔劼撰定婚礼儀注。仍面受別旨曰、雖有旧事、恐未尽善、可好定此儀、以為後式(『北斉書』巻二三崔㥄伝)。

この瞻の父㥄について、次のような挿話がある。

㥄一門婚嫁、皆是衣冠之美、吉凶儀範、為当時所称。婁太后(高歓妃)為博陵王納㥄妹為妃、勅中使曰、好作法用、勿使崔家笑人(同右)。

崔氏は清河の出身、名門中の名門である。そこで伝承され洗錬された礼儀は、他の貴族各家に影響を与えたばかりでなく、北族系の北斉帝室の儀注の中にも取り入れられて行ったのである。

このようにして制定され実践された家礼は記録されて著作となった。『隋書』経籍志、史部、儀注の項には、『徐爰家儀一巻』、『趙李家儀十巻・録一巻、李穆叔撰』が著録されている。『徐爰家儀』が『宋書』巻九四恩倖伝に載せ

られた徐爰の撰であるかどうかは不明である。『趙李家儀』の撰者李穆叔は本名公緒、北斉時代に隠逸生活を送った人であろう。『北斉書』巻二九李渾伝によれば、『典言』十巻、『質疑』五巻、『喪服章句』一巻、『古今略記』二十巻、『玄子』五巻、『趙語』十二巻（『北史』巻三三は十二巻に作る）の著述があり、『北史』はこれに『趙記』八巻を加える。これによれば、李公緒（穆叔）は、出身地趙郡の歴史・地理に詳しく、また礼学にも通じていたことが分る。彼の著述とおもわれる『趙李家儀』は、その巻数の多さからしでも、趙郡李氏中の一家門に限らず、各家の家礼を総括したもののように思われる。

それはともかく、こうした家礼の記録・撰述は、他家、他姓との相互影響に大いに寄与したであろう。そしてそれは、ひろく貴族層一般の「礼度」を形成する力となったであろう。それを身につけることができなければ、帝室といえども、貴族たちの物笑いになったのである。

ここでまた興味を引かれるのは、家族生活を場とし、その維持を目的とする著作類が、この時代に出現したことである。これは中国著作史上、これまでになかった現象だと考えてよいであろう。[10] そうした著作類には、家儀や書儀などのほか、家譜・家伝、また家訓がある。『隋書』経籍志、史部・譜系の項には、各氏毎の家譜のほかに、それらを地域によってまとめたものや、全国的に総集したものがあるが、その基礎はやはり各氏毎の家譜であろう。年代と共に変遷する家系が、どのように記録されてゆくのかは明らかでない。しかし官と婚の双方において最も重要となる家譜の作成・伝承が、家政にとってきわめて大切な業務であったことは、推察に難くない。

家伝についても、『隋書』経籍志・史部・雑伝の項によって、貴族の家伝が多数作られたことを知り得る。家伝はつまり家史である。各家はさまざまな困難・危機を乗り越えて、その家系を維持してきた。子孫への訓戒がなされるのも、多くそのような危機の時期であったことは、顔之推や楊椿の例から見ても明らかである。そこでは当然自家の良き伝統が語られ、子孫がそれを忘れ、そこから逸脱してゆくのを戒めるのである。ここに家訓は家伝を含み、家伝はまた家譜にもとづくことになる。これら異なる種類の著作を相互に連関させて考察する作業が必要であるが、それについては他日を期したい。要するに、家儀、家譜、家伝、家訓など、私家についての著作が多岐にわたって出現したことは、家政の著述化ともいうべき現象であって、そこに貴族の家の自律性の強さをうかがうことができる。

六朝貴族にとって、家とは、骨肉の愛が自然に発露される世界にとどまるものでなく、さらにその次元を超えて、当にあるべき人間関係の規範にしたがって運営される人倫の共同体であった。この共同体に対する服務を、顔之推は「公務」の語で表現したと考えられるのである。

四 「公務」としての家計

家政の中で重要な業務の一つは、いうまでもなく家庭の経済、つまり家計である。『顔氏家訓』治家第五の各条には、家計に関する記述が多い。家計を健全に保ってゆくことは、当時の貴族にとっても大きな関心事であったことが分る。しかしそこには彼ら独特の理念があった。

六朝貴族の収入源としては、一般に、大土地経営、官俸、朝廷からの賜与、知友の贈与などが考えられる。その他に商業による利潤も例がないわけではないが、これは士大夫的生活態度を逸脱した姿である。ともかくもそれらの収入は、家の共有財産として管理することが美徳とされた。前出の崔孝芬の家における「李氏之庫」は、その典型例である。そこでは、「一銭尺帛も、私房に入れず」とある。家族に分給されたものでも、「有無之を共にす」る態度が、共同生活を平和で円滑なものにした。この精神をさらに外に向って広げてゆけば、同居家族以外の親族の困窮者に対する賑救という行為に発展し、さらにそれは賓客・郷党に及ぶであろう。このような賑恤の例は史書に枚挙のいとまがないが、ここでとくに問題にしたいのは、賑恤が単なる臨時の慈善事業でなく、家政の一環として家計に組みこまれていたらしい事実である。

『顔氏家訓』治家第五に、

世間名士、但務寛仁、至於飲食饟饋、僮僕減損、施恵然諾、妻子節量、狎侮賓客、侵耗郷党、此亦為家之巨蠹矣。

とある。一家の長たる者が見栄を張ってことさら鷹揚に構え、家事を省みないために、賓客への待遇や郷党に対する施与が、召使や妻子によってけずられてしまう結果となる、これでは家というものは立ちゆかないのだ。文意はこのようなものであろう。これから想像すれば、当時貴族の家では、賓客用、郷党用という風に、財物支出の費目が立てられていたのではないか。隋代の隠士、趙郡の李士謙の逸話は、賑恤がそうした発想の下に行われていたことを示唆している。

其後出粟数千石、以貸郷人、値年穀不登、債家無以償、皆来致謝。士謙曰、吾家余粟、本図振贍、豈求利哉。於是悉召債家、為設酒食、対之燔契、曰、債了矣、幸勿為念也。各令罷去（『隋書』巻七七隠逸伝）。

李士謙の言葉によると、彼の家に貯えられた穀物は、自家消費用と「振贍」用とに区分されていたことになる。後者は、自家消費用に対して「余粟」である。この場合の「振贍」とは、凶年に穀物を貸し、豊年に返済させる、いわゆる賑貸用も含まれるであろう。賑貸は貸主の利害に関わるものであり、それ故に契券を取り交わすのであるが、しかしこの賑貸も、李士謙に言わせれば、利益追求が本来の目的ではないという。いずれにしても、李士謙の家の穀物倉庫には、穀物の一部が郷民の救済用として貯えられていたと考えられ、このことからも、賑恤が家庭経済の一部をなしていたことがうかがわれるのである。

さらに、顔之推の祖先に当る顔延之の著わした『庭誥』の一節に、次のように述べている。

務前公税、以遠吏譲、無急傍費、以息流議、量時発斂、視歳穣倹、省贍以奉己、損散以及人、此用天之善、御生之得也（『宋書』巻七三顔延之伝）。

ここには、公税、自家の必要経費、賑救用の三つの支出部分が挙げられ、それらをどういう仕方で按配し、タイミングよく支出してゆくかが説かれている。それが政府の督促や世間の非難をかわしつつ、一家の財務を円滑に処理してゆく道なのである。そこには無論倹約の精神がはたらいていなければならないが、同時に計画性が要求されるであろう。また、この支出計画は収穫の豊凶によって調節されるべきことを、この一文は示唆している。

一家における家事の年間スケデュールを月別に定めたのが、崔寔の『四民月令』であろう。そこでは、祭神、農事と共に、宗族に対する救恤が年中行事に組みこまれ、三月・九月・十月の三つの時期に行なうべきことを述べている。三月は穀物の端境期であり、九月は寒気の到来に備えて衣料を備える時期である。また、穀物の稔る十月には、一族で拠出して、貧窮の家を援助して葬儀を出させる。

このように家庭経済の計画的運営に当るとき、最も肝要なことは、家族全員が節倹の態度を持することである。上掲の『庭誥』でもそれを要求しているが、この節倹の精神なしには、家計の計画性は保証されないし、賑恤行為も実行できないであろう。したがって、節倹と賑恤とは、つねにセットになって語られる。前出の楊椿の訓戒の中でも、自分の先祖の時代のことを述べて、つぎのように言っている。

我家入魏之始、即為上客、給田宅、賜奴婢・馬・牛・羊、遂成富室。自爾至今二十年、二千石・方伯不絶、禄恤甚多。至於親姻知故、吉凶之際、必厚加贈襚、来往賓僚、必以酒肉飲食。是故親姻朋友無憾焉。国家初、丈夫好服綵色。吾雖不記上谷翁時事、然記清河翁時服飾、恒見翁著布衣韋帯、常約敕諸父曰、汝等後世、脱若富貴於今日者、慎勿積金一斤・綵帛百匹已上、用為富也。又不聴治生求利、又不聴与勢家作婚姻（『魏書』巻五八楊播伝）。

すなわち、楊氏はその官界生活によって富家となったにもかかわらず、「親姻朋友」に対して手厚い施しを行なった。楊椿らの祖父「清河翁」（楊真）が質素な服装をして、現在以上に財産を積むことを強く戒めていた、というのである。

これによれば、楊氏の家計には、富家、賑恤、倹約の三つの要素があり、それらが互いにからみ合って作用していることが分る。たとい富家であっても倹約につとめ、その余財を賑恤のために支出するという構造である。前出の李士謙伝では、このことを一層端的に述べている。

家富於財、躬処節倹、毎以振施為務。

ちなみに、李士謙の家が財に富んでいたことを具体的に示せば、隋の開皇八年に彼が歿したとき、妻盧氏（恐らく范陽盧氏の出身であろう）は供物を一切辞退し、かえって粟五百石を散じて貧者を賑わし、奴婢六十人を解放したと伝えられている（『北史』巻三三李孝伯伝）[11]。それはともかく、さきの「吾が家の余粟は、本より振贍を図る」という一語は、こうした家計上の精神構造から発せられていると考えられるのである。

また、『顔氏家訓』止足第一三の有名な一節にも、

常以二十口家、奴婢盛多、不可出二十人、良田十頃、堂室纔蔽風雨、車馬僅代杖策、蓄財数万、以擬吉凶急速、不啻此者、以義散之、不至此者、勿非道求之。

とある。二十口の家族で奴婢二十人、良田十頃、蓄財数万というのは、自分の家として体面を保つことのできる最低の経済条件であり、顔之推はこれを「止足」の基準としたのであろう。そしてこの基準を超える部分は、義の精神に

よって散施に充てるべきだとしたのであるから、節倹は賑恤行為を可能にすると同時に、止足の生活を支えるモラルとして機能しているわけである。先祖の顔延之の言葉で言えば、「省瞻以て己に奉ず」が之に当るであろう。このような止足の生活が家を健全に、安定的に保持してゆく要諦であることは、説くまでもないであろう。

しかし節倹とは、そもそもどのような精神のあり方を言うのであろうか。この疑問についても、『顔氏家訓』の中から解答を見出すことができる。

孔子曰、奢則不孫、倹則固、与其不孫也、寧固。又云、如有周公之才之美、使驕且吝、其余不足観也已。然則可倹而不可吝也。倹者、省約為礼之謂也。吝者、窮急不卹之謂也。今有施則奢、倹則吝、如能施而不奢、倹而不吝、可矣（『顔氏家訓』治家第五）

孔子の二つの言説は、『論語』の述而篇と泰伯篇からの引用である。顔之推は、それらから、「奢」と「吝」と「倹」という三つの言葉を取り出して、その相互関係を論ずる。彼によれば、「倹」は「吝」（けち）とはちがう。「倹」は省約すなわち無駄を省いて礼すなわち他人との間柄を正しく保つことだが、「吝」の方は、窮迫した人を見ても助けることをしない。しかるに当今では、人に施す時にはやたらと財を使っておごり高ぶり、家計を引きしめると言っては、けちけちする。これはどちらも間違っている。人に施しても見栄を張らず、倹約してもけちではない、そんな風でありたいものだ。

つまり「倹」とは、「吝」とは異なり、自己の生活を質素にして、余裕を生み出して人に施す精神である。それはまた財にあかして人に物をくれてやり、優越感を抱く「奢」の態度とも違う。「吝」も「奢」も、個人の恣意を基調とするが、「倹」は、自己の経済生活のうちに他人との共存を組みこんだ生き方である。顔之推が「省約して礼を為す」と言っているのは、この意味に解すべきであろう。

さて、このようにして、節倹と賑恤とは、家政上別々のことではなく、内面において深くからみ合っている。節倹はそれによって生み出された余財を、個人の利益追求のために資本として投下するのが主眼ではない。宗族・郷党・知友に対する救済・保護（場合によってはひろく地域の保安や農業振興など）のために支出されるものであった。しかしそれは家計全体の年間計画の中に組みこまれていたと考えられ、そこに家庭経済における一定の合理性をうかがうことができる。すなわち、ひとつには、一家の経済生活を保証して家庭経済の単純再生産を可能にし、次には家の外側に向って財を放出して宗族・郷党・知友の評価を獲得する。この二点は、次項にも説くように、いずれも六朝貴族がその地位ある家門を保ち続けるために、欠くことのできない効果を生むのである。

以上のように六朝貴族の家庭経済のあり方を見てくると、基本的に自然経済に依拠し、家の保全を最高の価値としながら、家計を運営していたことが分る。このような家計を可能にするものは、家族各自の節倹の心であり、家の公共性に対する一致した服務の精神である。前掲『顔氏家訓』治家篇の「世間名士」の例は、まさにこの精神を欠いたものであり、それ故に顔之推はこれを「家之巨蠹」と評したのである。

五　家の「公務」から国の「公務」へ

これまで取り上げてきた貴族各家の家政の実態を観察すると、一家の維持と団結を第一としながら、同時に、家門の外側の世界にも関わってゆく傾向が看取される。例えば、一家の生活規範をさだめる家礼の類は、他家の礼儀にも影響を及ぼした。また、家庭経済の運営においては、宗族・郷党・知友への賑恤が、計画的に組みこまれている。要するに、貴族の家は一個の私家でありながら、物質的にも精神的にも卓越した存在として、外界に向って開かれていたのである。では、このような開放性は、貴族の政治的地位と、どうつながるのであろうか。

六朝貴族が多くの場合、王朝官人として中央・地方の政治に関わっていたことは、言うまでもない。そのため、その地位の源泉を王朝権力に求める説が戦後の学界に出現して、論議を呼んだこともまた、周知の事実である。そこまで考えなくても、六朝貴族を官僚としての側面に重点を置いて認識、理解しようとする傾向は、今日なお少なくなく、むしろ学界の主流とさえ言ってよい。このような観点が誤っているというわけではないが、六朝貴族をして官僚として国政を担わしめる、その根底的な基盤について、一歩踏みこんで考究してゆく努力は、必ずしも大きくはないように感じられるのである。

ここで当然想起されるのが、かの九品官人法の運営方式である。そこでは中正官が所管の州郡における人材を郷論によって評定し、これにもとづいて任官資格を九品に分って中央政府に報告する。つまり郷論こそが任官資格を定める、ほとんど決定的な条件である。吏部によって特定の官職が与えられるのは、この条件を充たした後でなければならない。それでは、この郷論すなわち郷里社会の評価が官僚となる資格の基礎となるのは、どういう理由にもとづくのであろうか。

『三国志』巻九夏侯玄伝に、次のように言う。

太傅司馬宣王問以時事、玄議以為、夫官才用人、国之柄也。故銓衡専於台閣、上之分也。孝行存乎閭巷、優劣任之郷人、下之叙也。夫欲清教審選、在明其分叙、不使相渉而已。（中略）夫孝行著於家門、豈不忠恪於在官乎。仁恕称於九族、豈不達於為政乎。義断行於郷党、豈不堪事任乎。三者之類、取於中正、雖不処其官名、斯任官可知矣。

夏侯玄は、任用は中央政府の仕事、人物評定は地方社会の仕事という分業関係を明確にすべきことを説きながら、地方における人物評価を見れば、当該人物の官僚としての適否が明らかになるという。その人物評価は、当該人物が成員として所属する家門、九族、郷党の三つの場（共同体）における人格のあり方によってなされる。これは本稿で述べてきた、家・宗族・郷党と一致する。夏侯玄が挙げた、この三つの場における評価項目は、それぞれ孝行・仁恕・義断である。孝行は家族秩序の根本であり、仁恕は宗族の保護救済、義断は地域社会の指導における公正な判断である。孝行であれば官に在っても誠意を以て国に尽くし、仁恕であれば行政もゆきとどき、義断であれば必ず任務を全うすることができる。だからそのような人物は、実際に就官していなくても、その資格のあることが分る、というのである。

これまで見てきた通り、孝行は家政の根本であるが、仁恕、義断もまた家政の一環であり、すべて「公務」に属する。この「公務」をしっかりと実践している人物であるならば、官僚としての任務、つまり今日使われている意味での「公務」もまた立派にやれる人間だというのが、夏侯玄の主張である。このようにして、家政としての「公務」は、郷論を媒介に、国政としての「公務」に接続するであろう。

夏侯玄は、この二つの「公務」の共通項を道義的人格に求める。九品官人法では徳と共に才をも評価基準としたが、夏侯玄の考えでは才は徳の中に含まれるのであろう。それはともかくとして、その道義の行われる場の範囲から言えば、家―宗族―郷党―国家という風に、小さな単位から大きな単位へ、血縁団体から非血縁団体へと、同心円的構造をなしている。この同心円構造が成り立つのは、家が単なる私家ではないところに根拠がある。さらにそれを支えているのは、家族員個々の道義心である。各人が親子・兄弟・夫婦のそれぞれの位置において公共団体としての家を構成し、宗族・郷党の支持をバックとして国政に参加する。夏侯玄の提議は、当時におけるこのような現実に立ってなされたと考えて、大過ないであろう。

分裂的傾向のはなはだしい六朝政治においては、貴族の個人及び家が地方社会の中心的役割を果すことで、社会の安定が保持された。これは国政にとって大きな支えとなったのであり、この意味でも、家政としての「公務」は、国政としての「公務」の重要な一環であった。とくに郷里の州郡官に辟召された貴族人士においては、この二つの「公務」が物理的にも重なっていたことになるであろう。

このようにして、六朝諸政権は、貴族各家の連合組織の如き観を呈した。先述した家譜の作成は、単なる私家の記録に止まらず、任官資料として半ば公文書の一面を有していた。『通志』巻二五氏族略の一節に、

凡百官族姓之有家状者、則上之官、為考定詳実、蔵于秘閣、副左戸。若私書有濫、則糾之以官籍、官籍不及、則稽之以私書。

とあるのは、このことをよく示している。すなわち家譜は、「官籍」の不備を補なうものとして官府に蔵されたのであり、それ故に記載の正確さが求められたのである。[12]

極論するならば、六朝貴族の家政は、そのまま国政につながった。先掲の弘農楊氏における一挿話は、このことを象徴的に物語っている。

（楊）津為司空、於時府主皆引僚佐、人就津求官。津曰、此事須家兄裁之、何為見問（『魏書』巻五八揚播伝）。

司空であった楊津の府僚を選択する仕事は楊家の家政に属する事柄であり、それ故に、家長をつとめる兄の椿がこれを決定したのである。

父粋、以清弁鑒察称。〔中略〕弟裒嘗忤其郡将、郡将訐其門内之私、粋遂以不訓見譏、陵遅積年。

『晋書』巻七〇卞壼伝にいう、

と。一般に一家の内部は、「門内之私」つまり他人に知られることを好まない私事に充ちている。貴族の家庭内でも醜聞の絶えなかったことは、正史諸伝に頻見する。顔之推のいわゆる「多争之地」とは、ごくありふれた現実であったであろう。兄弟不和の例は枚挙にいとまないが、母親と別居して非難を受けた例がある。(13) 男女間の不倫も少なくなかったようである。(14) それらの記事に接すれば、これまで挙げてきたような一家和睦してしかも礼節の行なわれる家は、特殊例に属するという見方もあるかも知れない。しかしさらに考えるべきことは、家庭内の不道徳は、上掲卞壼伝にも見られるように、世論の指弾を受け、官僚生活に不利な結果を招くことにもつながるのである。この意味においても、貴族の家庭生活は社会に向って開かれており、その家門の道徳と非道徳とは、そのまま社会的善であり社会的悪であった。とすれば、六朝貴族の家庭生活の真実は、それが道徳的であったかそうでなかったかということに在るのではない。道徳と非道徳の間を揺れ動きながら、世論の評価を強く意識していたというのが、実情ではなかったであろうか。(15) これまで挙げてきた家門和睦の例は、六朝貴族がこういう社会的環境の下で、道徳への意志を強く発揮した事例であり、それはまた当時の世論の評価を文章化したものとも言える。それは美談に類するが、美談はすなわち当該社会の価値観念の所産なのである。

しかし、六朝貴族の家族生活は、何故に道徳的でなければならなかったのであろうか。これについてはこれまでもしばしば触れてきたが、一言でいえば、同姓・他姓の他の家族がこれに依存して生きていたためである。六朝時代には、このようにして社会秩序が形づくられ、したがって、それが政治構造をも規定したのである。これは、六朝期独特の形であり、他の時代には見ることができない。

例えば、宋代以後のいわゆる近世において、社会の一部に特定の家と他の家との間に人格的な依存関係が存在したとしても、それは、君主独裁制国家の基本構成とは関わりがないであろう。君主独裁制国家においては、官僚制はあくまで科挙官僚を主体とする。それに対応して、士大夫と民衆との関係も、家門の高低によって律せられるわけではない。

しかし、近世士大夫にあっても、修身と斉家が治国・平天下の起点であった。換言すれば、身と家という私的世界から、国・天下という公的世界へ向うのであるが、この私から公への進展は、どのようにしてなされてゆくのであろうか(16)。それが可能になるためには、身と家が私的世界に属しつつも、何らか公的性質を具えていなければならない。私としての身・家に公的性質を附与する行為が、修であり斉であるのだろう。この点は六朝貴族と異なる所がない。しかし六朝貴族における修身・斉家は、宗族・郷党等々周囲の社会を見据え、そのことを媒介として、治国・平天下につながる。これに対し、科挙官僚たる近世士大夫の場合は、このような実体を媒介とすることなくして、天下国家の治平に参画しようとするのである。とすれば、身家に公的性質を附与する近世士大夫の営為について、考察を進めてゆく必要があるであろう。例えば、この時代に創建される新しい宗族制度、あるいは郷約に象徴される地域結合の試み、大きく言えば彼らの中から産み出される様々の文化活動等々、すべて身・家と国・天下との距離を埋めようとする努力の表われと見ることは、不当ではないであろう。

要するに、近世士大夫の政治理念においても、家は公私二面を備えるものであった。それでは、中国前近代の一般庶民の場合は、いかに考えるべきであろうか。さらに、現代人の家庭について考えてみると、現代では、家の私性が極度に増大し、家と社会との有機的関係は、著しく希薄となっているように感じられる。そこにさまざまの社会病理学的問題の生起する一因があるであろう。歴史は現代のあり方に強い照明をあてて、その矛盾を照らし出してくれる。六朝貴族の家の考察は、時代を超えて、こうした課題を自覚させるのである。

註

（1）本稿の趣旨に関連する旧稿はおよそ次の通りである。「北朝貴族の生活倫理」（中国中世史研究会編『中国中世史研究　六朝隋唐の社会と文化』東海大学出版会、一九七〇年、所収。のち拙著『中国中世社会と共同体』国書刊行会、一九七六年、に再録）、「六朝名望家社会の理念的構造」（拙著『中国中世の探求　歴史と人間』日本エディタースクール出版部、一九八七年、所収）、「六朝時代の名望家支配について」（『龍谷大学論集』四三六、一九九〇年）、「六朝時代の宗族——近世宗族との比較において——」（『名古屋大学東洋史研究報告』二五、二〇〇一年）。なお本稿の骨子は、二〇〇二年八月、天津、南開大学で開催された「中国家庭史国際研討会」で発表したが、本稿はさらにこれに補筆考察を加えたものである

（2）ここにいう「換子而撫」と類似する表現は、六朝貴族が兄弟や従兄弟の子を吾が子と隔てなく愛育した記事の中に、数多く見られる。その二、三の例を挙げると、「（檀憑之）閨門邕粛、為世之所称、従兄子韶兄弟五人、皆稚弱而孤、憑之撫養若己所生」（『晋書』巻八五檀憑之伝）、「（嵇紹）与従子含等五人共居、撫卹如所同生」（同巻八九忠義・嵇紹伝）、「（裴）文挙少喪父、其兄又在山東、唯与弟璣幼相訓養、友愛甚篤、璣又早亡、文挙撫視遺孤、逾於己子、時人以此称之」（『周書』巻三七裴文挙伝）。

（3）次の例も一家共財の様子を語って、それを「無私」という言葉で表現している。「（崔）謙性至孝、少喪父、殆将滅性。与弟説特相友愛、雖復年事竝高、名位各重、所有資産、皆無私焉。其居家厳粛、動遵礼度」（『周書』巻三五崔謙伝）。

（4）庁堂における祭記については、註（1）所掲「六朝時代の宗族」を参照。

（5）次の范陽盧氏の家族生活にも、同様な情景が見られる。「父母亡後、同居共財、自祖至孫、家内百口。在洛時、有飢年、無以自贍、然尊卑怡穆、豊倹同之。親従昆季、常旦省諸父、出坐別室、暮乃入内」（『北史』巻三〇盧玄伝）。但し『魏書』巻四七盧玄伝は、「暮乃入内」を「至暮乃入」に作る。意味はいずれも同じである。

（6）幼時に母の教育を受けた例には、さらに次のようなものがある。「（張宴之）幼孤有至性、為母鄭氏教誨、動依礼典」（『北斉書』巻三五張宴之伝）、「（陸）卬母魏上庸公主、初封藍田、高明婦人也、甚有志操、〔中略〕主教訓諸子、皆稟義方、雖創巨痛深、出於天性、然動依礼度、亦母氏之訓焉」（同上巻三五陸卬伝）。貴族の子弟に対する家庭教育、とくに礼儀教育において、母の役割が大きかったことを知る。

（7）王利器『顔氏家訓集解』（上海古籍出版社、一九八〇年）二三頁注八には、『太平御覧』巻二一二所引謝承『後漢書』「魏朗動有礼序、室家相待如賓、子孫如事厳君焉」と『世説新語』徳行篇「華歆遇子弟甚整、雖間室之内、厳若朝典」の二例を引いている。その他、次のような事例もある。「（張湛）矜厳好礼、動止有則、居処幽室、必自修整、雖遇妻子、若厳君焉」（『後漢書』列伝第一七張湛）、「（樊宏父）重性温厚、有法度、三世共財、子孫朝夕礼敬、常若公家」（同列伝第二二樊宏）。右の張湛伝に李賢が注しているように、『周易』家人卦に「家人有厳君焉、父母之謂也」とあり、家人にとって父母は厳君の如きものであるという。後漢以来士族の家では、これが実際生活の中で実践されて来たのである。極言すれば、経典の述べるところを根拠に、家を一個の小国家たらしめようとする努力であろう。

（8）これらの他、なお次のような例がある。「（薛聡）遭父憂、廬於墓側、哭泣之声、酸感行路。友于篤睦、而家教甚厳、諸弟雖昏宦、恒不免杖罰、対之粛如也」（『北史』巻三六薛弁伝）、「然弘度居家、子弟班白、勤行捶楚、閨門整粛、為当世所称」（同巻三二崔弁伝）。ちなみに、崔弘度は、註（3）に挙げた崔謙の甥に当る。

（9）この箇所の趙曦明の註には、『礼記』内則を引いて、子が父母に対し、嫁が舅姑に対し、ゆき届いた世話をすることを不簡としている。しかしここでは、慈と孝と述べているから、父と子の相互の愛情のあり方を問題にしていると言ってもよいだろう。父の方も子に対して、心のこもった慈愛が要求されるのである。

（10）家族生活を場とする著作の一つに、北魏の崔浩の『食経叙』がある。崔浩の母盧氏は自分の経験を口述して『食経』九篇を作ったが、その死後、崔浩がこれに序文を附したのである（『魏書』巻三五崔浩伝）。

（11）李士謙は熱心な仏教信者でもあった。彼は母が亡くなった時、自宅を寄進して伽藍にしている。

（12）註（1）所掲「六朝時代の宗族」参照。

（13）（裴）植自州送禄奉母及贍諸弟、而各別資財、同居異爨、一門数竈、蓋亦染江南之俗也。植母既老、身又長嫡、其臨州也、妻子随去、分違数歳。論者譏焉」（『魏書』巻七一裴叔業伝）。ちなみに、裴植の母は、前述したように「於諸子皆如厳君」といわれ、子供たちを厳しく教育した人である。「（鄭）訳文与母別居、為憲司所劾、由是除名。下詔曰、「（中略）宜賜以孝経、令其熟読。仍遣与母共居」（『隋書』巻三八鄭訳伝）。

（14）「（鄭道昭）子厳祖、（中略）軽躁薄行、不修士業、傾側勢家、乾没栄利、閨門穢乱、声満天下。出帝時、御史中尉綦儁劾厳祖与宗氏従姊姦通、人士咸恥言之、而厳祖聊無愧色」（『魏書』巻五六鄭羲伝）。「（盧詢祖）既有口弁、好臧否人物。衆共嫉之、言其淫於従妹」（『北史』巻三〇盧同伝）。「（盧）元明凡三娶、次妻鄭氏与元明兄子士啓淫行、元明不能離絶。又好以世地自矜、時論以此貶之」（『魏書』巻四七盧玄伝）。又、この閨門穢雑が家内の財産争いと結びついたものとして、次のような例がある。「（兄崔）敞亡後、鍾貪其財物、誣敞息子鍾等三人、非兄之胤、辞訴累歳、人士嫉之。爾朱世隆為尚書令、奏除其官、終身不歯」（『魏書』巻二四崔玄伯伝）。

（15）家庭内の不道徳が世論のきびしい指弾を受け、ひいては官界での地位にも影響したことは、前註（13）、（14）にもその例が見られる。またそれが政敵に利用されがちであったことも、本文所掲の卞壼伝の他、ここに数例が見出される。こうした情況の下で、人びとは、「郷曲之誉」を獲得することが必要であった。次に挙げるのは、むしろそれを潔しとしなかったために、仕官が遅れた例である。「（鄭沖）字文和、滎陽開封人也。起自寒微、卓爾立操、清恬寡欲、耽玩経史、遂博究儒術及百家之言、有姿望、動必循礼、任真自守、不要郷曲之誉、由是州郡不加礼、及魏文帝為太子、捜揚側陋、命沖為文学、累遷尚書郎、出補陳留太守」（『晋書』巻三三鄭沖伝）、「（孫）楚才藻卓絶、爽邁不群、多所陵傲、欠郷曲之誉、年四十余、始参鎮東軍事」（『晋書』巻五六孫楚伝）。ちなみに、孫楚が任官資格を得たのは、友人王済が州大中正になった時、部下の訪問に対して、この人は汝らの評定できるような人物ではないと言い、自ら状を作って「天才英博、亮抜不群」としたことによる。

(16)　島田虔次氏は、「修身・斉家・治国・平天下」を図解して、「儒教的世界（天下）は、いわば国家と家族（個人）との二つの中心を有するだ円である」と述べ、近世士大夫はこの二重原理の上に立って行動すべき存在であったとする（石田一良編『思想の歴史⑥東洋封建社会のモラル』平凡社、一九六五年、二一五〜二一七頁）。そして、この二つの中心をつなぐものは道徳主義であったという風に説いている。筆者もこの見方に異論がなく、家族（個人）を国家に収斂させず、二元的にとらえている点に共感を抱くものであるが、二つの中心のつながり方については、なお考究の余地が残されているとおもわれる。

人名索引

＊配列は五十音順とし、また、同じ漢字ごとにまとめた。

ア行

カ行

サ行

Chinese History by TANIGAWA MICHIO

The First Volume

by

Michio TANIGAWA

2017

KYUKO-SHOIN

TOKYO

著者紹介

谷川　道雄（たにがわ　みちお）

1925年－2013年

1947年、京都大学文学部卒業、京都大学名誉教授

『隋唐帝国形成史論』（筑摩書房、1971年）、『中国中世社会と共同体』（国書刊行会、1976年）、『中国中世の探究　歴史と人間』（日本エディタースクール、1987年）

谷川道雄中国史論集　上巻

二〇一七年十二月七日　発行

著　者　谷　川　道　雄

発行者　三　井　久　人

整版印刷　窮　狸　校　正　所
富　士　リ　プ　ロ　㈱

発行所　汲　古　書　院

〒102-0072　東京都千代田区飯田橋二-五-四
電　話　〇三（三二六五）九七六四
FAX　〇三（三二二二）一八四五

ISBN978-4-7629-6583-8　C3322

KYUKO-SHOIN, CO., LTD. TOKYO.